Nelles Verlag

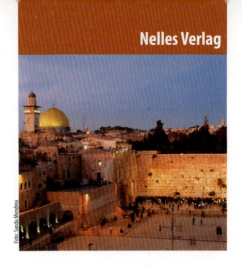

Israel Jordanien

Carmella Pfaffenbach

KARTENVERZEICHNIS

KARTENVERZEICHNIS

- Jerusalem / Altstadt ... 58/59
- Jerusalem / Via Dolorosa ... 67
- Jerusalem / Übersicht ... 80/81
- Umgebung von Jerusalem ... 86/87
- Khirbet-al-Mafjar ... 89
- Qumran ... 91
- Bethlehem ... 92
- Südliche Mittelmeerküste ... 103
- Tel Aviv ... 105
- Yafo (Jaffa) ... 107
- Herzliyya – Haifa ... 119
- Caesarea ... 123
- Haifa (Hefa) ... 130
- Nördlich von Haifa ... 132
- Akko ... 134
- Nordgaliläa ... 146/147
- Safed (Zefat) ... 150
- See Genezareth / Südgaliläa ... 163
- Bet She'an (Skythopolis) ... 173
- Megiddo ... 177
- Nazareth ... 181
- Negev / Totes Meer ... 190
- Masada ... 193
- Nord-Jordanien ... 211
- Jerash (Gerasa) ... 214
- Amman ... 218/219
- Süd-Jordanien ... 227
- Kerak ... 228
- Petra ... 232/233

IMPRESSUM / KARTENLEGENDE

Liebe Leserin, lieber Leser,

AKTUALITÄT wird in der Nelles-Reihe groß geschrieben. Unsere Korrespondenten dokumentieren laufend die Veränderungen der weltweiten Reiseszene, und unsere Kartografen berichtigen ständig die auf den Text abgestimmten Karten.
Wir freuen uns über jeden Korrekturhinweis! Unsere Adresse: Nelles Verlag, Machtlfinger Str. 26 Rgb., D-81379 München, Tel. +49 (0)89 3571940, Fax +49 (0)89 35719430, E-Mail: Info@Nelles.com, Internet: www.Nelles.com
Haftungsbeschränkung: Trotz sorgfältiger Bearbeitung können fehlerhafte Angaben nicht ausgeschlossen werden, der Verlag lehnt jegliche Produkthaftung ab. Alle Angaben ohne Gewähr. Firmen, Produkte und Objekte sind subjektiv ausgewählt und bewertet.

LEGENDE

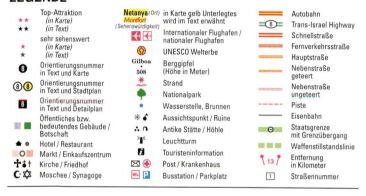

IMPRESSUM

ISRAEL – JORDANIEN
© Nelles® Verlag GmbH
81379 München
All rights reserved

Druck: Bayerlein, Germany
Einband durch DBGM geschützt

Reproduktionen, auch auszugsweise, sowie die Verbreitung durch Internet, fotomechanische Wiedergabe, Datenverarbeitungssysteme und Tonträger nur mit schriftlicher Genehmigung des Nelles Verlags
- R1716 -

INHALTSVERZEICHNIS

Kartenverzeichnis 2
Impressum / Kartenlegende / Haftungsbeschränkung 4

1 FEATURES

Höhepunkte Israels und Jordaniens 10
Geschichte im Überblick 12
Die Küche Israels 14
Jüdische Feste 16
Judentum und Islam 18

2 GESCHICHTE UND KULTUR

Palästina: Geografie, Geschichte und Kultur 23
Der Staat Israel: Geschichte und Kultur 43

3 JERUSALEM UND UMGEBUNG

Jerusalem 55
Altstadt 57
Ölberg 75
West-Jerusalem 82
Ausflüge (Jericho, Qumran, Hebron, Bethlehem u. a.) 85
INFO: Restaurants, Sehenswürdigkeiten 95-97

4 TEL AVIV / SÜDL. MITTELMEERKÜSTE

Tel Aviv 101
Jaffa 107
Ashkelon 110
INFO: Restaurants, Sehenswürdigkeiten 112-113

5 NÖRDLICHE MITTELMEERKÜSTE

Herzliyya / Arsuf (Apollonia) 117
Netanya 118
Hadera 119
Caesarea 120
Binyamina / Ramat Hanadiv 124
Zikhron Ya'aqov 125
En Hod / Haifa (Hefa) 127
Akko 132
Nahariya 138
Tel Akhziv National Park 139
INFO: Restaurants, Sehenswürdigkeiten 139-141

6 NORDGALILÄA

Kreuzfahrerburg Montfort 145
Synagoge von Bar'am 146
Berg Meron / Safed (Zefat) 147
Rosh Pina / Tel Hazor 151

INHALTSVERZEICHNIS

    Hula Nature Reserve / Tel Hai 154
    Tel Dan Nature Reserve. 155
    Banyas Nature Reserve / Qala'at Nimrud 156
    Ancient Qazrin Park 158
    INFO: Restaurants, Sehenswürdigkeiten 158-159

7 SEE GENEZARETH / SÜDGALILÄA

    Der See Genezareth / Kapernaum (Kafarnaum). 161
    Berg der Seligpreisung / Tabgha 162
    Ginosar / Tiberias. 165
    Kinneret / Yardenit. 169
    Belvoir 170
    Bet She'an (Skythopolis) 172
    Berg Gilboa / Bet Alfa / Ma'ayan Harod N. P. 175
    Megiddo 176
    Bet She'arim. 178
    Nazareth 179
    Sepphoris (Zippori) 181
    Kafr Kanna / Berg Tabor. 182
    INFO: Restaurants, Sehenswürdigkeiten 184-185

8 NEGEV UND TOTES MEER

    Be'er Sheva. 187
    Tel Arad und Arad 188
    Totes Meer. 189
    Masada 191
    En Gedi / En Boqeq / Newe Zohar 194
    Mamshit (Mampsis) 196
    Yotvata Hai Bar-Reservat / Timna Park 196
    Eilat 199
    Makhtesh Ramon / Mitzpe Ramon. 200
    Avdat (Oboda) 201
    Shivta (Sobata) / Mitzpe Revivim. 203
    INFO: Restaurants, Sehenswürdigkeiten 204-205

9 JORDANIEN

    Landeskunde Jordanien 209
    Dekapolis / Gadara (Umm Qeis) 210
    Pella (Tabaqat Fahl) / Qala'at ar-Rabad 212
    Gerasa (Jerash) 213
    Umm al-Jimal 216
    Amman. 217
    Qasr al-Abd (Wadi as-Sir) / Tell Hisban 220
    Omaijadische Wüstenschlösser. 220
    Shaumari Wildlife Reserve / Madaba 222
    Berg Nebo 223
    Hammamat Ma'in / Mukawir 224
    Umm ar-Rasas / Wadi al-Mujib Reserve. 224
    Kerak 226

INHALTSVERZEICHNIS

Deir Ain Abata (Höhle des Lot) / Khirbet at-Tannur 228
Dana Nature Reserve / Shobak (Shobeq)........... 229
Petra................................... 230
Wadi Rum / Aqaba........................... 236
INFO: Restaurants, Sehenswürdigkeiten 238-239

10 REISE-INFORMATIONEN

– ISRAEL –

Reisevorbereitungen für Israel................. 240
  Klima / Reisezeit / Durchschnittstemperaturen 240
  Kleidung und Ausrüstung 240
  Informationen / Einreisebestimmungen 241
  Weiterreise nach Ägypten und Jordanien 241
  Währung / Devisen / Gesundheitsvorsorge 242
Reisewege nach Israel....................... 242
  Mit dem Flugzeug 242
  Auf dem Landweg 243
Reisen in Israel 243
  Eisenbahn / Flugzeug / Taxi / Mietwagen......... 243
Praktische Tipps für Israel 244
  Alkohol / Apotheken...................... 244
  Archäologische Ausgrabungen / Banken......... 245
  Botschaften / Einkaufen / Elektrizität 245
  Essen und Trinken / Festivals und Veranstaltungen . . 245
  Filmen und Fotografieren / Kibbuz-Einsätze 246
  Kur- und Thermalbäder / Nationalparks / Notruf 246
  Öffnungszeiten 246
  Post / Presse / Sicherheit / Sport 247
  Sprache / Telefon / Trinkgeld / Zeit / Zoll 248

– JORDANIEN –

Reisevorbereitungen für Jordanien 249
  Klima und Reisezeit 249
  Botschaften / Einreisebestimmungen / Währung.... 249
Reisewege nach Jordanien 249
  Mit dem Flugzeug / Einreise von Israel 249
Praktische Tipps für Jordanien 250
  Botschaften in Jordanien / Elektrizität........... 250
  Feiertage / Information 250
  Nationalparks / Notruf / Öffnungszeiten 250
  Post / Sicherheit / Sprache 251
  Telefon / Trinkgeld / Zeit / Zoll................ 251

Sprachführer Hebräisch / Arabisch 251
Glossar................................. 253
Autoren 253
Register 254

Bar-Mizwa-Feier in Jerusalem.

HÖHEPUNKTE

HÖHEPUNKTE ISRAELS

★★**Jerusalem** (S. 55): Grabeskirche, Klagemauer und Felsendom als heilige Stätten der Christen, Juden und Muslime; stimmungsvolle Altstadt; erstklassige Museen, Geschäfte und Restaurants in der Neustadt.

★★**Qumran** (S. 90): Weltberühmte Ruinenstätte und mehrere Höhlen in der Judäischen Wüste, in denen die ältesten Bibeltexte gefunden wurden.

★★**Caesarea** (S. 120): Ehemalige römische Provinzhauptstadt Palästinas mit Aquädukten, Theater und mittelalterlichen Bauten der Kreuzfahrerzeit.

★★**Haifa** (S. 127): Schön an den Abhängen des Karmels gelegene Hafenstadt mit Gärten, anspruchsvollen Museen und dem Bahai-Schrein.

★★**Akko** (S. 132): Malerische Gassen, Karawansereien und Moscheen sowie die Zitadelle mit der unterirdischen Kreuzfahrerstadt verleihen der Stadt ein einzigartiges mittelalterliches Flair.

★★**Safed** (**Zefat**) (S. 147): Vollständig restaurierte Altstadt mit verwinkelten Gassen, alten Synagogen und einer großen Künstlerkolonie.

★★**Tel Dan Nature Reserve** (S. 155): Einer der Quellflüsse des Jordans mit urwaldähnlicher Vegetation und Ruinenstätte am Fuß des schneebedeckten, 2814 m hohen Berg Hermon.

★★**See Genezareth** (S. 161): Im Neuen Testament eine der Wirkungsstätten Jesu mit den schönsten Synagoge Galiläas in ★**Kapernaum** und den Thermalquellen ★**Hammat Tiberias**.

★★**Bet She'an** (S. 172): Thermen, Kolonnaden, Theater und Tempel zeugen von der Blüte römischer Kultur.

★★**Megiddo** (S. 176) und ★**Tel Hazor** (S. 152): Zur Bronze- und Eisenzeit die mächtigsten Städte Palästinas mit eigener Wasserversorgung.

★★**Totes Meer** (S. 189): Mit ungefähr 400 m u. d. M. tiefstgelegenes sowie mineral- und salzreichstes Gewässer der Erde mit den Heilbädern En

Oben: Das ehemalige Refektorium der Johanniter in Akko. Rechts: Traumhaft schön – das Wadi Rum in Jordanien.

HÖHEPUNKTE

Gedi, En Boqeq und Newe Zohar.

★★**Masada** (S. 191): Spektakulärer, von Herodes d. Gr. als fast uneinnehmbare Festung ausgebauter Tafelberg.

★★**Avdat** (S. 201), ★★**Shivta** (S. 203) und ★**Mamshit** (S. 196): Nabatäische Handelsstädte im Negev – in frühbyzantinischer Zeit blühende Kulturzentren.

★**Jericho** (S. 87): Oasenstadt, eine der ältesten Siedlungen der Welt, mit kunstvollem Omaijaden-Palast.

★**Bethlehem** (S. 92): Der neutestamentlichen Überlieferung zufolge der Geburtsort Jesu mit Pilgerkirche.

★**Tel Aviv-Yafo** (S. 101): Wirtschaftszentrum mit moderner Architektur, attraktivem Nachtleben, Badestränden und breitem Kulturangebot.

★**Nazareth** (S. 179): Die Verkündigungskirche in der arabisch geprägten Altstadt ist ein Muss für Bibeltouristen.

★**Timna-Park** (S. 197): Bizarr geformte Felsen im Negev – besonders markant: die „Säulen König Salomos".

★**Eilat** (S. 199): Baden, Schnorcheln, Rifftauchen; schöne Wüstenlandschaft.

HÖHEPUNKTE JORDANIENS

★★**Jerash** (**Gerasa**) (S. 213): Eine der besterhaltenen römischen Städte des Nahen Ostens mit Tempeln, Theatern, Kolonnadenstraße und Mosaiken.

★★**Quaseir Amra** (S. 221): Wüstenschloss mit figürlichen Fresken.

★★**Kerak** (S. 226): Die imposanteste Kreuzfahrerburg Jordaniens.

★★**Petra** (S. 230): Einzigartige Synthese von Architektur und Wüstenlandschaft in der alten Nabatäer-Hauptstadt mit idealen Wandermöglichkeiten.

★★**Wadi Rum** (S. 236): Eine der schönsten Wüsten der Welt, mit schroff aufragenden Sandsteinformationen.

★**Amman** (S. 217): Pulsierende Metropole mit römischen Bauten, Moscheen, Suqs und Archäologischem Museum auf dem Zitadellenhügel.

★**Madaba** (S. 222): Bedeutendes frühchristliches Zentrum mit schönen Bodenmosaiken in mehreren Kirchen.

★**Aqaba** (S. 236): Einziger Badeort Jordaniens am Roten Meer, mit fantastischer Unterwasserwelt und Aquarium.

GESCHICHTE IM ÜBERBLICK

8000-3800 Neolithikum: Entstehung erster Siedlungen in Jericho und Beidha (Jordanien).
3100-1550 Frühe und Mittlere Bronzezeit: mächtige kanaanitische Stadtstaaten konkurrieren um die Macht in Palästina.
Um 1480 Pharao Thutmosis III. besiegt bei Megiddo die kanaanitischen Stadtstaaten und macht Palästina zur ägyptischen Provinz.
Um 1200 Die Seevölker (u. a. Philister) dringen aus dem Ägäis-Raum zur östlichen Mittelmeerküste vor. Sie gründen in Palästina u. a. die Städte Ashkelon, Gaza und Ashdod.
Um 1006 Saul, König der Israeliten, fällt im Kampf gegen die Philister.
Um 1000-968 David macht Jerusalem zu seiner Residenz, beendet die Philister-Herrschaft und erweitert die Reichsgrenzen.
960-925 König Salomo, Davids Sohn, lässt den 1. Tempel in Jerusalem erbauen. Nach seinem Tod entstehen das Nordreich Israel und das Südreich Juda.
841 Das Nordreich Israel wird dem Assyrer-König Salmanassar III. tributpflichtig.
734-722 Die Assyrer erobern das Nordreich Israel, deportieren seine Bewohner und nehmen auch das Südreich Juda ein.
587 König Nebukadnezar II. von Babylon zerstört den Tempel in Jerusalem und führt die Juden in die Babylonische Gefangenschaft.
538 Der Perser-König Kyros II. gewährt den Juden die Rückkehr nach Jerusalem, die in der Folgezeit den Zweiten Tempel errichten.
336-323 Alexander der Große erobert das persische Weltreich. Nach seinem Tod kämpfen die Diadochen (Nachfolger) um Palästina.
198 Der Seleukide Antiochos III. siegt in der Schlacht bei Banyas über die ägyptischen Ptolemäer. Palästina wird nachhaltig hellenisiert.
167 Jüdischer Aufstand unter den Makkabäern gegen die seleukidische Herrschaft.
64/63 Cn. Pompeius macht Palästina zur römischen Provinz und begründet zur Romanisierung die Dekapolis (Zehnstädtebund).
37-4 Herodes der Große ist unter römischem Schutz König von Judäa. Er baut den Jerusalemer Tempel und den Hafen von Caesarea neu und Masada zur Festung aus.
4 v. Chr. - 40 n. Chr. Herodes Antipas, Sohn Herodes' d. Gr., wird in römischem Auftrag neuer Herrscher über Teile von Judäa.
66-73 1. Jüdischer Aufstand: Der spätere Kaiser Titus zerstört Jerusalem.

132-135 2. Jüdischer Aufstand (Bar Kochba-Aufstand): Kaiser Hadrian verbietet den Juden den Zugang zu Jerusalem.
326 Kaiser Konstantin fördert das Christentum und lässt die Grabeskirche errichten.
396 Palästina fällt an Konstantinopel/Byzanz. Juden leben nur noch wenige in Palästina.
614 Die Perser erobern Palästina.
638 Omar I., der 2. Kalif, erobert Palästina. **661-750** kontrolliert die Omaijaden- (Umayyaden-) Dynastie Palästina von Damaskus.

In Qumran wurden Schriftrollen mit Bibeltexten aus dem 2. Jh. v. Chr. gefunden.

750-970 Die sunnitischen Abbasiden herrschen von Baghdad aus über Palästina.
970 Schiitische Fatimiden und sunnitisch-türkische Seldschuken wechseln sich als Herrscher über das Land ab.
1009 Kalif Hakim lässt die christlichen heiligen Stätten zerstören.
1099 Die Kreuzritter erobern Jerusalem und gründen das „Königreich Jerusalem".
1187 Sultan Saladin besiegt die Kreuzfahrer bei Hattin (Hittim) und besetzt Jerusalem.

GESCHICHTE IM ÜBERBLICK

1191 Akko wird wichtigster christlicher Hafen in der Levante (östliche Mittelmeerküste).
1263-1271 Fast ganz Palästina ist in der Hand des Mamelucken-Sultans Baibars.
1291 Akko fällt als letzte christliche Bastion der Kreuzritter im heiligen Land.
1516 Die Türken erobern Palästina.
1520-1566 Unter Sultan Süleyman II. dem Prächtigen erlebt das Land einen Aufschwung.
1897 Dr. Theodor Herzl gründet in Basel den Zionistischen Weltkongress, dessen Ziel die Schaffung

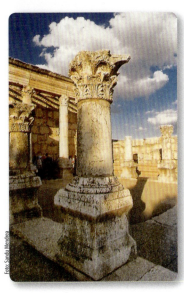

Die Synagoge von Kapernaum (4.-5. Jh. n. Chr.), Nachfolgebau der Jesus-Synagoge.

eines jüdischen Staates ist.
1917 Die Briten versprechen in der Balfour-Deklaration den Juden eine „nationale Heimstätte" in Palästina und vertreiben – mit Hilfe von Arabern – die Türken aus der Region.
1920 Großbritannien erhält das Völkerbundsmandat über Palästina u. Transjordanien, das aber 1921-1946 schrittweise zur Unabhängigkeit gelangt.
1948 Ende des britischen Mandats. Ben Gurion ruft den Staat Israel aus; der 1. Israelisch-Arabische Krieg endet mit dem Sieg Israels.

1956-1957 Israel führt mit Frankreich und Großbritannien erfolgreich den Suez-Krieg gegen Ägypten, muss sich aber auf Drängen der USA zurückziehen.
1964 Gründung der PLO (*Palestine Liberation Organisation*) als Palästinenser-Vertretung.
1966 Israel baut seine erste Atombombe.
1967 Israel besetzt im 6-Tage-Krieg die von Jordanien besetzt gehaltenen Gebiete westlich des Jordans mit Ost-Jerusalem, die syrischen Golanhöhen und die ägyptische Sinai-Halbinsel mit dem Gaza-Streifen.
1973 Yom-Kippur-Krieg: Ägypten, Syrien und Jordanien versuchen vergebens, das 1967 an Israel verlorene Gebiet zurückzuerobern.
1977 Menachem Begin wird Israels erster rechtsgerichteter Ministerpräsident.
1979 Israel und Ägypten schließen ein Friedensabkommen, Israel räumt den Sinai.
1982 Israel greift im Libanon ein, um die PLO und die syrische Armee von der eigenen Grenze fern zu halten. Von 1985 bis 2000 hält Israel eine Pufferzone im Südlibanon besetzt.
1987-93 Die 1. Intifada (Aufstand der Palästinenser) in Gaza und der Westbank.
1988 Die PLO ruft den Staat Palästina aus (Westjordanland, Gaza, Ostjerusalem).
1990er Jahre Ausbau jüdischer Siedlungen.
1994-95 Oslo-Abkommen ermöglichen Palästinensische Autonomie in Teilen der Westbank und im Gazastreifen. Friedensvertrag Israel-Jordanien.
1995 Ministerpräsident Yitzhak Rabin wird von einem fanatischen Juden erschossen.
2000-2005 2. Intifada. Selbstmordattentate zerrütten das Vertrauen friedenswilliger Israelis und stärken die Nationalisten.
2005 Die israelische Armee räumt ihre Stellungen und die jüdischen Siedlungen in Gaza.
2006 In den Palästinensischen Autonomiegebieten gewinnt die Hamas die Wahl. Israel greift Hisbollah-Stellungen im Südlibanon an.
2007 Palästinensischer Bruderkrieg in Gaza, die islamistische Hamas besiegt die Fatah.
2009 Nach Raketenangriffen attackiert Israel die Hamas im Gazastreifen.
2012 Die UNO erkennt Palästina als Staat mit Beobachterstatus an.
2013 Ministerpräsident Netanjahus Rechtsblock gewinnt die Parlamentswahl.
2014 Gazakonflikt im Juli/August; viele Opfer, v. a. auf palästinensischer Seite.
2016 Jüdischer Siedlungsbau in Palästinensergebieten geht trotz Protest der USA weiter.

KÜCHE ISRAELS

DIE KÜCHE ISRAELS

Eine so genannte israelische Küche wird der Besucher vergebens suchen, da jede der Einwanderungsgruppen von osteuropäischen, asiatischen, afrikanischen, südeuropäischen und orientalischen Juden ihre ganz eigenständige Kochkunst mit in die neue Heimat nach Palästina gebracht hat.

Fangen wir mit den Gewürzen an: Kümmel, Zwiebel, Minze, Knoblauch, Koriander, Safran, Kardamon sowie grüner und schwarzer Pfeffer verleihen den Speisen zusammen mit dem Olivenöl ihr unverwechselbares Aroma. Immer kommt *Tahina*, eine Sesamsoße, auf den Tisch, in die man das Brot tunkt; beliebt ist die Tahina, wenn sie zusätzlich noch mit Aubergine veredelt wurde. Überhaupt gibt es Auberginen in unzähligen Varianten von gekocht über gebraten bis eingelegt – und jede einzelne ist hervorragend, z. B. *Mashi*, gefüllte Aubergine.

Houmous ist eines der Hauptnahrungsmittel des Nahen Ostens und besteht aus gekochten, pürierten Kichererbsen, gewürzt mit Tahina, Zitronensaft, Knoblauch und Olivenöl.

Allround-Gericht nicht nur zur Mittagszeit, sondern nachgerade immer, ist *Felafel*, das an jeder Straßenecke für wenige Pfennige angeboten wird. Dies sind kleine, knusprig frittierte Kichererbsen-Bällchen in Fladenbrot; an der Salatbar des Kiosks füllt man alle Arten von Salat ins knusprig frische *Pita*, gibt, wenn man möchte, noch einen Schuss Houmous hinzu und beißt herzhaft hinein. In den Mittagspausen sind die Felafel-Stände von Angestellten umlagert. Ebenfalls gleichermaßen billig wie sättigend ist *Shuwarma*, Fleisch vom Drehspieß.

An den Häfen von Akko und Jaffa sitzt man stilecht rund ums Hafenbecken und isst fangfrischen Fisch, Calamaris in unterschiedlichen Zubereitungsformen, Garnelen und Krabben in

Oben: Zaubern mit Gemüse, vegetarischer Schnellimbiss in Tel Aviv. Rechts: Huhn mit Reis, zubereitet im kosheren Restaurant.

KÜCHE ISRAELS

pikanten Knoblauchkräutersoßen. In Tiberias am See Genezareth ist der Petrusfisch, ein Barsch, die lokale Spezialität, aber auch Forellen sind gerne auf dem Speiseteller gesehen. *Harimeh* heißt ein arabisches Fischgericht, das durch seine Pfefferschoten recht scharf und mit Knoblauch-, Tomaten-, und Kümmelsoße sehr pikant abgerundet ist.

Auch hierzulande bekannt ist *Shish Kebab*, am Spieß geröstetes Hack- und Lammfleisch, zu dem Salat und Brot gereicht werden. *Seniya* ist ein Rind- oder Lammfleischgericht in Tahina, und beliebt sind gefülltes Huhn und gefüllte Taube. Mit Reis gefüllte Weinblätter, über die Zitronensaft geträufelt wird, nimmt man gerne als Nebenspeise oder als Happen zwischendurch. Zuhause steht vor allem am Sabbat *Schulent* auf dem Speiseplan, ein jiddischer Bohneneintopf, der tags zuvor angesetzt wurde.

Zum Nachtisch wird gerne der irakische Nusskuchen *Baclava* gereicht, ein Teig mit Nüssen und süßem Sirup. Zum Abschluss der Mahlzeit kommt Tee mit Minze oder türkischer Mokka auf den Tisch, beides ist so süß, dass der Löffel drin stehenbleibt; die weniger gesüßte Variante muss man gezielt bestellen.

Zwischendurch knabbert man gerne an den *Blintzes*, süßen oder salzigen Pfannkuchen oder an dem *Za'atar*, einem länglichen Brötchen, gefüllt mit einer Gewürzmischung.

Der zentrale Begriff der jüdischen Küche ist *kosher*. Das bedeutet rein, tauglich sowie entsprechend zubereitet und bezeichnet die Speisen, die von der jüdischen Religion erlaubt sind. Koscheres Fleisch kommt von Geflügel oder Paarhufern, die mit dem Messer geschächtet werden, damit die Tiere ausbluten – denn das Blut gilt als „Seelenträger" des Lebewesens.

Nicht koscher und damit unrein ist beispielsweise – wie auch bei den Muslimen – das Schwein, weiterhin Fleisch von fleischfressenden Tieren, bestimmte Fische sowie Krebse.

Fleisch darf nicht mit Milchprodukten

Foto: Klaus Thiele

zusammen gekocht oder gegessen werden; Milchprodukte darf man erst fünf Stunden nach einer Fleischmahlzeit zu sich nehmen, nach einem Milchprodukt muss man zwei Stunden warten.

Die Allgemeine Jüdische Wochenzeitung meldete einmal folgendes:

„In London haben sich engagierte jüdische Kreise etwas Neues ausgedacht. In Inseraten in der jüdischen Presse wurde bekanntgegeben, dass jemand, der Fragen auf religiösem Gebiet zu stellen hat, zu einer gewissen Zeit eine Sammelnummer anrufen kann. Zwei junge Rabbiner würden zwecks Beantwortung von Fragen und Beratung zur Verfügung stehen. Eine Frage lautete: Braucht man zwei Geschirrspülmaschinen, d. h. eine für milchig und eine für fleischig? Antwort des Rabbiners: Öffnen Sie den Apparat nach der Benutzung und schauen Sie hinein. Wenn – was zu vermuten ist – Speisereste darin verblieben sind, dann wissen Sie die Antwort selbst, dann müssen Sie zwei verschiedene für milchig und für fleischig haben."

JÜDISCHE FESTE

JÜDISCHE FESTE

Mit dem jüdischen Neujahrsfest *Rosh Hashana* begann am 18. September 2009 das Jahr 5770 des jüdischen Kalenders. Rosh Hashana und das zehn Tage später begangene Jom Kippur (Tag der Versöhnung) sind die beiden Festtage der „Heiligen Einberufung". Am Rosh Hashana hat laut jüdischer Vorstellung Gott die Welt erschaffen (und zwar genau im Jahr 3759 vor unserer Zeitrechnung). Am Neujahrstag wird das *Schofar* geblasen, jenes Widderhorn, das bei der Sinai-Offenbarung ertönte und die Menschen zur Buße rufen soll. Bis zu Yom Kippur folgen nun die zehn Tage der Umkehr, in denen sich die Gläubigen auf das Versöhnungsfest vorbereiten.

Am Yom Kippur kommt das gesamte öffentlich Leben zum Erliegen; alle öffentlichen wie privaten Fahrzeuge bleiben stehen, Radio, Fernsehen, Telefone schweigen, nichts durchbricht das Fasten und das Gebet. „Wenn der Vorabend des Yom Kippur herannaht, liegt über Jerusalem eine Atmosphäre, die mit Worten kaum zu beschreiben ist. Es gibt Scharen von überzeugten Atheisten, die an diesem Tage zwar nicht zur Synagoge gehen, aber von Abend zu Abend keinen Bissen zum Munde führen. Wenn man sie fragt, warum sie das tun, werden sie eine Verlegenheitsantwort suchen, aber es verbleibt ein irrationaler Rest", meint der israelische Autor Jehoshua Amir.

Ebenfalls im September/Oktober findet das *Sukkot* statt, das freudige Laubhüttenfest, das Gott nach dem Auszug aus Ägypten anordnete, als er zu Moses sprach: „Sag zu den Israeliten: Am fünfzehnten Tag dieses siebten Monats ist sieben Tage hindurch das Laubhüttenfest zur Ehre des Herrn" (Levitikus 23, 34). Hier verbindet sich eine historische Überlieferung mit dem vegetationszyklischen Ereignis der Ernte und Weinlese sowie dem Beginn der winterlichen Re-

Oben: Das Laubhüttenfest (Sukkot) erinnert an den Auszug des Volkes Israel aus der ägyptischen Gefangenschaft.

JÜDISCHE FESTE

genzeit. Diese agrarische Komponente während des Sukkot wird durch die tägliche Segnung der „Vier Arten" dokumentiert, wo an jedem Tag des Festes der Palmzweig, die Myrte, die Weide und die Etrog geweiht werden. Wer kann, errichtet im Garten oder auf dem Balkon eine kleine Hütte aus Zweigen und Blattwerk, und auch viele Restaurants und Hotels bauen für ihre Gäste Hütten auf, in denen dann gegessen wird.

Der letzte Tag des Sukkot wird mit dem *Simchat Thora* begangen, dem Fest der Thora-Freude, wo einer der Quellen des Judentums, der Offenbarung, gedacht wird. In einem zu diesem Anlass gerne gesungenen Lied heißt es: „Freut euch und jubelt Thora-Freude und gebet Ehre der Thora heute. Wir jubeln, der Thora freuen wir uns, denn sie ist Kraft und Licht für uns."

Wenn die Christen Weihnachten feiern, begehen die Juden *Chanukka*, das achttägige Lichterfest. Es erinnert daran, wie unter den hellenistischen Herrschaft der Tempel entweiht und dann in einem Volksaufstand unter Führung von Judas Makkabäus dem jüdischen Kult zurückgegeben werden konnte.

Die Spanne von acht Tagen ergibt sich aus folgender Überlieferung: Als damals die siegreichen Juden wieder in den Tempel einziehen konnten, fanden sie nur ein winziges Fläschchen an geweihtem Öl, das gerade noch für einen Tag reichte. Auf wundersame Weise brannte diese kleine Menge acht Tage, so lange, bis erneut das für kultische Zwecke unabdingbare Öl wieder hergestellt war. Diese acht Tage symbolisiert der Chanukka-Leuchter, ein achtflammiger Kerzenständer, an dem jeden Tag des Festes eine neue Kerze entzündet wird, bis zum Schluss alle brennen.

Das *Tu be'Schwat*, das im Januar/Februar begangen wird, gilt als Frühlingsanfang. Kinder pflanzen, während sie traditionelle Lieder singen, kleine Bäumchen, und Früchte werden geweiht und gegessen.

Im Februar/März freuen sich Erwachsene wie Kinder auf das karnevalsmäßige *Purim*-Fest (Purim bedeutet Lose), das an die Geschicke im biblischen Buch Ester erinnert. Der persische Herrscher Artaterxes erließ auf Drängen seines Wesirs Haman ein Dekret zur Ausrottung der Juden, das durch Königin Ester und ihren Ziehvater Mordechai vereitelt wurde. So herrschte Freude unter den Juden, die bis heute anhält. Alle verkleiden sich, sind ausgelassen und, wie es bei einem jüdischen Autor heißt, „selbst der nüchternste Synagogenbesucher wird an diesem Tag ein kleines Gläschen Branntwein nicht ausschlagen." Laut rabbinischer Vorschrift ist es den Gläubigen am Purim erlaubt, so viel Alkohol zu trinken, „bis sie nicht mehr wissen, was der Unterschied ist zwischen gesegnet sei Mordechai und verflucht sei Haman". Beliebt während des Purim ist ein dreieckiges Gebäck, die „Ohren des Haman".

Im März/April wird das *Passach*-Fest begangen, das an die letze Plage, die Tötung aller Erstgeborenen durch den Würge-Engel und den schließlich vom Pharao erlaubten Auszug aus Ägypten, erinnert. Das Passach ist eine traditionelle Familienfeier, die zu Hause begangen wird; während des vorabendlichen rituellen Festmahls liest man die historischen Ereignisse aus der *Haggada* vor. Häufig wird der besondere soziale Charakter des Passach-Festes hervorgehoben, das nicht nur alle Familienmitglieder und Freunde, sondern auch in Not geratene Mitmenschen einschließt. Während des sieben Tage dauernden Festes gibt es kein Brot; man isst das ungesäuerte *Mazza*, das Brot der Armut.

Das *Schavuot*-Fest im Mai/Juni erinnert an die Übergabe der Zehn Gottesworte und ist auch ein frühes Erntedankfest. Traditionell essen alle Juden nur Milchprodukte und Honig.

Das *Tischa be-Aw* im Juli/August gedenkt der Zerstörung des Ersten und Zweiten Tempels und ist ein Tag der Trauer und des Fastens.

JUDENTUM UND ISLAM

JUDENTUM UND ISLAM

Das Judentum

Die *Thora* ist eine der Quellen des Judentums, und der Begriff bedeutet soviel wie „Lehre" oder „Weisung". Das Alte Testament benutzt den Ausdruck für Einzelbestimmungen und -belehrungen, weiterhin auch für die fünf Bücher Mose. Im nachbiblischen, dem so genannten rabbinischen Judentum, wurde der Begriff Thora dann im Sinne von Weisheit, Wahrheit und göttlicher Offenbarung gebraucht. Die Thora bestimmt das gesamte Leben eines Juden, sie ist nicht nur der Leitfaden für das religiös-kultische Leben, sondern auch für jedes weltliche Handeln. Dennoch wäre es falsch, die Thora einfach nur als „Gesetz" zu sehen, was zu einer unzulässigen Verkürzung führen und dem Begriff nicht gerecht werden würde.

In der Bibel gibt es das Bild von der Hochzeit für die Beziehung zwischen Gott und seinem Volk. Die Rabbiner haben diese Vorstellung dahingehend abgewandelt, dass sie die Thora als Braut des Bräutigams Israel darstellen. Das *Simchat Thora* (Fest der Thorafreude), in dem der „Lehre und Weisung" von den Juden überschwängliche Freude entgegengebracht wird, widerspricht der in der christlichen Definition so beliebten Charakterisierung des „Gesetzes" als ritualisiertem Zwang.

Unterschieden wird im rabbinischen Judentum zwischen der geschriebenen Thora – ursprünglich nur die fünf Bücher des Mose, später dann alle biblischen Bücher als göttliche Offenbarung – und der mündlich überlieferten Thora. Beide sind nach jüdischer Tradition Moses am Sinai übergeben worden.

Als 70 n. Chr. der Zweite Jerusalemer Tempel von den Römern zerstört wurde und damit für die Juden kein theologisches Zentrum mehr existierte, fand eine religiöse Neubesinnung auf die Thora statt. Bisher wurde die schriftliche Thora durch die mündliche ergänzt, die als *Mischna* durch ständiges Wiederholen und Rezitieren im Gedächtnis gespeichert blieb (Mischna = wiederholen). Diese orale Tradition umfasste Erklärungen und Auslegungen der schriftlichen Thora, aber auch Satzungen und Rechtslehren, die nicht in der niedergelegten Version enthalten waren (sogenannte *Halacha*). Die Inhalte der Halacha sind entweder aus der Schrift abgeleitet oder im Zuge rationaler Überlegung und logischer Schlussfolgerung entstanden. Nach der Zerstörung des Tempels haben die Rabbiner die ständig gewachsenen traditionellen mündlichen Überlieferungen inhaltlich geordnet und dann in Sammlungen niedergeschrieben.

Doch auch die schriftlich fixierte Mischna unterlag in den folgenden Jahrhunderten einer unermüdlichen theologischen Diskussion, so dass wieder eine ganze Anzahl an Erläuterungen entstanden. Diese wurden unter der Bezeichnung *Gemara* (Vollendung) zusammengefasst. Mischna und Gemara bilden zusammen den *Talmud* (Lehre, Belehrung), in dem die Mischna aus den einzelnen Halacha besteht, während die Gemara jede Halacha ausführlich kommentiert. Oft werden auch Auslegungen, Gleichnisse, Legenden, Anekdoten oder Sentenzen berühmter Rabbis (Meister, Lehrer) wiedergegeben, die innerhalb der Gemara unter dem Namen *Haggada* (Erzählung) zusammengefasst sind.

Dem christlichen wie dem jüdischen Glauben ist die Hoffnung auf eine bessere Zukunft für die Menschen gemeinsam. Juden und Christen glauben auch beide an das Weiterleben nach dem Tode und an einen durch Gott ausgelösten Wandel der Welt durch die Ankunft des Messias. Während nun jedoch für die Christen mit Jesus dieser Erlöser bereits gekommen ist, warten die Juden

Rechts: Das Lesen in der Thora, der Quelle göttlicher Offenbarung, ist zentraler Bestandteil jüdischen Glaubens.

JUDENTUM UND ISLAM

nach wie vor auf ihren Messias und befinden sich damit in einer ungebrochenen Zukunftshoffnung.

Im Gegensatz zu Christen und Muslimen, die Gebete weitaus individueller ausführen, ist bei den Juden das Gemeinschaftsgebet ausgeprägter und betont den sozialen Gebetsgeist der Religion. Beim Gottesdienst in der Synagoge gibt es keine zwischen Gott und den Menschen vermittelnden Priester, sondern beide finden über das Gebet zueinander (so wie es ja auch im Islam ist). „Der Priester, von dessen Funktion wir so viel in der Bibel lesen, verschwindet aus dem religiösen Leben, an seine Stelle tritt der Rabbiner, der kein Heilsvermittler ist oder Sakramente verwaltet, sondern der über die Lehre Bescheid weiß, sie auszulegen versteht und dem Fragenden Bescheid erteilen kann. Er gibt die Ausrichtung, wie der Jude sein Leben nach der Tradition gestalten soll. Der Dualismus Priester/Laie existiert nicht mehr, die Alternative ist: Gelehrter gegenüber dem Ungelehrten, dem Ungebildeten."

Die älteste und wichtigste liturgische Formel ist das *Sch'ma*-Gebet, das auch nach seinen ersten Worten „Höre, Israel, der Ewige, unser Gott, der Ewige ist einzig" benannt wird und aus den folgenden Pentateuch-Abschnitten besteht: Deuteronomium 6,4-9; Deuteronomium 11, 13-21; Numeri 15, 37-41. Es beschwört die göttliche Einheit und kündet damit vom Monotheismus, schließt die Liebe zu Gott und der Thora ein und erzählt von den Lohn-und Strafgedanken sowie dem Auszug aus Ägypten. Es wird täglich gebetet. Hauptgebet des Gottesdienstes ist das Achtzehnbittengebet, das auch *Tefillah* (liturgisches Gebet) oder *Amidah* (das stehend gesprochene Gebet) genannt wird. Am Anfang steht das Glaubensbekenntnis an Gott, dann folgen Bitten zur Wiedererrichtung von Jerusalem, auf das Erscheinen des Messias sowie der Wunsch nach Frieden.

Beim Besuch der heiligen Stätten (wie der Klagemauer) fällt auf, dass Männer und verheiratete Frauen eine Kopfbedeckung tragen (für fremde Be-

JUDENTUM UND ISLAM

sucher liegen kleine Kappen aus Karton bereit). Dieser „Verhüllungsritus" symbolisiert, dass der profane Mensch nicht unvorbereitet vor seinen Schöpfer tritt.

Beim Gebet tragen die Männer den *Tallit*, einen weißen Gebetsschal mit schwarzen oder blauen Streifen entlang der Seitenkanten. Orthodoxe Juden schnüren sich zudem die *Tefellin* um, Gebetsriemen, die am linken Oberarm und an der Stirn befestigt werden. In einer Art Medaillon, einer Kapsel, finden sich die auf Pergament geschriebenen Bibelverse Deuteronomium 6, 4-9; 11, 13-21; Exodus 13, 1-10 und 13, 11-16). Nach jüdischer Überlieferung erinnern sie den Gläubigen an die Offenbarung Gottes und den Auszug aus Ägypten.

In der Synagoge findet der öffentliche Gemeinschaftsgottesdienst statt. Das griechische Wort stammt aus der *Septuaginta* (griechische Bibelübersetzung) und bedeutet Versammlungshaus, denn ursprünglich handelte es sich bei der Synagoge um ein Rats-oder Gerichtsgebäude, in dem die Bürger zu öffentlichen Treffen zusammenkamen. Wie auch die Moschee ist die Synagoge keine reine Kultstätte und nicht von vornherein heilig; ein sakraler Ort wird sie erst dadurch, dass die gläubigen Gemeindemitglieder in ihr zusammentreffen und den heiligen Ritus praktizieren.

Der Islam

Drei Grundbegriffe bestimmen das Leben der Muslime: Islam, Religion, Glaube. Islam bedeutete soviel wie „sich Gott hingeben" und gleichzeitig aber auch die „gestiftete Religion". Dies beinhaltet, dass der Gläubige nach den Regeln des Koran (*Qur'an*) lebt sowie sein Glaubensbekenntnis (s. u.) zur Gemeinschaft aller Muslime (der *'Umma*) ablegt und somit die Solidarität aller Mitglieder der Glaubensgemeinschaft genießt (*'Asabiyya*). Religion, arabisch *Din*, beinhaltet die Vorschrift, die Gebote des Korans zu achten und sie im besten Sinne für die Gemeinschaft aller Gläubigen anzuwenden. Din bedeutet aber auch die Treue zu den Quellen, zum Koran und zur Sunna (s. u.), und zu guter Letzt ist *Din* jener Bereich, in dem der Muslim lebt, es ist sein Alltag, in dem nicht zwischen religiösem und weltlichem Handeln unterschieden wird – kenntlich gemacht an den Worten *Din we Dunya*, Religion und Welt – beides bildet im Islam eine untrennbare Einheit.

Iman bedeutet Glaube und auch, öffentlich Zeugnis für den Glauben abzulegen. Diese drei zentralen Grundbegriffe werden getragen durch die so genannten „Fünf Säulen des Islams", die das Leben eines Muslims bestimmen. An erster Stelle steht das muslimische Glaubensbekenntnis (Shahada), in dem es heißt: Ich bezeuge, dass es keinen Gott gibt außer Allah, und Mohammed ist sein Gesandter (*ana ashahadu an la illaha illa'llah wa Muhammadan rasulu 'llah*). Im rituellen Gebet, dem *Salat*, wendet sich der Muslim fünfmal am Tag direkt an Allah, nachdem er durch vorherige Waschungen die dafür nötige rituelle Reinheit erlangt hat.

Gebetet wird gen Mekka. In jeder Moschee wird die *Qibla* und somit die Gebetsrichtung durch eine Nische in der Wand, den sog. *Mihrab*, eindeutig angezeigt. Jeder Gläubige sollte so oft wie möglich das Gebet zusammen mit anderen in der Moschee (*Masdjid*) vornehmen, um damit die Gemeinschaft des Propheten, die *'Ummat an Nabi*, zu stärken. Wird ein Leben lang das Gebet ordentlich praktiziert, so ist der Einzug ins Paradies gesichert.

Mit der Almosengabe (*Sadaqa*) an Arme und Bedürftige reinigen sich die Gläubigen von Sünden und erlangen damit reiche Segnungen im Jenseits.

Im Monat Ramadan muss von Sonnenaufgang bis Sonnenuntergang gefastet (*Saum*) werden, nur nachts dürfen die Gläubigen essen und trinken. Ausnahmen vom Fasten sind unter

Rechts: Koran-Suren schmücken den Felsendom in Jerusalem.

JUDENTUM UND ISLAM

bestimmten Umständen möglich. Jeder Muslim sollte mindestens einmal eine Wallfahrt nach Mekka (*Hadj*) unternehmen; eine solche Pilgerfahrt reinigt von Sünden und stärkt die Solidarität der Gemeinschaft aller Gläubigen.

Über diese fünf Säulen hinaus ist die Teilnahme am heiligen Krieg (*Djihad*) ein wesentliches Element des Islams; der Begriff „heiliger Krieg" ist allerdings eine im 19. Jh. geprägte Übersetzung. Djihad bedeutet, dass „sich die ganze Gemeinschaft darum zu bemühen hat, nach der Vorschrift des Korans, die Rechte Gottes und der Menschen auf Erden auszubreiten." Djihad kann nicht nur Krieg, Bedrohung und Ausrottung „Ungläubiger" (wie in den „Schwertversen" der Suren 2, 4 und 9 gefordert und vom „Islamischen Staat" im Nachbarland Syrien praktiziert), sondern auch friedliche Verbreitung bedeuten – dort, wo die Muslime in der Minderzahl sind.

Koran, *Sunna* und *Hadith* sind die Quellen des Islams. Der Koran (*Qur'an*) hat seinen Namen von dem Wort *Qara* (lesen) oder auch von *Iqra* (lies!, rezitiere!). Die Inhalte des Korans hat Gott Mohammed in Offenbarungen Sure für Sure eingegeben, und hier sind gleichermaßen die religiösen wie die rechtlichen Regeln mitmenschlichen Zusammenlebens niedergelegt. Der Koran wird auch kurz, knapp und präzise *Al-Kitab*, das Buch genannt, das sich übrigens in 114 Suren gliedert.

Die Sunna, genauer die *Sunnat an-Nabi*, die Lebensführung des Propheten, ist die Sammlung aller Hadithe. Ein *Hadith* gibt ein Ereignis, Sentenzen oder Besonderheiten aus dem Leben Mohammeds wieder und ist somit zugleich eine Art Korankommentar. Die Hadithe sind die Gesamtheit der Überlieferungen über die Aussprüche und Handlungen des Propheten Mohammed sowie über die Handlungen Dritter, die er stillschweigend gebilligt hat.

Die Sunniten, zu denen fast alle Muslime in Israel und Palästina zählen, verehren die Sunna, verstehen sich als *Ahl al-Sunna al-Djama'a*, als „Leute der Sunna und der Gemeinschaft" und betrachten die Schiiten als Abweichler.

GESCHICHTE

GESCHICHTE

GEOGRAFIE, GESCHICHTE UND KULTUR ISRAELS

PALÄSTINA

Palästina gilt als eine der Wiegen der Zivilisation: Vor über 12 000 Jahren stand auf dem Boden des Heiligen Landes die erste befestigte Stadt der Welt – Jericho. In Palästina spielte die Geschichte des jüdischen Volkes, das umgeben war von Hochkulturen und mächtigen Großreichen – von Ägyptern, Babyloniern, Assyrern, Persern, Griechen und Römern; sie alle hinterließen ihre Spuren.

Im heutigen Israel finden wir auch die Wirkungsstätten des Religionsstifters Jesus, zu dessen Glauben sich weltweit ungefähr 2 Milliarden Menschen (Katholiken, Protestanten, Orthodoxe, Anglikaner, Kopten, Syrische Christen u. a.) bekennen. Städtenamen wie Kapernaum, Tiberias, Nazareth, Jerusalem, Ortsbezeichnungen wie der Ölberg, Golgatha, der See Genezareth oder der Garten von Gethsemane gehören ganz selbstverständlich zur christlichen Kultur. Das am häufigsten gedruckte Buch der Erde, die Bibel (mit Altem und Neuem Testament), erzählt die Geschichte von der Erschaffung der Welt und der frühen Besiedlung dieser Region durch die Israeliten bis zur Kreuzigung Jesu und den Aposteln.

Bei all den gewichtigen historischen Reminiszenzen darf die zeitgenössische Situation Israels und Palästinas jedoch nicht vergessen werden: Rund 50 Jahre nach der Gründung des Staates Israel sind die Probleme nach wie vor ungelöst, fordern die Palästinenser zu recht einen eigenen Staat. Immerhin sind inzwischen mit der Autonomie im Gaza-Streifen und in der West Bank doch erste Schritte auf dem langen Weg zum Frieden gemacht worden.

Links: Moses mit den Gesetzestafeln; Holzstich von Gustave Doré (1865).

Geografie

Israel vereint auf relativ kleinem Raum (430 km von Nord bis Süd und maximal 110 km Ost-West) eine enorme geografische und klimatische Vielfalt. Das Land erstreckt sich entlang dem Jordangraben, einem Nord-Süd verlaufenden, tiefen Grabenbruch, der im Osten die Landschaft bestimmt: Nach dem Huletal im Norden, wo der Jordan seinen Anfang nimmt, folgt der See Genezareth, dann das Jordantal, das im 400 m unter dem Meeresspiegel liegenden Toten Meer endet, wonach im Südabschnitt des Grabenbruchs die Arava-Senke bis zum Roten Meer führt.

Im Norden erhebt sich am Dreiländereck zwischen dem Libanon, Syrien und den seit 1967 von Israel besetzten Golan-Höhen der Berg Hermon, der auf der israelisch kontrollierten Seite eine Höhe von 2234 m erreicht. Südlich schließen sich die steinigen, von tiefen Flusstälern zerfurchten Golan-Höhen an. Der „Finger von Galiläa" erstreckt sich westlich des Golans und führt nach Süden ins Bergland von Obergaliläa mit dem Berg Meron (1206 m). Untergaliläa mit dem Berg Tabor (588 m) und die Jesreel-Ebene gehören noch zum fruchtbaren Norden. Weiter von Nord nach Süd folgt das bergige Rückgrat des Landes – Samarien (Shomron) mit dem 949 m hohen Berg Ebal (Eval) und das bis zu 1020 m hohe Judäische Bergland liegen zum größten Teil in dem seit 1967 besetzten Westjordanland.

Die Judäische Wüste erstreckt sich im Osten zum Toten Meer hin und grenzt im Süden an die Negev-Wüste, die im Westen in den ägyptischen Sinai übergeht. Die im Osten anschließende Arava-Senke endet am Roten Meer mit der Hafenstadt Eilat. Am Mittelmeer trennt der 546 m hohe Berg Karmel bei Haifa die Sebulon-Ebene im Norden von der Sharon-Ebene im Süden. Der letzte Küstenabschnitt, von Tel Aviv bis über Ashkelon hinaus, geht nach Osten in die hügelige Shefela über.

GESCHICHTE

Das Neolithikum

Als Teil des Fruchtbaren Halbmondes, der in einem weiten Bogen von Palästina über Syrien, Südost-Anatolien und Mesopotamien (Irak) bis zum Persischen Golf verläuft, sind Israel und Jordanien eines der Zentren früher Kulturentwicklung. Kennzeichen des in die akeramischen und keramischen Phasen unterteilten Neolithikums (Jungsteinzeit) vom 8. bis frühen 4. Jt. v. Chr. sind: eine produzierende Wirtschaftsweise, bei der die Landwirtschaft (Kultivierung von Emmer, Einkorn, Gerste u. a.) die Lebensweise der Jäger und Sammler ergänzt und schließlich ablöst; das Auftreten von (noch nicht auf der Töpferscheibe hergestellter) Keramik (ab der zweiten Phase); die Domestizierung von Tieren, insbesondere Schafe, Ziegen, Schweine und Rinder; eine zunehmende Sesshaftwerdung und damit einhergehend die Herausbildung dörflicher Siedlungsstrukturen und Vorratshaltung; ein ausgeprägter Fruchtbarkeitskult, der sich in der Kunst v. a. in meist dicken Frauenstatuetten widerspiegelt.

Den letzten Abschnitt des Neolithikums bildet das Chalkolithikum (Kupfersteinzeit) des 4. Jt. v. Chr., in dem grundlegende Techniken der Metallgewinnung und -verarbeitung entwickelt wurden.

Die bekanntesten neolithischen Hinterlassenschaften beidseits des Jordans sind der Steinturm am Tell es-Sultan bei Jericho und die Menschenfiguren aus Ain Ghazal bei Amman.

Ab dem Neolithikum und Chalkolithikum entstehen die für ganz Vorderasien typischen Siedlungshügel (besonders eindrucksvoll beispielsweise in Megiddo, Dan, Hazor, Jericho), die im Arabischen *Tell* und im Hebräischen *Tel* genannt werden.

Rechts: Getreidesilo in Megiddo, einer der größten und bedeutendsten Städte Kanaans während der Bronzezeit.

Die Bronzezeit

Im dritten Jahrtausend lassen sich in Palästina erste politische und territoriale Ordnungen erkennen. Die vorisraelitische Bevölkerung, die Kanaanäer, hatten die Region mit einer Anzahl selbständiger Stadtstaaten überzogen, von denen die heute bekanntesten Hazor, Megiddo, Geser, Lachisch, Jerusalem und Jericho waren. Die ökonomische Grundlage bildete die schon gut entwickelte Landwirtschaft mit Obst-und Weinanbau, Ölbaumkultivierung sowie Viehhaltung.

Zur gleichen Zeit herrschte in Ägypten, dessen Geschichte mit der Palästinas auf Jahrtausende eng verknüpft blieb, mit der Alten Reich, der „Pyramidenzeit", eine stabile politische Ordnung.

Um 1700 v. Chr. drangen semitische Eroberer, die Hyksos, mit einer bis dato unbekannten Kriegstechnik in „das Geschenk des Nils" ein: Mit Pferd und Streitwagen fegten die „Beherrscher der Fremdländer" die Truppen des Mittleren Reichs (2040-1785 v. Chr.) hinweg und blieben bis 1550 v. Chr.

Mit der Vertreibung der Hyksos gelang den Pharaonen der 18. Dynastie (1551-1306 v. Chr.) der Aufschwung zur Großmacht im Vorderen Orient. Innerhalb kürzester Zeit geriet ganz Palästina unter die Oberhoheit der Ägypter, welche die Region über die kanaanitischen Metropolen kontrollierten. Die Stadtkönige, von den Pharaonen aus der herrschenden Elite eingesetzt, sorgten mittels der lokalen Aristokratie für die Tributzahlungen an das Nilland. Die anfänglich lockere Oberhoheit der Besatzungsmacht intensivierte sich schon bald aufgrund von Aufständen einzelner Stadtstaaten. Ägyptische Beamte kontrollierten nun die Handelswege und begannen, militärisch unterstützt von nubischen Söldnern, die Abgaben einzutreiben. Daneben zogen auch die Stadtkönige zur Versorgung ihres Hofstaats Steuern ein, so dass die Masse

GESCHICHTE

der Bevölkerung einer doppelten Ausbeutung unterlag.

Mit Beginn des 13. Jh. v. Chr. verfiel die Macht der Pharaonen in Palästina. Grund dafür war die Invasion der sog. Seevölker, vor allem der berüchtigten Philister. Zwar gelang es den Ägyptern unter Ramses III. (1184-1153), die Invasoren in einer See- und einer Landschlacht abzuwehren, die militärischen Anstrengungen hatten das Land jedoch derart geschwächt, dass die ägyptische Herrschaft über Palästina bald zu Ende ging. Die Philister traten das politische Erbe der Pharaonen an und regierten mittels des „Fünfstädtebundes" (Gaza, Ashkelon, Ashdod, Ekron und Gath) in Palästina. Dabei stützten sie ihre Herrschaft auf eine gut ausgebildete Militärmacht, als dessen Spitze die schwerbewaffneten Einzelkämpfer galten.

Zur Zeit der Herrschaft der Philister in Palästina, während der frühen Eisenzeit, soll sich dem Alten Testament zufolge die Landnahme der Hebräer ereignet haben, was neuesten archäologischen Erkenntnissen sehr umstritten ist.

Die Eisenzeit

Die Hebräer (Israeliten) waren Halbnomaden, ihre kleinen Herden bestanden aus Schafen und Ziegen, als Lasttier diente der Esel (das Kamel war im Einflussbereich Ägyptens wenig verbreitet, und sein Fleisch wird in der Bibel für unrein erklärt). Während der Regenzeit versorgte die Steppe die Herden mit Nahrung, im Sommer dagegen zogen die Stämme in die Randgebiete des fruchtbaren Landes, wo sie sich mit den Bauern arrangierten. Auf den abgeernteten Weizenfeldern fanden die ohnehin genügsamen Tiere noch genug Futter.

Doch auch ein fester innerer Gruppenzusammenhang nutzte wenig, wenn die Natur mit ihrem zyklischen Wechsel von Regen-und Trockenzeit aus dem Tritt geriet. Fiel in einem Jahr zu wenig oder überhaupt kein Regen, kam so etwas gar in mehreren aufeinander folgenden Jahren vor, so waren die Nomaden akut vom Hungertod bedroht. Rettung bot dann nur Ägypten, das dank der rhythmischen Nilüber-

GESCHICHTE

schwemmungen regenunabhängig war. An den gut bewachten Grenzen des Pharaonenreiches wurden die ausgemergelten, Rettung suchenden Hirten registriert und dann als unbezahlte Arbeiter zum Bau militärischer und sakraler Objekte eingesetzt.

So erging es der Bibel zufolge auch den israelitischen Stämmen: Schon Abraham suchte Zuflucht in Ägypten, und nach ihm waren es die zwölf Söhne Jakobs, also Joseph und seine Brüder, die das Nilland vor dem Tod bewahrte. Doch wer einmal in Ägypten war, den ließen die Pharaonen so leicht nicht wieder ziehen; die dramatischen Auseinandersetzungen zwischen Moses und dem Pharao belegen dies: Nur durch die direkte Einflussnahme Gottes gelang laut Bibel den Hebräern die Flucht aus dem Land. Mit dem erfolgreichen Exodus begann der Mythos der Hebräer und der Aufstieg ihres Gottes Jahwe.

Oben: Als Halbnomaden mit Kleinvieh lebten vermutlich die frühen Hebräer (Israeliten) – Wandgemälde im Grab des Chnumhotep (19. Jh. v. Chr.).

Die Hebräer benutzten keineswegs den kürzesten Weg ins „gelobte Land". Laut Altem Testament legte Gott selbst eine Ausweichroute fest, damit die eventuell zu erwartenden Kämpfe sein Volk nicht schon in der Anfangsphase der Flucht demoralisieren und zur Umkehr nach Ägypten bewegen würden. Der schnellste Weg entlang der Sinai-Küste war damals eine internationale Handelsroute, die von Pharao Sethos I. (1303-1290 v. Chr.) durch ein Netz von Festungsanlagen gesichert worden war, und die der Nomadentrupp kaum hätte heil passieren können. Die Stämme zogen daher nach Südosten, durchwanderten das Innere der Sinai-Halbinsel und Teile des heutigen Jordanien, und stießen schließlich über den Jordan nach Kanaan vor.

Bei ihrem Einzug fanden die Hebräer ein machtpolitisches Vakuum vor. Der Einfall der Seevölker, vor allem der Philister, und der damit verbundene Niedergang der Ägypter als Großmacht, hatte umfangreiche Wanderungsbewegungen zur Folge gehabt, an de-

GESCHICHTE

nen nicht nur die Hebräer, sondern auch weitere semitische Völker wie die Edomiter, Moabiter und Ammoniter beteiligt waren. Das Fehlen einer Zentralgewalt, wie sie bis dahin einzig die Pharaonen etabliert hatten, führte zu einem Kampf der verschiedenen Königreiche untereinander, aus dem die Hebräer (Israeliten) siegreich hervorgehen sollten. Die Zeit der Landnahme hat man sich dabei nicht – wie die Bibel suggeriert – als ein großangelegtes Projekt vorzustellen. Vielmehr wurde das Land von den Halbnomaden allmählich infiltriert, auch wenn Kriege meist auf dem Schlachtfeld entschieden wurden. Hierbei hatten die Israeliten zwei Probleme zu lösen. Einerseits die starken Befestigungsanlagen der kanaanäischen Städte, andererseits deren disziplinierte Berufskrieger, die mit ihren effektiven Streitwageneinsätzen marschierende Truppenteile in kürzester Zeit eliminieren konnten. Demgegenüber verfügten die israelitischen Stämme nicht über Belagerungsmaschinen und -techniken, und den Streitwagen standen lediglich Fußsoldaten gegenüber. Der biblischen Erzählung zufolge begegneten die Israeliten diesem Manko mit Kriegslisten, Hinterhalt und Täuschungsmanövern. Bet El und später Jerusalem wurden durch List erobert; Bet El durch Verrat (Richter 1, 22), Jerusalem durch heimliches Eindringen in die Stadt mittels des Schachtes, der das Trinkwasser aus der Gihon-Quelle nach Jerusalem hineinleitete.

Andere Eroberungen wurden zwar in offener Schlacht mit den Kanaanäern entschieden, doch waren auch diese Kämpfe bestens vorbereitet und nicht etwa durch überlegene Truppen, sondern vor allem mittels des Überraschungsmomentes siegreich. Bei der Schlacht von Gibeon beispielsweise zog das israelitische Heer in einem nächtlichen Eilmarsch heran und kam kurz vor Morgengrauen – womit niemand gerechnet hatte – über die feindlichen Truppen.

Das Anwachsen der Bevölkerung und das nunmehr ausgedehnte Territorium erforderten die Suche nach einer neuen Regierungsform. Nur ein Zentralgewalt konnte neue Rechtsverordnungen einführen und die organisatorische Sicherung des Staatsgebietes übernehmen – die Zeit war reif für die Gründung eines Königshauses.

Das Vereinigte Königreich unter Saul, David und Salomo

Den außenpolitischen Anlass zur Gründung eines Königreichs gab im ausgehenden 11. Jh. die militärische Expansion der Philister. Darüber hinaus kannten die Hebräer bereits von den Edomitern, Ammonitern und Moabitern politische Zentralgewalten und registrierten genau die organisatorischen Vorteile, die eine solche Regierungsform beinhaltete.

Um 1050 v. Chr. herrschte der „Seher" Samuel, ein Richter, über das Land. Wie die Bibel berichtet, salbte Samuel den Saul um 1012 v. Chr. zum ersten König, gemäß den Forderungen des Volkes: „Darum setze jetzt einen König bei uns ein, der regieren soll, wie es bei allen Völkern der Fall ist" (1. Samuel 8, 5). Die Bibel berichtet weiter, wie Samuel im Lauf der Zeit Saul die Unterstützung zugunsten Davids bezuge entzog.

Einen Namen als Feldherr hatte sich Saul als Beschützer der Stadt Jabesch-Gilead geschaffen, wo er die angreifenden Ammoniter besiegt hatte. Danach kämpfte er während seiner Regierungszeit (1012-1004 v. Chr.) hauptsächlich gegen die Philister, aber auch gegen Moabiter, Amalekiter und Edomiter. Obwohl Samuel ihm die Königswürde nach der Schlacht gegen die Amalekiter entzog, gelang es ihm, die israelitischen Stämme zu einen. Während seiner Ära fand das Patriarchensystem sein Ende, und bedeutende gesellschaftliche Veränderungen zogen ein. So belohnte der König ihm treu ergebene Anhänger, ebenso wie große Teile der eigenen

GESCHICHTE

derlage beigebracht hatten – Sauls Söhne kamen ums Leben und der König stürzte sich in sein Schwert –, war David der einzige, der über genügend Führungsqualitäten verfügte, um das Volk zu schützen. So salbten ihn erst die Ältesten des südlichen Stammes Juda zu ihrem König, und nach einigen Jahren Krieg folgten ihnen 1004 v. Chr. die restlichen Stämme des Reiches Israel nach.

Dann wandte David sich Jerusalem zu, dessen Bewohner ihre Stadt für uneinnehmbar hielten. Doch Jerusalem fiel und avancierte zur Hauptstadt der vereinigten Reiche und mit dem Einzug der Bundeslade auch zum religiösen Zentrum des jungen Königtums.

David schlug eine Reihe erfolgreicher Schlachten und sicherte die Grenzen des Reichs. Innenpolitisch setzte er die Veränderungen, die Saul begonnen hatte, weiter fort, schuf Ämter für königliche Minister, entwickelte eine effektive Verwaltung und beschnitt die Rechte der Ältesten. Im Volk rumorte es erneut, und Davids Sohn Absalom setzte sich an die Spitze des Protestes, der so erfolgreich war, dass David tatsächlich aus Jerusalem fliehen musste. Er sammelte ein Heer um sich und schlug die Truppen seines Sohnes, der von Davids Neffe Joab ermordet wurde.

Auch einen zweiten Aufstand schlug David nieder, bestimmte dann seinen Sohn Salomo zum Nachfolger und starb bald darauf 965 v. Chr. Salomos erste Amtshandlung war die Eliminierung seiner Widersacher in der Thronfolge, dann regierte er weitgehend friedlich, hielt das Reich zusammen und betätigte sich als großer Bauherr. In Jerusalem entstand neben vielen anderen Gebäuden der prachtvolle Erste Tempel und wie schon unter David war auch die Regierungszeit von Salomo für die Bewohner des Landes eine Zeit der Ruhe und der Sicherheit. Den einzigen Aufstand gegen seine Herrschaft, angezettelt von Jerobeam, dem Verwalter der königlichen Latifundien, ließ Salomo schnell und hart niederschlagen; Jero-

Familie, mit den eroberten Ländereien. Gegen diese neue Praxis, die dem gerade erst sesshaft gewordenen, einstigen Nomadenvolk völlig fremd war, regte sich breiter Widerstand. Die letzten Regierungsjahre zeichneten sich durch heftige Konflikte zwischen dem König und der traditionellen Elite aus. David hatte davon langfristig den meisten Nutzen; von jeher hatte er großes Ansehen genossen, und nun verdächtigte ihn Saul umstürzlerischer Pläne. David musste fliehen.

Mit anderen gesellschaftlichen Außenseitern, einer Truppe von 400 bis 600 Kämpfern, „Männer, die nichts zu verlieren hatten" (Richter 11,3), zog er marodierend durch das Land der Amalekiter, ja, er verbündete sich sogar lose mit den jüdischen Erzfeinden, den Philistern. Nachdem diese verhassten Gegner des auserwählten Volkes Saul am Berg Gilboa eine vernichtende Nie-

Oben: „David und Goliath" – mitteleuropäische Buchmalerei (13. Jh.). Rechts: König Salomo, russische Ikone, 17. Jh.

GESCHICHTE

beam flüchtete und suchte Sicherheit in Ägypten. Um 930 v. Chr. starb König Salomo.

Salomos ältester Sohn Rehabeam (um 930-913 v. Chr.) bestieg nach dem Tod seines Vaters den Thron, doch waren die Nordstämme Israels jetzt nur unter gewissen Bedingungen bereit, seine Oberhoheit anzuerkennen. Vor allem ging es ihnen um eine Reduzierung der Abgaben – die teure, steuerverschlingende Verwaltung sollte abgeschafft oder doch wenigstens reduziert werden: „Dein Vater", so sagten sie zu Rehabeam, „hat uns ein hartes Joch auferlegt. Erleichtere du jetzt den harten Dienst deines Vaters und das schwere Joch, das er uns auferlegt hat" (1. Könige 12, 4). Diplomatisch recht ungeschickt, wollte Rehabeam königliche Stärke und Führungsqualitäten demonstrieren und antwortete: „Mein Vater hat euer Joch schwer gemacht. Ich werde es noch schwerer machen. Mein Vater hat euch mit Peitschen gezüchtigt, ich werde euch mit Skorpionen züchtigen" (1. Könige 12, 14). Eine solche Beleidigung nahmen die Nordstämme nicht hin, mit dem Ruf, „in deine Zelte, Israel" (1. Könige 12, 16), zogen sie nach Hause, riefen Jerobeam (um 930-908 v. Chr.) aus Ägypten zurück und salbten ihn zum Herrscher des Nordstaates – die Zeit der Ruhe in beiden Reichen war vorbei, faktisch herrschte nun Kriegszustand.

Das Nordreich Israel

Das bedeutendste außenpolitische Ereignis während der Herrschaft Jerobeams war der Einfall des ägyptischen Pharao Scheschonk I. (945-924 v. Chr.), der wohl vom märchenhaften Reichtum Salomos gehört hatte. Ansonsten schiffte Jerobeam sein Land halbwegs sicher durch die unruhigen Zeiten. Sein Sohn Nadab folgte ihm auf den Thron, wurde jedoch schon kurze Zeit später mit seiner gesamten Familie von einem gewissen Baesa (906-883 v. Chr.) aus dem Stamm Issachar umgebracht.

So erging es auch den beiden folgenden Herrschern; erst der Heerführer Omri (881-871 v. Chr.) konnte wieder Ruhe ins Land bringen. Er beendete die kriegerischen Grenzgeplänkel mit dem Südreich Juda und ließ mit Samaria eine neue Hauptstadt erbauen. Ihm folgte sein Sohn Ahab (871-852 v. Chr.) auf den Thron. Dieser sah alsbald sein Land durch die Assyrer bedroht und handelte rasch. Er ließ die Städte mit besseren Befestigungen versehen, Vorräte in Magazinen speichern, Wasserversorgungssysteme ausbauen und Streitwagen bereitstellen. Auch aufgrund des außenpolitischen Drucks schloss er Frieden mit Juda.

15 Jahre später (853 v. Chr.) zog dann tatsächlich der Assyrer-König Salmanassar III. gegen Juda und Israel. Beide Reiche vereinigten ihre Heere, und die Assyrer wurden vernichtend geschlagen. Ahab allein stellte mit 10 000 Kriegern und 2000 Streitwagen das Gros der Truppe, ein Zeichen, wie gut er sein Reich auf die Bedrohung vorbereitet hatte. 841 v. Chr., nach dem vierten Ein-

GESCHICHTE

fall Salmanassars, konnte der Assyrer-König Israel endlich seinem Herrschaftsbereich einverleiben, und Jehu zahlte Tribut. Gut 100 Jahre später verweigerte Hosea (731-724 v. Chr.) die Zahlungen, Salmanassar V. schlug zu, und sein Nachfolger Sargon führte 721 v. Chr., wie er in den Annalen mitteilen ließ, 27 280 Israeliten, die gesamte Oberschicht, in die Sklaverei. Israel hatte aufgehört zu existieren.

Das Südreich Juda

Herrscher über Juda war Salomos Sohn Rehabeam geworden, der den Einfall des ägyptischen Pharao Scheschonk I. (s. o.) dadurch beendete, dass er ihm 926 v. Chr. einen großen Teil des Tempel- und Palastschatzes überließ. Die folgenden Jahrhunderte waren durch militärische Grenzauseinandersetzungen mit dem mächtigeren Israel gekennzeichnet, und 868 v. Chr. kam es schließlich zu einem Friedensvertrag. Als erste ausländische Macht griffen in der Regierungszeit Joaschs (839-801 v. Chr.) die Aramäer an, doch auch sie ließen sich durch Tributzahlungen wieder zum Abzug bewegen. Die Herrschaft von Ussia (786-736 v. Chr.) brachte den Judäern ein halbes Jahrhundert Frieden, und entsprechend mehrte sich der Wohlstand.

734 v. Chr. überrannte der Assyrer Tiglatpileser III. die Region. Juda erkannte die Oberhoheit der Assyrer an und zahlte regelmäßig Tribut. Hiskija (725-697 v. Chr.) wagte nach Sargons Tod die Loslösung, sah aber bald ein, dass die Assyrer zu mächtig waren und zahlte wieder. Sein Sohn Manasse (696-642 v. Chr.) sorgte ein weiteres Mal für 50 Jahre Stabilität und Wohlstand.

609 v. Chr. zog der Pharao Necho II. nach Palästina, um die Babylonier von einer Eroberung des Gebiets abzuhalten; im Zuge dieser Ereignisse tötete er in der Schlacht von Megiddo Josija (639-609 v. Chr.). Juda war wieder ein Vasallenstaat, zahlte zuerst an die Ägypter, und nachdem diese von den Babyloniern unter dem späteren König Nebukadnezar II. in der Schlacht von Karkemisch (605 v. Chr.) geschlagen worden waren, an die Babylonier. Als Zedekia (597-587 v. Chr.), König von Babylons Gnaden, die Unabhängigkeit ausrief, marschierten die Truppen von Nebukadnezar II. in Juda ein, eroberten 587 v. Chr. Jerusalem, plünderten die Stadt, zerstörten den Tempel Salomos mit der Bundeslade und führten die Bewohner in die Sklaverei.

Perser und Hellenen

Nach dem Tod Nebukadnezars II. 562 v. Chr. regierten nur schwache Herrscher. So war es für den Perser-König Kyros ein leichtes, das babylonische Reich 539 v. Chr. einzunehmen. Den Juden erlaubte er die Rückkehr nach Juda, das nun zu Persien gehörte. Viele blieben im Zweistromland zurück, die Rückkehrwilligen und die im Lande gebliebenen konnten aber in Jerusalem den Zweiten Tempel auf dem alten Platz wiederaufbauen, und 515 wurde er geweiht.

Das Buch Esther erzählt von einem geplanten Massaker an den Juden Persiens. Tatsache ist, dass selbst einige der zu Reichtum und Ansehen gelangten Juden im 5. Jh. v. Chr. nach Juda zurückkehrten, so auch der vom König ernannte Statthalter Nehemia, der eine neue Stadtmauer um Jerusalem zog.

Nach der Schlacht von Issos 333 v. Chr. und der Einnahme von Tyros (Libanon) gehörte Palästina kurzzeitig zum makedonisch-griechischen Herrschaftgebiet Alexander des Großen. Nach dessen Tod 323 v. Chr. teilten seine Nachfolger, die Diadochen, das gewaltige Reich unter sich auf. Ägypten fiel an Ptolemaios, der auch Palästina (mit Transjordanien) 320 v. Chr. im Handstreich nahm.

Die Seleukiden, die von Antiochia

Rechts: Darstellung der Bundeslade in der Synagoge von Kapernaum (2.-3. Jh.).

am Orontes (heute Antakya in der Türkei) aus Syrien und Mesopotamien beherrschten, trachteten nach dem fruchtbaren Palästina. 217 v. Chr. marschierte Antiochos III. bis nach Gaza ein, wurde jedoch zurückgeschlagen. Erst 200 v. Chr. besiegte er Ptolemaios V. in der Schlacht von Panion (heute Banyas). Judäa wurde nun zur Provinz des Seleukiden-Reichs, die Hellenisierung des Landes wurde beschleunigt.

Die Zeit der Hasmonäer

Die Hellenen machten sich beim jüdischen Volk schnell unbeliebt. 167 v. Chr. verbot der Seleukiden-Herrscher Antiochos IV. die jüdische Religion und zwang die gläubige Bevölkerung, an heidnischen Ritualen teilzunehmen. Als im Ort Modeïn in der Lydda-Ebene ein Jude den hellenischen Ritus zelebrieren wollte, wurde er vom Priester Mattatias getötet. Nach der Tat floh er mit seiner Familie in die Wüste und scharte viele kampfesmutige Anhänger um sich. Nach dem Tod des Priesters übernahmen seine Söhne Judas, Jonathan und Simon die Führung des Aufstandes, wobei sich vor allem Judas als strategisches Genie zeigte und den Beinamen Makkabäus (der Hammer) bekam. Mit diesem Namen wurde schließlich der gesamte von Judas und seinen Brüdern geführte Freiheitskampf bezeichnet: der Makkabäer-Aufstand. Da die Hellenen die Angelegenheit nicht sehr ernst nahmen, führten sie keine überragenden Truppen in den Kampf. Zweimal schlug Judas Makkabäus mit seiner Truppe die Seleukiden, dann zog er 164 v. Chr. sogar siegreich in Jerusalem ein, fegte die Hellenen hinweg und öffnete den Tempel wieder für den jüdischen Kult.

Lysias, Statthalter der Seleukiden und Regent für den minderjährigen Antiochos V., stellte nun ein großes Heer auf, eroberte eine Stadt nach der anderen zurück und stand bald vor Jerusalem; doch da zwangen ihn innenpolitische Schwierigkeiten im heimischen Reich zur Umkehr. Er bot den Hasmonäern Frieden und freie Kultausübung an.

GESCHICHTE

Doch Judas wollte mehr und träumte von politischer Unabhängigkeit. Er kämpfte weiter und kam 160 v. Chr. in einer Schlacht ums Leben. Hastig zogen sich die Makkabäer wieder in die ebenso sichere wie unwirtliche Wüste zurück. Unter dem Kommando von Judas Bruder Jonatan folgte nun eine Politik der militärischen Nadelstiche.

In den folgenden Auseinandersetzungen errang Jonathan eine Reihe politischer Erfolge, fiel dann aber einer Intrige zum Opfer und wurde 143 v. Chr. ermordet. Simon, der zweitälteste der fünf Söhne des Mattatias, übernahm nun die Herrschaft, arrangierte sich mit dem Seleukiden Demetrios II. und erhielt das Amt des Hohepriesters. Nun durfte er sich Anführer der Juden nennen und konnte politisch weitgehend eigenständig agieren. 140 v. Chr. bestätigte ihm die große Ratsversammlung die Erblichkeit seiner Ämter. Damit war die Hasmonäer-Dynastie gegründet, die durch Priesterkönige das durch Religion definierte Volk und Land Israel beherrschte. 134 v. Chr. wurde Simon zusammen mit seinen beiden Söhnen Judas und Mattatias bei einem Besuch in Jericho von seinem machtgierigen Schwiegersohn Ptolemaios ermordet. Doch die Hasmonäer saßen fest im Sattel und waren beliebt. Simons überlebender Sohn, Johannes Hyrkan I., übernahm unter begeisterter Zustimmung der Bevölkerung den Thron des Vaters und schlug den Aufstand seines Schwagers nieder. Kaum waren die innenpolitischen Gegner ausgeschaltet, sah sich Johannes Hyrkan dem Heer des Seleukiden Antiochos VII. Sedetes gegenüber; zwei Jahre dauerte der Krieg, der von keiner Seite gewonnen werden konnte. Nach dem Tod des Antiochos weitete der jüdische Herrscher seinen Einflussbereich durch eine Reihe erfolgreicher Kriegszüge weiter aus.

Wenig erfreulich gestaltete sich die Nachfolgefrage nach Johannes' Tod 104 v. Chr.; für ein Jahr übernahm seine Frau die Herrschaft. Dann ließ Johannes' Sohn Aristobul die Mutter festsetzen und im Kerker verhungern, nahm drei weitere Brüder gefangen und ließ einen vierten ermorden. Nach dem Tod von Aristobul kam sein Bruder Alexander Jannai (102-76 v. Chr.) an die Macht. Er heiratete seine Schwägerin Salome Alexandra und ließ vorsichtshalber ebenfalls einen Bruder umbringen. Nach der Eroberung der Küstenstädte, von Galiläa und des Ostjordanlandes hatte das jüdische Hasmonäerreich die größte Ausdehnung. Nach Alexander Jannais' Tod kam es wieder zu Erbfolgestreitigkeiten. In dieses Machtvakuum stießen die Römer vor, die mit dem Zusammenbruch des Seleukiden-Reichs zur beherrschenden Macht der Region aufstiegen. Schnell wurden Syrien und Palästina nach dem Eingreifen des Pompeius 63 v. Chr. zur römischen Provinz *Syria* zusammengefasst.

Die Römische Herrschaft

Herodes der Große

47 v. Chr. kam G. Iulius Caesar auf der Höhe seiner Macht in die Provinz Syria und bestätigte Hyrkan, dem Sohn von Alexander Jannai, das erbliche Priesteramt. Antipater, ein ehemaliger hoher Verwaltungsstratege aus dem einstigen edomitischen Herrschaftsgebiet Idumäa und loyaler Gefolgsmann und Unterstützer Hyrkans, erhielt aus Caesars Händen die römische Staatsbürgerschaft und avancierte zum Prokurator von Judäa. Er versorgte auch seine beiden Söhne Phaseal und Herodes mit einflussreichen Posten. Nach Caesars Ermordung 44 v. Chr. und der Vergiftung des Antipater verwickelten die um den Thron kämpfenden Römer die Region in einen Bürgerkrieg, zudem griffen die Parther nun die römischen Ostprovinzen an – alles, was Rang und Namen hatte, lief zu ihnen über. Herodes der Große indes brachte seine Familie in die

Rechts: „Der Bethlehemitische Kindermord" – Fresko von Giotto di Bondone (um 1315).

Sicherheit der Bergfestung Masada und entkam mit knapper Not nach Rom, wo er von Marcus Antonius und Octavian mit großen Ehren empfangen wurde, da er deren einziger Verbündeter in Judäa war. So avancierte Herodes von Roms Gnaden zum „König der Juden". Mit Hilfe römischer Truppen eroberte er sein Reich, und 37 v. Chr. fiel Jerusalem in seine Hände.

Die hochrangigen Verteidiger der Stadt ließ er ausnahmslos hinrichten; das gleiche Schicksal erfuhr die Mehrheit des Hohen Rates (*Sanhedrin*). Alle wichtigen Funktionen besetzte der König mit ergebenen Hofschranzen und herrschte treu gegenüber Rom. Nach Salomo war er der größte Baumeister des Landes. Er sorgte für eine lange außenpolitische Friedensperiode, führte aber eine brutale Schreckensherrschaft im Inneren. Denunziation, Intrigen und Hinrichtungen warfen immer wieder Schatten auf die Prachtentfaltung der herodianischen Ära.

Der König war im jüdischen Volk tief verhasst. Wie schon sein Vater vor ihm wurde er als Nachkomme zwangsjudaisierter Idumäer von den Strenggläubigen nicht als rechter Jude anerkannt – dass seine Mutter Nabatäerin war, half da freilich wenig. Zudem stützte sich seine Macht auf Roms Legionen, und als treuer Vasall hatte der König die Verbreitung des Kaiserkults unter den Nicht-Juden im Lande tatkräftig unterstützt. Mit zunehmendem Alter regierte Herodes immer rasender und hielt sich nicht einmal bei seiner eigenen Familie zurück. Mariamne, die er liebte, ließ er mit einem seiner Freunde hinrichten, weil er ihr Ehebruch vorwarf, und ihre Mutter Alexandra musste sterben, da er sie eines Aufstandes bezichtigte. Auch zwei Söhne der Mariamne und einen weiteren Sohn aus seiner ersten Ehe fielen den Verdächtigungen des wahnsinnigen Vaters zum Opfer, ebenso wie 5000 Pharisäer, die den Königseid verweigerten. 4 v. Chr. starb der König 69-jährig, und ein Aufatmen ging durch das Volk.

In die Regierungszeit Herodes' des Großen fallen nach christlicher Über-

GESCHICHTE

zeugung die Geburt Jesu von Nazareth und der Bethlehemitische Kindermord (vermutlich zwischen 7 und 4 v. Chr.).

Der 1. Jüdische Aufstand

Herodes der Große hatte das Reich drei seiner überlebenden Söhne hinterlassen, und die Römer änderten nichts an seinem Testament. Rom griff in die Wirren nach dem Tod des Herodes ein und übernahm ab 4 n. Chr. immer wieder die direkte Kontrolle über Teile oder gar die Gesamtheit des ehemaligen Königreichs. Die entsandten Statthalter waren oft nur darauf aus, sich zu bereichern. In Palästina funktionierte bald nichts mehr, auf den Straßen raubten marodierende Banden die Reisenden aus und überfielen ganze Dörfer. In Jerusalem herrschte Anarchie, die öffentliche Verwaltung war verkommen, und der letzte Prokurator Florus bereicherte sich schamlos.

Oben: Stadtmodell Jerusalems zur Zeit Jesu (Israel-Museum, Jerusalem).

Im Mai 66 brach der Aufstand los; Eleasar ben Hananja, Sohn einer einflussreichen Priesterfamilie, war einer der Führer der Rebellion. Schnell fiel Jerusalem in die Hand der Juden, und auch in den anderen Städten konnte die verhassten römischen Besatzer vertrieben werden. Es sollte Herbst werden, bis Cestius Gallus mit seinen Legionären vor Jerusalem auftauchte, die Stadt zwar nehmen konnte, nicht jedoch den Tempelberg. Als sich die Römer zurückzogen, um auf Verstärkung zu warten, liefen sie in einen Hinterhalt, und die Legion wurde fast vollständig aufgerieben. Die Juden sahen sich schon als befreite Nation; alle, die bisher noch gezaudert hatten, schlossen sich nun dem Aufstand an.

Im Sommer 67 marschierte Neros Feldherr Flavius Vespasian von Norden, sein Sohn Titus von Süden auf Palästina zu. Beide Heere zählten nach der Vereinigung an die 60 000 Legionäre. Erstes Ziel war die Eroberung der starken galiläischen Festung Jotapata, in der ein gewisser Joseph ben Mathitjahu den

GESCHICHTE

Oberbefehl hatte. Dies ist der jüdische Name unseres wichtigsten Chronisten jener Tage, Flavius Josephus. Nicht einmal zwei Monate benötigten die disziplinierten römischen Legionäre, um die Festung einzunehmen. Die Männer wurden hingerichtet, Frauen und Kinder auf den Sklavenmärkten verkauft. Josephus konnte sich verstecken, ergab sich dann aber den Römern, als diese ihm zusicherten, ihn nicht hinzurichten. Der clevere Jude, mit den machtpolitischen Gegebenheiten im Römischen Reich offensichtlich gut vertraut, prophezeite Vespasian die baldige Kaiserwürde, worauf der ihn quasi als glücksbringendes Maskottchen erst einmal mit sich führte. In den folgenden zwei Jahren eroberte Vespasian den gesamten Rest des Landes und wollte gerade zum Sturm auf Jerusalem ansetzen – da erreichte ihn der Bote, der ihm den Sturz und den Tod Neros mitteilte. Flavius Vespasian wurde zum Kaiser ausgerufen, Josephs Weissagung war damit in Erfüllung gegangen. Vespasian ließ ihn frei, gewährte ihm das römische Bürgerrecht und setzte ihm eine lebenslange Rente aus. So legte sich der derart reich Beschenkte den Sippennamen Vespasians zu und nannte sich fortan Flavius Josephus. Er übersiedelte nach Rom und schrieb hier in den Jahren 75-79 unsere wichtigste Quelle über jene Tage, *Der Jüdische Krieg*. Das zweite epochale Werk, das die gesamte Geschichte seine Volkes beinhaltet, sind *Die Jüdischen Altertümer*, ebenfalls eine unerschöpfliches Reservoir für Historiker. Um das Jahr 100 starb Flavius Josephus in Rom.

Titus, Vespasians Sohn, begann im Frühjahr des Jahres 70 mit der Belagerung Jerusalems. Im Herbst hatten seine Legionäre die Stadt erobert, und der Tempel, letzte Bastion der Verteidiger und zugleich religiöses und politisches Zentrum des Judentums, wurde erstürmt und ging in Flammen auf. Die Juden hatten das identitätsbildende Objekt ihres Staatswesens verloren, die Zeit der Diaspora war gekommen.

Der 2. Jüdische Aufstand

Im Jahr 130 besuchte Kaiser Hadrian (117-130) Palästina, gab den Befehl zum Wiederaufbau Jerusalems und ließ an der Stelle des Tempels ein Jupiter-Heiligtum errichten. Für die Juden war dies eine Provokation, und 132 kam es zum 2. Jüdische Aufstand gegen die Römer, die nach ihrem Führer Simeon Bar Kochba (Sternensohn) auch der Bar-Kochba-Aufstand genannt wird. In schneller Folge eroberten die Juden das ganze Land und zermürbten in Guerilla-Taktik die VI. und die traditionell in Palästina stationierte X. Legion. Bar Kochba ließ eigene Münzen schlagen und in den eroberten Gebieten Administrationszentren errichten.

Der syrische Statthalter Publius Marcellus marschierte nun mit seinem stehenden Heer, das durch in Ägypten stationierte Einheiten und Hilfstruppen verstärkt wurde, nach Palästina und holte sich ebenfalls eine blutige Nase. Die ägyptische XXII. Legion wurde ausradiert. Hadrian legte nun die gespannte Lage in die Hände von Iulius Serverus, seines Britannien-Regenten. Der machte sich die Guerilla-Taktik der Juden zu eigen, da der Blutzoll der Römer bisher ungewöhnlich hoch gewesen war. Im Sommer 135 kam es zur entscheidenden Schlacht, bei der die Römer siegten. Fast 600 000 Juden und Abertausende Römer waren bei dem Aufstand ums Leben gekommen.

Die Byzantinische Zeit

324 wurde Konstantin der Große Alleinherrscher im Römischen Reich. Er und seine Mutter Helena ließen sogleich an den bedeutendsten Stätten, an denen Jesus gewirkt hatte, Kirchen erbauen. Kaiser Justinian I. (527-565) tat es ihnen nach. Nun begannen Pilger ins heilige Land zu wallfahren und brachten den Bewohnern der Region Wohlstand. 529 zettelten die Samariter eine Rebellion an und zerstörten

GESCHICHTE

viele Gotteshäuser. 614 überrannten die noch nicht islamisierten Perser des Sasanidenkönigs Chosram II. Palästina und legten die wichtigsten christlichen Stätten in Schutt und Asche; nach der Eroberung Jerusalems töteten sie gemeinsam mit den Juden Zehntausende Christen. Die Juden sahen die Sasaniden als Befreier an und erhielten von ihnen die Verwaltungsmacht über Jerusalem, wo sie viele Kirchen zerstörten und den Wiederaufbau des Tempels vorbereiteten. 629 fiel Jerusalem nach dem Sieg des oströmischen Kaisers Herakleios an Byzanz zurück. Dabei kam es trotz kaiserlicher Versprechen zu Massakern – von Griechen an Juden.

Die Arabische Zeit

632 starb der arabische Prophet Mohammed. Sein zweiter Nachfolger, der Kalif Omar I. (634-644), eroberte in kurzer Zeit fast den gesamten Nahen Osten für den Islam (Jerusalem: 637). Die neuen arabischen Herren Palästinas akzeptierten Juden und Christen zwar als Anhänger einer „Religion des Buches" und garantierten deren Eigentumsrechte, verlangten jedoch eine Kopfsteuer (Dschizya) von allen, die nicht zum Islam konvertierten. 660 begründete Muawiyya die Dynastie der Omaijaden (Umayyaden), die in den nächsten Jahrzehnten von Damaskus aus die Grenzen des islamischen Reiches bis nach Spanien (711) und Indien vorschoben. Doch 90 Jahre später wurde die Herrschaft seines Clans gewaltsam beendet – nun regierten die Abbasiden-Kalifen (750-1258) für die nächsten 500 Jahre von Bagdad aus.

Unter den ersten Omaijaden war Jerusalem noch eine vorwiegend christliche Stadt und prächtige byzantinische Kirchen ihr Hauptschmuck. Kalif Abd al-Malik ließ als Gegenstück dazu Ende des 7. Jh. den Felsendom erbauen, das älteste islamische Baudenkmal, das noch steht – und eines der schönsten. Die Nacht- und Himmelsreise Mohammeds auf dem wundersamen Reittier *Buraq* wurde nach und nach immer fester mit dem Tempelberg verbunden, und der heilige Felsen und die umgebende Stadt stiegen allmählich zum drittheiligsten Ort im Islam nach den Heiligtümern von Mekka und Medina auf.

969 eroberten die schiitischen Berbersoldaten des fatimidischen Gegenkalifen Ägypten und nahmen den Abbasiden gleich auch Jerusalem ab. Die Byzantiner gingen ebenfalls wieder in die Offensive und nahmen Teile Syriens und für kurze Zeit auch Galiläa ein. Der exzentrische Fatimiden-Kalif Al-Hakim war der erste, der massiv gegen Christen und Juden vorging, als er 1009 die Grabeskirche sowie fast sämtliche Kirchen und Synagogen in seinem Reich niederreißen ließ. Nach seinem gewaltsamen Tod 1021 herrschte für ein halbes Jahrhundert eine Periode des Friedens, und Pilgerzüge strömten erneut ins heilige Land. Diese Zeit beendeten 1073 die türkischen Seldschuken, die nun die neuen Herren in Palästina waren und den Wallfahrerstrom abrupt zum Erliegen brachten.

Die Zeit der Kreuzzüge

Der 1. Kreuzzug

Auf der Synode von Clermont hielt am 27. November 1095 Papst Urban II. eine verhängnisvolle Rede: er rief die Christenheit zum Kreuzzug auf – einem Feldzug zur Befreiung der heiligen Stätten Palästinas aus den Händen der „ungläubigen" Muslime. Die Kreuzzüge sollten Millionen das Leben kosten und dem gesamten Nahen Osten für fast zwei Jahrhunderte blutige Schlachten bescheren.

Der Armenkreuzzug Peter des Einsiedlers führte schon in der ersten Schlacht in Anatolien zum Tod Zehn-

Rechts: „Die Eroberung Jerusalems durch Gottfried von Bouillon 1099" – Gemälde von Karl Theodor von Piloty (um 1855).

GESCHICHTE

tausender begeisterter, aber militärisch unerfahrener einfacher Leute, die mit Kind und Kegel losgezogen waren. Die Normannen aus Süditalien und der Normandie, die Ritterheere der Provencalen, Nordfrankreichs und Flanderns folgten auf dem Land- und Seeweg, beseelt vom hehren Kreuzzugsgedanken, angespornt vom päpstlich versprochenen Sündenablass sowie der Hoffnung auf reiche Beute. Nach drei langen Jahren erreichten sie, stark dezimiert und verwildert, die Mauern Jerusalems. Am 15. Juli 1099 nahmen sie die Stadt im Sturm, metzelten im Blutrausch die meisten Bewohner hin und hielten nur inne, um am Grab Jesu zu beten.

„In allen Straßen und auf allen Plätzen der Stadt waren Berge abgeschlagener Köpfe, Hände und Beine zu sehen. Die Menschen liefen über Leichen und Pferdekadaver. Aber ich habe bis jetzt nur die kleineren Schrecken beschrieben... Beschriebe ich, was ich tatsächlich gesehen habe, würdest du mir nicht glauben..." berichtet der Augenzeuge Raimund von Aguilers vom Fall Jerusalems.

Ein Jahr später starb Gottfried von Bouillon, Herzog von Niederlothringen und erster Regent des neugegründeten Königreichs Jerusalem, und sein Bruder Balduin ließ sich am Weihnachtstag 1100 in der Geburtskirche zu Bethlehem zum König krönen. Die Nachricht vom Erfolg des 1. Kreuzzugs war schnell in die Heimat gedrungen. In Syrien und dem Heiligen Land waren aber nur wenige Kreuzfahrer zurückgeblieben, und die neu geschaffenen christlichen Fürstentümer waren alles andere als gesichert. Beschämt von ihrem bisherigen Zögern und zugleich begeistert von der Aussicht auf ähnliche Heldentaten und mögliche Besitztümer, folgten drei weitere Heere dem Hilferuf aus dem Morgenland; nur Einzelne überlebten jedoch den Ansturm der inzwischen vereinten Türken Anatoliens.

Mit Hilfe einer genuesischen Flotte gelang es Balduin, die Küstenstädte Arsuf, Caesarea – Ort eines erneuten entsetzlichen Gemetzels –, Akko, Sidon und Beirut einzunehmen. Akko avancierte in der Folgezeit zum wichtigs-

GESCHICHTE

ten Hafen der Kreuzfahrer, sowohl in militärischer als auch in ökonomischer Hinsicht. Die mächtigen Stadtstaaten Genua, Venedig und Pisa profitierten mit ihren Handelskontoren in den Hafenstädten Palästinas und der Levante enorm vom lukrativen Asienhandel.

1118 starb Balduin, und zu seinem Nachfolger wurde sein Verwandter Balduin II. von Le Bourg bestimmt. In seine Herrschaftszeit fällt die Gründung der ersten Ritterorden. Aus einem Krankenhaus zur Betreuung armer Pilger entstanden die Hospitaliter, und auf dem Tempelberg von Jerusalem saßen die nach ihrem Standort bezeichneten Tempelritter. Diese beiden Orden sollten die Pilgerwege sichern. Die Muslime intensivierten die Kämpfe gegen die Eindringlinge, und es gelang ihnen, Balduin gefangenzunehmen. Gegen Zahlung des gigantischen Lösegelds

Oben: Kreuzritter-Bildnis aus der Klosterkirche von Mehrerau (bei Bregenz, um 1300). Rechts: Sultan Süleyman II. der Prächtige (Kunsthistorisches Museum, Wien).

von 80 000 Dinar ließen sie ihn schließlich wieder frei. 1131 starb Balduin II., und sein Schwiegersohn, Graf Fulko von Anjou, avancierte zum König von Jerusalem.

Der 2. Kreuzzug

1144 eroberten die Sarazenen Stadt und Grafschaft von Edessa, und ein Hilferuf von Königin Melisende, der Witwe des ein Jahr zuvor verstorbenen Fulko und Regentin für den noch minderjährigen Balduin III., erreichte den Papst. Es war Bernhard von Clairvaux, der Begründer der Zisterzienser, der in seinen Predigten donnernd für einen 2. Kreuzzug eintrat und große Begeisterung dafür im Volk entfachen konnte.

König Ludwig VII. von Frankreich und der deutsche König Konrad III. brachen 1147 mit ihrem jeweiligen Heer auf und zogen auf getrennten Wegen ins heilige Land. In Kleinasien teilte sich das deutsche Hauptheer. Bischof Otto von Freising führte einen Teil der Truppen und die Pilger nach Jerusalem. Konrad stellte sich mit dem größeren Teil des Heeres bei Doryläum (Türkei) den Muslimen, die die Kreuzfahrer völlig besiegten. Konrad zog sich mit den Resten seiner Truppe bis nach Nicäa zurück, wo sie sich dem Heer König Ludwigs anschlossen. Im Frühjahr 1148 beschlossen Ludwig, Konrad und der König von Jerusalem bei einem Konzil in Akko den Agriff auf Damaskus, die Belagerung war aber erfolglos.

Nach dem Misserfolg des 2. Kreuzzugs erstarkten die muslimischen Staaten im Nahen Osten unter großen Führern. Erst wurde Nur ad-Din Alleinherrscher über ganz Syrien und griff sogar erfolgreich in die Machtkämpfe im fatimidischen Ägypten ein. Salah ad-Din – der legendäre Saladin –, ein Offizier Nur ad-Dins, gelangte dann in Ägypten zur Macht und schaffte es letztlich, auch Syrien und Teile des Iraks und Arabiens unter seine Herrschaft zu bringen. 1187 überquerte Saladin mit 30 000 Mann den Jordan.

König Guido von Jerusalem kam ihm mit über 20 000 Soldaten entgegen. Bei den Hörnern von Hattin, einer doppelgipfligen Anhöhe bei Tiberias, schlug Saladin das christliche Heer vernichtend. In den folgenden Monaten eroberte der Sultan alle Burgen und Städte des Königreichs Jerusalem bis auf die Hafenstadt Tyros im Norden, am 2. Oktober 1187 konnte er siegreich in Jerusalem einziehen.

Das Ende der Kreuzzüge

Saladins Eroberungen beflügelten erneut den Kreuzzugsgedanken in Europa. Richard Löwenherz von England, Philipp Augustus von Frankreich und Friedrich Barbarossa machten sich mit ihren Heeren auf, die heiligen Stätten der Christen zurückzuerobern. Eine Katastrophe für die Kreuzfahrer wurde der 10. Juni 1190, als der 68-jährige Friedrich Barbarossa bei der Überquerung des Flusses Saleph (im armenischen Königreich von Kilikien) ertrank. Sein riesiges Heer löste sich auf. Richard und Philipp Augustus stießen mit ihren Armeen weiter auf das Heilige Land vor. Als erste Stadt eroberten sie Akko, wo Richard, nach gescheiterten Verhandlungen mit Saladin, 3000 Muslime – Männer, Frauen und Kinder– niedermetzeln ließ. Richard zog weiter nach Süden und brachte Saladin bei Arsuf eine schwere Niederlage bei. Danach ließ er die Hafenstadt Jaffa befestigen und plante dort die Rückeroberung Jerusalems. Doch dazu kam es nicht, da Richard Löwenherz erkennen musste, dass er die Stadt bestenfalls hätte einnehmen, aber nicht halten können, wobei ihm zugleich in England sein Bruder John die Krone streitig machte.

Als Sultan Saladin einen Friedensvertrag anbot und Zugang zu den heiligen Stätten garantierte, schlug Richard 1192 ein und machte sich auf den Heimweg. Ein Jahr später starb Saladin.

In den folgenden 100 Jahren fanden noch vier Kreuzzüge statt. Kaiser Friedrich II. konnte Jerusalem, Bethlehem

Foto: Archiv für Kunst und Geschichte, Berlin

und Nazareth 1229 auf diplomatischem Weg noch einmal zurückgewinnen. Jerusalem wurde jedoch 1244 endgültig von den Muslimen erobert, bis 1263-68 folgten auch Galiläa und die meisten Küstenstädte, lediglich Akko konnte noch bis 1291 von christlichen Rittern gehalten werden.

Die Türkische Herrschaft

Palästina gehörte nach Ende der Kreuzzüge zum Reich der in Kairo residierenden Mamelucken. 1516 siegte der osmanische Sultan Selim bei Aleppo über das ägyptische Mamelucken-Heer, Ende des Jahres zog er in Jerusalem ein, wenige Wochen danach auch in Kairo. Damit begann die 400-jährige türkisch-osmanische Herrschaft im Nahen Osten. Selims Sohn, Süleyman II. der Prächtige, ließ in seinen Metropolen Moscheen, Koranschulen, Paläste, Brunnen und in Jerusalem auch eine neue Stadtmauer errichten. 1799 versuchte Napoleon, von Ägypten aus nach Asien einzufallen. Bei der Belagerung der

GESCHICHTE

Schlüsselstadt Akko stellte sich ihm, mit britischer Hilfe, Ahmad al-Jezzar ("der Schlächter") erfolgreich entgegen und verhinderte dadurch zugleich, dass Napoleon Palästina und Syrien eroberte.

Die zionistische Bewegung

1868-69 gründeten Juden aus Jerusalem die ersten selbst finanzierten Gemeinschaftssiedlungen außerhalb der Altstadt, 1873 entstand in einer davon ein Milchhof mit Importkühen aus Holland. Ab 1882 strömte eine erste Welle von Einwanderern aus Osteuropa nach Palästina, und 14 Jahre später erschien Theodor Herzls Buch *Der Judenstaat*, in dem er zur Bildung eines jüdischen Nationalstaats aufrief. Damit wurde er zum Begründer des Zionismus.

1901 kam der *Jüdische Nationalfond* zustande, der Hilfe beim Erwerb von Land und Grundbesitz leisten sollte. Zwischen 1904 und dem Vorabend des 1. Weltkriegs kam die zweite große Einwanderungswelle ins Land, viele neue jüdische Siedlungen entstanden und die ersten Kibbuzim – sozialistisch organisierte Agrarbetriebe – wurden gegründet. Die arabischen Palästinenser begannen misstrauisch zu werden, sahen die unermüdlichen Landkäufe der Juden mit Unbehagen und fürchteten vor allem die zionistische Propaganda zur Gründung eines jüdischen Staats in Palästina. 1908 kam es zu ersten gewalttätigen Übergriffen der Araber auf jüdische Dörfer.

Während des 1. Weltkriegs kämpften viele Juden in der britischen Armee und hatten so ihren Anteil daran, dass die Türken aus Palästina herausgedrängt werden konnten. Parallel zu dem militärischen Engagement der jüdischen Kolonie im heiligen Land versuchten führende zionistische Politiker auf diplomatischem Weg, die Zukunft in der Region zu bestimmen. Ein erster großer Erfolg gelang ihnen im Juni 1917, als das französische Außenministerium in einer offiziellen Note mitteilte, dass Frankreich die Bestrebungen zur Wiederbelebung der jüdischen Nation in Palästina unter dem Schutz der alliierten Mächte mit Wohlwollen betrachten würde. Da konnten die Briten, die gerade dabei waren, Palästina unter ihre Kontrolle zu bringen, natürlich nicht abseits stehen, und am 2. November 1917 kam es zur berühmten Balfour-Deklaration: Der britische Außenminister Lord Balfour erklärte, seine Regierung unterstütze die Bildung einer "nationalen Heimstätte für das jüdische Volk in Palästina". Dies war der zweite große politische Sieg der Zionisten.

Das Britische Mandat

Die Siegermächte Frankreich und Großbritannien teilten die bis dahin türkischen Provinzen des Nahen Ostens wie im Sykes-Picot-Geheimabkommen von 1916 geplant unter sich auf – ein

Oben: Theodor Herzl (Porträtaufnahme um 1900). Rechts: Truppen der Arabischen Befreiungsarmee bei einem Feuergefecht mit der Irgun, im April 1948.

GESCHICHTE

Grund für den heutigen Nahostkonflikt. Palästina fiel an die Briten in Form eines Mandats, das 1922 vom Völkerbund bestätigt wurde. Von nun an unterlag die Region einem Machtspiel zwischen Briten, Juden und Arabern.

Die Briten hatten schwerwiegende Interessen in der Region: Erdöl und den Suez-Kanal als Zugang nach Britisch-Indien und Asien. Sie hatten das Land sowohl den Juden – in der Balfour-Deklaration – als auch den Arabern versprochen, um sie im 1. Weltkrieg für ihre Seite zu gewinnen. Die britischen Sympathien waren geteilt: Viele in der Regierung standen den Arabern näher; der britische Kolonialminister Winston Churchill, Lord Balfour und andere waren eher dem zionistischen Unternehmen zugeneigt. Das osmanische Millet-System wurde erhalten, wonach den einzelnen Religionsgemeinschaften weitgehende Autonomie gewährt wurde. Juden und Araber lebten nebeneinander, jedoch sozial voneinander getrennt, mit eigenen Schulen, Krankenhäusern und sonstigen Einrichtungen. Sie mussten gesonderte Vertretungsgremien aufstellen, die der britischen Mandatsregierung gegenüber verantwortlich waren.

Eine dritte große Einwanderungswelle erreichte 1920 das Land. Den Arabern war die Situation nicht mehr geheuer; leitende Figuren aus den reichen Familien organisierten den Widerstand und Hadsch Amin al-Husseini machte sich einen Namen als Aufrührer und Verschwörer. Die ersten pogromartigen Unruhen brachen 1920 und 21 aus, in deren Verlauf die Juden die militärische Organisation *Haganah* („Verteidigung") gründeten. Der Druck der Araber wuchs ständig, und jede Welle von Unruhen hatte als Folge, dass die Briten die Einwanderungsquoten zeitweilig senkten. Vom staatseigenen Land stellten sie für zionistische Siedlungsprojekte schließlich keinen Boden mehr zur Verfügung, übergaben den Arabern hingegen große Flächen an Grundbesitz. Schon 1922

Foto: Archiv für Kunst und Geschichte, Berlin

erklärte Churchill, dass man nicht die Absicht habe, „Palästina so jüdisch wie England englisch ist" werden zu lassen.

Die Juden indes stellten in den 1920er Jahren ein solides Bildungs- und Sozialwesen auf die Beine und legten den Grundstein des künftigen Staates, selbst zu einer Zeit, wo seine Errichtung in immer weitere Ferne zu rücken schien. Währenddessen erstarkte auch das arabische Nationalbewusstsein. Amin al-Husseini wurde 1921 zum Mufti, im Folgejahr zum Großmufti von Jerusalem auf Lebenszeit ernannt, seine Macht erstreckte sich über ganz Palästina, und er nutzte sie konsequent zur Verschärfung des immer gewalttätiger werdenden Kampfes gegen die jüdische Besiedlung des Landes.

Nach der Machtübernahme der Nazis 1933 strömten bis 1936 weit über 140 000 weitere jüdische Migranten nach Palästina, und die britische Armee musste einen bewaffneten arabischen Aufstand niederschlagen. Um die Unruhen nicht zu verschärfen, reduzierte die Mandatsmacht am Vorabend des 2.

Weltkriegs die jüdische Einwanderung auf ein symbolisches Minimum – und das, obwohl den Briten die systematische Rassenverfolgung der Nazis und die Internierung in Konzentrationslagern bekannt war.

Die politisch linke *Haganah* und die rechtsstehende militärische Organisation *Irgun* des späteren Ministerpräsidenten Menachem Begin sorgten für heimliche Immigration und leisteten zunehmend militärischen Widerstand sowohl gegen die Mandatstruppen als auch gegen die Araber. Von den Briten abgefangene Einwanderer wurden zurückgeschickt oder in Lagern interniert.

Der 2. Weltkrieg und seine Folgen

In dem von Nazis besetzten Europa ermordeten die braunen Machthaber in den Gaskammern der Konzentrationslager ca. 6 Mio. Juden. Der Holocaust vernichtete fast vollständig das europäische Judentum, die größte jüdische Bevölkerungskonzentration der Welt. Eine kleine Zahl nur entging dem Verhängnis, weil sowohl das Volk als auch die Regierungen ihrer Länder sich dem faschistischen Druck nicht beugten. Finnland lieferte seine Juden nicht aus, in Dänemark gelang es der Untergrundbewegung, fast alle 60 000 jüdischen Mitbürger ins neutrale Schweden zu schmuggeln. Zwar wurden auch in Italien antijüdische Gesetze erlassen, doch Regierung wie Armeeführung weigerten sich trotz des deutschen Drucks, sie auch anzuwenden. In Bulgarien konnten dank der festen Haltung von Bevölkerung und Regierung über 50 000 Juden gerettet werden. In Rumänien wurden die meisten Juden aus dem Kernland von den Vernichtungsmaßnahmen der Regierung ausgenommen; etwa 400 000 überlebten. Durch mutiges Agieren einzelner Deutscher, Holländer, Franzosen oder Polen überlebten weitere Juden den Nazi-Faschismus. Am bekanntesten ist seit Steven Spielbergs Film *Schindlers Liste* (1993) der deutsche Fabrikant Oskar Schindler.

Im Verlauf des Krieges verschärfte sich die antibritische Spannung in Palästina zunehmend, und im Januar 1944 propagierte die *Irgun* einen „Aufstand gegen den britischen Eroberer". Die Mitglieder dieser Geheimorganisation führten Sabotageakte gegen britische Einrichtungen durch, und die *Lechi*, eine Irgun-Absplitterung, ging gar zu individuellem Terror über und ermordete britische Polizisten und Mandatssoldaten. Im Juni 1946 gelang es der *Irgun*, die britische Mandatsverwaltung im *King David Hotel* in Jerusalem in die Luft zu sprengen. 91 Personen kamen ums Leben.

Am 14. Februar 1947 erklärten die Briten, dass sie sich nicht mehr in der Lage sahen, die Interessen der Araber und Juden in Palästina unter einen Hut zu bringen und legten das Problem den Vereinten Nationen vor. Am 29. November 1947 billigte die UN-Vollversammlung mit 33 zu 13 Stimmen die Teilung des Landes in einen arabischen und einen jüdischen Staat.

Der Teilungsplan bedeutete, dass das Land praktisch in sieben Kantone geteilt werden sollte, mit jeweils drei unzusammenhängenden Gebietsteilen für die zwei resultierenden Staaten und einem international verwalteten Jerusalem. Im jüdischen Staat hätten die Araber, vor weiterer Einwanderung, 45% der Bevölkerung ausgemacht. Ben Gurion stimmte dem Plan zwar zu, arbeitete aber daran, am Ende des absehbaren Krieges besser dazustehen, als es der Plan anfangs vorsah. Die palästinensischen Araber waren zwar geschlossen gegen den Teilungsplan, viele mussten aber einsehen, dass ihre Chancen gegen die besser organisierten Juden und ihre Kampfverbände gering waren. Der erneut als offizieller Vertreter der Araber agierende Hadsch Amin al-Husseini rief mit wenig Erfolg zum totalen Krieg auf;

Rechts: Israelis warten am Hafen von Haifa auf die Ankunft von Einwanderern (1949).

GESCHICHTE

die Arabische Liga stellte eine kleine Freiwilligenarmee auf die Beine, und die arabischen Nachbarstaaten drohten mit dem Einmarsch.

DER STAAT ISRAEL

Der Unabhängigkeitskrieg (1. Israelisch-Arabischer Krieg)

Am 14. Mai 1948 proklamierte David Ben Gurion in Tel Aviv den Staat Israel, Stunden später rollten die Panzer von fünf arabischen Armeen – Ägypten, Transjordanien, Syrien, Irak und Libanon – auf die junge Nation zu, und der Unabhängigkeitskrieg begann, der nach offizieller israelischer Geschichtsschreibung unvermeidlich war.

Richtig ist, dass sich die arabischen Politiker in martialischer Rhetorik übten, keines der fünf Länder jedoch wirklich auf einen Krieg erpicht war. Die Araber stimmten vielmehr in letzter Minute einem amerikanischen Schlichtungsplan zu, der einen Waffenstillstand vorsah, für den Fall, dass die Israelis ihre Unabhängigkeitserklärung hinausschöben. Ben Gurion war entschieden gegen diesen Plan. So wurden die Ägypter, Syrer, Iraker und Libanesen ein Opfer ihrer eigenen Rhetorik und zogen unentschlossen, schlecht ausgerüstet und miserabel ausgebildet in den Krieg. Allein Transjordanien verfügte über eine modern ausgerüstete und motivierte Truppe – die Arabische Legion, von Briten aufgebaut und noch bis 1956 von britischen Offizieren befehligt. Ihr gelang es auch als einzige, ausgedehnte Gebiete zu besetzen und zu halten: das Westjordanland und Ostjerusalem mit der Altstadt. Das entsprach auch in etwa den Ansprüchen, die König Abdallah in seinen Geheimverhandlungen mit der jüdischen Führung geäußert hatte, denn einem Palästinenserstaat außerhalb seines Königreichs war er zu keiner Zeit zugeneigt.

Man hat seither von dem winzigen, gerade aus der Taufe gehobenen Israel als von dem mutigen David gesprochen, der wie einst vor Goliath stand und Gefahr lief, von einer übermächtigen

GESCHICHTE

Kriegsmaschinerie vernichtet zu werden. Es gibt Historiker, die diese Einschätzung als Mythos ablehnen und darauf hinweisen, dass selbst Ben Gurion zugegeben hat, dass dies lediglich in den ersten vier Wochen der Fall gewesen sei. Danach kamen derart umfangreiche Waffenlieferungen ins Land, dass die israelische Armee, Luftwaffe und Marine bald eindeutig überlegen war und Gebiete eroberte, die bis heute israelisches Territorium sind. Tatsache ist aber auch, dass die ersten Wochen des Widerstands für die Israelis sehr langsam vergingen, als sie nur mit leichten Waffen und Brandflaschen gegen mit Panzern und Kampffliegern ausgerüstete Gegner dastanden – es hätte auch anders ausgehen können. Am Ende kostete der Krieg ein Prozent der jüdischen Bevölkerung das Leben.

Der Massenexodus der arabischen Palästinenser hatte schon in den Bürgerkriegsmonaten vor der Unabhängigkeitserklärung Israels angefangen. Erst flohen die besser gestellten Städter, dann die ohne Führungsschicht zurückgebliebenen einfachen Leute. Das Schreckensbild des von den extremistischen jüdischen Gruppen Irgun und Lehi an den Bewohnern des arabischen Dorfes Deir Yassin ausgeübten Massakers führte vielerorts zur Flucht schon beim ersten Anzeichen eines jüdischen Angriffs. Vor allem im späteren Ablauf des Krieges drängten israelische Truppen dann immer systematischer die verbliebenen Araber aus ihren Stadtteilen und Dörfern, aus pragmatischen Gründen sowie aus Vergeltung für die Invasion der arabischen Armeen. Als es Anfang 1949 zum Waffenstillstand kam, hatten rund 750 000 – 80% – der arabischen Palästinenser ihre Heimat verlassen. Selbst solche, die innerhalb Israels flohen, verwirkten oft ihr Rückkehrrecht und wurden zu „Inlandsflüchtlingen".

In den folgenden Jahren verdoppelte sich die jüdische Bevölkerung Israels.

Rechts: Simon Peres und Yassir Arafat schließen den Autonomievertrag (1993).

Außer europäischen Holocaust-Überlebenden kamen vor allem ganze Gemeinden aus arabischen Ländern, die aus ihrer Heimat hatten fliehen müssen.

Diese Masseneinwanderungen stellten das kleine Israel vor große gesellschaftliche und wirtschaftliche Probleme. Zudem blieb die militärische Lage weiter unsicher, und aus allen arabischen Nachbarstaaten sickerten *Fedajin* genannte Kämpfer ins Land. Zwischen dem Ende des Unabhängigkeitskrieges und dem Sinai-Feldzug von 1956 gab es an die 800 israelische Tote und Verletzte infolge solcher Terrorangriffe. Die Armee antwortete jedes Mal mit umfangreichen Vergeltungsschlägen.

**Der Suez-Krieg
(2. Israelisch-Arabischer Krieg)**

1956 verstaatlichte der ägyptische Präsident Gamal Abdel Nasser den Suez-Kanal und sperrte ihn zusammen mit dem Golf von Eilat für israelische Schiffe. England und Frankreich gewannen Israel zum Verbündeten und schickten selbst ein Expeditionskorps in die Kanalzone. Auf Druck der USA mussten England und Frankreich ihre Großmachtgelüste jedoch zurücknehmen, und die Israelis durften sich den mittlerweile eroberten Sinai nicht einverleiben.

In der Region war die Situation nun festgefahren. Die arabischen Staaten wurden ab 1955 von der Sowjetunion unterstützt, Israel fand seine politischen Freunde in Westeuropa und den USA. Der Nahe Osten avancierte zur Tiefkühlkammer des Kalten Krieges. Grenzscharmützel und Terrorangriffe gehörten auch für die nächsten Jahre zu den alltäglichen Gefährdungen im Land.

Nach dem Wiedergutmachungsabkommen von 1952, das mit den enormen Eingliederungskosten für Nazi-Opfer begründet wurde, suchten die Bundesrepublik Deutschland und Israel Ende der 1950er Jahre nach engerem Kontakt. 1960 trafen sich Ben Gurion

und Konrad Adenauer in Washington, und zur Unterstützung Israels gesellte sich nun der Prozess der Aussöhnung zwischen Deutschen und Israelis.

1964 gründeten palästinensische Flüchtlinge die PLO (*Palestine Liberation Organisation*). Diese begann damit, die Weltöffentlichkeit auf das noch immer ungelöste Flüchtlingsproblem der Palästinenser hinzuweisen. Israel war nach wie vor nicht bereit, die Palästinenser in ihre alte Heimat zurückzulassen, und die arabischen Staaten – sieht man einmal von Jordanien ab – sahen sich nicht in der Lage oder waren nicht willig, die vielen Flüchtlinge in ihr Gesellschaftssystem zu integrieren. Die weiterhin von arabischen Politikern wiederholte Parole, die Israelis ins Meer zu treiben, nährte das Holocaust-Trauma der Juden und sorgte für dauerhafte Spannungen.

Der Sechs-Tage-Krieg
(3. Israelisch-Arabischer Krieg)

Vom 5.-10. Juni 1967 führte Israel einen Präventivkrieg gegen seine arabischen Nachbarn und besetzte im Sechs-Tage-Krieg die syrischen Golan-Höhen, die ägyptische Sinai-Halbinsel mit dem Gaza-Streifen und nahm den Jordaniern das Westjordanland samt Ost-Jerusalem ab. Auf dem Sinai tobte eine Panzerschlacht. Wesentlichen Anteil am totalen Sieg der Israelis über die arabischen Nachbarn hatten Verteidigungsminister Moshe Dayan und Generalstabschef Yitzhak Rabin.

Der Yom Kippur-Krieg
(4. Israelisch-Arabischer Krieg)
und das Camp David-Abkommen

Nach der militärischen Pleite der arabischen Staaten und weiteren 300 000 Flüchtlingen wurde die PLO immer aktiver, ihre Freischärler führten Terrorangriffe aus und entführten Passagierflugzeuge. In Jordanien wurden sie zum „Staat im Staat", und der König setzte schließlich 1970-71 das Militär gegen sie ein und zwang so Arafat und seine treuesten Mitkämpfer, in den Libanon zu fliehen.

GESCHICHTE

Nassers Ägypten nahm im sogenannten Abnutzungskrieg die israelischen Stellungen am Sueskanal unter Beschuss, musste sich aber erneut der stärkeren Militärmacht Israels fügen. Die Friedensangebote des neuen Präsidenten, Anwar as-Sadat, wurden von Israel abgelehnt. So stießen im Oktober 1973 ägyptische Truppen auf die Sinai-Halbinsel und syrische Soldaten auf die Golan-Höhen vor und fügten den israelischen Streitkräften dort schwere Verluste zu. Die Syrer wurden dann jedoch bis 60 km vor Damaskus zurückgeschlagen. Eine ägyptische Armee wurde umzingelt und ihrer Zerstörung stand nichts mehr im Wege, als die UdSSR mit einer Militärintervention drohte und zusammen mit den USA einen Waffenstillstand durchsetzte. So ging der sog. Yom Kippur-Krieg nach drei Wochen zu Ende – der erste Krieg, in dem die Araber einen Teilsieg verzeichnen und die israelische Aura der Unbesiegbarkeit zerstören konnten.

Oben: Israel heute – an einer Tankstelle bei Jericho.

Nun kam es zu diplomatischen Verhandlungen zwischen dem ägyptischen Präsidenten Anwar as-Sadat, dem amerikanischen Vermittler Henry Kissinger und der israelischen Prämierministerin Golda Meir. Sadat öffnete sein Land nun dem Westen, und nach Annäherungen und einem historischen Besuch in Jerusalem schloss er mit Menachem Begin 1979 in Washington einen Friedensvertrag, das Camp David-Abkommen.

Die Erste Intifada

Die Wahlen von 1977 stellen einen Wendepunkt in der Geschichte Israels dar. Zum ersten Mal seit den frühen 1930ern verlor die Linke ihre Führungsstellung, und die freie Marktwirtschaft bestimmte zunehmend die soziale und Wirtschaftspolitik des Landes; die Kibbutzim gerieten bald in Bedrängnis. Die Bedeutung von Religion und Nationalismus im öffentlichen Leben nahm zu, und die Siedlungsbewegung in den besetzten Gebieten bekam starken Aufwind. Die traditionell-konservativ ein-

GESCHICHTE

gestellten orientalischen Juden gewannen an politischem und kulturellem Einfluss, zum Nachteil der bisherigen Eliten der europäischen *Ashkenasim*.

1978 intervenierten israelische Truppen im Südlibanon, um die PLO-Terrorübergriffe von dort zu unterbinden. 1980 eskalierte eine ähnliche Operation zu einer Invasion: Beirut wurde besetzt, die PLO-Führung rettete sich per Schiff nach Tunesien, und im Südlibanon wurde eine Pufferzone eingerichtet.

1987 begann dann in den von Israel besetzten Gebieten die *Intifada* – der Aufstand der Palästinenser gegen die Besatzer. Trotz brutalen Vorgehens gegen die palästinensische Zivilbevölkerung gelang es der israelischen Armee nicht, diesen Freiheitskampf zu unterdrücken. Mit Beginn der 1990er Jahre kam es zu geheimen Treffen zwischen Yassir Arafat und israelischen Unterhändlern, und am 13. September 1993 traten anlässlich der Unterzeichnung eines Autonomievertrags der israelische Ministerpräsident Yitzhak Rabin und Yassir Arafat zusammen mit dem amerikanischen Präsidenten Bill Clinton vor die Mikrophone und Kameras und Arafat, Rabin und Peres schüttelten sich die Hände – eine Tat, die mit dem Friedensnobelpreis honoriert wurde. Im Mai 1994 zog sich die israelische Armee nach 27 Jahren Besatzung aus dem größten Teil des Gaza-Streifens und aus der Region um Jericho zurück und legte die Verwaltung in die Hände der Palästinenser.

Die Zweite Intifada

Am 26. Oktober 1994 unterzeichneten Israel und Jordanien einen Friedensvertrag, am 28. 9. 1995 wurde ein zweites Autonomie-Abkommen in Washington unterzeichnet, das den Rückzug der israelischen Truppen aus den palästinensischen Städten in der West Bank zur Folge hatte.

Aber die Ermordung Yitzhak Rabins am 4. November 1995 durch einen religiös motivierten rechtsradikalen Juden bedeutete den Anfang vom Ende der Hoffnungen, die die sog. Osloer Abkommen auf beiden Seiten genährt hatten. Fünf Jahre später, im Oktober 2000, entlud sich die palästinensische Frustration und Verzweiflung über den fortgesetzten Siedlungsbau, die wachsende Armut und das Scheitern der Camp-David-Verhandlungen (Juli 2000), die die Gründung eines palästinensischen Staates zum Thema hatten, in der Zweiten Intifada. Anders als in der Ersten Intifada traten diesmal weniger die steinwerfenden Jugendlichen hervor als die 160 Selbstmordattentäter, die Busse, Cafés und Märkte in die Luft sprengten. Der Kampf wurde auf beide Seiten mit der Waffe ausgetragen und brachte den Tod von 3500 Palästinensern, 1000 Israelis – und das Ende der israelischen Friedensbewegung.

Ariel Sharon, der im März 2001 zum Ministerpräsident gewählt wurde, reagierte auf den palästinensischen Terror, indem er Teile der autonomen Palästinensergebiete wieder besetzte (darunter auch Teile des Gaza-Streifens) und einen massiven Sperrzaun um große Teile des Westjordanlands herum baute. Da der Schutz der 7500 Siedler im Gaza-Streifen immer teurer und schwieriger wurde, erklärte Sharon im Dezember 2003, dass Israel den Gaza-Streifen einseitig räumen werde, um dafür die Hauptsiedlungen im Westjordanland zu stärken.

Die Räumung des Gaza-Streifens

Am 11. November 2004 starb Yassir Arafat, am 9. Januar 2005 wurde Mahmud Abbas sein Nachfolger. Das Gipfeltreffen im ägyptischen Scharm el-Scheich einen Monat später beendete die *Intifada*. Eine Zeit relativer Ruhe begann und Scharon hielt Wort: Bis zum 12. September 2005 wurden 21 Siedlungen im Gaza-Streifen und 4 im Westjordanland geräumt, begleitet von heftigem Protest der Siedlerbewegung.

GESCHICHTE

Bei den Wahlen in den autonomen Palästinensergebieten erlangte 2006 die radikal-islamistische *Hamas* die absolute Mehrheit, die USA und die EU strichen daraufhin die Finanzhilfe. Im Sommer kam es zu einer blutigen Militäraktion in Gaza, nachdem die Hamas den israelischen Soldaten Gilad Shalit entführt hatte (er kam erst 2011 im Tausch gegen 1027 palästinensische Häftlinge frei). Als die libanesische Hisbollah eine israelische Patrouille angriff, kam es auch im Norden zum Krieg. Am Ende hatte die Hisbollah bewiesen, dass sie der israelischen Übermacht Paroli bieten kann; sie musste formell zwar aus dem Südlibanon abziehen, ging aber aus dem Konflikt politisch gestärkt hervor.

2007 vertrieben Hamas-Islamisten mit Waffengewalt die mehr nationalistisch orientierte Fatah aus Gaza und vollzogen so die Zweiteilung der palästinensischen Gebiete. Nach Raketenbeschuss aus dem Gazastreifen holte Israel Ende 2008 zum Gegenschlag aus, der die Hamas schwächte, aber auch vielen Zivilisten das Leben kostete. Im Gegensatz zu dem unter israelischer und ägyptischer Blockade stehenden Gazastreifen erlebte die West Bank unter der Regierung Salam Fayyads einen Aufschwung. Der Friedensprozess kam jedoch ab 2009 unter der Regierung Netanjahus völlig zum Erliegen.

Nach Ende der Intifada 2008 hörten die Terroranschläge im israelischen Kernland vorübergehend auf, Israel überstand die Weltwirtschaftskrise relativ unbeschadet, und der Tourismus verzeichnete Rekordjahre.

2012 verschärfte sich die Kontroverse mit Iran um dessen Atomprogramm. Im Sommer 2014 griff Israel wie schon 2008 und 2012 nach Raketenattacken der Hamas Ziele im Gazastreifen an.

Auch 2016 wurden die umstrittenen jüdischen Siedlungen im Westjordanland weiter ausgebaut.

Oben: Schon ab drei Jahren tragen Jungen aus ultra-orthodoxen jüdischen Familien Schläfenlocken. Rechts: Ein Angehöriger der im Norden Israels lebenden Minderheit der Drusen, die eine eigene Religion haben.

Israel heute

Bevölkerungsgruppen

8,3 Millionen Einwohner zählt Israel heute, davon ca. 75% Juden und 20% Araber (Moslems, Christen und Drusen). Nur gut die Hälfte der Juden sind im Land geboren – die *Sabres*, so benannt nach der Kaktusfrucht, die außen stachelig, innen aber zart, weich und süß ist. Die anderen etwa 47% der Juden bestehen aus Einwanderern, die teils erst in jüngerer Zeit ins „gelobte Land" gekommen sind. Seit 1989 kamen über eine Million Juden aus Russland und den Ex-Sowjetrepubliken nach Israel, zudem strömten über 70 000 Äthiopier hierher. In den Spitzenjahren 1989-1992 stieg die Bevölkerung um erstaunliche 13% an.

Anfang des 20. Jh. wanderten v. a. gut ausgebildete europäische Juden, die *Ashkenasim* (Aschkenasen), nach Palästina ein und avancierten dort in den Kibbuzim zu Vorreitern und Initiatoren des jüdischen Staatswesens. Nach der Staatsgründung kamen in den 1950er-60er Jahren überwiegend *Mizrachim* ins Land. Diese orientalischen Juden wurden in den fast unbewohnten Gebieten des nördlichen Galiläa oder des Negev angesiedelt, und man wollte sie rasch in die israelische Gesellschaft integrieren, doch das war nicht einfach. Aus rund 100 Ländern kamen Juden nach Israel, aus unterschiedlichsten Kulturen – ihr einziges gemeinsames Band war die jüdische Religion.

So ist das kleine Israel heute ein Schmelztiegel der Ethnien, und trotz aller identitätsbildenden Maßnahmen, um die Einheit der Gesellschaft zu fördern, gibt es noch immer Spannungen zwischen den einzelnen Volksgruppen.

Vor der riesigen Einwanderungswelle aus der ehemaligen Sowjetunion stellten die Mizrachim zeitweilig die Mehrheit der jüdischen Bevölkerung, heute jedoch sind die Aschkenasen um wenige Prozent wieder in der Mehrheit. Nach 1977 wurde das Fast-Monopol

Foto: Harald Nielfeind

der Aschkenasen auf die Schlüsselpositionen im Staat durch ein ausgeglicheneres Gesamtbild abgelöst. Das Bildungsgefälle zwischen den unterschiedlichen Ethnien nahm ab, und die Lebensverhältnisse, die anfangs bei den Mizrachim wesentlich ärmlicher waren, glichen sich zunehmend an. Durch einheitliches Schulsystem, ethnische Vermischung, allgemeine Wehrpflicht und starke Betonung des Leistungsprinzips werden bevölkerungsspezifische Eigenschaften allmählich nivelliert – man ist sich der Gefahren einer Zweiklassengesellschaft durchaus bewusst. 2012 protestierten äthiopische Juden vor dem Parlament in Jerusalem gegen Rassismus und die Benachteiligung äthiopischer Einwanderer.

Ultraorthodoxe Juden

Große Spannungen bestehen zwischen fundamentalistischen und weltlichen Juden. Der Druck der ultra-orthodoxen, *Haredim* genannten Juden (ca. 8 % der israelischen Juden) auf

ISRAEL HEUTE

gesellschaftliche Bereiche aller Art wird immer stärker, und noch nie standen Fragen der Religiosität derart in der öffentlichen Diskussion wie derzeit in Israel. So fordern strenggläubige Juden die strikte Anwendung der *Halacha*, der religiösen Gesetzgebung, etwa die strikte Geschlechtertrennung im öffentlichen Leben, z. B. an der Supermarkt-Kassenschlange, im Linienbus – es gibt nun bereits Buslinien mit getrennten Bereichen für Männer und Frauen – oder auf Gehsteigen. Zugleich sind die Ultraorthodoxen meist vom Wehrdienst befreit, leben oft von Sozialhilfe, kaufen immer mehr Häuser in Jerusalem auf und haben durchschnittlich sieben Kinder pro Familie – eine demografisch bedenkliche Entwicklung für das Staatswesen.

Seit seiner Gründung hat der Staat Israel den Religiösen drei Bereiche zugestanden: Die Einhaltung des Sabbat, die Schließung von Ehen und die Durchführung von Begräbnissen. Zunehmend legen die Orthodoxen die Gebote nun immer enger aus. So verweigerte ein Rabbi einem jungen Paar in Tel Aviv die Eheschließung, weil die Feier in einem Lokal stattfand, das nicht nur koscheres Essen auf der Karte hatte. Per Gesetzentwurf haben die Ultras ein Einfuhrverbot von nicht rituell geschlachtetem Fleisch erreicht. „Wir werden den Swimmingpool zur *Mikwe* machen", sprühten Eiferer an die Wand eines öffentlichen Schwimmbades, das sie in ein religionskonformes rituelles Bad verwandeln wollten.

Die im Parlament sitzende religiöse *Schas*-Partei möchte die Rechtsprechung auf ultra-orthodoxen Kurs zwingen: „Die Gerichte müssen erkennen, dass Israel nicht irgendeine, sondern eine jüdische Demokratie ist", erklärte einer ihrer Vertreter in der Knesset.

Wirtschaft

Seit Gründung des Staates Israel gibt es große wirtschaftliche Probleme, und ohne den stetigen US-amerikanischen

Oben: Wehrpflichtige – junge Männer und Frauen – gehören zum Alltagsbild in Israel.

ISRAEL HEUTE

Geldfluss und billige Kredite sähe es schlecht aus. Zwei Drittel des Staatshaushalts gibt die Regierung allein für Schuldentilgung und die Armee aus, so dass nur das letzte Drittel in gesellschaftliche Entwicklungen fließt. Die israelischen Bürger haben eine der höchsten Steuerlasten weltweit zu tragen. Die Arbeitslosigkeit (etwa 10 %) hat die Wirtschaftspolitik bislang nicht in den Griff bekommen, die Inflation konnte jedoch in den letzten Jahren bei etwa 1,4 % konstant gehalten werden.

Die Landwirtschaft trägt heute nur noch zu 3 %, die Industrie zu 30 % am Bruttoinlandsprodukt bei; hoch ist der Anteil des Dienstleistungssektors mit 67 %. Großen Wert wird auf Hochtechnologieproduktion gelegt, entsprechend viel Forschungsgeld investiert die Regierung in diesem Bereich. So haben die israelischen Ingenieure große Fortschritte in der medizinischen Elektronik, der Biotechnologie, im Bereich militärspezifischer Produktion, in der Telekommunikation und der Solarenergie gemacht. Und auch der Tourismus hat in den letzten Jahren wieder stark zugelegt.

Israelische Araber

Während des Unabhängigkeitskrieges 1948 hat die Armee viele Araber aus ihren Dörfern und Städten vertrieben, viele flüchteten auch vor den Kampfhandlungen oder gingen freiwillig in die Nachbarländer. Rund 150 000 Araber aber blieben in Israel und wurden Staatsbürger des neuen Landes. Heute leben rund 1,4 Mio. israelische Araber in Israel, davon sind 80 % Muslime, der Rest Christen und Drusen. Sie haben die gleichen Rechte wie ihre jüdischen Mitbürger, obwohl sie nicht der Wehrpflicht unterliegen. Damit soll verhindert werden, dass die arabischen Bürger in einem Krieg auf ihre Glaubensbrüder schießen müssten. Freiwillig allerdings können sie in die Armee eintreten. Da die israelischen Streitkräfte eine hohe identitätsbildende Aufgabe übernehmen und ein starkes Nationalbewusstsein erzeugen, gehen diese für die Gemeinschaft so wichtigen Maßnahmen an den jungen Arabern vorbei. Dadurch haben sie auch Probleme bei der Arbeitsplatzsuche, denn wer bei der Armee war, wird meist bevorzugt.

Die israelischen Araber besitzen israelische Pässe und Personalausweise, doch weil der Staat in den Legitimationspapieren die Religion feststellt, sind sie als Muslime Bürger zweiter Klasse. Und so leben die Araber abseits von den Juden in ihren eigenen Siedlungen, mit hohen Bevölkerungsanteilen in Jaffa, Haifa, Akko, Nazareth, Jerusalem und Ramla. An israelischen Universitäten werden jedoch keine ethnischen und religiösen Zugehörigkeiten registriert, und so studieren rund 15 000 (7 %) arabische Studenten an den Akademien des Landes. Erst 1989 bekam der erste israelische Araber an einer Universität eine Festanstellung als Dozent.

Wehrpflicht

Zum Alltagsbild Israels gehören die jungen Wehrpflichtigen; an Straßenkreuzungen und Haltestellen stehen sie manchmal in Pulks und warten auf den Bus oder versuchen, von einem Auto mitgenommen zu werden. Im Café, im Restaurant, im Kaufhaus, vor den Sehenswürdigkeiten, überall sieht man Soldaten und Soldatinnen in Uniform – und alle haben sie ihre Waffe mit zwei geladenen Ersatzmagazinen dabei. Es ist ein gewöhnungsbedürftiges Bild, wenn eine hübsche junge Frau im grünen Uniformrock über die Straße eilt, links die Handtasche von der Schulter baumeln lässt und rechts die Uzi.

Drei Jahre dauert die Wehrpflicht für Männer, zwei Jahre für Frauen. In der Luftwaffe und der Marine kommt ein weiteres Jahr hinzu. Danach müssen die Männer bis zum 42. Lebensjahr alljährlich an 35 Tagen zu Reserveübungen wieder die Uniform anziehen; den Frauen bleibt dies erspart.

Der Tempelberg mit dem Felsendom in Jerusalem

JERUSALEM UND UMGEBUNG

JERUSALEM UND UMGEBUNG

JERUSALEM UND UMGEBUNG

**JERUSALEM
GEORGS-KLOSTER
JERICHO / QUMRAN
BETHLEHEM / HERODION
HEBRON / SOREK-HÖHLE
ELAH VALLEY / RAMLA**

★★JERUSALEM

★★**Jerusalem** ❶ (780 000 Einw., hebräisch: *Yerushalayim*, arabisch: *Al-Quds*) ist die heilige Stadt der Christen, Juden und Muslime, hier stehen die bedeutendsten Heiligtümer der drei großen monotheistischen Weltreligionen.

An der Klagemauer, dem letzten verbliebenen Rest des Zweiten Tempels, beten die Juden; oberhalb davon erinnert der prachtvolle Felsendom aus der Omaijadenzeit daran, dass Mohammed von hier auf seinem Ross Buraq in den Himmel geritten ist, und unter der schwarzen Kuppel der benachbarten Al-Aqsa-Moschee verneigen sich die Gläubigen zu den Gebetszeiten, fünfmal am Tag, in Richtung Mekka; nicht weit entfernt ziehen Bibeltouristen die Via Dolorosa hinab und folgen dem Leidensweg Christi bis zur Grabeskirche – in der Altstadt von Jerusalem liegen die heiligen Stätten nahe beieinander, und wie kaum an einem anderen Ort der Welt ist hier religiöse Toleranz angebracht – nahtlos reihen sich das jüdische, das christliche und das muslimische Viertel mit ihren Synagogen, Kirchen und Moscheen aneinander.

Links: Jüdische Bar-Mizwa-Feier an der Klagemauer.

Die Geschichte Jerusalems

Vor 6000 Jahren ließen sich semitische Nomaden südlich der heutigen Altstadt rund um die Gihon-Quelle nieder, begannen sesshaft zu werden und Ackerbau zu betreiben. 2000 Jahre später zogen die Amoriter, bekannter unter dem Namen Kanaaniter, nach Palästina und verdrängten die einheimische Bevölkerung.

Um 1650 v. Chr. preschten die Hyksos in ihren schnellen Streitwagen heran und herrschten von Ägypten aus für ein Jahrhundert auch über die nördlichen Regionen. Mit Beginn des Neuen Reichs kam Jerusalem wieder unter die Oberhoheit der ägyptischen Pharaonen, die als lokalen Potentaten einen Stadtkönig einsetzten.

Als Amenophis IV. (Echnaton; 1351-1334 v. Chr.) aufgrund seiner religiösen Reformen die Außenpolitik vernachlässigte, machten sich die Vasallenherrscher der kanaanitischen Stadtstaaten selbständig und überzogen sich gegenseitig mit kriegerischen Auseinandersetzungen. In diese Ära fällt die beginnende Landnahme der israelitischen Stämme, die jedoch noch nicht stark genug waren, die Stadt Jerusalem, die sie *Jebus* und ihre Einwohner *Jebusiter* nannten, zu erobern. Erst nachdem David die Philister besiegt hatte, konnte er um 998 v. Chr. in Jerusalem einziehen.

» Karte S. 86-87, Stadtplan S. 58-59 u. S. 80-81, Info S. 95-97

JERUSALEM UND UMGEBUNG

Salomo, Davids Nachfolger, ließ in seiner Regierungszeit (um 968-930) den Ersten Tempel errichten. 587 stürmten die babylonischen Heere unter König Nebukadnezar II. Palästina, eroberten die Stadt, zerstörten das Heiligtum bis auf die Grundmauern und führten die Juden in die Sklaverei. 538 war die Babylonische Gefangenschaft beendet, die heimkehrenden Juden begannen mit dem Neuaufbau der Stadt und errichteten den Zweiten Tempel. 332 geriet Jerusalem unter die Herrschaft Alexanders des Großen und nach dessen Tod 323 in den ptolemäischen Machtbereich. 198 marschierten die Seleukiden ein, entweihten den Tempel und verboten die jüdische Religion. Judas Makkabäus gelang es mit seinen Truppen im Jahr 165, Jerusalem zu erobern und das Heiligtum wieder für den jüdischen Kult zu öfnen.

63 v. Chr. gliederten die Römer Palästina in ihr Weltreich ein; mit Hilfe römischer Truppen eroberte Herodes der Große 37 v. Chr. Jerusalem, ließ einen neuen Tempel und sich eine prächtige Residenz errichten. 66 n. Chr. loderte der Aufstand gegen die römischen Besatzer von Jerusalem aus durch das Land, und es dauerte vier Jahre, bis Vespasian und Titus mit ihren Legionen die Stadt erobert hatten – Jerusalem wurde 70 n. Chr. vollständig zerstört.

60 Jahre später besuchte Kaiser Hadrian das heilige Land und ließ den Wiederaufbau beginnen. 132 kam es zur zweiten Rebellion, nach ihrem Führer auch Bar Kochba-Aufstand genannt; drei Jahre brauchten die Römer diesmal für die Niederschlagung. Fortan war es Juden verboten, Jerusalem zu betreten.

Während der Herrschaft von Konstantin dem Großen (306-337) entstanden erste Kirchen in der Stadt, die nach dem Einfall der persischen Sasaniden 614 zerstört wurden; schlimmer war jedoch dass sie 30 000 christliche Bewohner umbrachten. 629 eroberte Byzanz Jerusalem zurück, und nun massakrierten christliche Griechen Juden.

636 kamen die muslimischen Araber, eroberten 637 nach Belagerung die Stadt und änderten ihren Namen in *Al-Quds* (die Heilige). Auf dem Tempelberg ließ der Kalif Abd al Malik 691 das schönste islamische Heiligtum, den Felsendom, errichten. Die Juden erhielten nun wieder mehr Rechte

Als 1071 die türkischen Seldschuken die Stadt übernahmen, stoppten sie den christlichen Pilgerstrom zu den heiligen Stätten. Also rief 1095 Papst Urban während des Konzils von Clermont zum 1. Kreuzzug auf, und am 14. Juli 1099 stürmte das christliche Heer unter Führung von Gottfried von Bouillon durch die Stadt und metzelte in einem Blutbad die jüdischen und muslimischen Einwohner nieder. Das Ende der Kreuzfahrer in Jerusalem läuteten die Türken ein, die es 1244 einnahmen, und von nun an blieb die heilige Stadt unter muslimischer Herrschaft.

Der Osmanen-Sultan Süleyman II. der Prächtige (1520-1566) ließ eine neue Stadtmauer errichten, außerdem gab er den Bau reichgeschmückter Paläste, Moscheen, öffentlicher Brunnen und Koranschulen in Auftrag.

1917, gegen Ende des ersten Weltkriegs, drängten die Truppen von General Allenby die Türken erst aus der Stadt und schließlich aus ganz Palästina hinaus. Ab 1920 hatte der britische Hochkommissar für das Mandatsgebiet Palästina seinen Sitz in der Stadt, und 1948 kam es zur Proklamation des Staats Israel. Ein Jahr später, beim Waffenstillstandsabkommen, fiel der Westteil Jerusalems an Israel, der Ostteil mit der Altstadt an Jordanien.

Im Sechs-Tage-Krieg von 1967 eroberten die Israelis die östlichen Viertel, und 1980 erklärten sie das „wiedervereinte" Jerusalem zur „Ewigen Hauptstadt Israels", was weder die UNO noch die arabischen und palästinensischen Politiker akzeptieren.

Rechts: Die Stadtmauer von Jerusalem in der Nähe des Jaffators.

JERUSALEM UND UMGEBUNG

★★Altstadt

Die ★★**Altstadt** im Osten Jerusalems ist noch immer vollständig von der ★★**Stadtmauer** umgeben, die im 16. Jh. der osmanische Herrscher Süleyman II. auf den byzantinischen und römischen Fundamenten errichten ließ.

Ein Gang durch das historische Zentrum mit seinem Gewirr an Gassen ist vor allem eine ungemein sinnliche Erfahrung; man tritt z. B. durch das Jaffator und findet sich hineinkatapultiert in eine farbenprächtige, lebhafte orientalische Welt, in der man bald jegliches Zeitgefühl verliert. Die arabischen Läden, etwa entlang der David Street (s. u.) und in den umliegenden Gassen üben eine magische Anziehungskraft aus – hier kann man schöne Leder- und Messingwaren erstehen, Teppiche, armenische Kacheln, echte und falsche Antiquitäten, Beduinenschmuck und bestickte Beduinenkleider, Backgammon-Borde und Kästchen mit Einlegearbeiten aus Perlmutt und – wie sollte es auch anders sein – unsäglichen Touristenramsch. Feilschen ist unbedingt erforderlich. Ausnahmen sind Nahrungsmittel und Gebrauchsgegenstände; auch in eleganten Geschäften mit *fixed price* wird nicht gefeilscht.

In arabischen Bäckereien (besonders gut im Suq Khan az-Zeit; s. S. 69) kommen Schleckermäuler auf ihre Kosten – die arabischen Backwaren sind süß und köstlich, besonders das honigtriefende *baclava*. Überall locken Stände mit Sesamkringeln und *felafel*, frittierten Klößchen aus Kichererbsen-Püree mit Sesampaste im heißen Fladenbrot (*pita*). In schlicht anmutenden Restaurants kann man sich mit *shish kebab* stärken und die Mahlzeit mit einem arabischen Kaffee abrunden.

Als Ausgangspunkt eines Rundgangs durch die Altstadt bietet sich das westliche ★**Jaffator** ① an, einst Start- und Endpunkt der Karawanenstraße zur Küste, zum Hafen von Jaffa (Yafo). Anfang des 20. Jh. ließen die Türken neben dem Tor den Graben um die Zitadelle zuschütten, damit ihr Verbündeter, Kaiser Wilhelm II., mit seiner Karosse wür-

JERUSALEM UND UMGEBUNG

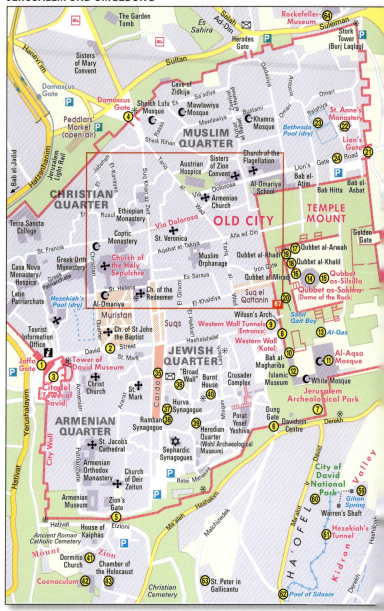

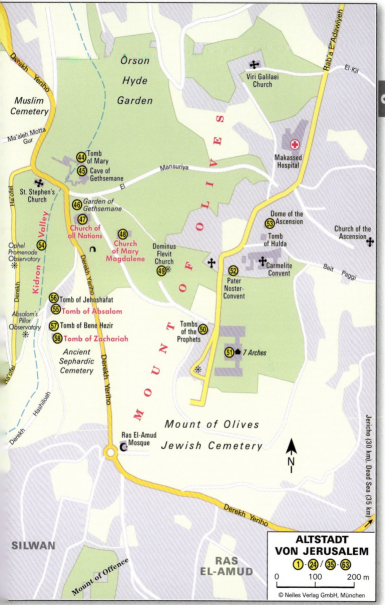

JERUSALEM UND UMGEBUNG

dig in die Stadt einfahren konnte.

Die **David Street** ② führt am Jaffator in die Altstadt; gleich links, neben dem **Tourist Information Office**, befinden sich zwei unscheinbare **muslimische Grabstätten**. Es heißt, dass hier die Baumeister begraben seien, die einst auf Anordnung von Süleyman die Stadtmauer erbauten. Süleyman – so erzählt man sich – ließ die beiden hinrichten, weil sie es versäumt hatten, den Berg Zion und Davids Grab mit in die Umwallung aufzunehmen. Einer anderen Version zufolge mussten die beiden deshalb sterben, weil der Sultan so beeindruckt von der mächtigen Stadtmauer war, dass er die Baumeister niemals in fremden Diensten sehen wollte und deshalb ihr Leben beendete.

Rechter Hand erhebt sich die mächtige alte ★★**Zitadelle** ③, auch **Davidsturm** genannt. Herodes ließ um 24 v. Chr. südlich anschließend einen prunkvollen Palast erbauen, den er mit einer Zitadelle absicherte. Im Jahr 70 diente sie den Römern als Garnison, und später wurde sie von Kreuzfahrern und Sarazenen benutzt. Die heutige Befestigung datiert aus dem 14. Jh. Sie beherbergt das pädagogisch sehr gut aufgemachte ★**Tower of David Museum**, in dem mittels Hologrammen, Filmen, Karten, Modellen und Fotos die Geschichte Jerusalems von den Anfängen bis heute lebendig vermittelt wird. Fast jeden Abend (www.towerofdavid.org.il) findet hier eine eindrucksvolle *Sound and Light Show* statt. Vom höchsten Punkt der Zitadelle hat man einen herrlichen Blick auf die Altstadt und den Ölberg sowie über das moderne Jerusalem.

Nach der Besichtigung geht es zurück zum Jaffator; innerhalb der Stadtmauer, gleich rechts, kann man auf die Zinnen der Befestigungen steigen und auf der Mauer nach Norden bis zum ★**Damaskustor** ④ oder nach Süden zum **Zionstor** ⑤ wandern. Die Fortsetzung des ★**Mauerspaziergangs** führt bis zum **Misttor** ⑥ (**Dung Gate**). Hier betritt man erneut die Altstadt.

Oben: In den Gassen der Altstadt. Rechts: Orthodoxe Juden beim Gebet an der Klagemauer.

JERUSALEM UND UMGEBUNG

★★Archäologischer Park

Östlich des Dung Gate liegt der ★★**Archäologische Park** ⑦, heute eines der größten und bedeutendsten Ausgrabungsgelände Israels, das 5000 Jahre Geschichte umspannt. Vor allem in den 1970er und 1980er Jahren wurden hier faszinierende Reste des Tempels und seiner nächsten Umgebung zu Tage gefördert. Jetzt kann man dort über die flachen Stufen gehen, die einst von Süden auf das Tempelplateau führten oder die Quader bestaunen, die bei der Zerstörung des Tempels 70 n. Chr. heruntergestürzt waren und heute noch auf dem Pflaster der ursprünglich mit Läden gesäumten Straße liegen. Außerdem zu sehen sind u. a. eine Ecke der Mauer, die Jerusalem zur Zeit König Davids umschloss, sowie Reste von byzantinischen Bauten und omaijadischen Palästen aus dem 7. Jh. In den erst kürzlich ausgegrabenen Kellerräumen eines dieser Paläste wurde das **Davidson Center** eingerichtet, in dem der Besucher sich mit Hilfe modernster Technologie auf den Besuch des Areals vorbereiten kann. Einer der Höhepunkte des Rundgangs ist die *virtual-reality*-Rekonstruktion des herodianischen Tempelkomplexes, die es dem Besucher erlaubt, sich dort wie in der physischen Welt zu „bewegen".

An der ★★Klagemauer

Um die Baufläche oben am Tempelberg zu vergrößern, ließ Herodes die Hügelkuppe zu einem riesigen Quader umformen, der ringsum von einer Stützmauer zusammengehalten wird. Ihr südwestlicher Abschnitt ist als ★★**Klagemauer** ⑧ (Western Wall) bekannt, weil hier die Juden einst die Zerstörung ihres Tempels durch die Römer 70 n. Chr. betrauerten. Das früher eng bebaute Areal um die Klagemauer wurde 1967 in einen freien Platz umgewandelt. Diesen Bereich, der als Synagoge gilt, darf man erst nach einem Sicherheits-Check betreten.

18 m hoch und 48 m lang ist das jüdische Heiligtum, dessen untere Stein-

» **Stadtplan S. 58–59, Info S. 95–97**

JERUSALEM UND UMGEBUNG

lagen noch aus der Ära des Herodes stammen. Die unterschiedlich langen Blöcke sind ca. 1 m hoch und so sorgfältig behauen, dass sie ohne Mörtel zusammenpassten. Die Klagemauer steht allein aufgrund ihres Gewichts und war Teil des Zweiten Tempels (der streng genommen der dritte war).

Die Klagemauer hat zwei getrennte Areale für Männer und Frauen. Besucher dürfen den heiligen Platz betreten und die Mauer berühren, Männer sollten dies aber mit bedecktem Kopf tun (für sie liegen am Eingang kleine Pappkappen bereit). In den Fugen der Mauer stecken viele kleine Zettel mit Bitten und Wünschen. Besonders am späten Nachmittag, vor und nach Sonnenuntergang, sind viele Gläubige im Gebet versunken. Am Freitagabend begrüßen die Juden hier den Sabbat.

An der Nordseite des Klagemauer-Platzes ist der Eingang zu den ★**Western Wall Tunnels** ⑨. Hier taucht man ein in heute unterirdische Gassen, Gewölbe und Räume und folgt schließlich der Fortsetzung der Klagemauer bis zur Nordwestecke dieser Umfassungsmauer des Tempelareals. Gegenüber der 2. Station der Via Dolorosa kommt man wieder ans Tageslicht (Besuch nur mit Voranmeldung möglich, s. S. 97).

Um 964 v. Chr. hatte Salomo mit dem Bau des Ersten Tempels begonnen, der prachtvoll gewesen sein soll; er wurde 587 v. Chr. von den Truppen Nebukadnezars II. zerstört. Aus dem babylonischen Exil heimgekehrt, ging ein gewisser Serubbabel daran, an der selben Stelle ein neues, schmuckloseres Heiligtum zu errichten. Als Herodes mit Hilfe der Römer König wurde, wollte er sich bei den Juden Liebkind machen und plante die Errichtung eines Sakralbaus, der die Prachtentfaltung Salomos in den Schatten stellen sollte. Doch die Rabbis fürchteten, Herodes wolle den Tempel abreißen, ohne einen neuen zu errichten. Sie forderten ihn auf, vor dem Abriss zuerst das gesamte Baumaterial einzulagern, worauf sich der König einließ. Herodes erfüllte auch die zweite Bitte der Juden, wonach nur Priester an dem Heiligtum bauen durften. 19 v. Chr. begannen die Arbeiten, fertig wurde der Tempel erst 64 n. Chr.. Schon sechs Jahre später zerstörte ihn Titus.

Flavius Josephus berichtet in „Der Jüdische Krieg" von Herodes' Bauanstrengungen: „Das Äußere des Tempels wies alles auf, was Herz und Augen staunen lässt. Über und über war der Tempel mit Goldplatten umhüllt, und wenn die Sonne aufging, dann gab er einen Glanz wie Feuer von sich, so dass der Beschauer, auch wenn er absichtlich hinsah, sein Auge wie von den Strahlen der Sonne abwandte. Tatsächlich hatten die Fremden, die sich Jerusalem näherten, den Eindruck eines Schneegipfels; denn wo er des Goldes entbehrte, war er leuchtend weiß."

Große Tafeln machten Nichtjuden auf die Gefahr aufmerksam, die vom Heiligtum ausging: „Kein Fremder darf die um den Tempel gezogene Schranke überschreiten. Wer im Tempel gefasst wird, ist selbst schuld, denn der Tod folgt unverzüglich." Vorsichtshalber war der Text mehrsprachig abgefasst. Solch eine Verbotstafel – 1935 ausgegraben – findet man im Rockefeller Museum. Als Titus, Sohn Vespasians, im Jahr 70 n. Chr. Jerusalem eroberte, ging das Heiligtum in Flammen auf und brannte völlig nieder.

Auf dem ★★Tempelberg

Oberhalb der Klagemauer ragt auf dem ★★**Tempelberg** (arab. *Haram ash-Sharif*, „edles Heiligtum") die goldene, in der Sonne strahlende Kuppel des Felsendoms in den Himmel, daneben die schwarze Kuppel der Al-Aqsa-Moschee. Zwischen der Klagemauer und dem Archäologischen Park führt eine **Rampe** hoch zum **Maghrebinertor** ⑩ (**Bab al-Maghariba**), dem **Besucherzu-**

Rechts: Im Garten des Tempelbergs unter schattenspendenden Bäumen.

JERUSALEM UND UMGEBUNG

gang für Nichtmuslime zu dem unter muslimischer Verwaltung stehenden Tempelberg – der heiligsten Stätte des Islams nach der Kaaba in Mekka und der Grabmoschee Mohammeds in Medina. Auch für Juden und Christen ist der Berg ein heiliger Ort: Hier lehrte Jesus, hier standen Abrahams Altar und die beiden jüdischen Tempel. Der **Besuch des Tempelbergs** ist nur außerhalb der muslimischen Gebetszeiten, von Samstag bis Donnerstag morgens und kurz am frühen Nachmittag, möglich (siehe S. 96; lange Wartezeiten; Sicherheitscheck; Bibel- und Betverbot; dezente Kleidung, Knie u. Arme müssen bedeckt sein). Die **Innenbesichtigung** der Gebäude auf dem Tempelberg ist nur Muslimen gestattet.

Der Name der ★**Al-Aqsa-Moschee** ⑪ (Zutritt nur für Muslime) geht auf den Koran zurück, wo sie in Sure 17 *Die Nachtreise* „die am weitesten (von Mekka) entfernte Moschee" (*al-masdjid al-aqsa*) heißt. Eines nachts nämlich erschien Mohammed der Engel Gabriel, ließ ihn das geflügelte Pferd Buraq besteigen, das ihn erst zur Al-Aqsa-Moschee und dann vom den Heiligen Felsen in den Himmel trug, wo Gott ihn unterrichtete. Noch in der selben Nacht kehrte der Prophet zurück.

705-715 ließ der Kalif Walid eine prachtvolle Moschee errichten, die wenige Jahre später einem Erdbeben zum Opfer fiel und gegen Ende des Jahrhunderts in alter Pracht erneut erstand. 1033 vernichtete ein Erdbeben auch diese Moschee. Kurz nach der Katastrophe wurde eine neue, kleinere Moschee hochgezogen, die von den Kreuzfahrern *Templum Salomonis* genannt und erst als königlicher Palast, ab 1131 dann als Hauptquartier des Templerordens genutzt wurde. Wenige Monate nach der Schlacht von Hattin 1187 hatte Saladin die Franken aus Jerusalem vertrieben, und das Gebäude wurde wieder in eine Moschee umgewandelt.

1951 wurde der jordanische König Abdullah I. beim Betreten der Moschee von einem Araber ermordet.

1967 wurde der Bau durch Beschuss beschädigt und 1969 von einem christ-

» Stadtplan S. 58-59, Info S. 95-97

JERUSALEM UND UMGEBUNG

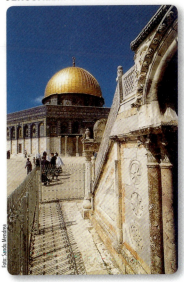

lichen Fanatiker in Brand gesteckt. Die von außen eher schlicht wirkende, knapp 80 m lange und 55 m breite Moschee überrascht Muslime mit einem bezaubernden Inneren. Sieben Langschiffe sind durch elegante Säulen voneinander getrennt, das hereinflutende Licht verleiht dem mit Teppichen ausgelegten Raum eine Anmutung von Weite. Rechter Hand schließt sich in einem ehemaligen Templerbau die **Weiße Moschee**, der Gebetsbereich der Frauen, an. Die Mosaiken im vorderen Teil stammen von 1035. Die Kanzel aus Zedernholz, die Sultan Saladin aufstellen ließ, wurde 1969 durch Brandstiftung zerstört und 2007 durch eine Nachbildung ersetzt.

Rechts von der Moschee liegt ein kleines **Islamisches Museum** ⑫ (Zutritt nur für Muslime), das unter anderem Stein-und Holzfragmente der früheren Moscheebauten enthält.

Oben: Die vergoldete Kuppel des Felsendoms.
Rechts: Marmorsäulen stützen die Kuppel des Felsendoms.

Von der Al-Aqsa-Moschee geht es an einem **Reinigungsbrunnen** ⑬ mit dem arabischen Namen **Al-Qas** („der Kelch") vorbei, dann führt eine Treppe hoch zur Terrasse des Felsendoms. Die mameluckischen, die Stufen überspannenden Bögen heißen „die Waagschalen des Jüngsten Gerichts". Die Muslime glauben, dass hier beim Jüngsten Gericht die Waagschalen aufgehängt und ihre Taten gewogen werden.

Der ★★**Felsendom** ⑭ (**Qubbet as-Sakhra**, Zutritt nur für Muslime) ist eins der schönsten islamischen Bauwerke. Die glänzende Kuppel aus vergoldetem Aluminium überwölbt den heiligen **Felsen**. Nach jüdischer Überlieferung sollte an dieser Stelle Abraham seinen Sohn Isaak opfern (Genesis 22, 1-19); nach islamischer Tradition hat von diesem Stein aus Mohammed auf seinem Ross Buraq seinen Ritt in den Himmel angetreten. Kalif Abd al-Malik ließ 687-691 mit Unterstützung byzantinischer Baumeister den Felsendom erbauen und folgende **Widmungsinschrift** anbringen: „Erbaut hat diesen Dom der Knecht Allahs Abd al-Malik, Beherrscher der Gläubigen im Jahr 72 (= 691). Allah möge ihn in Gnaden aufnehmen." Im 9. Jh. ließ Kalif al-Mamun den Namen seines Vorgängers tilgen und seinen eigenen einsetzen, die Jahreszahl vergaß er jedoch zu verändern.

Der achteckige Qubbet as-Sakhra ist bis zur Kuppel 55 m hoch. Die Außenwände des Oktogons sind mit Marmor und strahlend blauen ★**Fayence-Kacheln** (s. Bild S. 21) verkleidet, die der osmanische Sultan Süleyman II. im 16. Jh. anbringen ließ. Vier Tore führen ins Innere. Die äußere Säulenreihe aus 8 Marmorpfeilern und 16 schlanken Säulen stützt die Decke des Felsendoms, die innere Säulenreihe aus 4 Granitpfeilern und 12 Marmorsäulen umläuft den 18 m langen, 13 m breiten heiligen Felsen, der 2 m in die Höhe ragt und von einem Holzgitter geschützt ist. Die Decke ist mit einer reich verzierten Holzdecke geschmückt, der Fußboden mit Mar-

JERUSALEM UND UMGEBUNG

morplatten ausgelegt. In den Arkaden und im Inneren der Kuppel schimmern prächtige ★**Mosaiken**. In der Südostecke kann man mit Fantasie den Fußabdruck Mohammeds erkennen, den der Prophet beim Aufstieg zum Himmel hinterlassen haben soll. Hier steht auch der Reliquienschrein, der Barthaare Mohammeds enthält.

Unter dem Felsen befindet sich eine kleine **Höhle**, zu der Stufen hinabführen. Die Überlieferung berichtet über ihre Entstehung folgendes: Der Himmelsritt des Propheten ging so rasant vor sich, dass der Fels im Sog des Aufstiegs aus der Erde gerissen wurde und der Engel Gabriel ihn in letzter Sekunde zurückhalten konnte. Dessen tief in den Stein eingegrabene Fingerabdrücke sind in der Mitte der östlichen Felsenkante zu besichtigen. Unter der Höhle befindet sich der **Brunnen der Seelen**, wo sich muslimischem Glauben zufolge die Seelen der Toten zum Gebet versammeln.

Der Felsendom ist übrigens keine Moschee, hier finden auch keine öffentlichen Gottesdienste statt; er ist quasi ein „Schmuckkästchen" für den heiligen Felsen in seiner Mitte.

Eine Reihe kleiner Gebäude aus unterschiedlichen Epochen umrahmt den Felsendom; östlich liegt der ★**Kettendom** ⑮ (**Qubbet as-Silsilla**), ein offener Pavillon, wo am Tag des Jüngsten Gerichts die Guten von den Bösen mittels einer Kette (arab.: Silsilla) voneinander getrennt werden; für die Juden markiert er die Stelle von Davids Gerichtsplatz. Nordwestlich, am Rand der Felsendomterrasse, steht der achteckige **Himmelfahrtsdom** ⑯ (**Qubbet al-Miradj**); hier soll Mohammed gebetet haben, bevor er die Himmelsreise begann. Ebenfalls in der Nordwestecke hat der **Geisterdom** ⑰ (**Qubbet al-Arwah**) seinen Platz, wo sich allnächtlich die Seelen der Heiligen treffen, wie auch der **Hebronsdom** ⑱ (**Qubbet al-Khalil**) und der **Georgsdom** ⑲ (**Qubbet al-Khadr**). Nahe dem westlichen Eingang sprudelte

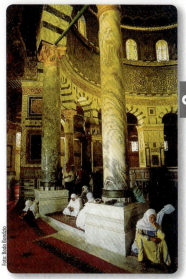

Foto: Bodo Bondzio

einmal der **Sabil Qait Bey** ⑳, ein schöner Brunnen, dessen Namen auf seinen Stifter, den im 15. Jh. regierenden ägyptischen Mamelucken-Sultan Al-Ashraf Saif ad-Din Qait Bey, zurückgeht.

Entlang der ★★Via Dolorosa

Im Nordosten der Altstadt liegt unweit des wegen zweier Raubkatzenreliefs so genannten ★**Löwentors** ㉑ (**Lion's Gate**; auch **Stephanstor** genannt; erb. 1538) das ★**St. Anna-Kloster** ㉒ mit den Teichen von Bethesda (s. u.). Die Kirche der hl. Anna erinnert an die Geburt Marias. Hier soll einst das Haus von Anna und Joachim, den Eltern Marias, gestanden haben. Die Kirche wurde 1150 auf Anordnung von Königin Alda, der Witwe des ersten Kreuzfahrer-Königs von Jerusalem, Balduin I., errichtet. Saladin ließ nach der Rückeroberung Jerusalems das Gotteshaus in eine Moschee und das Kloster in eine Koranschule (madrasa) umwandeln; bis heute ist über dem Hauptportal die auf Anweisung von Saladin angebrachte

JERUSALEM UND UMGEBUNG

Widmungsinschrift zu erkennen. Im 19. Jh. schenkte der osmanische Sultan Abdul Medjid für die erhaltene Hilfe im Krim-Krieg die Kirche Napoleon III., der sie originalgetreu restaurieren ließ. Die romanische, dreischiffige Pfeilerbasilika ist ein schönes Beispiel einer Kreuzfahrerkirche, aus schweren Quadern erbaut und mit kleinen Fenstern versehen. Wenn eine Gruppe von Bibeltouristen zum Psalmengesang ansetzt, kann man die außerordentlich gute Akustik des Gotteshauses bewundern.

Neben der St. Anna-Kirche erstreckt sich das Ausgrabungsfeld mit den **Teichen von Bethesda** ㉓, zwei riesigen, etwa 10 m tiefen Zisternen (120 x 60 m). Laut Johannes-Evangelium heilte Jesus hier einen Gelähmten (Johannes 5, 1-18). Im Zuge des Tempelneubaus ließ Herodes diese Wasserspeicher erneuern und umrahmte die Anlage an allen vier Seiten mit Säulenhallen; eine fünfte ließ er über der Mauer errichten, die beide Zisternen voneinander trennte. Hier versammelten sich Kranke an dem als heilkräftig angesehenen Wasser. Der Ort hieß „Haus der Gnade" (*Bet Hesda*). Die Ausgräber legten auch die Säulen eines römischen Asklepions, die Reste einer byzantinischen und die einer Kreuzfahrerkirche frei.

Nach Verlassen des St. Anna-Komplexes biegt man am Ausgang rechts ab und geht die **Löwentorgasse** ㉔ (**Lion's Gate Road**) abwärts. Auf diesem Areal befand sich zu Jesu Zeiten die von Herodes errichtete **Festung Antonia**, die der verhasste König nach seinem römischen Schutzherrn Marcus Antonius benannte. Bis heute ungeklärt ist die Frage, ob Jesus hier tatsächlich von Pilatus zum Tode verurteilt wurde, denn bei seinen Aufenthalten in Jerusalem residierte Pilatus oft im Palast des Herodes nahe der Zitadelle am Jaffator. Für die christliche Tradition gilt es jedoch als erwiesen, dass Jesus in der Antonia-Festung verurteilt wurde, und hier beginnt sein Weg zum Kreuzigungshügel **Golgatha**; hier ist der Startpunkt der

Oben: Karfreitagsprozession in der Via Dolorosa, die den Leidensweg Christi markiert.

JERUSALEM UND UMGEBUNG

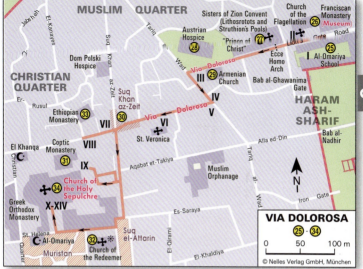

★★Via Dolorosa, die den Leidensweg Christi markiert. Jeden Freitag um 15 Uhr ziehen die Franziskaner-Mönche in einer großen Prozession die 14 Stationen der Via Dolorosa entlang bis in die Grabeskirche, und jeder kann sich ihnen anschließen. Die Stationen I-IX befinden sich entlang der Via Dolorosa, während die Stationen X-XIV innerhalb der Grabeskirche – also über Golgotha und dem Heiligen Grab – liegen. Natürlich sieht die Via Dolorosa heute nicht mehr so aus wie zu Zeit Christi; die Straße lag damals viel tiefer, und die Route des Kreuzwegs wurde mehrmals verändert, bis sie im 18. und 19. Jh. in der heutigen Form festgelegt wurde.

Station I (Jesus wird von Pontius Pilatus verurteilt) findet sich linker Hand in der **Al-Omariya-Koranschule** ㉕. Eine Treppenrampe führt hoch zu einer Tür, die in den Hof einlässt. Hier war der Teil der **Festung Antonia**, in dem Jesus sein Urteil erfahren haben soll.

Station II (Jesus nimmt das Kreuz auf sich) liegt gegenüber im **Franziskaner-Kloster** ㉖.

Im Kloster befindet sich das sehenswerte **★Flagellation Museum** mit archäologischen Funden (Di-Sa 9-13, 14-16). Gegenüber der fünfkuppligen **Verurteilungskapelle** steht die schlichte, aber stimmungsvolle **Geißelungskapelle**. Darin zeigen drei Buntglasfenster die Auspeitschung Jesu, Pilatus, der sich die Hände in Unschuld wäscht, und die Erleichterung des begnadigten Verbrechers Barabbas. In der Kuppel der Kapelle ist die Dornenkrone abgebildet.

Ein paar Schritte weiter hinter dem Franziskaner-Kloster überspannt der sog. **Ecce-Homo-Bogen** die Via Dolorosa. Es ist der mittlere Teil des Hadrianbogens von 135 n. Chr. und erinnert an die Worte des Pilatus, der laut Johannes-Evangelium zu Jesus *Ecce Homo* („Seht, da ist der Mensch"; Johannes 19, 5) ausgerufen haben soll; nach der Geißelung präsentierte Pilatus den zerschundenen Jesus, auf dessen Haupt sich die Dornenkrone befand, mit diesen Worten der Öffentlichkeit.

Der nördliche Teil des Tors mit einem kleineren Bogen ist in die **Ecce-Homo-**

» Stadtplan S. 58-59 u. S. 67, Info S. 95-97

JERUSALEM UND UMGEBUNG

Basilika integriert, die zusammen mit dem angeschlossenen **Kloster Notre Dame de Sion** ㉗ im 19. Jh. auf die Initiative eines französischen Paters zurückging. Im Kloster ist ein **Modell der Festung Antonia** ausgestellt.

In der Krypta ist der **Lithostrotos** zu besichtigen, das ehemalige Straßenpflaster, das zum Hof der Festung Antonia gehört haben soll. Bei Johannes heißt es: „Auf diese Worte hin ließ Pilatus Jesus herausführen, und er setzte sich auf den Richterstuhl an dem Platz, der Lithostrotos heißt" (Johannes 19, 13). Es ist jedoch nicht mehr der Originalboden aus der Zeit Jesu, vielmehr handelt es sich um den Überrest einer römischen Straße, die auf das Wiederaufbauprogramm Kaiser Hadrians (117-138) zurückgeht. Deutlich erkennbar sind Spielfelder, die gelangweilte römische Wachposten in die Straßenplatten geritzt haben.

Von der Krypta gelangt man zum **Struthion-Teich**, einer riesigen Zisterne, die einstmals Teil des Verteidigungsgrabens der Festung Antonia war.

Die Via Dolorosa mündet nun auf die lange Querstraße **Tariq al-Wad**, rechter Hand befindet sich das **Österreichische Pilgerhospiz** ㉘.

Links ab und sofort wieder links befindet sich **Station III** (Jesus fällt zum ersten Mal unter der Last des Kreuzes). Über dem Eingang zu einer kleinen Kapelle ist dieses Ereignis dargestellt.

Gleich daneben weist ein **Relief** über dem Eingang zum Hof der **Armenisch-Katholischen Kirche der Schmerzen Mariä** ㉙ auf die **Station IV** hin (Jesus begegnet seiner Mutter). In der Kirchenkrypta markiert ein **Mosaikfußboden** die Stelle, an der Maria angeblich stand.

Dort, wo jetzt die Via Dolorosa nach rechts abgeht, befindet sich an der Ecke die **Station V** (Simon von Kyrene hilft Jesus das Kreuz tragen). Hier sollen die römischen Soldaten erkannt haben, dass Jesus den steilen Pfad zum Kalvarienberg mit dem Kreuz nicht hochkommen würde, Simon von Kyrene aus der

Oben: Ein Pilger sucht im christlichen Viertel nach seinem Quartier.

JERUSALEM UND UMGEBUNG

Menge gegriffen und ihn gezwungen haben, Jesus zu helfen.

Die enge Gasse wird von Basarläden gesäumt; auf halbem Weg liegt linker Hand die **Station VI** (Veronika reicht Jesus das Schweißtuch). Das berühmte Tuch der Veronika mit dem Abdruck des Gesichts Jesu soll – nach christlicher Überzeugung – mit der seit 1622 im Kapuziner-Kloster von Manoppello in den Abruzzen (Italien) verwahrten Tuchreliquie identisch sein.

An der Kreuzung mit der Straße **Suq Khan az-Zeit** ㉚ (Ölmarkt) befindet sich **Station VII** (Jesus fällt ein zweites mal unter der Last des Kreuzes) mit einer kleinen **Franziskaner-Kapelle**. Es geht nun links und sofort wieder rechts in die Gasse herein; linker Hand markiert ein Mauerstein mit der Aufschrift „ICXC NIKA" die **Station VIII** (Jesus spricht zu den weinenden Frauen). „Ihr Frauen von Jerusalem weint nicht über mich; weint über euch und eure Kinder. Denn es kommen Tage, da wird man sagen: Wohl den Frauen, die unfruchtbar sind, die nicht geboren und nicht gestillt haben. Dann wird man zu den Bergen sagen: Fallt auf uns!, und zu den Hügeln: Deckt uns zu!" (Lukas 23, 28-30).

Es geht zurück zum Suq Khan az-Zeit und weiter rechts ab. Hier ist man im Herzen des **Muslimischen Basarviertels**, wo sich jeder Abstecher lohnt und in jeder Gasse eine andere Warenart feilgeboten wird – hochgetürmte Stoffballen, Obst und Gemüse, Fleisch, Gewürze und Haushaltswaren. Durch die teils überdachten Gassen fällt von oben nur diffuses Licht und taucht die Läden in ein geheimnisvolles Halbdunkel.

Bunt bemalte Häuser, die anzeigen, dass ihr Bewohner eine *Hadj* (Pilgerfahrt nach Mekka) hinter sich hat, stehen neben elegant geschwungenen Torbögen, römischen Säulenfragmenten, Hauseingängen mit alten arabischen Steinmetz-Ornamenten und überkuppelten Hallen, in denen fliegende Händler ihre Waren am Boden ausbreiten.

Nach 100 m läuft rechts eine Rampe hoch und leitet in eine Gasse über, die zu einem **Koptischen Kloster** ㉛ führt. Am Ende des Sträßchens markiert eine Säule die **Station IX** (Jesus fällt ein drittes Mal unter der Last des Kreuzes).

Zurück am Suq Khan az-Zeit folgt man weiter der ursprünglichen Richtung und biegt dann rechts ab zur 1898 in Anwesenheit von Kaiser Wilhelm II. geweihten, neuromanischen evangelischen **Erlöserkirche** ㉜. Sie ist heute das Zentrum der deutsch-, der arabisch- und der englischsprachigen protestantischen Gemeinde. Vom 50 m hohen **Kirchturm** bietet sich eine schöne ★★ **Aussicht** über Jerusalem. Unter der Kirche kann man im ★**Archäologischen Park** „Durch die Zeiten" 2000 Jahre Stadtgeschichte Jerusalems begehen. Im **Kreuzgang** hält ein **Museum** weitere Informationen und Ausstellungsstücke bereit. Von hier gelangt man zur Grabeskirche.

Alternativ kann man durch das Tor links neben der Station IX das Areal auf dem Dach der Grabeskirche betreten. Dort befindet sich ein malerisches, kleines **Äthiopisches Kloster** ㉝. Durch zwei äthiopische Kapellen gelangt man auf den Platz vor der Grabeskirche.

★★Grabeskirche

Die ★★**Grabeskirche** ㉞ (**Church of the Holy Sepulchre**) mit den **Stationen X-XIV** ist der heiligste Ort der Christenheit, denn innerhalb ihrer Mauern liegt der **Kalvarienberg** oder **Golgatha**: Die Schädelstätte, an der Jesus gekreuzigt wurde und starb. Hier befindet sich auch das **Grab Jesu**, zugleich Ort seiner **Auferstehung**.

Im Rahmen seines Stadterneuerungsprogramms ließ Kaiser Hadrian über dem Kreuzigungsort und Grab einen Tempel für die Göttin Aphrodite setzen, wobei er zuerst einmal das gesamte Gelände inklusive Golgatha-Felsen und Grabstätte mit einem alles einschließenden Basisbau versiegelte. Konstantin der Große ließ ab 326 die

» Stadtplan S. 67, Info S. 95-97

JERUSALEM UND UMGEBUNG

erste Grabeskirche über den heiligen Stätten errichten. Die Sasaniden, die 614 Jerusalem eroberten, zerstörten dieses prachtvolle Gotteshaus. Nachdem 628 die Invasoren vom byzantinischen Kaiser Herakleios geschlagen wurden, entstand eine zweite Kirche, nicht mehr ganz so prachtvoll und auch kleiner als der Vorgängerbau. Im 10. Jh. wurde sie von muslimischen Truppen in Brand gesetzt, großer Schaden entstand jedoch nicht – den richtete Kalif al Hakim 1009 an, der die sakrale Stätte vollständig verwüsten ließ. Nach einem begrenzten Wiederaufbau durch den Kaiser von Byzanz gestalteten die Kreuzfahrer die Kirche völlig neu: Zum 50. Jahrestag der Eroberung Jerusalems (1149) konnten sie ihre Grabeskirche weihen. 38 Jahre später nahm Saladin ihnen Jerusalem ab, der Sultan respektierte aber das Gotteshaus und ließ es nicht zerstören. Bis zum Jahr 1808 hielt die Grabeskirche dem Zahn der Zeit stand, dann setzte

Oben: Die Grabeskirche. Rechts: Der Salbungsstein – hier soll der Leichnam Jesu gesalbt worden sein.

die Kerze eines Pilgers sie in Brand, und wieder musste neu gebaut werden. Ein Erdbeben Anfang des 20. Jh. sorgte bei der fünften Grabeskirche für schwere Schäden. Die drei Eigentümer des Gotteshauses, die Lateiner, Armenier und Griechen, konnten sich nicht über eine Restaurierung einigen, und die britische Mandatsregierung sicherte den Bau so gut wie möglich. Im Lauf der Zeit fanden die drei Parteien einen Kompromiss, und seit 1959 wird restauriert. Die Arbeiten an der Grabrotunde konnten erst 1997 abgeschlossen werden, da sie immer wieder von eifersüchtigen Geplänkel der drei Religionsgruppen unterbrochen wurden. Die Grabkapelle selbst wird seit 1947 von einem Stahlträgerkorsett zusammengehalten.

Seit jeher hatte es Streitigkeiten zwischen den drei Parteien gegeben. Mitte des 19. Jh. hatten die Türken die Auseinandersetzungen satt und verhängten das sog. Status Quo-Gesetz, das der Staat Israel übernommen hat. Damit wurden die damals geltenden Besitzverhältnisse eingefroren; auch

JERUSALEM UND UMGEBUNG

die Zeiten der Gottesdienste setzten die Türken fest, und es durften keine neuen liturgischen Feiern eingeführt werden. Das hat jedoch die unchristlichen Streitereien am heiligsten Ort der Christen nicht beendet. Jede Partei achtet peinlich darauf, dass ihre Ansprüche bis zum Buchstaben des Gesetzes erfüllt werden. Lateiner, Armenier und Griechen richten die ihnen zustehenden Bereiche ohne oder nur mit minimaler Absprache untereinander her, teilweise staunt man über nicht zusammenpassende Ausschmückungen.

Die Grabeskirche ist ein Labyrinth aus über und untereinanderliegenden Kapellen und Seitenkapellen, Schreinen und Altären, Grabstätten und Gedenkstellen, in dem man sich nur schwer zurechtfindet.

Vor dem **Eingang** befindet sich ein kleiner gepflasterter Platz, während der Hauptreisezeiten herrscht hier wie auch in der Kirche drangvolle Enge.

Die mit Steinmetzarbeiten verzierte ★**Fassade** stammt aus der Kreuzfahrerzeit. Das rechte Portal wurde 1187 von Saladin zugemauert. Man tritt durch das linke Portal und ist umfangen vom Halbdunkel des Gotteshauses. Gleich links liegt der Platz der muslimischen Wärter – seit Jahrhunderten verwaltet eine muslimische Familie aus Jerusalem die Schlüssel zur Kirche. Geht man geradeaus weiter, läuft man direkt auf einen langen flachen Marmorblock zu. Dies ist der **Salbungsstein**, auf dem Josef von Arimathäa und Nikodemus den Leichnam Jesu mit wohlriechenden Salben eingerieben und dann in Leinentücher gewickelt haben sollen. Noch heute reiben viele Gläubige den Stein mit kostbaren Essenzen ein.

Rechts vom Salbungsstein führt eine steile Treppe zum 5 m hohen Kalvarienberg und der **Golgatha-Kapelle** mit drei Altären. Hier liegen die **Station X** des Leidensweges (die Legionäre berauben Jesus seiner Kleider), die **Station XI** (Jesus wird ans Kreuz genagelt), die **Station XII** (Jesus stirbt am Kreuz) und die **Station XIII** (der tote Jesus wird in die Arme seiner Mutter gelegt).

Im rechten, katholischen Teil der Gol-

JERUSALEM UND UMGEBUNG

gathakapelle zeigt ein **Wandmosaik** die Szene der Kreuzannagelung Jesu in der dominierenden Gegenwart Mariä. Den Altar unter dem Mosaik schmücken Kupferreliefs von 1588.

Auf dem katholischen **Stabat-Mater-Altar** erkennt man eine Statue der Gottesmutter, die der Überlieferung nach an diesem Ort stand und sah, wie ihr Sohn starb. Der griechisch-orthodoxe **Kreuzigungsaltar** zeigt das Felsloch, in dem das Kreuz gesteckt haben soll. Der Stein kann unterhalb der Altarplatte berührt werden. Rechts vom Altar befindet sich im Felsen der 20 cm lange Spalt, der beim Tod Jesu entstand.

Rechts vom Ausgang der Kapelle liegt das **Katholikon**. Die griechisch-orthodoxe Hauptkirche besteht aus dem überkuppelten Mittelschiff der früheren Kreuzfahrerkirche, nun mit Mauern vom Rest der Kirche abgetrennt; genau unter der Kuppel liegt in einem Kelch eine umflochtene Kugel: Sie markiert – nach christlicher Überlieferung – den „Nabel der Welt".

Neben dem Katholikon liegt die große Rotunde, in deren Mitte die kleine **Grabkapelle** steht. Vor ihrem Eingang stehen die Besucher Schlange. Hier ist die **Station XIV** (Jesu Leichnam wird ins Grab gelegt). Der Bibel zufolge bestattete Joseph von Arimathäa Jesus in einem Grab, das er für sich selbst in einen Felsen hatte hauen lassen.

Der Eingang führt in einen Vorraum, der heute den Namen **Engelskapelle** trägt; hier soll ein Engel drei Frauen – Maria Magdalena, Maria (Mutter des Jakobus) und Salome – die Auferstehung Jesu mitgeteilt haben. In einem Schrein wird ein Stück von jenem Rollstein aufbewahrt, mit dem angeblich das Grab verschlossen wurde.

Hinter einer niedrigen Tür folgt die nur 4 m² große **Grabkammer**. Rechts befindet sich die mit Marmor verkleidete Grabbank, auf der Jesus gelegen haben soll. An der hinteren Außenseite der Grabkapelle haben die Kopten einen winzigen sakralen Raum, der ebenfalls ein Stück vom Grabfelsen besitzt.

Da Josef von Arimathäa sein Grab Jesus zur Verfügung stellte, musste er sich ein neues machen lassen. Dieses neue Grab befindet sich neben der winzigen Westapsis der **Rotunde**.

Im jüdischen Viertel

Vor der Kreuzfahrerzeit lebten die Juden im nordöstlichen Teil der Stadt, dort, wo heute die Muslime ihr Quartier haben. Die Franken zerstörten das Viertel jedoch so vollständig, dass 1267, als der sephardische Rabbi Nachmanides „Ramban" nach Jerusalem kam, er das Viertel fast ausgestorben fand. Mit weiteren Glaubensbrüdern begann er, im Süden der Stadt rund um die Ramban-Synagoge (s. u.) eine neue Siedlung anzulegen. Starker Zulauf kam 1492, als die katholischen Monarchen Isabella und Ferdinand in Spanien alle Juden ausweisen ließen, und im 18. und 19. Jh., als aschkenasischen Juden aus Osteuropa ins Gelobte Land strömten. 1865 stellte die jüdische Bevölkerungsgruppe schon mehr als die Hälfte der Einwohner von Jerusalem. Im Jüdischen Viertel herrschte drangvolle Enge, und die neu angekommenen Siedler begannen, außerhalb der Stadtmauer ihre Häuser zu errichten. Im Unabhängigkeitskrieg 1948 musste das Viertel nach Belagerung und schwerem Beschuss geräumt werden. Nach der Übergabe an die jordanischen Truppen wurde ein Drittel des Stadtteils planmäßig zerstört, und für mehr als eine Generation blieb es eine Geisterstadt.

Im Sechs-Tage-Krieg 1967 eroberten die Israelis die Altstadt; seitdem nahmen Archäologen umfangreiche Ausgrabungen vor, und man baute das Areal wieder auf. Das hat sich gelohnt, denn die Atmosphäre im jüdischen Viertel ist freundlich, und die im gelben Sandstein errichteten Häuser leuchten in der Sonne. Allerdings entspricht die

Rechts: Im jüdischen Viertel der Altstadt.

JERUSALEM UND UMGEBUNG

Besetzung dieses Stadtteils durch die Israelis nicht dem Völkerrecht und ist von der UNO nicht anerkannt.

Im **jüdischen Viertel** angekommen, erstreckt sich zwischen der Habad Street und der Jewish Quarter Street der freigelegte südliche Abschnitt des antiken **Cardo maximus** ㉟. Die breite, kolonnadengesäumte Haupt- und Geschäftsstraße aus byzantinischer Zeit (6. Jh.), die heute tief unter dem Straßenniveau liegt, verband damals die Grabeskirche mit der Nea, der einst wichtigsten Marienkirche der Stadt. Wem wiederaufgestellte Säulen und Original-Steinpflaster allein den Trubel der ehemaligen Hauptstraße nicht vergegenwärtigen können, dem hilft eine bunte **Wandmalerei** neuesten Datums.

Direkt über dem Cardo liegt ein Abschnitt einer überwölbten Kreuzfahrerstraße, in der sich hochpreisigere **Souvenirläden** niedergelassen haben.

Gegenüber der Treppe, die zu dem Geschäftsareal hinunterführt, verläuft eine Passage zur **Breiten Mauer** ㊱, den Resten einer fast 7 m dicken und 2700 Jahren alten Stadtmauer. Rechts ab ist bald das Zentrum des Jüdischen Viertels mit dem **Hurva-Platz** erreicht, wo Cafés zu einer Pause einladen. Hier steht die **Hurva-Synagoge** ㊲, mit deren Errichtung polnische Juden Anfang des 18. Jh. begannen. Als sie 1864 eingeweiht wurde, kannte man sie schon als „die Ruine" (hebr.: Hurva). Die Arabische Legion Jordaniens sprengte sie nach Eroberung des jüdischen Viertels 1948. Detailgetreu rekonstruiert, wurde sie 2010 wiedereröffnet.

In Nachbarschaft liegt die **Ramban-Synagoge** ㊳, um 1400 auf älteren Fundamenten errichtet. Mehrmals zerstört, erhielt sie 1967 ihre heutige Gestalt.

Am Hurva-Platz befindet sich der Eingang zum **Wohl Archaeological Museum** ㊴ mit den Ausgrabungen des **Herodian Quarter** (herodianischen Wohnviertels). Hier entdeckte man die Fundamente von sechs luxuriösen Wohnanlagen aus der Zeit des Herodes (40-4 v. Chr.), die auf den Terrassen der Oberstadt standen und beste Sicht auf den Tempel boten. Wegen der exqui-

JERUSALEM UND UMGEBUNG

siten Ausstattung – Fresken, Mosaike, Glaswaren – sowie der privaten Ritualbäder glaubt man, dass hier Hohepriesterfamilien logierten. Beim Sturm auf die Stadt im Jahr 70 n. Chr. steckten die Römer das Viertel in Brand.

Um die Ecke vom Wohl Archeological Museum liegt das **Burnt House** ⓘ (**Verbranntes Haus**), ein Handwerkskeller, der zum Gebäude der Bar Katros-Priesterfamilie gehörte, deren Haus ebenfalls bei der Eroberung Jerusalems 70 n. Chr. in Flammen aufging. Eine audiovisuelle Vorführung erläutert die Ausgrabungsarbeiten und macht mit den Fundstücken und der Anlage des Kellers vertraut.

Verlässt man das Burnt House und wendet sich nach links, erreicht man nach wenigen Schritten einen ★**Aussichtspunkt**; von hier schweift der Blick auf die Klagemauer mit der in den Himmel ragenden, goldenen Kuppel des Felsendoms. Vor dieser grandiosen Kulisse sprechen die Fernsehkorrespondenten gerne ihre Kommentare.

★Berg Zion

Verlässt man die Altstadt durch das **Misttor** ⑥ (**Dung Gate**), führt rechts eine Straße den Berg Zion hoch. Ein kürzerer Weg führt durch das **Zionstor** ⑤ direkt zum Berg Zion. Unübersehbar ragen das spitze Kegeldach und der hohe Glockenturm der katholischen **Dormitio-Kirche** ㊶ in den Himmel. Bei seinem Besuch 1898 kaufte der deutsche Kaiser Wilhelm II. das Areal auf dem Berg Zion vom türkischen Sultan ab und übergab es dem *Deutschen Verein vom Heiligen Lande*. Der Baumeister Heinrich Renard erbaute im neoromanischen Stil die Marienkirche, die 1908 geweiht wurde. Christlicher Tradition zufolge ist an dieser Stelle die Mutter Jesu vor ihrer Himmelfahrt entschlafen

Rechts: Blick auf den Ölberg mit der Kirche von Gethsemane und der russischen Maria Magdalena-Kirche.

(*dormitio* = Schlaf). Die **Mosaiken** auf dem Fußboden im Kircheninneren symbolisieren die Dreieinigkeit, die Apostel und die Tierkreiszeichen; auf einem Mosaik in der **Apsis** ist Maria mit dem Jesuskind dargestellt. In der **Krypta** befindet sich unter einer Mosaikkuppel die Skulptur der entschlafenen Maria. Die Kirche und das angeschlossene **Kloster** werden von deutschen Benediktinern geführt.

Südlich der Kirche wird im ersten Stock eines um 1335 vom Franziskanerorden errichteten Gebäudes der sog. ★**Raum des letzten Abendmahls** ㊷ (**Coenaculum**) verehrt. Sein Gewölbe wird von drei gotischen Säulen getragen, und ein Felsbrocken gegenüber der muslimischen Gebetsnische markiert den angeblichen Platz Jesu beim letzten Abendmahl. In dieses „Obergemach" kehrten die Jünger nach der Auferstehung Jesu zurück, und hier soll das in der Apostelgeschichte erzählte Pfingstwunder stattgefunden haben, bei dem der heilige Geist in feurigen Zungen auf die Apostel niederkam. (Apostelgeschichte 2, 1-4). Sultan Süleyman der Prächtige verwandelte den Bau 1553 in eine Moschee und ließ hier einen schönen **Mihrab** (Gebetsnische) einfügen.

Im Untergeschoss des Gebäudes befinden sich der „Saal der Fußwaschung", heute eine **Synagoge**, und der sogenannte **Steinsarg Davids**, der im Mittelalter hier aufgestellt wurde – das Grab des großen Königs wird erst seit dem 12. Jh. hier verehrt. Ein besticktes Samttuch bedeckt den Sarkophag, die hebräischen Inschriften bedeuten: „David, der König Israels, lebt ewig" und „Wenn ich dich je vergesse, Jerusalem, dann soll mir die rechte Hand verdorren" (aus Psalm 137). Die Bibel berichtet, dass der Einiger der israelitischen Stämme hier nicht zur letzten Ruhe gebettet sein kann, denn er wurde in der so genannten Davidsstadt (s. u.) am Berg Ophel östlich vom Berg Zion begraben (1. Könige 2, 10). Da die Stadt Davids

JERUSALEM UND UMGEBUNG

in der Bibel allerdings den Beinamen „Burg Zion" (2. Samuel 5, 7) trägt, und in byzantinischer Zeit der Name auf den Berg überging, suchten im Mittelalter die Gläubigen auf dem Berg Zion nach der Davidsstadt und glaubten, an dieser Stelle fündig geworden zu sein.

Neben dem Gebäude mit dem „Grab Davids" hält die kleine Gedenkstätte **Keller des Holocaust** ㊸ die Erinnerung an die Ermordung von 6 Millionen Juden wach, zeigt Exponate aus Konzentrationslagern und Gedenkplaketten jener jüdischen Gemeinschaften, die vollständig von den Nazis ausgerottet wurden.

★★Ölberg

Ein Besuch auf dem **★★Ölberg** – der 120 m hoch aus der Ebene ragt und seinen Namen von den vielen Olivenhainen bekommen hat – beginnt am **★Löwentor** ㉑ (**Lions's Gate**; auch **Stephanstor** genannt). Hier verlässt man die Altstadt, hält sich rechts und erreicht bald das **Mariengrab** ㊹. Die Fassade und die breite Marmortreppe zur Krypta stammen aus der Kreuzfahrerzeit. Auf halbem Weg zur Krypta liegen seitlich zwei **Kapellen** – die orthodoxen Christen verehren darin zwar die Gräber des hl. Josef (links) und jene von Marias Eltern Joachim und Anna (rechts), gesichert ist jedoch nur rechter Hand das Grab der 1161 verstorbenen Königin Melisende von Jerusalem.

In der ursprünglich byzantinischen **Krypta** befindet sich das in den Felsen gehauene **Grab der Maria**. Es wird von einem christlich-armenischen Altar flankiert – und einer islamischen Gebetsnische (*Mihrab*): Noah, Lot, Abraham, Moses und Jesus (*Isa*) gelten im Islam als Propheten und werden im Koran erwähnt, wie auch Sara (Abrahams Frau), die Mutter von Moses (*Jochebed*) und Maria, die Mutter von Jesus. Mohammed gilt als „Siegel der Propheten" – der letzte, dem die Offenbarung herabgesandt wurde.

Vom Vorhof aus gelangt man in die **Gethsemane-Grotte** ㊺ mit Fragmenten von Mosaikfußböden aus byzantini-

» Stadtplan S. 58-59, Info S. 95-97

JERUSALEM UND UMGEBUNG

scher Zeit. Hier ist Jesus laut christlicher Überlieferung von Judas verraten und von den Römern verhaftet worden.

Vom Mariengrab geht man zum **Garten von Gethsemane** ㊻. Der Name ist abgeleitet vom hebräischen *Gat Schemanim*, was Ölpresse bedeutet. Die Anlage war wohl früher ein Olivenhain mit einer Ölmühle. An diesem ruhigen, schattigen Ort gedeihen einige uralte, knorrige **Olivenbäume**, die angeblich noch aus der Zeit Christi stammen. Nach dem Abendmahl kam Jesus mit den Jüngern in den Garten von Gethsemane, um hier zu übernachten. Dann überfiel ihn Todesangst, und vor Furcht schwitzte er Blut. Er ging ein Stück fort von den Jüngern, kniete nieder und sprach die Worte: „Vater, wenn du willst, nimm diesen Kelch von mir. Aber nicht mein, sondern dein Wille geschehe". (Lukas 22, 42-44).

Die ★**Kirche von Gethsemane** ㊼, auch Basilika der Todesangst genannt, entwarf der Italiener Antonio Barluzzi. Das Gotteshaus mit seiner prächtigen Innenausstattung entstand zwischen 1920 und 1924. Viele Nationen spendeten Geld für den Bau, und die zwölf Kuppeln des Daches wurden von Künstlern aus verschiedenen Ländern ausgemalt – daher heißt die heilige Stätte auch **Kirche der Nationen**. Vor der Hauptapsis befindet sich der Fels, auf dem Jesus in Todesangst betete; dieses Motiv hat auch das Mosaik in der Apsis zum Inhalt. Den Verrat des Judas und die Gefangennahme Jesu zeigen die Darstellungen in den Nebenapsiden.

Nächste Station hügelaufwärts ist die ★**Maria-Magdalena-Kirche** ㊽. Sie ist mit ihren sieben goldenen Zwiebelkuppeln und den orthodoxen Kreuzen obenauf leicht als russisches Gotteshaus zu identifizieren. Zar Alexander III. ließ die Kirche 1888 zur Erinnerung an seine Mutter erbauen. Das Kircheninnere ist mit Ikonen, Wand- und Deckenmalereien geschmückt, und ein großes Gemälde erzählt Ereignisse aus dem Leben der hl. Maria Magdalena. In der **Krypta** liegt die russische Großfürstin

Oben: Jerusalem im Mondlicht.

JERUSALEM UND UMGEBUNG

Elisabeth Feodorowna begraben; sie wurde zusammen mit der Zarenfamilie 1918 ermordet.

Es geht nun weiter den Hang des Ölbergs aufwärts, bis **Dominus Flevit** ㊾ („Der Herr weinte") erreicht ist. Ebenfalls unter der Bauaufsicht des italienischen Architekten Antonio Barluzzi entstand ab 1955 die in Form einer Träne errichtete Kirche mit ihren harmonischen Proportionen. Sie wurde auf byzantinischen Fundamenten erbaut und ist von einem kleinen schattenspendenden Hain umgeben. Links vom Eingang sind Teile eines **Mosaikbodens** aus dem 5. Jh. zu erkennen. Als Jesus am Palmsonntag mit einer großen Menschenmenge im Gefolge auf einem Esel den Ölberg herunterritt und die Stadt in der Sonne leuchten sah, da weinte er, denn er sah ihren Untergang voraus (Lukas 19, 41-44). Auch von dieser Kirche aus hat man eine wunderschöne ★**Aussicht** auf die Altstadt Jerusalems.

Auf Treppenstufen geht es weiter den Ölberg hoch, und bald erblickt man rechter Hand auf dem jüdischen Friedhof die **Prophetengräber** ㊾, in denen Haggai, Sacharja und Maleachi, drei der sogenannten zwölf kleinen Propheten aus dem 6. / 5. Jh. v. Chr., begraben sein sollen; dies scheint jedoch mehr als zweifelhaft, da dieser spezielle Grabtyp erst nach der Zeitenwende entwickelt wurde. Zwei halbrunde Korridore enthalten insgesamt 26 Loculi (Schiebegräber).

Oberhalb der Katakomben liegt ein großes Gemeinschaftsgrab, in dem 48 Menschen zur letzten Ruhe gebettet wurden. Alle kamen bei den Kämpfen um das jüdische Viertel im Jahr 1948 ums Leben; damals bestattete man sie in aller Eile innerhalb des Quartiers. Nachdem die Armee im Sechs-Tage-Krieg 1967 den Ostteil Jerusalems erobert hatte, wurden die Opfer exhumiert und hier neu beigesetzt. Nicht nur Soldaten liegen in dem Grab, es enthält auch die Gebeine eines kleinen Jungen, der bei den Gefechten als Meldeläufer eingesetzt wurde. Alljährlich gedenkt die Armee der Gefallenen mit militärischen Ehren.

Nach einem kurzen Fußmarsch ist der Gipfel des Ölbergs erreicht. Hier steht das **Seven Arches Hotel** ㊿, von dem man die bekannte Postkartenansicht der heiligen Stadt genießen kann. Fotografen sollten am frühen Morgen hier sein, dann haben sie die Sonne im Rücken, und die Szenerie präsentiert sich im schönsten Licht.

Sanft läuft der Hang ins Kidron-Tal (s. u.) aus, auf dem Tempelberg strahlt die goldbedeckte Kuppel des Felsendoms über den Dächern der Altstadt, und in der Ferne ragen die Hochhäuser des modernen Jerusalem in die Höhe. Rechts vom Felsendom erkennt man in der Stadtmauer das (geschlossene) **Goldene Tor**. Nach jüdischer Vorstellung wird hier einmal der Messias in die Stadt einziehen (nach christlicher Überlieferung ist dies ja bereits geschehen). Fast den gesamten Hang des Hügels nimmt der **Jüdische Friedhof** ein. Seit über 2000 Jahren bestatten hier die Juden ihre Angehörigen.

Im **Pater-Noster-Konvent** ㊼ brachte Jesus christlicher Tradition zufolge seinen Jüngern das Vaterunser (lat.: *Pater noster*) bei. Fayence-Platten geben in über 70 Sprachen den Text dieses bekanntesten Gebets der Christen wieder; links vom Eingang auch auf einer Metallplatte in Braille (Blindenschrift). 1868 kaufte die französische Prinzessin de la Tour d'Auvergne das Areal und ließ auf byzantinischen und fränkischen Fundamenten ein Kloster für die Karmeliterinnen errichten. Ihr Grab befindet sich in der Grabkapelle neben dem Eingang.

Nur einige Meter entfernt erhebt sich die **Himmelfahrtskapelle** ㊼. Die Säulenarkaden des kleinen achteckigen Gebäudes stammen aus der Kreuzfahrerzeit, Mauerwerk und Kuppel sind muslimischen Ursprungs (1198). Hier soll Jesus seine Himmelfahrt angetreten haben (Lukas 24,50-51) – und zwar so kraftvoll, dass ein **Abdruck** seiner San-

» Stadtplan S. 58-59, Info S. 95-97

JERUSALEM UND UMGEBUNG

Oben: Figurenkapitell aus der Kreuzfahrerzeit im Rockefeller Museum.

dale im Fels blieb. Bemerkenswert sind auch die burgundischen **Kapitelle**.

★Kidrontal und Davidsstadt

Es geht nun zurück zum Fuß des Ölbergs; am Mariengrab gabelt sich die Straße; die rechte Abzweigung führt ins ★**Kidrontal** ⑤④. Nach kurzem Fußmarsch erreicht man eine Reihe eindrucksvoller antiker Grabmonumente. Das sog. ★**Grab Absaloms** ⑤⑤ (Sohn Davids) wurde aber nicht für Absalom, sondern erst im 1. Jh. n. Chr. errichtet. Der aus dem Fels gehauene Würfel, mit Säulen und kegelförmigem Dach verziert, ist 15 m hoch. Er diente als *nefesh* oder Grabdenkmal für die eigentliche Grabanlage dahinter – das sog. **Grab des Joschafat** ⑤⑥ (vierter König von Juda, Reg. 873-849) mit in den Felsen gehauenen Kammergräbern.

Nahebei liegt das älteste der Gräber – das **Grab der Bnei Hezir** ⑤⑦, einer Priesterfamilie aus dem 2. Jh. v. Chr. Hinter einem säulengeschmückten Vorbau sind Kammern im Fels. Nachdem der Hohepriester Hananias den hl. Jakobus, Bruder Jesu und erster Bischof von Jerusalem, erschlug, soll jener hier bestattet worden sein – deshalb heißt die Stätte auch **Jakobus-Grab**.

Imposant ist auch das im 1. Jh. n. Chr. aus dem Felsen gehauene, von einem Pyramidendach gekrönte ★**Grab des Zacharias** ⑤⑧, ein nach dem Vater Johannes des Täufers benanntes Grabdenkmal ohne Grabkammer.

Ein kleines Stück weiter liegt rechter Hand am Fuß des Bergs Ophel die **Gihon-Quelle** ⑤⑨, die einzige ganzjährig wasserführende Quelle Jerusalems.

Auf dem Berg Ophel legte David um 1000 v. Chr. seine Stadt an und brachte die Bundeslade hierher. Teile der Stadtbefestigung, Gebäudereste, ein Abwassersystem und mit Treppen verbundene Terrassen aus der Eisenzeit wurden hier freigelegt, zu besichtigen im **City of David National Park** ⑥⓪. Um die einzige Wasserquelle der Stadt vor einer

JERUSALEM UND UMGEBUNG

erwarteten assyrischen Belagerung zu schützen, wurde um 800 v. Chr. der nach seinem königlichen Auftraggeber benannte ★**Hiskija Tunnel** ⑥¹ in den Fels gehauen, der bis ins Innere der Stadt führte. Man kann den 533 m langen Tunnel heute noch durchwaten – mal gebückt, mal aufrecht, angefangen bei der Gihon-Quelle, bis man an einem länglichen **Sammelbecken** wieder ans Tageslicht kommt. Bis 2005 dachte man, dies sei der biblische **Teich von Shiloah** ⑥² – bis man talabwärts einen weiteren Teich ausgrub. Der obere ist wohl erst von Kaiser Hadrian errichtet worden, der untere, größere war schon zur Zeit Jesu in Betrieb und war möglicherweise Zeuge seiner Blindenheilung (Johannes 9,7).

Am unteren Teich ist man am Südende des City-of-David-Parks angelangt. Vom oberen Teich führt ein Stufenweg aus römischer Zeit zur 1931 erbauten katholischen Kirche **St. Peter in Gallicantu** ⑥³ am Osthang des Bergs Zion. Hier stand angeblich der Palast des Hohepriesters Kaiphas, wo Petrus seinen Herrn dreimal verleugnete, bevor der Hahn krähte. Im Inneren der Kirche ist ein Verlies zu besichtigen, das als **„Gefängnis Christi"** gilt.

Im Norden der Altstadt

Vom Damaskustor oder dem Herodestor führt die Suleiman Street zur Nordostecke der Altstadt. Hier wartet das ★★**Rockefeller Museum** ⑥⁴ mit einer einzigartigen Ausstellung archäologischer Exponate auf. Das Museum, 1927 vom US-Industriemagnaten John D. Rockefeller finanziert, zeigt Funde aus prähistorischer Zeit bis zum 18. Jh. Zu den ältesten Stücken gehören ein Kultschädel aus dem neolithischen Jericho, Elfenbeinschnitzereien aus dem kanaanäischen Megiddo, eine Statue des ägyptischen Pharao Ramses III. und eine Stele seines Vorgängers Sethos I.

Ein Stück die Suleiman Street zurück biegt rechts die Saladin Street ab. Dort, wo die Saladin auf die Nablus Street trifft, erstreckt sich rechts der Komplex der **Königsgräber** ⑥⁵ (Torinschrift: „Tombeau des Rois"). 1863 grub der französische Archäologe Félicien de Saulcy die Fels-Katakombenanlage aus, die er für die Begräbnisstätte der Könige von Juda hielt. Erst später erkannte man, dass es sich um das Grab der Königin Helena von Adiabene (einem kleinen Vasallenkönigreich der Parther im Irak) handelte, die um 30 n. Chr. zum Judentum konvertiert war. Für die Besichtigung ist eine Taschenlampe hilfreich. Von einer rechteckigen Vorhalle leitet ein Tor in die quadratische **Hauptkammer** über, die von Nebenkammern mit **Arkosolgräbern** (bogenförmigen Nischengräbern) gesäumt ist.

Etwas weiter nördlich steht das 1902 gegründete kleine Luxushotel **American Colony Hotel** ⑥⁶ mit seinem Gourmetrestaurant in einem Pascha-Palast aus dem 19. Jh. Der romantische, begrünte ★**Innenhof** ist ideal für eine Rast. Das American Colony ist das Lieblingshotel von ausländischen Prominenten, Journalisten und Politikern, hier fand auch der erste Geheimkontakt zwischen Israelis und Palästinensern bei den Friedensgesprächen statt.

Von der Saladin Street biegt man in die Nablus Street; vorbei an der anglikanischen **St. George's Cathedral** ⑥⁷ und der **Stephanskirche** ⑥⁸ mit dem französischen Bibelinstitut geht man wieder auf die Altstadt zu. Kurz vor dem Damaskustor zweigt links die Conrad-Schick-Gasse zum **Gartengrab** ⑥⁹ ab. Hier kann man sich vorstellen, wie die letzte Ruhestätte Jesu ausgesehen haben mag. Die Örtlichkeit wurde 1883 vom englischen General Charles Gordon (1833-1885) entdeckt. Da der Felsen wie ein Schädel aussah, glaubte er, den Kalvarienberg bzw. Golgatha – was beides „Schädel" bedeutet – gefunden zu haben. Als man auch noch ein Grab fand, war die Euphorie groß, doch später stellten Archäologen fest, dass es aus dem 8.-7. Jh. v. Chr. stammte. Bei an-

» **Stadtplan S. 58-59 u. S. 80-81, Info S. 95-97**

JERUSALEM UND UMGEBUNG

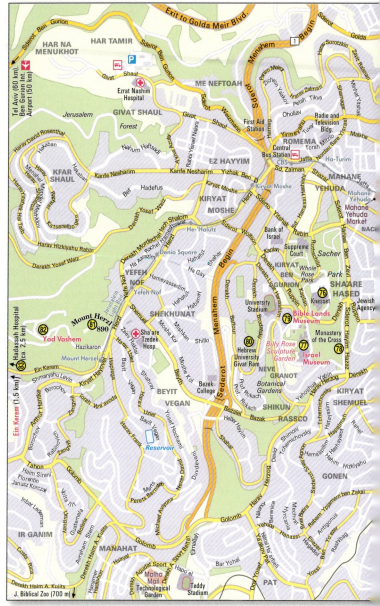

JERUSALEM UND UMGEBUNG

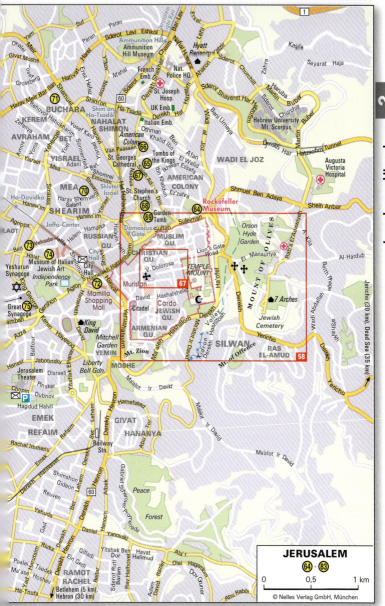

JERUSALEM UND UMGEBUNG

Oben: Abends in den Straßencafés der Neustadt.

glikanischen und freikirchlichen Christen jedoch gilt **„Gordons Golgatha"** als Grab Jesu.

Über die Shivtei Yisrael Street und die Mea Shearim Street gelangt man nach **Mea Shearim** ⑦, dem 1874 gegründeten **Viertel der ultraorthodoxen Juden** nordwestlich der Altstadt. Hier gibt es viele Talmud-Schulen, rituelle Bäder, Synagogen und typische Bäckereien. Es wird Jiddisch gesprochen. Die Männer tragen chassidische Tracht: schwarze Kleidung, pelzbesetzte Hüte und Schläfenlocken (*Peiyot*). Am Tag vor dem Sabbat findet im Zentrum von Mea Shearim ein lebhafter Markt statt. Schilder mit **Benimm-Regeln** weisen Besucher darauf hin, dass Autofahren am Sabbat, Fotografieren und das Tragen „indezenter Kleidung" (Shorts, Kleidung, die nackte Arme und Beine zeigt) verboten sind.

Nördlich von Mea Shearim liegt das 1892 gegründete **Buchara-Viertel** ⑪, dessen Bewohner aus der Oasenstadt Buchara (Usbekistan) stammten.

West-Jerusalem / Neustadt

Die **Mamilla Mall** ⑫, beginnend westlich des Jaffators, ist die vornehmste Einkaufsmeile der Stadt und läuft der Fußgängerzone um die **Ben Yehuda Street** ⑬ den Rang in Sachen Luxus ab. Das **Nahalat Shiv'a-Viertel** am Ostende der Ben Yehuda jedoch bleibt unerreicht, was das Flair angeht: An und zwischen den Straßen **Yosef Rivlin** und **Yoel Salomon** reihen sich Cafés, Boutiquen und Galerien in alten Steinhäusern und stimmungsvollen Innenhöfen. Ein Geheimtipp liegt ganz nahe: die barocke ★**Italienische Synagoge**, hierhergebracht aus dem Hinterland von Venedig und jetzt Teil des **Museum of Italian Jewish Art** ⑭ in der Hillel St. 27. Am oberen Ende der Ben Yehuda Street zweigt die repräsentative **King George Street** ab. Ein Stück weiter südlich sieht man die prächtige, 1982 eingeweihte **Große Synagoge** ⑮ des Oberrabbinats; dieser Sakralbau beherbergt ein **Museum** für jüdische Sakral- und Volkskunst.

JERUSALEM UND UMGEBUNG

Mit Bus Nr. 9 oder 99 gelangt man zum Regierungsviertel **Qiryat Ben Gurion** und zur **Knesset** ⑯. Hier ist Israels Ein-Kammer-Parlament untergebracht, dessen Name und die Anzahl der Sitze (120) auf die *HaKnesset HaGdolah*, die Große Versammlung der Zweiten Tempelperiode, zurückgeht. Das **Bodenmosaik** und die leuchtend bunten **Wandteppiche** entwarf Marc Chagall. Vor dem Gebäude steht eine 5 m hohe ★**Menora**, der sakrale siebenarmige Kerzenleuchter, ein Geschenk des britischen Parlaments an den damals noch jungen Staat Israel.

Südwestlich der Knesset liegt das ★★**Israel Museum** ⑰, eine der weltbesten Adressen für Archäologie und Kunst. Das Nationalmuseum Israels galt schon bei seiner Gründung 1965 als sehr modern, die 2010 abgeschlossene Rundumerneuerung machte es noch attraktiver. Die drei Schwerpunkte sind Archäologie, Kunst, und jüdisches Leben vom Mittelalter bis heute. Herausragende Attraktion ist der kuppelförmige ★★**Schrein des Buches**, der den Deckeln der Tonkrüge nachempfunden ist, in denen viele der Qumran-Schriftrollen 1947-1956 in elf Höhlen oberhalb des Toten Meeres gefunden wurden (s. S. 90). Einige der Originalfunde sind hier ausgestellt. Der benachbarte ★**Billy-Rose-Kunstgarten** ist eine beliebte Freiluft-Ergänzung zum **Fine Arts Wing** und glänzt mit Plastiken, u. a. von Rodin, Henry Moore und Picasso; das Kunstmuseum selbst zeigt Werke aus allen Kontinenten und Epochen. Außerdem sieht man – auf 2000 m², im Maßstab 1:50 – das ★★**Stadtmodell Jerusalems**, das die Stadt im Jahr 66 n. Chr. zeigt – so ähnlich könnte sie auch Jesus gekannt haben. Das vom Archäologen Michael Avi-Yonah 1966 konzipierte Modell wird ständig auf den neuesten Stand der Forschung gebracht und entsprechend angepasst; zuletzt 2006, als das Modell von seinem früheren Standort ins Israel Museum umzog. Der ★**Archaeology Wing** führt durch die Geschichte des Landes, von der Steinzeit bis zum Ende der osmanischen Herrschaft, ergänzt mit Exponaten aus benachbarten Kulturräumen. Im **Wing for Jewish Art and Life** bekommt man Einblick in die Vielfalt jüdischen Lebens auf allen Kontinenten.

Im Tal unterhalb des Israel-Museums steht am Rand des Stadtparks von Rehavia das trutzige **Kreuzkloster** ⑱ – eine ummauerte Klosterburg mit schön bemalter **Kirche**, vormals georgisch und seit 1685 griechisch. Im 4. Jh. gegründet, wurde es mehrmals zerstört und vermittelt heute noch viel von der kreuzfahrerzeitlichen Wiederaufbauphase (12. Jh.). Ein Besuch lohnt!

Zwischen Knesset und Israel Museum liegt das ★**Bible Lands Museum** ⑲. Es geht auf eine Privatkollektion zurück und behandelt, Bezug nehmend auf das Alte Testament, die Geschichte des Nahen Ostens bis zur Schaffung des Talmuds im 3./4. Jh. in Mesopotamien. Die zwölf chronologisch geordneten Abteilungen enthalten hunderte exquisiter Originalfunde sowie Modelle und Erklärungstafeln.

Die Ruppin Street führt westwärts zum 1954 angelegten **Givat Ram Campus** der **Hebrew University** ⑳, die u. a. die Jüdische National- und Universitätsbibliothek enthält. Die Vorhalle der Universität ist mit einem **Mosaik** aus dem 5.-6. Jh. geschmückt.

Entlang der Ruppin Street und des Herzl-Boulevard geht der Weg zum **Mount Herzl** ㉑, mit 890 m Jerusalems höchste Erhebung. Hier wurde 1949 der Begründer des Zionismus, Theodor Herzl (1860-1904), begraben. Der österreichisch-ungarische Herzl arbeitete als Paris-Korrespondent einer Wiener Zeitung und berichtete über die Dreyfus-Affäre. Der antisemitische Ausbruch und der Rassenhass der Franzosen erschütterten ihn tief. 1896 erschien sein Band „Der Judenstaat", in dem er sich für die Gründung einer eigenen Nation aussprach. 1897 tagte der erste Zionistische Weltkongress in Basel, anläss-

» Stadtplan S. 80-81, Info S. 95-97

JERUSALEM UND UMGEBUNG

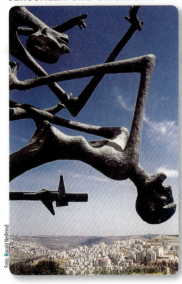

lich dieses Ereignisses schrieb Herzl: "Wenn nicht in fünf Jahren, so wird ein jüdischer Staat vielleicht in 50 Jahren Realität werden." Exakt 50 Jahre später befürwortete die UNO den Teilungsplan für Palästina, womit seine Hoffnung in Erfüllung gegangen war.

Nahebei sind Mitglieder von Herzls Familie begraben sowie führende Zionisten, die früheren Premierminister Levi Eshkol (1895-1969) und Golda Meir (1898-1978). Ein jüngeres Grab ist das von Yitzhak Rabin (ermordet 4. 11. 1995). Westlich der Gräber erstreckt sich Israels größter **Militärfriedhof**. Am Eingang zum **Herzl-Park** zeigt ein Museum das originalgetreu rekonstruierte Wiener Arbeitszimmer und die Bibliothek des Visionärs.

Vom Herzl-Berg führt die Har Hazikaron Street zum **Hügel des Gedenkens (Har Hazikaron)**. Hier hält die Gedenk-

Oben: Yad Vashem erinnert an die Ermordung von 6 Mio. Juden durch die Nazis. Rechts: Marc Chagalls Glasfenster in der Synagoge des Hadassah Hospitals.

stätte ★★**Yad Vashem** ⑧ – das wohl erschütterndste Mahnmal im ganzen Land – die Erinnerung an die von den Nazis ermordeten 6 Millionen Juden wach. *Yad Vashem* bedeutet soviel wie „ein Denkmal und ein Name" und geht auf einen Ausspruch des Propheten Jesaja zurück (Jesaja 56, 4-5). Der weiträumige Komplex enthält ein großes Forschungsinstitut, mehrere Gedenkstätten, ein Museum zur Geschichte des Holocausts und zudem ein Kunstmuseum. Angeschlossen sind unter anderem ein Archiv mit über 50 Millionen Dokumenten, ein Erziehungszentrum und eine Synagoge.

Die **Halle der Erinnerung** ist aus schweren Basaltsteinen und Beton erbaut, und in die Bodenplatten sind die Namen der Konzentrationslager eingemeißelt. Eine Ewige Flamme leuchtet vor einer großen Bronzeschale, in der sich die Asche von Toten aus jedem Vernichtungslager befindet. Vor dem Gebäude ragt die **Säule der Erinnerung** 30 m hoch in den Himmel, und an ihrer Spitze mahnt das Wort *Zkhor* (Erinnere Dich).

In der **Allee der Gerechten** erinnern immergrüne Johannisbrotbäume an all jene Nichtjuden, die zumeist unter Einsatz ihres Lebens Juden vor den Nazis gerettet haben; kleine Schilder zeigen ihre Namen an. Seit dem Erfolgsfilm *Schindlers Liste* von Steven Spielberg (1993) sucht jeder nach dem Bäumchen von Oskar Schindler.

Das 2005 eröffnete ★**Holocaust History Museum** zeigt Tausende Dokumente und Fotos, Videos, Tonprotokolle und Exponate über die von den Nazis verfolgte „Endlösung der Judenfrage".

Die **Kindergedenkstätte** von Yad Vashem berührt Besucher besonders tief – hier wird der 1,5 Millionen von den Nazis ermordeten Kinder gedacht.

Wendet man sich am Ausgang nach links, so stößt man bald auf eine Straße, die zu einem **Aussichtspunkt** führt. Hier „fährt" einer der Waggons, in denen Juden nach Auschwitz transpor-

JERUSALEM UND UMGEBUNG

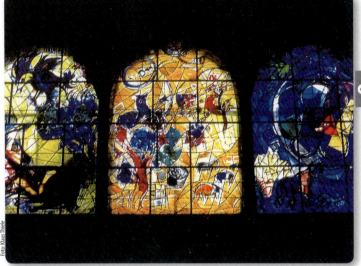

Foto: Klaus Thiele

tiert wurden, himmelwärts. Unterhalb liegt das **Valley of the Destroyed Communities**. In die mehrere Meter hohen Felswände sind die Namen von ca. 5000 zerstörten jüdischen Gemeinden gemeißelt.

Zurück am Herzl Boulevard, gelangt man westwärts, vorbei an Ein Kerem (s. unten), zum **Hadassah Hospital** ⑧③, Universitätsklinik der Hebrew University und das wohl beste Krankenhaus im Nahen Osten. Kunstkenner rühmen es wegen der zwölf ★★**Glasfenster der Synagoge**, die der in einer jüdischen Gemeinde in Russland geborene **Marc Chagall** (1887-1985) 1961 entwarf. Die Fenster symbolisieren die Stammesväter der 12 Stämme Israels.

Das malerische, viel besuchte, benachbarte alte Bergdorf ★**Ein Kerem** mitten im Grünen gilt als Geburtsort Johannes des Täufers und lädt mit der **Kirche des Heiligen Johannes des Täufers**, Pflastergassen, schönen alten arabischen Steinhäusern, Künstlerateliers und stimmungsvollen **Gartenrestaurants** zum Verweilen ein.

AUSFLÜGE VON JERUSALEM

Die Oasenstadt Jericho, Betlehem, Hebron und die Höhlen von Qumran am Toten Meer liegen im **Westjordanland (West Bank)**, wo 1987-1993 sowie 2000-2005 die *Intifada* – der Aufstand der palästinensischen Bevölkerung gegen die israelischen Besatzer – Überfälle, Selbstmordanschläge, Raketenangriffe und israelische Gegenschläge zur Folge hatte. Von Reisen ins Westjordanland ohne ortskundigen Begleiter wird abgeraten; als vertretbar gelten Besuche in Betlehem und Jericho, Fahrten zum Toten Meer auf der Straße 1 und im Jordantal auf der Straße 90. Die Sicherheitslage kann sich jederzeit ändern; die aktuellsten Informationen hierzu bekommt man von der deutschen Vertretung in Ramallah (Tel. 00972/ (0)2/2977630, www.ramallah.diplo.de), Tel Aviv (Tel. 00972/ (0)3/6931313, www.tel-aviv.diplo.de) oder beim Auswärtigen Amt in Berlin (s. S. 247).

Qumran erreicht man mit israelischen Linienbussen, die von der Central

JERUSALEM UND UMGEBUNG

Bus Station in der Jaffa Street nach Eilat oder En Gedi fahren, oder mit arabischen Taxen vom Damaskustor. Nach Jericho und Bethlehem gelangt man mit arabischen Bussen und Sammeltaxen, die am Busbahnhof des Damaskustors in Jerusalem abfahren.

Eizariya und Ma'ale Adummim

Rund 3 km östlich von Jerusalem liegt das Dorf **Eizariya** ❷ am Osthang des Ölbergs, das neutestamentliche **Bethanien**. Hier soll Jesus Lazarus wieder zum Leben erweckt haben. Das **Grab des Lazarus**, heute nur von der Dorfstraße her zugänglich, ist ein beliebtes Pilgerziel. Über dem ursprünglichen Grabeingang erhebt sich seit dem 16. Jh. eine Moschee und unweit davon eine moderne **Lazaruskirche**, die auf Fundamenten zweier Vorgängerbauten steht. Das Dorf ist fast ausschließlich muslimisch. Wer derzeit die Lazarus-Kirche besuchen will, muss jedoch erst in Richtung Totes Meer und dann über die 1975 gegründete Siedlung **Ma'ale Adummim** ❸ (32 000 Einwohner) fahren, denn die Straße, die früher von Jerusalem durch das Dorf nach Jericho führte, ist seit 2004 durch eine 8 m hohe Mauer blockiert – Teil des **Sperrzauns**, den die israelische Regierung in weiten Teilen des Westjordanlandes errichten ließ, um das Eindringen von Terroristen nach Israel zu verhindern.

Herberge des barmherzigen Samariters

Fährt man Richtung Jericho, liegt rechts der Schnellstraße die **Herberge des barmherzigen Samariters** ❹, (**Khan al-Hatruri**, *Inn of the Good Samaritan*) mit dem neuen **Mosaikmuseum**, das antike Mosaiken aus Kirchen und Synagogen aus der West Bank und dem Gazastreifen zeigt – neben einer Herberge von 1830. Schon weit früher standen hier, auf halbem Weg nach Jericho, Herbergen. Die Bibel erzählt die Geschichte eines Mannes, der überfallen wird: Ein jüdischer Priester und ein Tempeldiener ziehen achtlos vorbei, erst ein Mann aus Samaria hilft dem Verletzten und bringt ihn zur Herberge (Lukas 10, 30-37).

★Georgskloster

Wenige Kilometer weiter (ca. 20 km von Jerusalem) weist ein roter Hinweispfeil links ab ins **Wadi Kelt** und zum ★**Georgskloster** ❺, das spektakulär an einer Felsklippe hängt. Die Strecke dorthin ist sehr schmal und holprig.

Seit dem 4. Jh. lebten hier Mönche in der Wüste und beteten in den Höhlen, die ihnen als Behausungen dienten. Um

JERUSALEM UND UMGEBUNG

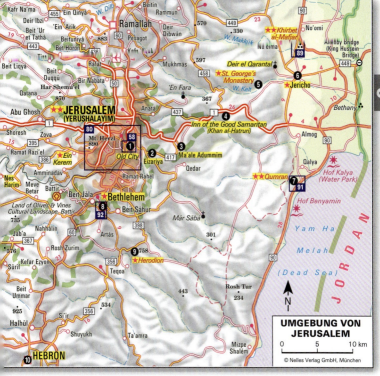

480 errichtete der ägyptische Priester Johannes von Theben ein erstes Kloster und weihte es der Jungfrau Maria. Seinen heutigen Namen trägt es nach dem hl. Georg von Koziba. Die jetzige Anlage mit **Hauptkirche** (schöner Mosaikfußboden, Ikonen), **Kuppelkirche** und **Grotte** stammt vom Ende des 19. Jh.

★Jericho

Vom Georgs-Kloster ist es nicht mehr weit nach ★**Jericho** ❻ (arab.: Ariha) in den Palästinensischen Autonomiegebieten; eine schattige, grüne **Oase** mit rd. 25 000 überwiegend muslimisch-arabischen Einwohnern. Mit 250 m unter dem Meeresspiegel ist dies die tiefstgelegene Stadt der Welt. Süßwasserquellen ermöglichen gute Ernten an Zitrusfrüchten, Datteln und Bananen. Schon vor 12 000 Jahren siedelten Menschen hier um die Quelle Ein as-Sultan, wurden sesshaft, trieben Viehzucht und versuchten, einen Urweizen zu domestizieren und damit ersten Ackerbau zu betreiben. 2000 Jahre später war aus der Ansiedlung eine Stadt geworden, die Verteidigungsmauern aus Stein mit einem Turm besaß. Die etwa 3000 Bewohner lebten vermutlich vom Handel mit Salz, Asphalt und Schwefel aus dem Toten Meer. Ungefähr zwanzig Mal wurde in den folgenden Jahrtausenden die Stadt zerstört, wieder aufgebaut, verlassen und wieder besiedelt.

» **Karte S. 86–87, Info S. 95–97**

JERUSALEM UND UMGEBUNG

Als die Israeliten um 1300 v. Chr. vor die Tore der Stadt zogen, war Jericho zu einem unbedeutenden Ort mit maroden Mauern verkommen – der Schall der Posaunen und das Kriegsgeschrei der Israeliten soll ausgereicht haben, um sie zum Einsturz zu bringen. Erst um 900 v. Chr. fand eine Wiederbesiedlung statt; zu jener Zeit soll der Prophet Elija mit seinem Schüler Elischa hier geweilt haben. Dieser bewirkte ein Wasserwunder, weshalb die Quelle Ein as-Sultan auch den Namen **Elischa-Quelle** trägt: Hier sprudelte eines Tages plötzlich ein Krankheiten und Fehlgeburten auslösendes Nass, so dass die Anwohner Elischa um Hilfe baten; dieser schüttete Salz hinein, und die Süßwasserquelle war wieder in Ordnung (2. Könige 2, 19-25).

Eroberung, Zerstörung und Wiederaufbau von Jericho setzten sich fort, bis Herodes 30 v. Chr. die Stadt vom römischen Kaiser Octavian bekam. Der Tyrann ließ bauen, was die Finanzen hergaben, und der prachtvolle Winterpalast avancierte bald zu seiner bevorzugten Residenz. 4 v. Chr. ist Herodes hier zur großen Freude seiner Untertanen verschieden.

Jesus soll hier den blinden Bartimäus geheilt haben. Römische Legionäre zerstörten während des ersten jüdischen Aufstands die Stadt, und 638 kamen die muslimischen Heere. In der Kreuzfahrerzeit hielten die Franken Jericho für einige Jahre, und 1187 eroberte Saladin den geschichtsträchtigen Fleck, der daraufhin in einen tiefen Schlaf fiel.

1948 kam das Örtchen zu Jordanien, 1967 eroberten die Israelis das Westjordanland und halten es seitdem besetzt. Im Herbst 1994 zog Yassir Arafat in Jericho ein, um hier mit der Teilautonomie erste Schritte in Richtung auf einen palästinensischen Staat zu unternehmen. Mehrere Verwaltungsgebäude sind entstanden, und die während der *Intifada* fast touristenleere Stadt lockt jetzt mit Hotels und einer Seilbahn zum Kloster der Versuchung.

Oben: Der Baudekor des Hisham-Palasts bei Jericho zählt zu den Meisterwerken omaijadischer Kunst.

JERUSALEM UND UMGEBUNG

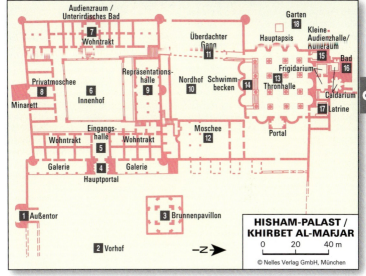

Sehenswürdigkeiten in Jericho / ★★Hischam-Palast

Spektakuläre Ausgrabungsreste darf man am ★**Tell es-Sultan** nicht erwarten, trotzdem wird sich der Besucher einer gewissen Faszination nicht entziehen können, wenn er den 10 000 Jahre alten ★**Turm von Jericho** erblickt – den ältesten Steinturm der Welt. Nahebei fand man ein mesolithisches Heiligtum (8000 v. Chr.). Die **Elischa-Quelle** sprudelt noch, in der Nähe kann man – nach Vorabsprache mit der Tourist Police am Tell es-Sultan – die 1300 Jahre alte **„Friede über Israel"-Synagoge** besichtigen, so benannt nach der Inschrift ihres schönen **Bodenmosaiks**.

Westlich des alten Jericho erhebt sich der 350 m hohe **Berg der Versuchung**, auf dem Jesus 40 Tage gefastet haben soll. Dann forderte der Teufel ihn auf, herumliegende Steine in Brot zu verwandeln, und Jesus sprach: „Der Mensch lebt nicht vom Brot allein, sondern von jedem Wort, das aus Gottes Mund kommt" (Matthäus 4, 3-4). Vom 4.-14. Jh. lebten Einsiedler in den Höhlen des Bergs; *Mons Quarantus*, Berge der 40 (Fastentage), nannten sie ihn – daraus wurde **Qarantal**. Ende des 19. Jh. bauten griechisch-orthodoxe Mönche in die steile Felswand das **Kloster der Versuchung**, das man heute per **Seilbahn** erreichen kann

Tulul Abu el-Alayiq war eine Siedlung in hellenistischer und neutestamentarischer Zeit (2 km westlich des modernen Jericho); dort sind die Reste des **Herodes-Winterpalasts** freigelegt.

Etwa 2 km nordwestlich vom Tell es-Sultan breiten sich die Ruinen von ★★**Khirbet al-Mafjar** aus, die auch als **Qasr Hisham** (**Hisham-Palast**) bekannt sind. Der 160 x 130 m große Komplex, einst einer der prächtigsten der frühislamischen Zeit, diente als Winterresidenz. Omaijaden-Kalif Hisham Ibn Abd el-Malik (723-743) gab sie in Auftrag. Wegen des frühen Tods seines Nachfolgers al-Walid II. und eines Erdbebens blieb sie aber unvollendet. Vor Ort bezaubern v. a. die ★**Bodenmosaiken der Badeanlage**; die meisten Stuckverzierungen

» Plan S. 89, Info S. 95-97

JERUSALEM UND UMGEBUNG

und Plastiken sind heute im Rockefeller Museum in Jerusalem (s. S. 79) zu besichtigen.

Nach Durchschreiten der Überreste des **Außentors** ❶ erblickt man in einem weitläufigen **Vorhof** ❷ die Fundamente eines einst überwölbten **Brunnenpavillons** ❸ mit teils erhaltener Steinbalustrade. Zum eigentlichen Palast führt das von zwei **Galerien** flankierte **Hauptportal** ❹, an das sich eine **Eingangshalle** ❺ anschließt.

Der **Innenhof** ❻ war von zweistöckigen Arkadenfassaden umfasst. Die Fürstenfamilie bewohnte das Obergeschoss. Im Erdgeschoss lagen an der Ost- und Westseite die Wohntrakte der Bediensteten, an der Westseite zudem ein kleiner **Audienzraum** ❼ mit unterirdischem Bad. Der Herrscher hatte eine **Privatmoschee** ❽ mit Gebetsnische und Minarett. Gegenüber nimmt die zweischiffige **Repräsentationshalle** ❾ die ganze Breite des Innenhofs ein. Im Hof ist ein rekonstruiertes **Maßwerkfenster** ausgestellt, das 500 Jahre vor jenen der Hochgotik entstand.

Über eine breite Treppe gelangt man in den **Nordhof** ❿, den ein **überdachter Gang** ⓫ zweiteilt und eine **Moschee** ⓬ im Osten begrenzt.

Glanzvollster Gebäudeteil ist die von 16 Pfeilern gestützte, einst überkuppelte **Badeanlage** mit **Thronhalle** ⓭, deren ★**Stuckaturen**, **Malereien** und ★**Mosaiken** (Darstellungen von Menschen, Tieren und Pflanzen als Abbild des Paradieses) Khirbet al-Mafjar zu einem Juwel omaijadischer Kunst machen. **Apsiden** verleihen dem Saal Würde (Hauptapsis mit besonders qualitätvollem Dekor), ein **Schwimmbecken** ⓮ sorgte für Abkühlung. Als **Ruheraum** oder **kleine Audienzhalle** ⓯ diente ein Raum im Nordwesten. Ein weiteres **Bad** ⓰ mit zwei **Caldarien** (Warmwasserbad) und zwei **Frigidarien** (Kaltwasserbad) sowie eine **Latrine** ⓱ schließen die Badeanlage nach Norden hin ab.

Breite Mauern umschließen den 40 Hektar großen **Garten** ⓲.

★★Qumran

20 km südlich von Jericho liegt eine der berühmtesten archäologischen Stätten Palästinas: ★★**Qumran** ❼. Der Ort – damals unter transjordanischer Kontrolle – weckte 1947 schlagartig das Interesse der Weltöffentlichkeit, als ein Nomadenjunge in einer Höhle Tongefäße mit Schriftrollen entdeckte. In den folgenden Jahren förderten archäologische Untersuchungen in 11 ★**Höhlen** (s. Bild S. 12) knapp 900 **Schriftrollen** (viele davon sehr bruchstückhaft) zutage, deren Fund eine Sensation war. Dies sind die ältesten existierenden, etwa 150 v. Chr. bis 70 n. Chr. entstandenen Bibeltexte; u. a. enthielt ein Pergament sämtliche 66 Kapitel des Buches Jesaja, andere bis dahin unbekannte Psalmen von Josua und David.

Ausgrabungen in den Jahren 1949 bis 1956 brachten unweit der Höhlen, 50 m über dem Toten Meer, den Ruinenkomplex ★★**Khirbet Qumran** zutage, den der Dominikaner-Pater Roland de Vaux zunächst als **Essener-Kloster** deutete. Antike Quellen (Plinius der Ältere u. a.) berichten über die strengste der drei großen jüdischen Religionsparteien mit etwa 4000 Mitgliedern, dass sie ohne Geld und Frauen, vegetarisch, mit exakter Einhaltung des Sabbat und in Erwartung des nahen Weltendes lebte. Demzufolge interpretierte man die einzelnen Räumlichkeiten dieses „Zentralklosters" v. a. als Ritualbäder (*Mikwes*) und Schreibstuben. Als Mönchswohnungen sollten die nahen Höhlen in der Wüste gedient haben.

1993-2004 untersuchten israelische Archäologen nochmals intensiv die Khirbet Qumran sowie die Umgebung und entdeckten dabei rund 200 Münzen, Schmuck, Kämme und viel Keramik. Skelettanalysen erbrachten den Nachweis, dass in den Gebäuden neben Männern auch Frauen und Kinder lebten, vermutlich ca. 100 Personen.

Qumran entstand Mitte des 2. Jh. v. Chr. als **Militärlager** der jüdischen Kö-

JERUSALEM UND UMGEBUNG

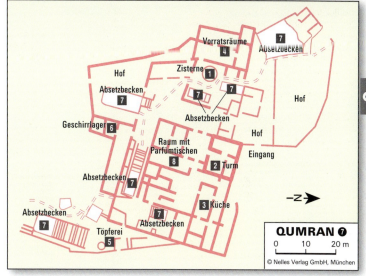

nige zur Überwachung des Westjordanlandes und wandelte sich in der Regierungszeit Herodes' des Großen in einen **Gutshof** mit **Zisterne** 1, **Turm** 2 und **Küche** 3 am damals noch fruchtbaren Westufer des Toten Meeres. Hier erntete man Datteln, verarbeitete Bitumen (am Toten Meer natürlich vorkommend), stellte aus der Balsampflanze Parfüm her und produzierte Keramik.

Für diese neue Theorie sprechen die Entdeckung von **Vorratsräumen** 4 mit landwirtschaftlichen Geräten, einer **Töpferei** 5 mit Brennofen und hunderten von Fehlbränden sowie eines **Geschirrlagers** 6. In den zahlreichen Wasserbecken wurde nicht rituell gebadet, sondern nachweislich Ton gereinigt und geschlämmt; diese waren also **Absetzbecken** 7. Die „Schreibpulte" dienten sehr wahrscheinlich als **Parfümtische** 8, die hohen, mit Deckel verschließbaren Tonkrüge, in denen auch die Schriftrollen gefunden wurden, als Vorratsgefäße für Datteln. Die in Sichtweite gelegenen Höhlen waren keine „Bibliotheken"; vielmehr wurden die kostbaren Pergament- und Papyrusrollen (aus Synagogen in Jerusalem und anderen Orten) während des 1. Jüdischen Aufstands vor den Römern an diesem sicheren Ort versteckt.

Für die **neue, revolutionäre Interpretation** der archäologischen Befunde, nach der die Höhlen und das Gebäudeensemble nichts miteinander zu tun haben, sprechen auch folgende Indizien: Die Schriften deponierte man in den Höhlen hastig, ohne erkennbare Ordnung; die jüngsten Rollen datieren in die Zeit des 1. Jüdischen Aufstands; die Essener sind in den Texten nie erwähnt; kein einziges Schriftfragment wurde in den Ruinen gefunden; die Rollen stammen von rund 500 verschiedenen Schreibern, wobei in Qumran nur etwa 100 Personen gelebt haben. Damit wäre auch das Rätsel der zahllosen Abschriften gelöst, denn allein vom 5. Buch Mose gibt es insgesamt 27 Kopien.

Die **Funde** aus Qumran sind im Israel-Museum in Jerusalem (s. S. 83) und im Archäologischen Museum von Amman (s. S. 218) in Jordanien zu sehen.

» Plan S. 91, Info S. 95–97

JERUSALEM UND UMGEBUNG

★Bethlehem

In der Hügellandschaft 8 km südlich von Jerusalem liegt das zu den Palästinensischen Autonomiegebieten zählende ★Bethlehem ❽ (arab.: Bait Lahm), wo heute christliche und muslimische Araber leben. Kaiser Augustus ordnete 7 v. Chr. eine Volkszählung an, um eine Besteuerungsgrundlage für Palästina zu bekommen. Dazu musste Josef von Nazareth in seinen Geburtsort Bethlehem ziehen, wobei ihn seine schwangere Verlobte Maria begleitete. Da es im Haus der Verwandten keinen Platz gab, richteten sich Josef und Maria in der Vorratshöhle ein, und dort soll Maria Jesus geboren haben.

Schon in frühchristlicher Zeit verehrten die Gläubigen die Geburtsgrotte; seit dem 3. Jh. sind mehrere Kirchen darüber errichtet worden.

Der heiligste Ort in der vielbesuchten ★★Geburtskirche ① (UNESCO-Welterbe, zusammen mit dem Pilgerweg) am **Manger Square** (Krippenplatz) ist die 12 m lange und 4 m breite **Geburtsgrotte**, zu der von beiden Seiten des Chors Treppen hinunterführen. Unter dem **Geburtsaltar** bekundet der **Silberstern** mit der Aufschrift *Hic de Virgine Maria Jesus Christus natus est* – Hier hat die Jungfrau Maria Jesus Christus geboren –, was hier einst geschehen sein soll. Es schließt die kleine **Krippengrotte** an, in der laut Bibel die Hirten das Kind anbeteten; gegenüber vom **Altar der heiligen Drei Könige** sieht man an den in den Felsen gehauenen **Futtertrog**. Weitere Höhlen liegen unter dem Boden der Geburtskirche, so die **Große Grotte** mit der Kapelle des hl. Josef und die **Grotte der unschuldigen Kinder**, welche an den herodianischen Kindermord erinnert.

Einzelne Gebäudeteile gehören der griechisch-orthodoxen, andere der armenisch-orthodoxen und wieder andere der römisch-katholischen Kirche, worüber es öfter Streit gab und gibt. 1881 wurde die katholische **Kathari-**

Rechts: Am Manger Square vor der Geburtskirche in Bethlehem.

JERUSALEM UND UMGEBUNG

nenkirche angebaut, die die **Jesus-Krippenfigur** birgt.

Ziel von Pilgern ist auch die zu einer **Kapelle** umgebaute **Milchgrotte** ②, wo sich die hl. Familie vor ihrer Flucht nach Ägypten versteckt haben und ein Tropfen der Muttermilch Marias zu Boden gefallen sein soll.

Im kleinen **Museum** ③ von **Alt-Bethlehem** sind Möbel, Dokumente und traditionelle Trachten sowie Kunsthandwerk aus dem 19. Jh. zu sehen.

An Souvenirshops mangelt es nicht. Orientalisches Flair findet man auf dem arabischen **Markt** ④ und in den Gassen des Basars. Bei einem Spaziergang durch die Gassen passiert man auch drei große, aus dem Felsen geschlagene **Zisternen**, den **Davids Brunnen** ⑤ (Bir Daoud).

★ Herodion

11 km südöstlich von Bethlehem erhebt sich inmitten der goldgelben Wüste Juda der 758 m hohe Berg Herodion. Nachdem Herodes die Bergspitze hatte abtragen lassen, ließ er das Plateau ummauern und einen befestigten Palast, das ★**Herodion** ⑨, sowie Gärten und Badehäuser anlegen. Man kann das Plateau auf einem kurvenreichen Fußweg oder durch ein Labyrinth unterirdischer Gänge besteigen. Oben angekommen, erkennt man Überreste des **Palastkomplexes** mit Türmen, Wehrmauern, einem Speisesaal und Thermen, und es bietet sich eine atemberaubende ★**Aussicht** über die umliegende Wüste. Am Nordosthang ist 2007 Herodes' (zerstörtes) Grab entdeckt worden.

Hebron (Hevron)

In der Stadt **Hebron** ⑩ (**Hevron**), 37 km südlich von Jerusalem, flammen immer wieder Unruhen zwischen Arabern und Juden auf, denn hier soll das **Grab Abrahams** (Haram el-Khalil) liegen – ein wichtiges Heiligtum für beide Religionen, die Abraham als ihren Stammvater ansehen. Im **Höhlengrab Machpela** fanden angeblich Abraham, seine Frau Sara, sein Sohn Isaak mit seiner Frau Rebekka und sein Enkel Jakob mit seiner Frau Lea die letzte Ruhe. Kaiser Justinian ließ im 6. Jh. über der Höhle eine Kirche errichten, die ein Jahrhundert später in eine **Moschee** umgewandelt wurde. Der wuchtige, von zwei Minaretten gekrönte Bau durfte nach dem Sechs-Tage-Krieg wieder von Juden besucht werden, 1968 entstand im Nordosten Hebrons die jüdische Siedlung **Qiryat Arba**. Die Stadt Hebron mit ihrer islamischen Universität und den bunten Basargassen mutet sehr arabisch an.

Sorek-Höhle

Hinweis: Die folgenden Sehenswürdigkeiten liegen in Israel, der Sicherheitshinweis von S. 85 trifft nicht zu.

Verlässt man Jerusalem auf dem Herzl Boulevard in Richtung auf den Vorort Ein Kerem (mit dem Hadassah Hospital), biegt man an der Kerem Junction links auf die Route 386, von der rechter Hand

JERUSALEM UND UMGEBUNG

die Straße 3866 abzweigt. Kurz hinter dem Dorf **Nes Harim** sind das **Avshalom Reserve** und die **Sorek-Höhle** ⓫ ausgeschildert. Bei einer Sprengung in einem Steinbruch wurde 1967 der Eingang zur gigantischen Sorek-Höhle freigelegt. Vom Parkplatz führt ein steiler Weg zum Eingang. Ein gesicherter Rundkurs erschließt die Riesengrotte. Da die Luftfeuchtigkeit extrem hoch ist, bekommt man zur Akklimatisierung in einem Teil der Höhle einen Film über deren Entstehung gezeigt. Wegen des feuchten, drückenden Klimas sollten Menschen mit Herz- und Kreislaufproblemen von einem Besuch absehen.

Elah Valley

Die Route 3866 führt weiter nach Bet Shemesh; von dort geht die Route 38 nach Süden. 10 km nach Bet Shemesh zweigt Route 383 nach Westen ab, etwa 500 m weiter in der ursprünglichen

Oben: Beeindruckende Tropfsteingebilde in der Sorek-Höhle bei Nes Harim.

Richtung ist das **Elah Valley** ⓬ erreicht, und eine Brücke überspannt ein *Wadi* (ausgetrocknetes Flussbett) – hier sollte man anhalten. Mit Blick nach Osten schaut man auf die Hügel von Juda und erkennt einen Weg, der sich auf halber Höhe die Felshänge entlangschlängelt. Auf diesem Pfad soll Saul seine Armee herangeführt und links oberhalb unseres Standortes gelagert haben. Die feindlichen Philister hatten ihr Lager rechts oben auf dem Hügel. Zwischen den Gegnern erstreckte sich das *Wadi*. Nun soll sich die bekannte Geschichte (1 Sam 17, 1-58) des Zweikampfs Davids gegen den Hünen Goliath abgespielt haben, die mit der Enthauptung des Philisters endete.

Weiter geht es Richtung Süden auf der Route 38. Hinter der Elah Junction befinden sich nach ca. 1,5 km rechts der Straße auf einer Terrasse **Römische Meilensteine** ⓭. Sie wurden in der Umgebung gefunden und stammen aus der Zeit um 210 n. Chr. Auf dem zweiten von links ist eine lateinische Inschrift zu entziffern; in der letzten Zeile heißt es: „Col[onia] Ael[ia] Cap[itolina] Mil[le]" und dann folgt das Zahlzeichen für 24. Dieser Maßstein stand einmal an der Straße von Ashkelon nach Jerusalem, das unter römischer Herrschaft den obigen langen lateinischen Namen führte; 24 römische Meilen waren es von hier bis in die Hauptstadt. Die römische Meile bestand aus 1000 Doppelschritten, was etwa acht Stadien (ca. 1,5 km) waren.

Bet Guvrin und Tel Maresha

Einige Kilometer weiter südlich trifft die Route 38 auf die Route 35, in die man rechts abbiegt. Hier liegt der Kibbuz Bet Guvrin, in dessen Nähe ein Schild nach links zum antiken **Bet Guvrin** ⓮ und zum Tel Maresha weist. Ungefähr 800 glockenförmige **Höhlen** durchziehen den Kalkstein bei Bet Guvrin. Die Kavernen entstanden, weil Steinbrucharbeiter hier zwischen dem 7. und 10.

Jh. Löcher in den Fels stemmten und den Steinbruch darunter glockenförmig vertieften. Die Grotten sind 12 bis 15 m hoch, doch manche Gewölbe ragen bis zu 25 m empor.

500 m weiter liegt **Tel Maresha** ⑮, eine uralte Stadt, die schon im 2. Jahrtausend v. Chr. von den Kanaanitern bewohnt wurde und bis in die hellenistische Zeit existierte. Eine Reihe von unterirdischen Gewölben ist interessant, z. B. das **Columbarium**, das über 2000 kleine Nischen enthält. Das lateinische Wort bedeutet Taubenschlag; früher wurden in solchen Anlagen Tauben gezüchtet. Möglicherweise war dies aber auch eine große Grabanlage, und in den Nischen standen einmal Urnen. In einer anderen Höhle findet sich eine Olivenpresse, Stufen führen abwärts zu einer Wasserzisterne und weiteren Grabstätten. Hellenistische Malereien sieht man in den **Sidonischen Grabhöhlen.**

Die von der UNESCO als Weltkulturerbe gelisteten Höhlen beider Orte sind heute die Hauptattraktion des **Bet-Guvrin-Marissa-Nationalparks.**

Ramla

Rund 40 km westlich von Jerusalem liegt das kleine, arabisch geprägte Städtchen **Ramla** ⑯. Bedeutende architektonische Attraktion ist der **Weiße Turm**, auch „Turm der Vierzig Märtyrer" genannt, der 1318 als Minarett entstand. Vor dem fast 30 m hohen Turm sind nach islamischer Überlieferung 40 Gefährten des Propheten Mohammed bestattet; nach christlicher Chronik liegen hier 40 Märtyrer zur letzten Ruhe gebettet. Unterhalb des hohen Bauwerks findet man die **Weiße Moschee**. 1 km östlich steht im Basarviertel die **Große Moschee**, die nach der Vertreibung der Franken in der **Kreuzfahrer-Kathedrale des hl. Johannes** (12. Jh.) eingerichtet wurde. Unbedingt besichtigen sollte man das gigantische unterirdische **Zisternensystem** aus dem 9. Jh., das die Wasserversorgung sicherte.

JERUSALEM UND UMGEBUNG

JERUSALEM

Tourist Information Center, So-Sa 8.30-17, Fr 8.30-13.30 Uhr, Jaffa Gate, Tel. 02-6271422, www.jerusalem.muni.il/english/tourlink.htm
Visitor Center, So-Do 9-16.30, Fr 9-13 Uhr, Safra Square 3 (Rathaus), Tel. 02-6258844.
Christian Information Centre und **Franciscan Pilgrims Office**, Mo-Sa 8.30-13 Uhr, David St., am Jaffa Gate, hinter der Zitadelle, Tel. 02-6272692 bzw. 02-6272697.
Jewish Student Information Centre, 5 Beit El, jüd. Viertel der Altstadt, Tel. 02-6282634.

ANREISE: Israels internationaler Flughafen **Ben Gurion Airport** ist ca. 45 km von Jerusalem entfernt; am bequemsten erreicht man die Stadt mit den Sammeltaxen *(Sherut,* direkt vor dem Ausgang). Sie fahren rund um die Uhr, sobald sie voll sind, kosten ca. € 10 und bringen einen bis vor die Haustür. Busse nach Jerusalem fahren von der Airport-City ab, ein Shuttle-Service (Linie 5) bringt einen dorthin. Zwischen Freitag abend und Samstag abend (**Sabbat**) sowie an religiösen Feiertagen gibt es keinen Bus-Service, man ist auf Taxen und Sammeltaxen (Sherut) angewiesen. Per Mietwagen erreicht man vom Flughafen Jerusalem auf der Route 1, die im Innenstadtbereich in die Jaffa Road übergeht, in ca. 45 Min.

Freitags gibt das Magazin der engl. Ausgabe von „Ha'aretz" viele Restauranttipps. Ebenfalls informativ: www.gojerusalem.com und www.restaurants.co.il.
In den Fußgängerzonen (**Ben Yehuda**, **Nahalat Shiv'a** und **Mamilla Mall**), auf der **Shlomtsiyon HaMalka St.** und der **King David St.** hat man reichlich Auswahl.
„In" ist die **German Colony** um die Emek Refaim St.
In Ostjerusalem gibt es um das **Damaskustor** viele Lokale; für 5-Sterne-Küche sorgt das legendäre **American Colony Hotel** mit dem **Arabesque Restaurant** (samstags das Mittagsbuffet nicht verpassen!) und dem **Courtyard** im sehr schönen Hof (abseits der Nablus Road, Tel. 02-6279777).
Im alten Dorf **Ein Kerem** (s. S. 85) gibt es vie-

JERUSALEM UND UMGEBUNG

le originelle, auch anspruchsvolle Lokale.
Darna, marokkanische Küche, authentisch auch in der Einrichtung, teuer, 3 Horkanos St., Tel. 02-6245406, www.darna.co.il.
Sima, schlichtes Lokal, bei Einheimischen beliebt, u. a. wegen des berühmten „Jerusalem Grill" aus Hühnerlebern und -herzen, Lamm, Zwiebeln und Knoblauch, erschwinglich, 82 Agripps Street, Tel. 02-6233002.
Armenian Tavern, typische Küche in altem Gewölbe, preiswert, 79 Armenian Orthodox Patriarchate Road, in der Altstadt, Nähe Jaffator, Tel. 02-6273854.
Link, junge In-Bar/Café/Restaurant mit schöner Terrasse mitten in der Stadt, israelische Küche, gut zum Leute beobachten, 3 Hama'a lot St., Tel. 02-6253446.
Adom, interessante französisch-mediterrane Küche, Weinbar, Innenhof, erschwinglich, in der Feingold-Passage, in romantischem Haus, 31 Jaffa St., Tel. 02-6246242.
Billig sind die *Felafel*-Kioske, in denen Kichererbsen-Bällchen mit Salat und Soße in Fladenbrot gereicht werden, so im **Felafel King**, King George/Ecke Agripps Street. An der Agripps St. (hinter dem Markt Mahane Yehuda) haben viele Imbisse bis spät offen.
Typisch israelische Küche für wenig Geld, auch *Hoummous*, gibt es in der bekannten Imbissbude **Pinati**, 13 King George St.

Die **Bar** im **King David Hotel** hat die beste Reputation, 23 King David St., Tel. 02-6208888. **Shanti**, stimmungsvolle Bar in einem Gebäude aus dem 19. Jh., Simtat Nahalat Hashiva 4, Tel. 6243434.
Hamarakiya, jeden Abend Jazz und die unterschiedlichsten Suppen, Coresh 4, Tel. 02-6257797.
Egon, Pub mit Hof und einem großen Fernsehschirm, auf dem Musik-Videos laufen, 9 Ma'aleh Nahalet Shiva.
The Tavern, liegt nur einige Schritte weiter, manchmal Live-Musik, Rivlin Street.

Tempelberg, Zugang für Nichtmuslime nur am Maghrebinertor; Öffnungszeiten können sich kurzfristig ändern, Warteschlange, möglichst eine Stunde vor Öffnung kommen; (Sommer) Sa-Do 7.30-11 u. 13.30-14.30, (Winter) Sa-Do 7.30-10 u. 12.30-13.30 Uhr. Zutritt zu **Al-Aqsa-Moschee**, **Felsendom** und **Islamischem Museum** für Nichtmuslime nur mit Sondergenehmigung des islamischen Waqf!
Burnt House, So-Do 9-17 und Fr 9-13 Uhr.
Chamber of the Holocaust, So-Do 9-15.45 und Fr 9-13.30 Uhr, Berg Zion.
City of David National Park, So-Do 8-17 (Sommer 8-19) Uhr, Fr 8-13 (Sommer 8-15) Uhr, Maalot Ir David St., Tel. 6033, www.cityofdavid.org.il.
Franziskaner-Kloster „Zur Geißelung Christi", Mo-Sa 8-11.30, 13-17 Uhr, Lions Gate Road.
Garten Gethsemane, täglich 8-12, 14-17 Uhr, am Fuß des Ölbergs.
Gethsemane-Grotte, Mo-Mi, Fr und Sa 8.30-11.45 u. 14-17, So und Do 8.30-11.45 u. 14-15.30 Uhr, am Fuß des Ölbergs.
Grabeskirche, tgl. 5-21, Winter 4-20 Uhr.
Hadassah Hospital, geführte Touren im Stundenrhythmus in der Synagoge, mit einem Film über das Hospital, So-Do 8-13.15 und 14-15.30, Fr 8-12.30 Uhr, Bus 19.
Israel Museum, Sa, So, Mo, Mi, Do 10-17, Di 16-21, Fr 10-14 Uhr, Newe Shaanan, Tel. 02-6708811, Bus 9, 17, 24, www.imj.org.il.
Davidsgrab, So-Do 8-17.30, Fr, Sa u. Feiertage 7.30-14 Uhr, Berg Zion.
Kirche Dominus Flevit, „Der Herr weinte", tägl. 8-11.45 u. 14.30-17 Uhr, am Ölberg.
Kirche von Gethsemane (bzw. Basilika der Todesangst/Kirche der Nationen), tgl. 8-12, 14-17 Uhr, im Garten von Gethsemane.
Kloster Notre Dame des Sion, Mo-Sa 8.30-12.30, u. 14-17 Uhr, Altstadt, Lions Gate Rd.
Knesset, So und Do dt. Führung 8.30, engl. 8.30, 12, 13.45 Uhr, Derekh Ruppin, Bus 9, 24, 60.
Königsgräber, Mo-Sa 8-12.30, 14-17 Uhr, Saladin St.
Mariengrab, tägl. 5-12 u.14.30-17 Uhr, am Fuß des Ölbergs.
Maria Magdalena-Kirche, Sa, Di u. Do 10-12 Uhr, am Fuß des Ölbergs.
Pater Noster-Konvent, Mo-Sa 8.30-12, 14.30-16.30 Uhr, Ölberg.
Raum des letzten Abendmahls, So-Do 8-12.30, 15-17 Uhr, Berg Zion.
Rockefeller Museum, So, Mo, Mi, Do 10-15, Sa 10-14 Uhr, Suleyman St.
St. Anna-Kloster mit Teichen v. Bethesda, Mo-Sa 8-12, 14-17 Uhr, Altst.,Lions Gate Rd.
Tower of David Museum, So-Do 10-16, Sa 10-

JERUSALEM UND UMGEBUNG

14 Uhr, Altstadt, Jaffa Gate.
Wohl Archaeological Museum (Herodian Quarter), So-Do 9-17 und Fr 9-13 Uhr, Altstadt, am Hurva-Platz, Ha-Kairam St. 1.
Yad Vashem, So-Mi 9-17, Do 9-20, Fr 9-14 Uhr, Herzl Bd, Bus 13, 18, 21, 23, 27.
Herzl-Berg, So-Do 8-16.45, Fr 8-13 Uhr, am Herzl Boulevard.
Herzl-Museum, So-Do 8.45-16, Fr 8.45-13 Uhr, im Herzl-Berg Park.
Bible Lands Museum, So-Di, Do 9.30-17.30, Mi 9.30-21.30, Fr 9.30-14 Uhr, Givat Ram, www.blmj.org.
Western Wall Tunnels, nur nach Voranmeldung, an der Klagemauer, Tel. 02-6271333, http://thekotel.org.
Archäologischer Park, So-Do 8-17, Fr 8-14 Uhr, Altstadt, innerhalb des Dung-Gate, Bus 1, 2, 38, 99, www.archpark.org.il.
Museum For Islamic Art, HaPalmach St. 2, Bus 13, Tel. 02-566-12991/2.
Museum of Italian Jewish Art, So, Di, Mi 9-17, Mo 9-14, Do-Fr 9-13 Uhr, Hillel St. 27, www.jija.org.

Jerusalem Biblical Zoo, im Südwesten nahe Teddy-Stadion: Tierwelt der Bibel, Besucherzentrum in Gestalt einer riesigen Arche Noah, Spielplatz voller „kletterbarer" Fantasie-Tier-Plastiken von Niki de Saint Phalle, Streichelzoo. Derech Aharon Shulov 1, So-Do 9-17, Fr 9-16.30, Sa 10-17 Uhr, Tel. 02-6750111, www.jerusalemzoo.org.il

MARKT: **Mahane Yehuda** ist ein beliebter großer Markt mit Frischwaren, 1500 m nordwestlich des Jaffators.
MALLS: Edelboutiquen, Cafés u. Lokale prägen die elegante **Mamilla Mall** beim Jaffator.
Die **Malha Mall** (Jerusalem Mall) im Südwesten, beim Teddy-Stadion, ist mit 260 Läden, Multiplex-Kino, Postamt, Streichelzoo und Synagoge die beliebteste Jerusalems. Tgl. außer Sabbat, So-Do 9.30-22, Fr 9-14.30, Sa 1 Stunde nach Sabbatende - 23 Uhr.

Bikur Cholim, Erste Hilfe für Touristen, Strauss St., Tel. 02-6464111.
Hadassah Hospital, Mount Scopus Tel. 02-6844111, Ein Kerem, Tel. 02-6777111.
Jerusalem Emergency Dental Service, Shalom Meir Center (Wolfson Building), Tel. 02-5669061.
Zahnarzt-Notdienst, nachts und am Wochenende, Tel. 02-6423676.
Krankenwagen-Notruf: 101.

BUS: Ab der Central Bus Station in der Jaffa Road fahren Busse durchs ganze Land. Die größte Busfirma **Egged** veranstaltet zudem **geführte Tagesfahrten** in alle Landesteile, Tel. 03-6948888 u. *2800; allg. Fahrplan u. Touren: www.egged.co.il/eng
Stadtrundfahrt:: Der rote Doppeldeckerbus der **Linie 99** passiert alle Sehenswürdigkeiten (28 Stationen), u.a. Jaffator, Israel Museum, Knesset, Mahane Jehuda Markt, Haas-Promenade (schöne Aussicht), Herzl-Berg, Yad Vashem und div. Hotels. Die 2-Stunden-Tour beginnt So-Do um 9, 11, 13.30 u. 15.45 Uhr an der Central Bus Station, freitags 9, 11, und 13.30 Uhr, www. city-tour.co.il. Man kann an jeder Station aus- und wieder zusteigen. Erklärungen in 8 Sprachen.
STRASSENBAHN: Die lohnende Fahrt mit der neuen Tram kostet 6,60 S., das Ticket gilt auch für die Egged-Busse und umgekehrt.
SAMMELTAXI: Sherut-Taxen nach Tel Aviv fahren täglich rund um die Uhr (sobald sich 8-10 Fahrgäste eingefunden haben) ab 1 Harav Kook St. (Ecke Jaffa St., Nähe Zion Square).
TAXI: Per Handzeichen an der Straße oder vor großen Hotels. Am Israel Museum und an Yad Vashem gibt es Taxistände. Der Fahrer muss den Taxameter einschalten!
ZUG: Vom neuen Bahnhof in Malha fahren stündlich Züge nach Tel Aviv. Die Fahrt ist landschaftlich sehr reizvoll. www.israrail. org.il/english, Tel. 03-5774000 oder *5770.

UMGEBUNG JERUSALEMS

Beit Guvrin und **Tel Maresha**, tägl. 8-16 Uhr, www.parks.org.il.
Geburtskirche, tägl. 6-18 Uhr, Bethlehem. **Georgskloster**, tägl. 8-12 Uhr, im Wadi Kelt. **Höhlen von Qumran**, tägl. 8-16 Uhr.
Jericho, Ausgrabungsstätte Tell as-Sultan und Khirbet al-Mafjar, tägl. 8-17 Uhr.
Stalactite Cave Sorek, Avshalom Reserve, tägl. 8-16 Uhr, www.parks.org.il.

Am Strand von Tel Aviv

TEL AVIV UND SÜDLICHE MITTELMEERKÜSTE

TEL AVIV UND SÜDLICHE MITTELMEERKÜSTE

TEL AVIV

JAFFA

ASHKELON

★TEL AVIV-JAFFA

Hat man einen Fensterplatz auf der linken Seite des Flugzeugs, genießt man während des Landeanflugs auf den Ben Gurion Airport einen fantastischen Blick auf das blaue Meer, auf den viel Kilometerlangen, hellen **Sandstrand** (s. S. 113) und die von Hochhäusern bestimmte Skyline von **Tel Aviv**. Israels größte Stadt (400 000 Einw.) ist eine moderne, westlich anmutende Metropole, die vor rund 100 Jahren gegründet wurde, dann im Zuge der jüdischen Einwanderungswellen anfangs ungeplant die Küste entlang wucherte und sich weit ins Hinterland ausbreitete. 1909 erhielten die vielen einzelnen Viertel ihren heutigen Namen „Hügel des Frühlings" – *Tel Aviv*, und am Vorabend der Unabhängigkeit, die David Ben Gurion 1948 hier erklärte, wohnten bereits 250 000 Juden in der Stadt.

Heute leben im Großraum Tel Aviv-Jaffa rund 3,8 Mio. Menschen; die junge, lebenslustige Stadt ist das ökonomische und kulturelle Zentrum Israels.

Jaffa (Yafo), der arabische Teil, kann auf eine Jahrtausende alte Geschichte zurückblicken. Angeblich ist dies die älteste Hafenstadt der Welt und soll – glaubt man dem Geschichtsschreiber Plinius d. Ä. (23-79) – 40 Jahre nach dem Ende der Sintflut gegründet worden sein. Auf Jafet, den dritten Sohn des Noah, geht angeblich ihr Name zurück. Archäologische Ausgrabungen haben Reste von Stadtbefestigungen aus der Zeit der Hyksos (um 1600 v. Chr.) ans Tageslicht gefördert. 600 Jahre später war der Ort unter dem Namen Yapu ein bedeutender phönizischer Hafen; hier wurden Zedern aus dem Libanon für Salomos Tempel angelandet. Der Prophet Jona setzte im Hafen Segel, um sich vor einem Auftrag Gottes zu drücken; bekanntermaßen verschlang ein Wal den Unbotmäßigen und spuckte ihn erst drei Tage später wieder aus.

Alexander der Große nahm 332 v. Chr. die Stadt für die Makedonen bzw. Hellenen ein, und der Name änderte sich in Joppe. 200 Juden fanden rund 100 Jahre später den Tod, als die Griechen sie in Booten aufs Meer treiben ließen und die Schiffe anschließend versenkten. Judas Makkabäus rächte Mitte des 2. Jh. v. Chr. diese Tat, indem er mit seinen Truppen den Hafen stürmte und alle griechischen Schiffe zerstörte. Unter den Römern konnten die Juden wieder in Jaffa einziehen, das nun unter dem Namen Flavia Joppe bekannt war. 636 eroberten muslimische Heere den Hafenort und benannten ihn in Jaffa um. 1099 liefen die ersten Kreuzfahrerschiffe ein, und nun wechselte die Stadt

Links: Die Strandpromenade und die Küstenstraße – hier tummeln sich die Nachtschwärmer.

>> Karte S. 103, Info S. 112-113

TEL AVIV UND SÜDLICHE MITTELMEERKÜSTE

Oben: Immer gut besucht – der Carmel-Markt in Tel Aviv.

mehrfach den Besitzer, mal waren hier Christen, mal Muslime ansässig; 1268 wurden die Kreuzfahrer dann endgültig aus der Hafenstadt vertrieben. Über die folgenden Jahrhunderte war Jaffa ein kleiner, verschlafener Fischerhafen. Erst mit Beginn des 19. Jh. wurden Exportgüter wie Baumwolle und Zitrusfrüchte – die berühmten süßen Jaffa-Orangen – in großem Rahmen nach Europa verschifft.

Ab 1887 entstand das heutige Tel Aviv, und 1950 kamen beide Städte unter dem Doppelnamen *Tel Aviv – Yafo* unter eine gemeinsame Verwaltung. In den letzten Jahren veränderten Shopping-Malls und Wolkenkratzer wie die drei bis zu 187 m hohen Türme des *Azrieli Center* des Architekten Vasiliy Meshko die Skyline der Stadt.

★Tel Aviv

Die „Weiße Stadt" ★**Tel Aviv** ❶ zählt wegen ihrer 1930er-Jahre-Häuser im europäischen **Bauhaus-Stil** zum UNESCO-Welterbe (Stadtführungen, Audiotouren, Pläne, Designobjekte hierzu im **Bauhaus Center** in der Dizengoffstr. 99). Die Stadtbesichtigung könnte man an der fast 5 km langen ★**Strandpromenade Tayelet** im Norden, an der **Marina** ① beginnen, wo die meisten Hotels stehen. Als alternativer Startpunkt bietet sich, 1000 m südlich, die **Shalom Aleichem Street** an, ab der *Orange Routes* zu den Sehenswürdigkeiten ausgeschildert sind. Die lange, bis Jaffa führende Strandpromenade wird von viel besuchten **Stränden** gesäumt, wie dem **Hilton Beach** (gut zum Schwimmen), dem **Gordon Beach** oder dem **Frishman Beach**.

Im **Bet Ben Gurion** ② (Haus Nr. 17) hat Israels erster Premierminister, David Ben Gurion (1886-1973), mit seiner Frau Paula gelebt. Das kleine Haus ist so belassen, wie es zu Lebzeiten des Paars

TEL AVIV UND SÜDLICHE MITTELMEERKÜSTE

war. Etwa 20 000 Bücher sind über alle Zimmer verteilt, in Vitrinen kann der Besucher Ausweise von Ben Gurion und seine Briefe an Politiker studieren.

Flaniert man auf der Strandpromenade Richtung Süden, trifft man nach einem längeren Spaziergang auf die kreuzende **Allenby Street** ③, an der es links abgeht. Ihren Namen hat die Straße von dem englischen Feldmarschall Edmund Henry Allenby (1861-1936), der während des 1. Weltkriegs den Oberbefehl in Palästina hatte, und der 1917 mit seinen Truppen Jerusalem und bald darauf ganz Palästina von den Türken eroberte.

Hinter einer Rechtskurve geht links die **Bialik Street** ab, eine ruhige Wohnstraße im Zentrum des sonst lauten Tel Aviv; hier kann man die Architektur der Gründertage studieren. Am Ende der Bialik-Straße findet sich ein **Brunnen**, den der Maler und Kinderbuchautor Nahum Gutmann entworfen hat; Mosaiken zeigen die Geschichte Jaffas aus ältesten Tagen bis zur Gründung von Tel Aviv. Im **Bet Bialik** ④ (Haus Nr. 22) lebte der israelische Nationaldichter, der „Vater der hebräischen Poesie", Chaim Nachman Bialik (1873-1934). Erst 1924 konnte der russische Dichter in Palästina einwandern, drei Jahre später war das weiße, zweistöckige, bogengeschmückte Haus fertig und avancierte zum Treffpunkt der jüdischen Intellektuellen. Europäisch-orientalisches Mobiliar, tausende Bücher, Bilder etc. sind zu besichtigen.

Nach wenigen Schritten ist der **Bet Rubin** ⑤ (Haus Nr. 14) erreicht. Hier arbeitete Israels großer Maler Reuven Rubin (1893-1974), der das Gebäude samt Einrichtung und 45 Gemälden der Stadt Tel Aviv vererbte. Die nutzt es nun als kleine Galerie und veranstaltet Ausstellungen darin; die Bilder jüngerer Künstler stehen manchmal in hartem Kontrast zu den Werken Rubins.

Am **Kikar Magen David** (Platz des Davidsterns), auf dem *Shuk* genannten ★**Carmel-Markt** ⑥, herrscht werktags ab 9 Uhr ein unglaubliches Gedränge, bekommt man hier doch sowohl frische

Lebensmittel als auch Haushaltsgegenstände. Dienstags und freitags gesellen sich in der ★**Nahalat Binyamin** Kunsthandwerker dazu und versuchen, ihre Produkte an die Kunden zu bringen; da diese kleine Straße von Cafés gesäumt ist, kann man dem Trubel in aller Ruhe bei einer Tasse Kaffee zuschauen.

Die geschäftige **Allenby Street** – wie die **Ben Yehuda** und die als Flaniermeile beliebte ★**Sheinkin Street** eine der Haupteinkaufsstraßen – kann am Kikar Magen David, wo sich alle drei treffen, unterquert werden, dann geht es in die **King George Street**. An der King George/ Ecke Bet Leichem Street gibt es einen **Kleidermarkt**, einige Blocks weiter trifft man rechts auf die kleine Sackgasse **Simtat Plonit**, deren Zugang zwei Obelisken flankieren. Hier finden sich gute Beispiele des *International Style*, wenngleich etliche Bauhaus-Gebäude nicht in bestem Zustand und von Hochhäusern umgeben sind. Eine der Eingangsfronten bewacht ein Stuck-Löwe.

Weiter die King George entlang breitet sich links das Areal des **Gan Meir** ⑦

» Stadtplan S. 105, Info S. 112-113

TEL AVIV UND SÜDLICHE MITTELMEERKÜSTE

(Meir-Park) aus. Abends treffen sich hier gelegentlich Straßenmusiker und geben ihr Repertoire zum besten. Bücherfreunde sollten sich gegenüber des Parkeingangs beim *Antiquar Pollak* umschauen; ungewöhnlich viele deutsche Bücher sind in seinem weitgefächerten Angebot zu finden.

An der nächsten Straßenecke geht es nach rechts in den **Ben Zion Boulevard** hinein; der Schriftsteller Simcha Ben Zion war der Vater des Malerdichters Nahum Gutmann (der den Brunnen in der Bialik Street gestaltet hat). Die breite, von schattigen Bäumen bestandene Straße bringt uns zum **Kikar Habimah** (Habimah-Platz), wo drei Gebäude Beachtung verdienen. Da ist zuerst einmal das **Habimah-Theater** ⑧, das Nationaltheater Israels, dessen Ursprünge in der Russischen Revolution zu suchen sind. In jenen Tagen des gesellschaftlichen Umbruchs gründeten russisch-jüdische Schauspieler in Moskau ein Theater, in dem Stücke ausschließlich in hebräischer Sprache auf die Bühne kamen. Das Ensemble war derart erfolgreich, dass schon in den 1920er Jahren Tourneen nach Europa und in die USA stattfanden. Mit den Auswanderungswellen der späten 1920er und frühen 1930er Jahre kamen viele der Schauspieler nach Palästina und bauten hier das nationale Theater auf. Der Grundstein für das Gebäude wurde 1935 gelegt.

Neben dem Theater finden kunstinteressierte Besucher in der Tarsat Street den **Helena Rubinstein-Pavillon** ⑨, eine Dependance des Tel Aviv Museums, in dem zeitgenössische Kunst gezeigt wird. Ein kleiner schattiger **Garten** (Gan Ya'akov) lädt zwischen Theater und Museum zur Rast ein; im Zentrum steht ein großer **Maulbeerfeigenbaum**, und es heißt, dass schon vor der Gründung von Tel Aviv diese Sykomore den Beduinen Schatten spendete, nachdem sie ihre Kamele in der nahen Quelle getränkt hatten.

Das große ★**Mann-Auditorium** ⑩, ebenfalls am Kikar Habimah gelegen, ist die Konzerthalle von Tel Aviv und beherbergt das weltweit renommierte Israelische Philharmonische Orchester (IPO); das Haus ist bekannt für seine ausgezeichnete Akustik und bietet 3000 Hörern Platz. Da es in Israel zwischen E- und U-Musik keine Berührungsängste gibt, finden im Auditorium auch Rock-Konzerte statt.

Nördlich des Mann-Saals verläuft die früher vom Bauhausstil geprägte **Dizengoff Street**, wo sich Cafés und Kleiderläden aneinanderreihen. Alles, was das Herz begehrt, findet sich im (schon etwas angejahrten) **Dizengoff Center**.

Vom Kikar Habim ah geht man auf dem **Rothschild Boulevard** ⑪ südwärts – wie der Name andeutet, befindet man sich hier in der teuersten Straße der Stadt. Hohe schattenspendende Bäume säumen die Straße, die noch etliche Gebäude im Bauhausstil wie die *Independence Hall* aufweist (siehe unten), zudem trifft man hier auf sehr gute

Oben: Die Skyline Tel Avivs wächst in die Höhe (Azrieli Center – Circular Tower, 187 m).

TEL AVIV UND SÜDLICHE MITTELMEERKÜSTE

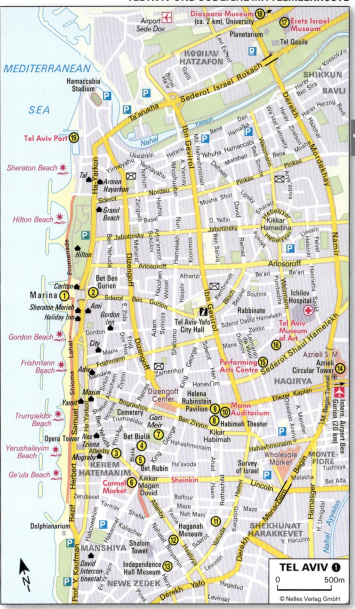

TEL AVIV UND SÜDLICHE MITTELMEERKÜSTE

Oben: Die Cafés, Bars und Restaurants am Alten Hafen sind beliebte Treffpunkte.

Restaurants wie das *Pastis* mit französischer Küche oder das *Yakimono*, eines der besten japanischen Restaurants des Landes. Auf dem Mittelstreifen des Rothschild Boulevards, Ecke Nahalat Binyamin Street, erinnert das **Gründermonument** an die Geburt Israel.

Nach zehn Minuten Fußweg ist das **Haganah-Museum** ⑫ erreicht – *Haganah* bedeutet Verteidigung. Nach dem 1. Weltkrieg gründeten Juden, die in der britischen Armee gekämpft hatten, diese militärische Organisation, um die jüdischen Siedlungen zu schützen. Mit der Unabhängigkeitserklärung ging die *Haganah* in der israelischen Armee auf. Das kleine Museum erläutert die Geschichte dieser Selbstschutztruppe.

Schräg gegenüber sollte man einen Besuch des **Independence Hall Museum** ⑬ nicht versäumen. In dem großen Wohnhaus im *International Style* lebte Tel Avivs bekanntester Bürgermeister Dizengoff. 1930 vermachte er das Gebäude seiner Stadt, und hier wurde das erste Tel Aviv-Museum eingerichtet. In dem Saal finden historisch Interessierte das Originalmobiliar, inklusive der Kohlemikrophone, von dem aus die politischen Führer der Juden am 14. Mai 1948 den unabhängigen Staat Israel proklamierten. David Ben Gurion selbst verbreitete an jenem schicksalsschwangeren Tag über den Rundfunk die Meldung in alle Welt. Stunden später rollten die Panzer von fünf arabischen Armeen auf das Land zu. Viele weitere Exponate berichten über die ersten Tage der Unabhängigkeit.

Unübersehbar ragt in der Nähe der **Shalom Tower** auf, 1965 Israels erster Wolkenkratzer. Vom Dach des 142 m hohen Turms hatte man früher einen schönen Blick – leider wurde die Terrasse gesperrt. Für den Tel-Aviv-Panoramablick fährt man deshalb heute 2500 m nordostwärts zum **Azrieli Circular Tower** ⑭ (187 m) und dessen **Aussichtsetage** mit Panoramarestaurant; die unteren Etagen beherbergen die riesige **Azrieli Shopping Mall** (mit Brücke zum Ha'Shalom-Bahnhof).

Tel Avivs jüngster Kulturtempel ist das ★**Performing Arts Centre** ⑮ (Leonardo da Vinci St. 28). Es beherbergt die **Neue Oper** und bietet auch Raum für modernen Tanz und Musicals.

Das ★**Tel Aviv Museum of Art** ⑯ nebenan (27 Shaul Hamelech Boulevard, Bus Nr. 24) zeigt eine große Ausstellung israelischer und internationaler Kunst. So gibt es beispielsweise ein großes Wandgemälde von Roy Lichtenstein und eine Sammlung französischer Impressionisten zu bewundern.

Zwei weitere Museen, die außerhalb des Stadtspaziergangs im Norden liegen, verdienen einen Besuch. Über das israelische Alltagsleben im Lauf der Jahrhunderte informiert das ★**Eretz-Israel-Museum** ⑰ (Israelisches Landesmuseum, 2 Lavanon Street, University, Bus Nr. 24, 25, 45). Zu dem Museumskomplex gehören ein Planetarium sowie eine Münz-, Keramik- und

TEL AVIV UND SÜDLICHE MITTELMEERKÜSTE

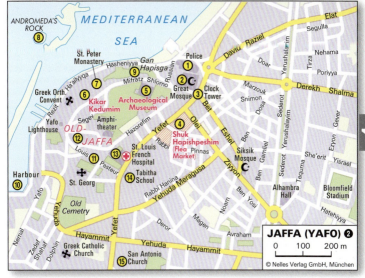

Glassammlung, daneben gibt es Abteilungen für Bergbau, Metallverarbeitung und Volkskunde. In dem Areal liegen die Ruinen des **Tel Qasile**, in dem Archäologen eine Siedlung der Philister (12./11. Jh.) und Gebäudereste aus hellenistischer, römischer, byzantinischer und islamischer Zeit freigelegt haben.

Nicht vergessen sollte man das interessante ★**Diaspora-Museum** ⑱ (Bet Hatefutsoth, University Campus, Gate 2, Klausner Street, Bus Nr. 24, 25, 45). Die Ausstellung beginnt mit der Zerstörung des zweiten Tempels, informiert über 2500 Jahre Leben in der Diaspora und vermittelt Besuchern einen Eindruck, was es bedeutet, wenn ein ganzes Volk über die Welt verstreut ist.

Wer nach der Stadtbesichtigung entspannen will, ist im ★**Alten Hafen** ⑲ im Norden richtig: Das Areal ist heute die Flaniermeile Tel Avivs mit Bars und Clubs; aus Hafengebäuden wurden schicke Lokale, von deren Terrassen man auf's Meer blickt. Bei Sonnenuntergang beschaulich, belebt sich am späten Abend die Szene.

★Jaffa (Yafo)

★**Jaffa** ❷ (**Yafo**), die alte arabische Hafenstadt (ein Drittel der 46 000 Einwohner sind Muslime), hat mit ihren engen Gassen und dem renovierten Altstadtkern oberhalb des Hafens viel Atmosphäre und ist historisch interessanter als Tel Aviv. Auf einem Spaziergang entlang der **Strandpromenade** oder mit den Bussen Nr. 8, 10, und 25 gelangt man von Tel Aviv nach Jaffa.

Am Ortseingang befindet sich rechter Hand die **Polizeistation** ① des alten Jaffa. Hier residierten schon die Türken und unterdrückten die Bewohner Palästinas. Während des Britischen Mandats hatten die Engländer in dem Gebäude Truppen stationiert, die sowohl Araber als auch Mitglieder der zionistischen *Irgun*-Untergrundorganisation in den Zellen einkerkerten. Heutzutage nutzt die israelische Polizei die Station.

Daneben steht die 1810 errichtete **Große Moschee** ② (Mahmudiye). Für die Ausschmückung des Innenraums wurden antike Säulen aus Caesarea und

TEL AVIV UND SÜDLICHE MITTELMEERKÜSTE

Ashkelon herangeschafft, die jedoch falsch herum – mit den Kapitellen nach unten – aufgestellt wurden.

In der Mitte eines kleinen Platzes, dessen offizielle Bezeichnung **Jewish Agency Square** kaum jemand kennt, ragt der **Uhrturm** ③ in den Himmel, der 1906 zum 30. Regierungsjubiläum des türkischen Sultans Abdul Hamid II. errichtet wurde. Abends öffnen in den Nebengassen arabische Garküchen.

Folgt man vom kleinen Platz aus der Bet Eshel Street, so ist an den Bogeneingängen von Haus Nr. 11 noch eine ehemalige **Karawanserei** (*Wakala*), zu erkennen; im Untergeschoss befanden sich Stallungen für die Kamele und Lagerräume für Waren, im ersten Stock die Gästezimmer. Ein kurzes Stück weiter auf der Bet Eshel führen Querstraßen links ab zum **Shuk Hapishpeshim**, einem großen ★**Flohmarkt** ④, wo man von Silberschmuck und Kleidung über Lederwaren bis zum Ventilator oder einem Second-Hand-Fernseher alles bekommt, was das Herz begehrt. Die Hauptbasarstraße **Olei Zion** verläuft parallel zur Bet Eshel. Der Markt ist der letzte Rest eines großen türkischen *Suq*, der im 19. Jh. täglich rund um das Areal des heutigen Uhrturms abgehalten wurde. Wer hier kauft, benötigt Zeit und Muße, gilt es doch mit dem Händler nach bester orientalischer Manier zu feilschen.

Über die leicht ansteigende **Mifratz Shlomo Street** gelangt man zu einem ★**Aussichtspunkt**, vom dem man einen fantastischen Blick auf den kilometerlangen Sandstrand, das blaue Meer und die Skyline von Tel Aviv hat.

Das ★**Archäologische Museum** ⑤ kann z. Zt. nur von Gruppen und nur nach Voranmeldung besichtigt werden. Tel. 03-6825375, 03-5184015. Teile des Gebäudes datieren aus der Kreuzfahrerzeit. Vor 200 Jahren renovierten und erweiterten die Osmanen den Bau und nutzten ihn bis 1897 als Regierungssitz. Danach produzierte darin eine Seifenfabrik, bis in den 1960er Jahren das Mu-

Oben und rechts: Jaffa, die alte arabische Hafenstadt.

TEL AVIV UND SÜDLICHE MITTELMEERKÜSTE

seum eingerichtet wurde. Links neben dem Ausstellungsgebäude steht ein osmanischer Brunnen aus dem frühen 19. Jh. Der Bogendurchgang nahebei führte einst in ein türkisches Bad (*Hamam*); heutzutage steht man vor einem Nachtclub, unter dessen Fundamenten man bronzezeitliche, 3500 Jahre alte Mauerreste des einstigen Jaffa fand.

Weiter geht es die Mifratz Shlomo bergauf – nach wie vor ergeben sich herrliche Ausblicke auf Tel Aviv – und schnell ist der ★**Kikar Kedumim** ⑥ (Kedumim-Platz) erreicht, Zentrum des hervorragend renovierten Hafenbereichs von Alt-Jaffa und oft Schauplatz von Live-Musikveranstaltungen. Treppen führen hier abwärts und bringen den Besucher zu einem genau unter dem Kikar Kedumim befindlichen **Ausgrabungsareal**, in dem man insbesondere Gebäudereste aus der Hyksos-Zeit (16. Jh.) erkennt. Einst war dieser Teil Jaffas der *Red Light District*, die sündige Meile von Tel Aviv.

Die rosa Kirche am Kedumim-Platz gehört zum **St. Peter-Kloster** ⑦, das auf dem Fundamenten einer Kreuzfahrerzitadelle im 17. Jh. von Franziskanern errichtet und 1894 weitgehend erneuert wurde. Besucher müssen am Glockenstrang neben der Tür ziehen, dann öffnet der Kustos.

Von einem kleinen **Terrassen-Café** am Kikar Kedumim kann man den Blick weit über den Hafen und auf das Meer hinaus schweifen lassen. Die anbrandenden Wellen brechen sich am **Andromeda's Rock** ⑧, einem gischtüberschäumten Felsen, der ein Stück aus dem Wasser ragt und seinen Namen einer Sage des klassischen Altertums verdankt: Kassiopeia, die eitle Frau des Königs Kepheus, hatte vor den Nereiden mit ihrer Anmut geprahlt und behauptet, schöner als alle anderen zu sein. Derlei Eitelkeiten erzürnten die Meeresnymphen, die nun im Verbund mit dem Meeresgott Poseidon eine Überschwemmung und einen alles verschlingenden Haifisch über das Land des Kepheus brachten. Nur wenn Andromeda, die schöne Tochter von Kepheus und Kassiopeia, einem Meerungeheuer geopfert würde, wäre es vorbei mit der Plage. Also wurde die blonde Jungfrau an besagten Andromeda Rock gebunden und wartete gefasst auf den Tod. Doch da kam, Fittiche an den Sohlen seiner Sandalen, Perseus herangeflogen und war sogleich verzaubert von der Elfengestalt der Prinzessin. „Sprich, schöne Jungfrau", rief er, „du, die du ganz anderes Geschmeide verdienst, warum bist du hier in Banden?" Kaum hatte Andromeda die Geschichte erzählt, da brach ein riesiges Ungeheuer aus dem Wasser. Perseus schwang sich in die Lüfte und stieß wie ein Adler mit seinem Schwert auf das Scheusal nieder, erschlug es und heiratete die schöne Andromeda.

Vom Kikar Kedumim geht es eine Anhöhe hoch und dann über eine hölzerne Brücke in den **Gan Hapisga** ⑨ (Gipfelgarten). Insgesamt sieben Siedlungsschichten haben die Archäologen hier freigelegt, darunter Befestigungen

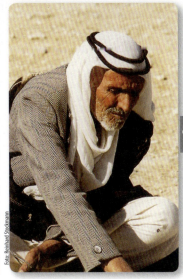

Foto: Reinhard Stockmann

》 Stadtplan S. 107, Info S. 112-113

TEL AVIV UND SÜDLICHE MITTELMEERKÜSTE

aus der Hyksos-Zeit (16. Jh.), Reste eines Stadttors aus dem 13. Jh. v. Chr. mit einer Inschrift, die den ägyptischen Pharao Ramses II. erwähnt, weiter kanaanäisches Mauerwerk, jüdische Siedlungsreste sowie Relikte aus dem 2. Jh. v. Chr., der Zeit der Hasmonäer, und schließlich römische Fundamente. Auch von hier hat man eine großartige Aussicht auf die Skyline von Tel Aviv.

Zurück zum Kedumim-Platz und dann abwärts über kleine Treppengassen ist der **Hafen** ⑩ erreicht. Fischerboote dümpeln im brackigen Wasser, Fischer halten sich auf einem Berg Netze ihre Siesta und schlafen, statt Hebräisch hört man hier nur arabische Laute.

Durch ein großes Tor geht es hinaus aus dem Hafenareal und über Stufen links hoch zur **Louis Pasteur Street** ⑪. Hier erinnert die freundlich aussehende **Bronzeskulptur** eines dicken Wals an die Geschichte des Propheten Jona, der drei Tage im Bauch eines solchen Meeressäugers saß, bis der ihn wieder ausspuckte. Die Figur ist von der Bildhauerin und Goldschmiedin Ilana Goor gefertigt worden.

Von hier aus sollte man in das kleine Gassenlabyrinth von ★**Alt-Jaffa** ⑫ vorstoßen; in den renovierten Häusern sind Galerien untergebracht, Kunsthandwerker zeigen ihre Produkte, Goldschmiede und Juweliere bieten individuell gestaltete Schmuckstücke an.

Zurück an der Bronzefigur, geht es nun weiter die Pasteur Street entlang bis zur Kreuzung Yafet Street. Hier an der Ecke befand sich einmal das **St. Louis French Hospital** ⑬, das seinen Namen von Louis IX. bekommen hatte; dieser kam 1251 als Führer des 7. Kreuzzugs in Jaffas Hafen gesegelt. Römisch-katholische Nonnen richteten in dem neogotischen Gebäude im späten 19. Jh. das erste moderne Krankenhaus Jaffas ein; heute ist hier ein Gesundheitszentrum untergebracht.

Rechts: Hades entführt Persephone – römischer Sarkophag im Freilichtmuseum von Ashkelon.

In der Yafet Street Nr. 21 hat 1863 die presbyterianische Church of Scotland die **Tabitha-Schule** ⑭ eröffnet. Auf dem kleinen Friedhof hinter dem Haus liegt Dr. Thomas Hodgkin (1798-1866) begraben, der am Londoner Guy's Hospital als erster die Hodgkinsche Krankheit beschrieb (eine bösartige, schmerzhafte Vergrößerung des Lymphgewebes) und während seiner Palästina-Reise erkrankte und starb.

Neben Haus Nr. 51 in der Yafet Street ragt die römisch-katholische **San Antonio-Kirche** ⑮ in den Himmel. 1932 wurde das Gotteshaus dem hl. Antonio von Padua geweiht.

Im südlichen Nachbarort **Holon** hat 2010 ein spektakuläres ★**Design Museum** für Wechselausstellungen eröffnet, entworfen von dem in Tel Aviv geborenen Stardesigner Ron Arad.

Ashkelon

Frühe ägyptische Texte erwähnen die Stadt **Ashkelon** ❸ (50 km südlich von Tel Aviv) bereits um 2000 v. Chr. Aus den Amarna-Briefen aus der Zeit des Echnaton (Mitte 14. Jh. v. Chr.), kennt man den Briefwechsel des lokalen Herrschers mit dem Pharao. Jeden Befreiungsversuch von der ägyptischen Oberhoheit ließen die Pharaonen blutig niederschlagen. Im Karnak-Tempel von Luxor (Ägypten) zeigt ein Relief eine der vielen gelungenen Erstürmungen von Ashkelon. Mit Beginn des 12. Jh. v. Chr. setzten sich die Philister in der Stadt fest und drangsalierten von hier aus die israelitischen Stämme.

Ashkelon gehörte zum Fünf-Städte-Bund der Philister und war schon in jener frühen Zeit ein wichtiger Hafenort sowie Karawanenstützpunkt der von Ägypten nach Syrien führenden Handelsstraße (später *Via Maris* genannt). Ashkelon galt als Bollwerk gegen die israelitischen Stämme. Als Saul von den Philistern getötet wurde, rief David trauernd aus, dass man über die Katastrophe schweigen möge, damit die Kun-

TEL AVIV UND SÜDLICHE MITTELMEERKÜSTE

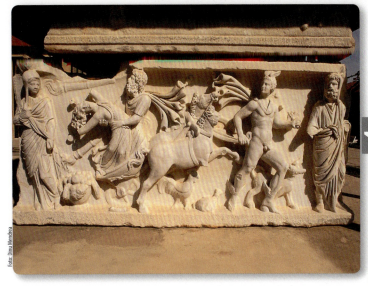

de nicht bis nach Ashkelon dränge und dort Freude auslöse.

Aufgrund diplomatischer Geschicklichkeit der lokalen Herrscher überstand Ashkelon fast folgenlos die assyrischen und skythischen Einfälle im 6. und 5. Jh. v. Chr., und auch die Besetzung durch Alexander den Großen 332 v. Chr. schadete der Stadt nicht. Während der Seleukidenzeit (2. Jh. v. Chr.) wandelte sich der Ort durch Zuzug von griechischen Gelehrten zu einem Wissenschaftszentrum in Palästina.

Um der Eroberung durch die Makkabäer zu entgehen, riefen die Bewohner im 2. Jh. v. Chr. die Römer zu Hilfe. Herodes der Große wurde in Ashkelon geboren, doch gehörte die Stadt nie zu seinem Königreich. Mit der Einnahme durch die muslimischen Heere im 7. Jh. n. Chr. wurde Ashkelon zum befestigten Handelsstützpunkt ausgebaut. In der Kreuzfahrerzeit hatten die muslimischen Fatimiden hier einen ihrer wichtigsten Stützpunkte, und es gelang den Franken lange nicht, die Stadt einzunehmen. Also bauten sie einen Blockadering von Burgen, da die Garnison nachhaltig die Pilgerstraße zwischen Jaffa und Jerusalem unsicher machte. Erst Balduin III. konnte nach über sechsmonatiger Belagerung 1153 siegreich in die Stadt einziehen.

Ab 1187 herrschten unter Sultan Saladin wieder die Muslime, ab 1191 erneut die Christen in Ashkelon. Nach dem endgültigen Abzug der Kreuzfahrer 1270 ließ der Mamelucken-Sultan Baibars die befestigte Stadt zerstören.

1951 gründeten südafrikanische Einwanderer beim verlassenen Araberdorf Migdal die Siedlung Afridar und nannten beides im Gedenken an biblische Zeiten Ashkelon.

Im Wohnviertel **Barnea** fand man bei Bauarbeiten Reste einer **byzantinischen Kirche** aus dem 6. Jh. und nahebei ein **Bodenmosaik** aus jener Ära.

Im Zentrum des Stadtteils Afridar mit seinem Commercial Centre liegt ein kleines **Freilichtmuseum**, das u. a. zwei römische Sarkophage zeigt, die in den 1970ern zufällig entdeckt wurden.

Das **Bemalte Grab** an der Hatayasim

» Karte S. 103, Info S. 112–113

SÜDLICHE MITTELMEERKÜSTE

Street stammt aus römischer Zeit (3. Jh.) und bezaubert mit großartigen **Fresken**: nackte Nymphen an einem Bach, eine Gazellenjagd, das Haupt der Gorgo und Pan mit der Flöte.

Migdal, die alte arabische Siedlung, hat deutlich mehr Atmosphäre als das neue Ashkelon. Das Viertel ist das Shopping-Areal der Stadt und hat montags und mittwochs einen **Obst-und Gemüsemarkt** sowie donnertags einen großen **Markt** für Kleidung, Silberschmuck und Lederwaren.

Eine Karawanserei beherbergt das **Ashkelon Museum**, dessen Exponate die lokale Geschichte von der römischen Zeit bis heute dokumentieren.

Am südlichen Stadtrand von Ashkelon, direkt am Meer, breiten sich auf dem Gebiet des ★**Ashkelon-Nationalparks** die Reste der ehemaligen Stadt aus, umschlossen von der Mauer aus der Kreuzfahrerzeit. Wie auf das Meer gerichtete Kanonenrohre ragen römische Säulen aus dem Befestigungswall. Säulen im Meer, an denen sich die Wellen brechen, markieren den ehemaligen Hafen. Schnittgrabungen der Archäologen haben eine Besiedlung seit der Bronzezeit (3./2. Jt. v. Chr.) erwiesen. Zentrum des Areals ist das über 100 m lange **Buleuterion**. Ob der Komplex, der aus Säulenhallen um einen Innenhof bestand, ein Verwaltungszentrum war, ist zweifelhaft. Die Anlage, von Herodes in Auftrag gegeben, könnte auch als Agora gedient haben. Reliefs, die früher die Rückwände der Säulenhallen schmückten, zeigen die ägyptische Göttin Isis mit Sohn Horus, die mit einem Palmwedel winkende griechische Siegesgöttin Nike sowie Nike auf der von Atlas getragenen Weltkugel.

Der Nationalpark ist auch ein ideales **Erholungsgebiet** mit Campingplatz, Picknickareal, Restaurant und **Strand**.

Lange **Sandstrände** säumen die Küste vor Ashkelon. Leider schwemmen die Wellen manchmal Teerklumpen an, denn weiter südlich, am Kai des Kibbuz Zikim, löschen Öltanker ihre Ladung.

TEL AVIV-JAFFA

Tourist Information Office, So-Do 9.30-16.30, Fr 9.30-13 Uhr, an der Uferpromenade, 46 Herbert Samuel St. (Ecke 2 Geula Street), Tel. 03-5166188. Infos auch unter www.telavivguide.net. Die Touristinfo am **Ben Gurion Airport** ist 24 Std. geöffnet.

ANREISE: Israels Internat. Flughafen **Ben Gurion** liegt 15 km östlich von Tel Aviv. Von dort mit Zug oder Taxi (ca. $20) nach Tel Aviv. Busse nach Tel Aviv fahren ab Airport-City (Shuttle-Service dorthin: Linie 5). Busverbindung mit Jerusalem u. anderen größeren Städten alle 10 Minuten. Von Jerusalem und den Städten der nördlichen Küste nach Tel Aviv auch mit (stündlich verkehrenden) Zügen. www.israrail.org.il/english.

Aktuelle Lokaltipps freitags im Magazin *Ha'aretz* u. unt. www.restaurants.co.il.
Benny Hadayag, israel. Küche, Fisch, mit Meerblick, im alten Hafen, Tel. 03-5440518.
Manta Ray, exzell. Fischlokal am Meer, Alma Beach (n. Dolphinarium), Tel. 03-5174773. **Pua**, uriges Café/Restaurant, einfach u. gut speisen auf alten Möbeln, die zum Verkauf stehen, im Flohmarkt, 3 Rabbi Jochanan St.
Nanutchka, beliebte Bar/Bistro, georg. Küche in nostalg. Ambiente, am Wochenende heiße Musik an der Bar, 28 Lilienblum St.
Dr. Shakshuka, bezahlbare nordafrikanische Küche, 3 Beit Eshel St., Jaffa.
Shmulik Cohen, Eldorado der yiddischen Küche, 146 Herzl St., Tel. 03-6810222.

CAFÉS / BARS: Schick sind die Cafés der von teuren Geschäften gesäumten **Dizengoff Street** und an der „hedonistischen" **Sheinkin Street**. Von den Cafés der **Nahalat Binyamin Street** kann man dienstags und freitags beim **Carmel-Markt** dem Treiben um die Kunsthandwerkerstände zuschauen.
Mike's Place, tägl. Live Music, 86 Herbert Samuel. **Lilienblum 19**, jeden Mittwoch israelische Musik, 19 Lilienblum St.
Art-L Jazz Club, tägl. Live Jazz, 52 Allenby.
Jaffa Bar, gehobener Standard in einem alten Gewölbe, Jaffa, 30 Jeffet St.

TEL AVIV UND SÜDLICHE MITTELMEERKÜSTE

HaOman17, Schwesterclub des Oman in Jerusalem, Tel Avivs neuester Nightlife-Tipp im angesagten Ausgehviertel **Florentin**: Erhöhte Dancefloors, edle Ausstattung, fünf Bars, Wasserfälle und eine Sushi Bar gehören zum exklusiven Ambiente und haben ihren Preis (100 Shekel Eintritt). Nur gut Angezogene haben Zutritt. Freitags Gay Night.

Azrieli Aussichtsterrasse, tgl. Winter 9.30-18, Sommer 9.30-20 Uhr (Fr 9.30-18 Uhr), Azrieli Center, im 49. Stock des runden Turms, 132 Menachem Begin Road.
Ben Gurion-Haus, So, Di, Mi, Do 8-15, Mo 8-17, Fr 8-13 Uhr, Ben Gurion Boulevard 17.
Diaspora-Museum, So-Di und Do 10-16, Mi 9-18, Fr 9-13 Uhr, University Campus, Gate 2, Klausner Street.
Eretz Israel Museum, So-Mi 10-16, Do 10-20, Fr, Sa 10-14 Uhr, 2 Lavanon St, University
Hagana Museum, So-Do 8-16 Uhr, Rothschild Boulevard.
Haus von Chaim Nachmann Bialik, So-Do 9-17, Sa 11-14 Uhr, Bialik Street 22.
Rubin Museum, Mo, Mi, Do, Fr 10-15, Di 10-20, Sa 11-14 Uhr, Bialik Str. 14.
Helena Rubinstein Pavilion, Dependance des Tel Aviv Museum, Mo, Mi 10-16, Di, Do 10-22, Fr 10-14, Sa 10-16 Uhr, Tarsat Street. **Independence Hall Museum**, So-Do 9-14 Uhr, Rothschild Boulevard.
St. Peter-Kloster, tägl. 8-11.30, 15-17 Uhr, Jaffa, Kikar Kedumim.
Tel Aviv Museum of Art, Mo, Mi 10-16, Di, Do 10-20, Fr 10-14, Sa 10-16 Uhr, 27 Shaul Hamelech Boulevard.

Hauptgeschäftsstraßen sind **Allenby Street**, **Dizengoff Street** (v. a. am nördlichen Ende) und die **Ben Yehuda Street**. Gehobener Einzelhandel am **Hamedina-Platz** im Norden. Auch nett: ein Bummel durch die **Shabazi-Straße** in dem alten Stadtviertel Newe Zedek, mit kleinen Läden und Cafés.
Täglich findet in den Straßen am **Kikar Magen David** ein großer Markt statt, dienstags und freitags bieten in der **Nahalat Binyamin Street** Kunstgewerbler an Ständen ihre Waren an. Nahebei, auf dem Markt in der **King George / Ecke Bet Leichem Street** gibt es preiswerte Kleidung. In Jaffa lockt täglich der **Shuk Hapishpeshem**, der große Flohmarkt in der Olei Zion Street.

BUS: Innerstädtisch konkurrieren die beiden Busunternehmen **Egged** und **Dan**; Einheitspreis auf allen Strecken, Sammelkarte *Kartisia*: 25 Fahrten zum Preis von 20. Die Hauptlinien Nr. 4 und Nr. 5 bedienen die Innenstadt, auf der Ben Yehuda, Allenby u. Dizengoff Street u. Rothschild Boulevard. Nr. 10 fährt vom Rathaus über die Ben Yehuda Street nach Jaffa, zurück über die Hayarkon Street, parallel zur Uferpromenade.
MINIBUSSE sind wichtig am **Sabbat**, da dann die großen nicht fahren. Von Tel Avivs Central Bus Station und dem Bus-Terminal am Hauptbahnhof in der Arlosoroff Street verkehren Busse landesweit, nach Jerusalem tags alle 10 Min., nach Haifa u. Be'er Sheva mehrmals stündl., nach Eilat mehrmals täglich.
SAMMELTAXI: An der Central Bus Station warten Sammeltaxen (*Sherut*), sie verkehren schneller u. etwas teurer auf den gleichen Linien wie Busse (**Sabbat-Zuschlag** 20 %).
ZUG: Züge fahren stündl. von der **Arlozorof Train Station** u. anderen Stationen in Tel Aviv Richtung Süden u. Norden und halten in größeren Orten. **Am Sabbat kein Zugverkehr!**

STRANDLEBEN: Die Israelis sind ein tanzbegeistertes Volk, und Freunde des israelischen Volkstanzes zeigen jeden Samstag am **Gordon Beach** ab ca. 10 Uhr ihr Können, alle Altergruppen vermischen sich – Sie sind herzlich eingeladen mitzutanzen!
Beach of the Drums: Inoffizielle Bezeichnung des Strandabschnitts am Dolfinarium. In den Sommermonaten ziehen die heißen Trommelrhythmen Trauben von Menschen in ihren Bann – einfach mitmachen!
Windsurfen, Surfen, Kiteboarden, Kayak: All das geht am **Aviv Beach**, wo Schwimmen und Baden tabu sind. Die Ausrüstung leiht man sich am **Surf Point** für 100 Schekel/Std., Tel. 03 – 5170099, www.surf-point.co.il

ASHKELON

Askhelon National Park, tägl. 8-16 Uhr.
Ashkelon Museum, So-Do 9-13, 16-19, Fr 9-13, Sa 10-13 Uhr.

Im Hafen von Akko

NÖRDLICHE MITTELMEERKÜSTE

NÖRDLICHE MITTELMEERKÜSTE

NÖRDLICHE MITTELMEERKÜSTE

HERZLIYA / NETANYA
HADERA / CAESAREA
HAIFA / AKKO
NAHARIYA

NÖRDLICHE KÜSTE

Herzliya

Fast schon ein Vorort von Tel Aviv ist das Seebad **Herzliya** ❶ (85 000 Ew.), gegründet 1924 als Landwirtschaftssiedlung und benannt nach dem Begründer des Zionismus, Theoder Herzl. Viele ausländische Diplomaten, Korrespondenten und Geschäftsleute haben sich in Meernähe niedergelassen und genießen die relative Ruhe des Orts, 15 km nördlich des umtriebigen Tel Aviv. Herzliyya ist mit seinen vielen Studios das Film- und Fernsehzentrum Israels. Am langen ★**Strand** des Villenviertels **Herzliya Pituach** reihen sich Luxushotels aneinander, hier gibt es ein reges Nachtleben. Die große **Marina** beherbergt schicke Jachten. Rund um zwei kleine Plätze findet man preiswerte Restaurants und Cafés. Züge sorgen für eine schnelle Verbindung zwischen Herzliya und Tel Aviv.

Im Norden, in Strandnähe, steht die **Sidna-Ali-Moschee**, benannt nach einem Heerführer Saladins; im 13. Jh. erbaut und später zur Karawanserei erweitert. Von der Moschee genießt man einen schönen Blick aufs Meer.

Links: Kibbuz-Bauern versorgen die Städter mit Gemüse.

Tel Arshaf (Apollonia)

3 km nördlich von Herzliyya erhebt sich an der Steilküste **Tel Arshaf** ❷ mit den Resten einer ehemaligen Kanaanäersiedlung. Die Hellenen, die im 4. Jh. v. Chr. kamen, nannten den Ort **Apollonia** – heute geschützt als **Apollonia National Park** –; er blieb bis in römische Zeit ein wichtiger Hafen. Die Araber gaben der Stadt den Namen *Arsuf*. Deren Bewohner hatten während der Kreuzzüge unter den Franken zu leiden, die ab 1101 unter Balduin I. Arshaf zur **Kreuzfahrerfestung Arsur** ausbauten.

Eines Tages war den Sarazenen der Ritter Gerhard von Avesnes, ein Freund des Kreuzzugführers Gottfried von Bouillon, in die Fänge geraten, und als die Christen die Stadt angriffen, stellten die Verteidiger ihre Geisel – sinnigerweise an ein Kreuz gebunden – als Pfeilfang auf die Wallmauer. Gerhard flehte den in Rufweite befindlichen Gottfried um Vorsicht an, doch der speiste ihn mit dem lapidaren Hinweis auf das ewige Leben ab und gab Schießbefehl; Gerhard wurde von zehn Pfeilen durchbohrt. Als die Muslime sahen, „wie jegliches Mitleid in den Herzen der Christen erstorben war", zogen sie den schwer verletzten Christen zurück in die Sicherheit der Mauern, pflegten ihn gesund und ließen ihn dann frei. 1191 schrieb Richard Löwenherz Militärgeschichte, als er bei Arsuf

» Karte S. 119, Info S. 139–141

NÖRDLICHE MITTELMEERKÜSTE

die überlegenen Truppen Saladins schlug. 1265 nahm Sultan Baibars die Festung ein und ließ sie schleifen. Als in den 1940er Jahren die Briten einen Einwanderungsstopp verhängten, diente die alte Mole jüdischen Flüchtlingen als heimliche Landungsstelle.

Neben einer **römischen Villa** aus der Kaiserzeit (1./2. Jh. n. Chr.) mit einem Portikus um einen Innenhof sind v. a. die **Verteidigungsmauern** des Orts interessant. Diese datieren überwiegend in die frühislamische Zeit (Anfang des 8. Jh.) und wurden später von den Kreuzrittern verstärkt.

Netanya

Über 11 km lang ist der feine weiße ★**Sandstrand** von **Netanya** ❸, dem mit 180 000 Einwohnern größten Seebad des Landes, das wegen seines angenehmen Klimas beliebt ist. In den 1920ern wurde der Ort im Zentrum ausgedehnter Zitrusplantagen angelegt und nach dem jüdisch-amerikanischen Philanthropen Nathan Strauss benannt. Anheimelnd wirkt die Stadt nicht, da sie wegen der vielen Einwanderungswellen schnell und ohne entsprechende Planung ausgebaut werden musste.

Neben den vielen Strandbesuchern, die Geld in die Taschen der Einwohner bringen, ist die zweite bedeutende Einnahmequelle die Diamanten- und Schmuckindustrie. Während des Zweiten Weltkriegs flüchteten **Diamantschleifer** aus Holland und Belgien nach Israel, ließen sich in Netanya nieder und gründeten kleine Handwerksbetriebe. Größere Produktionsstätten sind zu besichtigen, z. B. das **National Diamond Centre** (90 Herzl St.) oder die **Inbar Jewelry** (31 Benyamin Blvd.). Man kann Diamantschleifern bei der Arbeit zusehen und zu vergleichsweise günstigen Preisen das eine oder andere Kleinod erstehen. Weiter sorgen Verpackungsfabriken für Zitrusfrüchte und die lokale Bierbrauerei – die einzige des Landes – für Arbeitsplätze.

Oben: Die Stadt Netanya ist das größte Seebad des Landes.

Hauptstraße von Netanya ist die lange, von Geschäften gesäumte **Herzl Street**, die kurz vor dem Meer in eine Fußgängerzone übergeht und dann am **Haatzmaut Square**, oberhalb des Strandes, endet. Hier befindet sich die **Tourist Information**, und eine Reihe von Cafés sorgt für das leibliche Wohl. In einem zum Meer geöffneten, halbrunden **Freilichttheater** werden Stücke aller Art aufgeführt, aber auch Musikveranstaltungen kommen hier auf die Bühne.

Hadera

Schon von weitem macht sich das Kohlekraftwerk von **Hadera** ❹, einige Kilometer entfernt vom Meer, mit Rauchschwaden bemerkbar. In Israel gilt der Ort darüber hinaus als ein Symbol für das Durchhaltevermögen der ersten Siedler, die sich gegen alle Widerstände in der neuen Heimat eine Zukunft aufbauen wollten.

Im Jahr 1891 kam eine kleine Gruppe russischer Zionisten nach Palästina und war auf der Suche nach Land. Ein schlitzohriger christlicher Araber verkaufte den Männern an die 3000 Hektar, und die informierten freudig die Daheimgebliebenen, dass sie weites Land mit gutem Wasser erstanden und zudem noch einen wunderschönen ★**Strand** in der Nähe hatten. Als die Einwanderer begannen, das Land urbar zu machen, mussten sie jedoch feststellen, dass sich in den feuchten Wiesen und Teichen die malariaübertragenden Anopheles-Mücken rapide vermehrten. Um das Land trockenzulegen, pflanzten sie Abertausende von wasserziehenden Eukalyptusbäumen und legten kilometerlange Drainagerohre. Dennoch starb innerhalb der ersten Jahre die Hälfte der Siedler an der Malaria.

Die traurige Geschichte wird im **Khan Historical Museum**, einer ehemaligen osmanischen **Karawanserei**, für Besucher wieder lebendig gemacht (74 Hagiborim Street).

NÖRDLICHE MITTELMEERKÜSTE

>> Karte S. 119, Info S. 139–141   119

NÖRDLICHE MITTELMEERKÜSTE

★★Caesarea

Eine der bedeutendsten archäologischen Ausgrabungsstätten in Israel ist die von ★★**Caesarea** ❺, obwohl es dem Areal an spektakulären Ruinen mangelt. Modernste Technologie hilft heute dem Besucher, die steinernen Fragmente wieder als das zu sehen, was sie einmal waren – eine der prächtigsten Städte der Region. Die *Caesarea Experience*, eine Video-Show, die die Geschichte der Stadt lebendig werden lässt, wird in einem der Gebäude aus dem 19. Jh. am Hafenbecken gezeigt. Die Räume, die im 16. Jh. auf den Ruinen der Kreuzfahrerburg errichtet wurden, beherbergen heute den Time Tower (s. u.). Von dort hat man einen wunderbaren Blick über das Ausgrabungsgelände und kann mit Hilfe großer interaktiver Computer Bildschirme die Stadt wiedererstehen lassen, von Herodes' Zeiten bis in die Moderne. Taucher können die Reste der glanzvollen Vergangenheit der Stadt auch unter Wasser besichtigen.

Geschichte Caesareas

Phönizische Kaufleute aus Sidon gründeten im 4. Jh. v. Chr. die Hafensiedlung *Migdal Sharshan*, die 63 v. Chr. an die Römer fiel. Rund 30 Jahre später überließ Octavian, der spätere Kaiser Augustus, dem Herodes die Stadt, der sie nach seinem Förderer *Caesarea Maritima* nannte und mit gewaltigen Summen zu einer prachtvollen Metropole ausbauen ließ.

Unter allergrößten Schwierigkeiten entstand der Hafen. Der jüdische Historiker Flavius Josephus berichtet, dass der Wellengang schon bei leichten Westwinden hoch war und fährt dann fort: „Doch der König (Herodes) wurde durch seine Großzügigkeit in der Bereitstellung der Mittel und durch sein ehrgeiziges Streben Herr über die Natur und schuf einen Hafen, größer als der Piräus (Athen) und mit tiefen Ankerplätzen in seinen Ausbuchtungen. Obgleich das Gelände gar nicht günstig war, fühlte er sich gerade durch die Schwierigkeiten herausgefordert, etwas zu schaffen, wogegen das Meer machtlos war, und was von einer Schönheit war, die die aufgewendete Mühe nicht ahnen ließ. (...) Auch die Häuser am Hafen waren aus weißem Marmor, und die Straßen liefen parallel zum Hafen hin. Gegenüber der Hafeneinfahrt stand auf einer Anhöhe ein besonders großer und schöner Tempel des Caesar (Augustus) und darin befand sich seine Kolossalstatue, die hinter ihrem Vorbild, dem olympischen Zeus, nicht zurückblieb" (Jüdischer Krieg I, 21, 5-7).

Zwölf Jahre (22-10 v. Chr.) ließ Herodes an der Stadt und dem Hafen bauen. 6 n. Chr. avancierte Caesarea zur Hauptstadt der römischen Provinz Judäa, zwischen 26 und 36 residierte Pontius Pilatus als Prokurator im Palast des Herodes.

Auch im Neuen Testament wird Caesarea mehrmals erwähnt. So kam in jener Zeit Petrus in die Stadt und taufte den ersten Heiden, „Kornelius, Hauptmann in der so genannten Italienischen Kohorte" (Apostelgeschichte 10, 1). 44 n. Chr. wurde Herodes Agrippa I., ein Enkel des großen Herodes, aus Strafe für die Hinrichtung des Jüngers Jakobus in Caesarea „von Würmern zerfressen" (Apostelgeschichte 12, 23). Paulus saß einige Zeit in den Kerkern von Caesarea, bis man ihn zur Verhandlung nach Rom brachte.

63 n. Chr. kam es zu schweren Unruhen und einem ersten Pogrom; Juden und Griechen strebten beide nach der Vorherrschaft in der lokalen Verwaltung. Bürgerkriegsähnliche Zustände brachen aus, und nach Flavius Josephus „brachten die Einwohner von Caesarea ihre jüdischen Mitbürger um, so dass in einer einzigen Stunde über 20 000 ihr Leben lassen mussten und ganz

Rechts: Schöner Ausblick im römischen Theater von Caesarea.

NÖRDLICHE MITTELMEERKÜSTE

Caesarea von Juden entblößt war" (Jüdischer Krieg II, 18,1). Da die Römer die Griechen unterstützt hatten, kam es drei Jahre später zum 1. Jüdischen Aufstand gegen die römische Besatzungsmacht, und der romfreundliche Herodes Agrippa II. musste mit seiner Schwester Berenike von Tiberias in das sichere Caesarea fliehen. Der römische Feldherr Vespasian richtete daraufhin in der Stadt sein Hauptquartier ein und unterwarf von hier aus Galiläa. 69 n. Chr. wurde er in der Metropole zum Kaiser ausgerufen.

Unter dem langen wie glanzvollen Namen *Colonia Prima Flavia Augusta Felix Caesarea Metropolis Provinciae Syriae Palaestinae* begann ab dem 2. Jh. eine kulturelle wie auch ökonomische Blütezeit. Der Kirchenvater Origines (185-254) gründete eine theologische Ausbildungsstätte, richtete eine große, 30 000 Bände oder besser Schriftrollen umfassende Bibliothek ein und edierte die *Hexapla*, eine hebräische Bibel. 314 bis 339 war der Kirchengeschichtler Eusebius Bischof von Caesarea, und um 500 erblickte der Geschichtsschreiber Prokopius hier das Licht der Welt und hinterließ unter anderem eine detaillierte Beschreibung der Zeit des oströmischen Kaisers Justinians (reg. 527-565).

Als 613 die Perser mit Unterstützung der Juden in Caesarea einfielen, lebten an die 50 000 Christen in der weiträumigen Stadt; viele von ihnen fanden den Tod. 26 Jahre später nahmen die Araber die Metropole ein und tauften sie in *Qaisariyya* um.

Die Kreuzfahrer waren die nächsten, die Tod und Verderben brachten. 1101 eroberten sie unter der Führung von Balduin I. nach kurzer Belagerung die von ihnen *Césarée* genannte Stadt und schlachteten die Bevölkerung ab. Hier wollten die fränkischen Ritter auch den heiligen Gral gefunden haben, jenen Kelch, aus dem Jesus beim letzten Abendmahl getrunken haben soll. Der Befehlshaber der italienischen Flotte, die maßgeblichen Anteil an der Übernahme der Stadt hatte, brachte die Schale nach Genua.

» Plan S. 123, Info S. 139-141

NÖRDLICHE MITTELMEERKÜSTE

1187 eroberte Saladin die Stadt und ließ die Befestigungsanlagen schleifen. Vier Jahre später kam Richard Löwenherz mit seinen Truppen und ordnete den Wiederaufbau an. 1220 war Césaree wieder im Besitz der Muslime, und neun Jahre später saßen erneut die Kreuzfahrer hinter den Wällen. Ludwig der Heilige ließ Mitte des 13. Jh. die heute noch sichtbaren, gewaltigen Mauern hochziehen, was aber nichts nützte, denn 1265 eroberte der ägyptische Mamelucken-Sultan Baibars die Stadt. Um ein eventuelles Anlegen der christlichen Flotte zu verhindern und um den Kreuzfahrern vollends die Möglichkeit einer Neubefestigung zu nehmen, zerstörten die Araber Stadt und Hafen endgültig.

Besichtigung Caesareas

Am Haupteingang zur Kreuzfahrerstadt beginnt die 150 m lange ★**byzantinische Geschäftsstraße** 1, die einmal mit Marmorplatten und Mosaiken geschmückt war. Läden und Werkstätten zogen sich hier entlang. Zwei monumentale, sitzende **Statuen** ohne Köpfe geben Rätsel auf; die 7 t schwere Figur aus rotem Porphyr könnte anlässlich des Besuchs von Kaiser Hadrian (117-138) geschaffen worden sein und aufgrund des Materials den römischen Herrscher darstellen, bei der weißen Figur fehlen nähere Anhaltspunkte (Kultbild des Jupiter?). Man nimmt an, dass die Skulpturen nicht extra für die Ladenstraße hergestellt wurden, sondern ursprünglich von römischen Tempeln stammten.

Eindrucksvoll ragen immer noch Teile der ★**kreuzfahrerzeitlichen Stadtmauer** 2 auf. Drei Tore führten in jenen Tagen in die Stadt hinein, 16 Türme sorgten für Ausblicke, und vor der Befestigung schaffte noch einmal ein tiefer Graben weitere Sicherheiten.

Nahe am Hafen ließ Herodes auf gewaltigen Gewölben eine 15 m hohe Plattform errichten, über der ein **Tempel** 3 errichtet wurde.

Daneben schließen sich die Reste

Oben: Im Kreuzrittertor von Caesarea.

NÖRDLICHE MITTELMEERKÜSTE

der **St. Paulus-Kathedrale** aus der Kreuzfahrerzeit über den Fundamenten einer Moschee an.

Vom **Time Tower** genießt man einen guten ★**Ausblick** auf das Ruinenareal und das Meer.

In dem gut erkennbaren **Hafenbecken** legten einst die Kreuzfahrer an und verbauten in den Kaianlagen so manches kostbare Stück aus dem antiken Caesarea. Der gewaltige Hafen aus herodianischer Zeit ist vom Meer überspült und liegt etwa 200 m weit in der See. Er wurde zu Ehren des römischen Kaisers *Sebastos* genannt – die griechische Bezeichnung für Augustus. Zwei Molen, eine 600 m, die andere 200 m lang, liefen einst hinaus ins Meer. Ihnen waren gewaltige Wellenbrecher vorgesetzt.

An exponierter Stelle auf einer Landzunge breitete sich der **Palast** des Herodes aus, äußerst luxuriös ausgestattet mit Bädern, Speisesälen und Repräsentationsräumen um zwei große Innenhöfe.

Zwischen Palast und Hafen liegen direkt am Meer die Reste der herodianischen **Pferderennbahn**. Sie hatte Platz für 13 000 Zuschauer, ein Teil der Sitzreihen ist noch erhalten. Hinter ihnen hat man ein Regierungsviertel, mehrere Wohnkomplexe und Warenhäuser freigelegt.

Im Süden der Stadt legten die Bauleute auf Anweisung Herodes' ein ★**Theater** an, das mehrere tausend Zuschauer fasste. Nach einer Erweiterung konnte es auch für Gladiatorenkämpfe, Tierhatzen und kleine Naumachien (Seeschlachten) genutzt werden. Ein abermaliger Umbau zu einer Festung erfolgte zu Beginn des 5. Jh., als die Spiele mit der christlichen Ethik nicht mehr vereinbar waren. Heutzutage findet hingegen in diesem schön restaurierten Theater ein **Sommer-Musikfestival** mit stimmungsvollen Konzerten statt.

In byzantinischer Zeit wurde ein größeres **Hippodrom** im Osten der Stadt gebaut, das jedoch nicht ausgegraben ist.

Im Norden von Caesarea ließ Herodes

» Plan S. 123, Info S. 139-141

NÖRDLICHE MITTELMEERKÜSTE

außerdem ein **Amphitheater** 11 von gewaltigen Ausmaßen errichtet, das bisher allerdings noch nicht ausgegraben wurde. Nach der Eroberung Jerusalems (70) dürfte Titus hier die grausame Geburtsfeier für seinen Bruder abgehalten haben, die Flavius Josephus so schildert: „Während Titus nun in Caesarea weilte, feierte er anlässlich des Geburtstags seines Bruders ein prächtiges Fest und ließ zu seinen Ehren zahlreiche gefangene Juden töten. Es waren über 2500, die seinerzeit teils im Kampf mit wilden Tieren, teils als lebende Fackeln und teils Mann gegen Mann fechtend ums Leben kamen. Doch all dies und zahllose andere Todesarten dünkten die Römer noch eine zu geringe Strafe für die Juden" (Jüdischer Krieg VII, 3, 1).

Von der herodianischen Stadtmauer haben die Archäologen ein kurzes Stück mit dem **Nordtor** 12 und zwei runden Türmen freigelegt.

1 km nördlich der Kreuzfahrermauern zieht sich auf 28 Bögen der ★**Obere Aquädukt** 13 durch den Dünensand. In römischer Zeit benötigte die Stadt für ihre öffentlichen Brunnen und Bäder sowie für die Haushalte und die Bewässerung der Gärten und Felder täglich viel Wasser. Vom Fuß des Berg Karmel, 13 km weit im Norden, bauten die herodianischen Ingenieure zuerst eine flache Wasserleitung, schlugen dann einen mehrere Kilometer langen Tunnel durch den Fels, von dem aus sich schließlich das Wasser in den Hohen Aquädukt ergoss und in die Stadt geleitet wurde.

Südlich von Caesarea liegt der **Kibbuz Sdot Yam** mit einem archäologischen **Museum**. Hier lebte 1941-43 die jüdische Dichterin Hannah Szenes, die gegen die Nazis kämpfte und in Ungarn hingerichtet wurde. Der Kibbuz unterhält ein hübsches **Feriendorf** mit Badestrand. Das luxuriöse *Dan Caesarea Golf Hotel* bietet einen **18-Loch-Golfplatz** und Reitmöglichkeit.

Rechts: Ein Wandgemälde erzählt von dem Wirken der Familie Rothschild in der Region.

Binyamina

Man kann nun auf der verkehrsreichen, mehrspurigen Route 2 nonstop nach Haifa fahren oder in einem großen Bogen das israelische Weinland am Fuß des Berg Karmel kennen lernen.

Ungefähr 5 km östlich von Caesarea liegt inmitten ausgedehnter Weinfelder die 1922 gegründete Siedlung **Binyamina** 6, benannt nach dem französischen Baron Edmond de Rothschild (1845-1934), der sich den hebräischen Namen Benjamin zugelegt hatte. Die einstöckigen Häuser mit ihren roten Terrakottadachziegeln strahlen ein provenzalisches Flair aus. Nördlich von Binyamina erstreckt sich der **Jabotinsky-Park**, benannt nach Ze'ev Jabotinsky (1880-1940), dem rechten Zionisten und geistigen Vater der Untergrundorganisation *Irgun*. Diese bildete in den 1930er und 1940er Jahren in der einsamen Gegend ihre Kämpfer aus und spielte den britischen Truppen übel mit. Eine osmanische **Burg** und ein kleines römisches **Theater**, beide restauriert, werden Hobby-Archäologen interessieren. Die Befestigung aus dem 18. Jh. wurde auf älteren Fundamenten errichtet. Grabungen haben zwei Badebecken mit einem römischen **Mosaik** sowie die Statue des griechischen Gottes der Heilkunst, Äskulap, ans Tageslicht gebracht. Das Theater stammt aus dem 2. Jh.

Ramat Hanadiv

Weitere 3,5 km nördlich ist **Ramat Hanadiv** 7, die „Wohltäterhöhe" im **Rothschild Memorial Garden** ausgeschildert. Inmitten einer 450 Hektar großen Parkanlage, die mit Zedern, Zypressen und Palmen bestanden ist, haben in einem schwarzen **Mausoleum** Edmond und seine Frau Adelaide ihre letzte Ruhestätte gefunden. Eine steinerne Landkarte verzeichnet die auf Rothschilds Initiative zurückgehenden Ortsgründungen. Den in der Umgebung siedelnden rumänischen

NÖRDLICHE MITTELMEERKÜSTE

Juden gelang es im 19. Jh. nicht, den feuchten Boden zu entwässern. Erst als ihnen der Baron in den 1880er Jahren mit seinen Drainage-und Weinexperten unter die Arme griff, florierte der landwirtschaftliche Anbau. 1893 konnte der erste Karmel-Wein von Palästina nach Europa exportiert werden. Da sich die Rothschilds gewünscht hatten, hier einmal beigesetzt zu werden, brachte ein israelisches Kriegsschiff die sterblichen Überreste des Paars 1954 von Frankreich nach Israel.

Etwas südlich von Ramat Hanadiv liegt der **Tishbi-Weinkeller**, einer der ältesten des Landes. Die Urgroßeltern des heutigen Besitzers, Jonathan Tishbi, pflanzten 1882 auf Geheiß des Barons Edmond de Rothschild hier die ersten modernen Weinberge Israels an. Heute wird der Besucher auf einer 45 Minuten langen Tour mit der Geschichte sowie allen Stationen des Weinanbaus, der Reifung und Abfüllung bekannt gemacht, und natürlich gibt es zum Schluss eine Weinprobe. Ein Restaurant sorgt für das leibliche Wohl.

Zikhron Ya'aqov

Nach 2 km ist der Ort **Zikhron Ya'aqov** ❽ (Jakobs Denkmal) erreicht, den die dankbaren Siedler nach Jakob, dem Vater von Edmond de Rothschild, benannten.

Besuchen sollte man in der Hameyasdim Street das **Bet Aaronson**, das Haus des Botanikers Aaron Aaronson (1876-1919). Baron Rothschild finanzierte sein Studium in Frankreich, und Aarons Wissen war für die Farmer der Umgebung eine wertvolle Hilfe. Auf ihn gehen beispielsweise die in langen Reihen stehenden Washingtonia-Palmen zurück.

International bekannt wurde Aaron, als er bei Pflanzenuntersuchungen in der Umgebung auf einen nicht domestizierten Urweizen stieß. Darüber hinaus ist er in Israel hoch geachtet, weil er während des Ersten Weltkriegs zusammen mit seinen Schwestern Sarah und Rebecca sowie seinem Assistenten Absalom Feinberg der Geheimorganisation NILI angehörte und gegen die Türken arbeitete. Feinberg wurde

» Karte S. 119, Info S. 139-141

NÖRDLICHE MITTELMEERKÜSTE

beim Versuch der Kontaktaufnahme mit den Briten im Gazastreifen getötet und verscharrt. Rund 50 Jahre später fand man sein Grab: es lag – so heißt es – unter einer Palme, die aus einem Samenkorn in seiner Tasche gesprossen war. Nach dem Sechs-Tage-Krieg fand er seine letzte Ruhestätte in Jerusalem. Sarah Aaronson wurde von den Türken entdeckt und beging nach Folterungen Selbstmord im Haus ihres Bruders. Aaron kam 1918 mit den Briten zurück nach Zikhron Ya'aqov. Ein Jahr später verschwand seine Maschine auf dem Flug von London zur Friedenskonferenz nach Paris spurlos.

Westlich der Stadt findet man Erholung im stillen, mit einem fantastischen Ausblick auf die Karmel-Küste gesegneten **Bet Daniel**. 1938 ließ Lillian Friedländer den kleinen Häuserkomplex im Gedenken an ihren Sohn Daniel als Refugium für Musiker errichten. Der begabte Pianist studierte Musik in New York, wo er sich mit 18 Jahren das Leben nahm. Regelmäßig finden musikalische Veranstaltungen statt, und große Namen beehrten bisher die Lokalität, so etwa Leonard Bernstein oder Arturo Toscanini. Doch auch weniger musikalische Besucher sind willkommen, denn Bet Daniel ist zugleich ein Guest House.

Bat Shelomo

6 km nordöstlich, in Richtung auf Yoqneam, liegt **Bat Shelomo** ❾, eine weitere Rothschild-Gründung, 1889 ins Leben gerufen und nach der Mutter des Barons benannt. Fast hat man den Eindruck, dass die Zeit hier stehen geblieben ist. Viele Einwohner bearbeiten wie eh und je ihr Land, und wer auf frische Naturprodukte Wert legt, kann örtlich produzierten Käse, Olivenöl oder auch Honig erstehen.

Muhraqa

Weiter der Route folgend, geht es nach Elyaqim, von dort nach Norden

Oben: Der Bahai-Schrein prägt mit seiner goldenen Kuppel das Stadtbild Haifas.

NÖRDLICHE MITTELMEERKÜSTE

bis Daliyat el Karmel und dann rechts ab nach **Muhraqa** ❿ (Ort des Verbrennens) mit dem **Karmeliten-Kloster** (heute verwaltet von den Unbeschuhten Karmeliten). 1868 wurde die Abtei über den Fundamenten einer älteren Kirche errichtet – in dieser Gegend war um 1150 der Karmelitenorden gegründet worden. Von der Terrasse bietet sich ein weiter, herrlicher ★**Ausblick** auf die Jesreel-Ebene und bis zum Berg Tabor. Der Ort ist vor allem für Bibeltouristen interessant, denn auf der 482 m hohen Bergspitze soll der Prophet Elija die Priester des Baal zu einem Wettstreit herausgefordert haben. Folgendes trug sich dem Alten Testament (1. Könige, 18) zufolge zu: Das auserwählte Volk schwankte im Glauben zwischen Jahwe und Baal, und so schlug Elija vor, dass er einen Stier ausnehmen und auf einen Holzstoß legen würde und die Priester des Baal ebenso. Der Gott, der den Herd dann mit Feuer anfachen würde, müsste ja dann wohl der Richtige sein. Vom Morgen bis zum Mittag riefen die Priester nach Baal, auf dass er ihnen Feuer schicke, doch nichts geschah, und Elija konnte es nicht lassen, sie zu verspotten: „Ruft lauter", sagte er ihnen, „er ist doch Gott. Er könnte beschäftigt sein, könnte beiseite gegangen oder verreist sein. Vielleicht schläft er. Nun rief Elija nach dem Herrn. Der fackelte nicht lange und jagte einen Blitz in den Altar; alles stand in hellen Flammen, und das Volk wusste nun, wer der rechte Gott war. Die Priester des Baal aber ließ Elija ohne viel Federlesen hinrichten.

Über das Drusenstädtchen **Daliyat el Karmel** und das kleinere, ebenfalls von Drusen bewohnte **Isfiya** – beide beliebt bei Freunden lokalen Kunsthandwerks – ist in einer halben Stunde die große Hafenstadt Haifa erreicht.

★En Hod

Einen Besuch von ★**En Hod** ⓫, 15 km südlich von Haifa in Küstennähe, sollten kunstinteressierte Besucher nicht versäumen. Das kleine ehemalige arabische Dorf ist heute eine **Künstlerkolonie**. Hier hat sich eine Reihe von Malern und Bildhauern niedergelassen. Rund 150 Familien leben im Ort. In den 1950er Jahren entdeckte der rumänische Dadaist und Maler Marcel Janco (1895-1984) das verlassene Dorf und war angetan von der Schönheit des Ortes und seiner Umgebung. Kurze Zeit später begann er zusammen mit 20 weiteren Kollegen eine Neubesiedlung.

Eine große Galerie macht mit den Arbeiten der lokalen Künstler vertraut. Das **Janco Dada-Museum** zeigt Werke des rumänischen Malers und informiert mit einer audiovisuellen Vorführung über die Dadaisten-Bewegung. In der Nähe des Dorfs liegt ein **Open Air-Theater**, in dem im Sommer Konzerte stattfinden.

★★Haifa (Hefa)

★★**Haifa** ⓬ (**Hefa**), das „Tor Israels", ist die drittgrößte Stadt des Landes und von der Lage her die schönste. Vom Meer ziehen sich die Häuser den breiten Hang des **Karmel** empor – genauer: das „Karmelkap" des 30 km langen, bis über 500 m hohen Karmelgebirges –, wo man eine herrliche ★**Aussicht** über die Kuppel des Bahai-Tempels und die Stadt, auf den Hafen und das Meer genießt. An klaren Tagen kann man über die Bucht bis nach Akko sehen. Aber auch von der Meerseite her bietet Haifa, vor allem in der Dämmerung, wenn in der Metropole die Lichter angehen, einen bezaubernden Anblick.

Geschichte Haifas

Eine erste urkundliche Erwähnung der Stadt geht zurück auf das 3. Jh. n. Chr., 400 Jahre später überrannten Araber die Siedlung und machten sie dem Boden gleich. 1099 zogen die Kreuzfahrer an Haifa vorbei, denn Jerusalem war ihnen wichtiger – doch die Atempause währte nur kurz. Als die heilige Stadt

» Karte S. 119, Stadtplan S. 130, Info S. 139-141

NÖRDLICHE MITTELMEERKÜSTE

eingenommen war, wandten sich die Franken der Hafenansiedlung zu und schlossen den Belagerungsring. Die Einnahme gelang schneller als erwartet, und wem nicht die Flucht gelang, der wurde von den christlichen Truppen hingemetzelt. Zusammen mit Yafo und später auch mit Akko avancierte Haifa in den folgenden Jahrzehnten zu einem wichtigen Nachschubhafen für die Kreuzfahrer. 1187 holte sich Saladin die Ansiedlung zurück und 1191 konnte Richard Löwenherz in die Stadt einziehen, allerdings nur, weil Saladin die Wallmauern hatte einreißen lassen. Ludwig der Heilige ließ, wie auch schon in Caesarea, die Befestigungen 1252 erneuern, was jedoch nichts nützte, denn 14 Jahre später erkämpfte der Mamelucken-Sultan Baibars Haifa endgültig für die Sarazenen. Nachdem mit Akko der letzte Stützpunkt der Kreuzfahrer gefallen war, zerstörten die Araber entlang des Küstenstreifens Städte, Dörfer, Klöster, Bewässerungsanlagen und Hafenkais, um eine Rückkehr der Christen zu verhindern. Haifa blieb für viele Jahrhunderte ein verschlafener Fischerort, der jedoch mit der Höhle des Elija (s. u.) eine heilige Stätte sein eigen nannte, zu der sowohl Juden, Christen als auch Muslime pilgerten. Als der Hafen in osmanischer Zeit zum Zentrum des Weizenexports ausgebaut wurde, ging es bergauf, und zu Beginn des 19. Jh. war Haifa die bedeutendste Hafenstadt des Nahen Ostens.

1869 gründeten die religiösen Reformisten der deutschen Templergesellschaft ein eigenes Viertel. 1898 begann der deutsche Kaiser Wilhelm II. in Haifa seine Reise durch das heilige Land. Die Türken hatten für diesen Besuch extra einen neuen Anlegekai bauen müssen. Mit der Eröffnung der Eisenbahnlinie von Haifa nach Damaskus 1904 und den ins Land strömenden zionistischen Siedlern avancierte Haifa in den Worten von Theodor Herzl zur „Stadt der Zukunft". Deutsche Juden richteten 1912 eine technische Hochschule ein, die heute zu den bedeutendsten Forschungsinstituten Israels zählt. In den 1930er Jahren wurde der Hafen modernisiert und erweitert, zudem endete hier nun eine Pipeline aus dem Irak.

Haifa ist noch immer Israels bedeutendste Industrie- und Hafenstadt, wovon das mächtige **Dagon-Getreidesilo** (mit Museum) zeugt. 267 000 Menschen leben in der grünen, sympathischen Großstadt am Hang des Karmel, die im Süden gepflegte **Sandstrände** wie z. B. **Dado** und **Zamir** bietet.

Besichtigung Haifas

Das Stadtgebiet Haifas ist dreigeteilt: Am schmalen Streifen vor dem Meer ziehen sich der Hafen mit Kais und Speicherhäusern entlang, die Mittelstadt auf halber Höhe des Karmel-hangs, *Hadar Ha'Carmel* genannt, war einst Siedlungszentrum der einwandernden Juden und ist heute mit vielen Läden und Kaufhäusern das geschäftige Shoppingareal der Stadt; zum Gipfel hin, dem *Mercaz Ha'Carmel*, liegen die Wohnquartiere und die großen Hotels.

Um sich einen ersten Überblick zu verschaffen, sollte man unweit des Hafens am **Kikar Paris** ① (Pariser Platz) mit der unterirdischen Standseilbahn **Carmelit** über sechs Stationen den Karmel-Hang hochfahren bis zur **Endstation** am **Hanassi-Boulevard**. Thematische **Spazierwege**, die *Madregot*, führen wieder hinunter in die Stadt. Hier oben erstreckt sich der **Gan Ha'em** ② (**Ha'em-Park**) mit einem kleinen **Zoo** und einem **Museum für Biologie und Vorgeschichte**.

In der Yefe-Nof-Straße 89, der wegen ihrer fantastischen Aussicht auf Hafen und Stadt treffend bezeichneten **★Panoramastraße**, befindet sich das **Mané-Katz-Museum** ③, das Haus und Atelier des jüdischen Expressionisten Emmanuel Mané-Katz (1894-1962).

Rechts: „Zwei Thoraschüler", Gemälde von Emmanuel Mané-Katz (1943).

NÖRDLICHE MITTELMEERKÜSTE

Der in der Ukraine geborene Maler hinterließ seiner Heimatstadt das Domizil sowie eine Sammlung von Gemälden, Skulpturen und Judaika. Beherrschende Themen seiner Arbeiten waren – wie auch bei seinem Malerkollegen Marc Chagall – das Dorf- und Alltagsleben der osteuropäischen Juden.

Auf jeden Fall sollte man weiter nördlich (89 Hanassi-Boulevard) das bezaubernde ★**Museum Tikotin für Japanische Kunst** ④ mit ungefähr 4000 Objekten besuchen, darunter qualitätvolle Lack- und Metallarbeiten sowie Malereien.

Unterhalb der Yefe Nof erstreckt sich der **Sederot Hatziyonut** ⑤ (Boulevard des Zionismus). Ursprünglich war die Straße nach den Vereinten Nationen benannt, als diese aber 1975 eine Resolution verabschiedeten, in der nach israelischer Lesart Zionismus mit Rassismus gleichgesetzt wurde, reagierte die Stadtverwaltung pikiert und benannte die Straße um. Hier kann man Ruhe in einem kleinen **Skulpturengarten** finden, in dem lebensgroße Bronzestatuen von Kindern stehen. Die aus Nazi-Deutschland geflüchtete Ursula Malbin hat diese ausdrucksstarken Figuren geschaffen.

Nach einigen Minuten Fußweg entlang dem Boulevard ist linker Hand der Eingang zu den kunstvoll terrassierten ★**Bahai-Gärten** erreicht, in deren Mitte der schneeweiße, mit einer goldenen Kuppel geschmückte ★**Bahai-Schrein** ⑥ aufragt – das Wahrzeichen Haifas und UNESCO-Welterbe.

Eine Reihe von über die Jahrhunderte aufgetretenen Religionsstiftern gelten den Bahais als Propheten. Dazu gehören Moses, Buddha, Zarathustra, Jesus, Mohammed und der Gründer des Glaubens, Mirza Hussein Ali, genannt der Baha'ullah, was soviel wie „Ruhm Gottes" bedeutet. Aufgrund seiner religiösen Lehren musste der Baha'ullah aus Persien fliehen und wurde von den Osmanen für fast 40 Jahre auf der Zitadelle von Akko gefangengehalten. Seine letzten Jahre verlebte er dort in einem Haus, wo er 1892 starb und zur letzten Ruhe gebettet wurde. Die Bahai-

NÖRDLICHE MITTELMEERKÜSTE

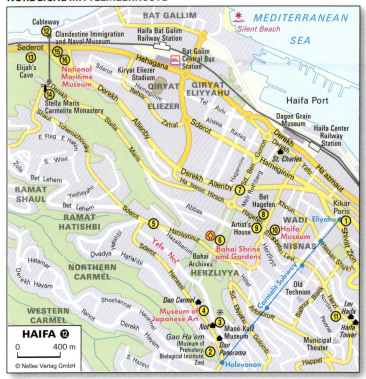

Religion hat viele Stellen aus der Bibel und dem Koran adaptiert, propagiert die Einheit Gottes und seiner Propheten und fördert die Freundschaft und Eintracht zwischen den Menschen.

Das Zentrum des Schreins bildet das **Grab des Bab** (Mirza Ali Muhammad). Der Märtyrer der Religionssekte predigte die baldige Ankunft des Baha'ullah und wurde dafür 1850 in Persien hingerichtet. 1909 kamen seine sterblichen Überreste nach Haifa. Die heutige große Bahai-Gemeinde im Iran wird von den staatlichen Autoritäten auf das brutalste unterdrückt. Das 1948-1953 vom Sohn und Nachfolger des Baha'ullah

Rechts: Die Seilbahn zum Gipfel des Karmel befördert Gäste in gläsernen Kugeln.

errichtete Heiligtum vereint harmonisch europäische und orientalische Stile. Gespart wurde nicht: die Mauern verkleiden italienische Natursteine, die 12 000 Dachziegel wurden in Holland feuervergoldet, und die prachtvollen Säulen sind aus Rosengranit.

Ein kurzes Stück vom Schrein entfernt befinden sich u. a. das **Bahai-Archiv** und das kuppelgekrönte **Haus der Gerechtigkeit**, in dem das oberste Glaubensgremium tagt; beide Gebäude sind nicht zugänglich.

Vom Bahai-Schrein sieht man die **Sederot Ben Gurion** ⑦ vom Hafen schnurgerade auf das Heiligtum zulaufen. Rechts und links der von guten **Restaurants** gesäumten Straße befindet sich die ehemalige **Deutsche Temp-**

NÖRDLICHE MITTELMEERKÜSTE

lerkolonie. Etliche der restaurierten hellen zwei- oder dreistöckigen Häuser mit roten Dachziegeln stehen noch und tragen deutsche Namen. Hier siedelten ab 1869 die Mitglieder der pietistischen Tempelgesellschaft aus Württemberg. Diese freichristliche Gemeinschaft versorgte sich selbst und erreichte mit schwäbischem Arbeitseifer und Knowhow einen hohen Lebensstandard. Handwerksbetriebe aller Art schossen aus dem Boden, Straßen, Gärten und eine Hafenmole wurden angelegt. Die fleißigen Deutschen drückten der Stadt ihren Stempel auf; viele wurden jedoch nach dem I. und II. Weltkrieg deportiert. Ihr Gemeindehaus dient heute als Stadtmuseum.

Spaziert man weiter den Sderot Hatziyyonut abwärts, erreicht man an der Ecke mit dem Hagefen Boulevard das **Bet Hagefen** ⑧, in dem sich das **Arabisch-Jüdische Zentrum** seit über 30 Jahren um Völker- und Kulturverständigung bemüht. Veranstaltungen aller Art finden hier statt, Aushänge am schwarzen Brett informieren die Besucher. Das Haus befindet sich an einer Schnittstelle der Stadt. In nordöstlicher Richtung liegt Wadi Nisnas, das arabische Viertel; im Süden siedeln die Juden am Berg Karmel.

Um die Ecke am Sderot Hatziyonut widmet sich das **Artist's House** ⑨ ausschließlich den Künstlern der Stadt.

Hier überquert man die Straße und läuft einige Schritte in die Shabbetai Levy Street hinein. Linker Hand liegt das ★**Haifa-Museum** ⑩, das Ausgrabungsfunde aus Ägypten und aus Palästina von der Bronzezeit bis in die hellenistisch-römische Ära zeigt, vornehmlich Keramik und Skulpturen. Weiterhin kann man jüdische wie islamische Alltags- und Sakralgegenstände sowie moderne Kunst besichtigen. Im **Künstlerhaus Chagall** gegenüber vom Museum stellen zeitgenössische israelitische Künstler ihre Werke aus.

Die Shabbetai Levy geht östlich in die **Herzl Street** über, eine der Haupteinkaufsstraßen der Gegend. Parallel dazu verläuft im Süden die verkehrsberuhigte **Nordau Street** ⑪, die, schon etwas heruntergekommen, heute vor allem russische Einwanderer anzieht.

Foto: Bodo Bondzio

Im Nordwesten der Stadt, nahe am Meer, dort, wo eine **Seilbahn** ⑫ aussichtsfreudige Besucher in gläsernen Kugeln zum **Karmel** befördert, zweigt von der Küstenstraße Sderot Hagana rechts die Allenby Street ab. Gleich am Anfang liegen sich die Elija-Grotte und das Clandestine Immigration and Naval Museum gegenüber.

Die **Elijah-Grotte** ⑬ ist Juden, Muslimen und Christen heilig. Hier soll sich im 9. Jh. v. Chr. der Prophet vor dem Zorn des Königs Ahab in Sicherheit gebracht haben.

Weiter oben am Hang breiten sich die Gebäude des **Karmeliter-Klosters** ⑭ aus, das ab 1827 auf den Resten einer byzantinischen Abtei errichtet wurde. Die Kirche steht über der Höhle, in der nach der Überlieferung der Prophet Elijah gelebt hat. Eine Steinpyramide erinnert an die napoleonischen Soldaten,

» Stadtplan S. 130, Info S. 139–141

NÖRDLICHE MITTELMEERKÜSTE

Af-al-pi-chen (Trotzdem), das zum Blockadebrecher umgebaut worden war und mit über 400 Überlebenden des Holocaust im Jahr 1940 versuchte, die Küste Palästinas zu erreichen. Die Briten fingen das Schiff ab und internierten die Passagiere auf Zypern. Schlimmer erging es Flüchtlingen 1941 auf der *Struma*. Das lecke Boot musste Istanbul anlaufen, doch die Türken weigerten sich, ein Reparaturteam an Bord zu lassen. Nach Wochen vergeblicher Verhandlungen stieß die *Struma* wieder in See und sank nach wenigen Stunden – wie es heißt, überlebte von den 700 Menschen nur ein einziger die Katastrophe. Besonders wenig Feingefühl zeigten die Briten, als sie ein Schiff mit weit über 4000 ehemaligen KZ-Insassen 1947 nach Deutschland zurückeskortierten. Von den 63 Blockadebrechern, die nach Kriegsende versuchten, die Küste Palästinas zu erreichen, kamen nur fünf an, alle anderen wurden von der britischen Marine gestoppt – die Internierungslager auf Zypern waren voller Juden, die den Holocaust überlebt hatten. Leon Uris' Roman *Exodus* (1958) beschreibt packend und ergreifend die Zustände in jenen Tagen.

Gleich nebenan, in der Allenby Street 198, bietet das interessante ★**National Maritime Museum** ⑯ Besuchern viele Schiffsmodelle, Karten und nautische Gerätschaften; archäologische Funde machen hier 5000 Jahre Seefahrtsgeschichte lebendig.

★★Akko

Einer der stimmungsvollsten Orte in Israel ist die Altstadt von ★★**Akko** ⑬, die mit ihren alten Gebäuden, den mächtigen mittelalterlichen Wallmauern und Sälen mit gotischem Gewölben, dem kleinen Fischerhafen mit seinen exzellenten Fischrestaurants, den Basarstraßen und dem Ruf des Muezzin über den engen Gassen orientalisches Leben und Erinnerungen an 1001-Nacht wachruft.

die 1799 von Ahmad al Jezzar getötet wurden.

Einige Meter abseits ragt der **Leuchtturm Stella Maris** (Stern des Meeres) in den Himmel; seit 1821 sichert ein Leuchtfeuer die Küste.

Das **Clandestine Immigration and Naval Museum** ⑮ in der Allenby Street 204 lässt sich am besten mit „Museum der heimlichen Einwanderung und der Flotte" übersetzen. Hinter dem ziemlich trockenen offiziellen Namen verbirgt sich eine der dramatischsten Episoden der jüngeren israelischen Geschichte.

Ausgerechnet am Vorabend des Zweiten Weltkriegs hatten die Briten einen Einwanderungsstopp für Juden nach Palästina verhängt. Flüchtlinge aus dem von Nazis besetzten Europa konnten nun nur noch heimlich und mit viel Glück durch die Seesperren der Briten gelangen. Das zentrale Ausstellungsstück ist das ehemalige militärisches Landungsboot mit dem Namen

Rechts: Akko ist von einer mächtigen Stadtmauer umschlossen.

» Stadtplan S. 130, Karte S. 132, Info S. 139-141

Geschichte Akkos

Erwähnung findet Akko erstmalig in ägyptischen Texten des Neuen Reichs (um 1550-1070). Die Pharaonen Thutmosis III., Echnaton, Sethos I. und Ramses II. eroberten oder besetzten mit ihren Truppen in jener Zeit die Hafenstadt. Nach jahrhundertelanger wechselvoller Geschichte während der israelitischen, assyrischen, persischen und hellenistischen Dynastien kam 65 v. Chr. Pompeius und verleibte Akko als freie Stadt dem Römischen Reich ein. 17 Jahre später schiffte C. Julius Caesar seine Truppen im Hafen aus. Herodes traf hier 30 v. Chr. auf seinen Förderer Kaiser Augustus, überreichte ihm wertvolle Geschenke und ließ anlässlich dieses freudigen Ereignisses ein Gymnasium in der Stadt errichten – so wenigstens berichtet es Flavius Josephus. Über die folgenden Jahrhunderte blieb Akko eine bedeutende Hafenstadt. Das änderte sich auch nicht, als arabische Truppen 636 den Ort für den Islam eroberten. Akko avancierte zum zentralen Hafen der in Damaskus regierenden Ummayyaden, und von hier aus begann die Eroberung und Islamisierung Nordafrikas.

1099 ließen die Kreuzfahrer Akko – wie Haifa – unberührt; für sie war Jerusalem zunächst wichtiger. Vier Jahre später unternahmen sie einen ersten Versuch, die strategisch bedeutende Hafenstadt in ihren Besitz zu bringen – vergeblich, da die Verteidiger von der Seeseite her mit frischen Truppen und Waffen versorgt wurden. Im Jahr 1104 gelang die Einnahme, da eine Blockadeflotte von genuesischen Galeeren die Versorgung vom Meer nun nicht mehr zuließ. Akkon – wie es nun hieß – wandelte sich zum zentralen Hafen der Kreuzfahrerstreitmacht im heiligen Land. Fast der gesamte Nachschub, aber auch der private Handel zwischen arabischen, jüdischen und christlichen Kaufleuten wurde vor Ort abgewickelt. Europäische Stadtstaaten richteten Handelskontore in Akkon ein, um an der Schnittstelle zwischen Orient und Okzident gute Geschäfte zu machen.

1110 versuchten die Araber vergeb-

NÖRDLICHE MITTELMEERKÜSTE

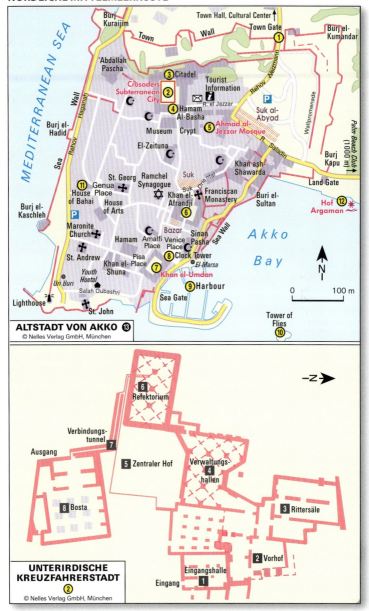

NÖRDLICHE MITTELMEERKÜSTE

lich, die Stadt zurückzuerobern, die sich in den folgenden Jahren nicht nur zur reichsten Handelsmetropole der Region, sondern auch zur inoffiziellen Residenz der Kreuzfahrerkönige entwickelte. 1187 war es damit allerdings erst einmal vorbei, denn Saladin hatte die Stadt eingenommen. Zwei Jahre später versuchten christliche Truppen unter König Guido eine erneute Eroberung, die jedoch erst 1191 während des Dritten Kreuzzugs erfolgreich war. Dem englischen König Richard Löwenherz, dem französischen Herrscher Philipp II. und dem österreichischen Herzog Leopold V. gelang es mit vereinten Truppen und schwerem Belagerungsgerät, die Stadt für die Christen erneut einzunehmen. Angeblich wurden dabei fast 100 Wurfmaschinen eingesetzt, die mehrere Wochen lang Tag für Tag schwere Wackermänner gegen die Mauern schleuderten. Richard Löwenherz, dessen Bild – im Gegensatz zu seinem Bruder Johann Ohneland – in Europa bis heute überwiegend positiv ist, ließ nach der Einnahme fast 3000 Araber hinmetzeln.

Auch hier war es, wie schon in Caesarea und Haifa, Ludwig der Heilige, der die Befestigungen nach 1250 verstärken und ausbauen ließ. Zweimal, 1263 und 1266, versuchte der ägyptische Mamelucken-Sultan Baibars erfolglos, die Stadt einzunehmen. Als jedoch 1290 christlicher Pöbel eine Reihe von muslimischen Bewohnern umbrachte, sahen sich die Araber genötigt, kompromisslos durchzugreifen. Wie es heißt, konnte Sultan Ashraf Khalil die gewaltige Streitmacht von 65 000 Reitern und 150 000 Fußsoldaten auf die Beine stellen. Beim Anblick dieses gigantischen Heeres müssen die knapp 1000 Ritter und ihre 15 000 Söldner blass geworden sein. Sechs Wochen hielten die Verteidiger durch, dann stürmten die Sarazenen die Stadt und rächten den Tod ihrer Glaubensbrüder. Nur wenigen Überlebenden gelang am Hafen die Flucht auf Galeeren. Nach der Eroberung zerstörte man die Stadt, die in den folgenden Jahrhunderten bedeutungslos war.

Mitte des 18. Jh. ließ der türkische Pascha al Omar wieder eine Stadtmauer errichten. Sein Mörder und Nachfolger Ahmad al-Jezzar, wegen seiner Grausamkeit „der Schlächter" genannt, gab zahlreiche Neubauten, u. a. Moscheen, Karawansereien, Brunnen, Koranschulen sowie die Zitadelle in Auftrag.

Napoleon I. Bonaparte träumte von einem französisch gelenkten Reich im Orient, das sich von Ägypten nordwärts über die gesamte Levante und die Türkei bis nach Indien ausdehnen sollte. Fast drei Monate belagerte er Akko, das sich jedoch unter dem Schutz der britischen Flotte befand und von den französischen Truppen daher nicht eingenommen werden konnte. Die Feuerkraft der englischen Marine und die militärischen Fähigkeiten Admiral Nelsons in der Seeschlacht von Abukir (Ägypten) 1798 waren es, die Napoleons Orient-Abenteuer für die Franzosen äußerst verlustreich beendeten.

Anfang des 19. Jh. herrschten die Ägypter für wenige Jahre über Akko, gefolgt von den Osmanen bis zum Ersten Weltkrieg. Der Hafen hatte mittlerweile seine Bedeutung vollständig an Haifa verloren, da er für große Frachter und Dampfschiffe zu klein und auch nicht tief genug war. Im Mai 1948 marschierten die Israelis in Akko ein.

Besichtigung von Akko

Die Weizmann Street führt durch das ehemalige **Stadttor** ① in der mächtigen Mauer hinein in die ausschließlich von Arabern bewohnte ★★**Altstadt** von Akko. Linker Hand kann man auf die **Verteidigungsmauer** steigen und von dort oben weit über die Bucht bis nach Haifa sehen.

Rechter Hand liegt hinter dem Busparkplatz der Eingang zu so genannten ★★**Kreuzfahrerstadt** ②, einst Hauptquartier des Johanniter-Ordens und heute ein monumentaler **unterirdischer Gebäudekomplex**. Ahmad al-

NÖRDLICHE MITTELMEERKÜSTE

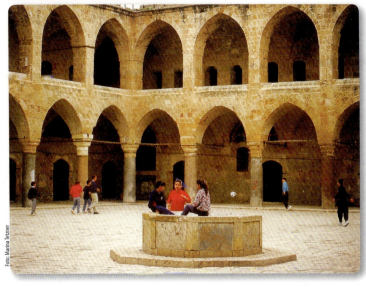

Jezzar ließ 1791 die Gewölbe zuschütten und errichtete darauf seine Zitadelle (s. u.). Teile der Kreuzfahrersäle wurden 1955-1964 wieder freigelegt. Durch eine **Eingangshalle** 1 gelangt man über einen **Vorhof** 2 in die riesigen, hohen **Rittersäle** 3, die wahrscheinlich später als Stallungen dienten. Die schmale Gasse davor führt an den **Verwaltungshallen** 4 vorbei, die seit 1993 weiter ausgegraben werden, und auf den **zentralen Hof** 5 des Komplexes. Von hier erreicht man die sog. Krypta, die in Wahrheit zur Zeit der Kreuzfahrer das **Refektorium** 6 (Speisesaal) war (s. Bild S. 10). Drei kolossale Rundpfeiler stützen ein gotisches Spitzbogengewölbe.

Ein unterirdischer, über 350 m langer Gang führte einst vom Refektorium bis zum Hafen; der geheime **Tunnel** 7 sollte im Fall einer Belagerung eine schnelle Flucht möglich machen. Heute sind nur die ersten 65 m bis zu einem **Bosta** 8 (arab. Posten) genannten Komplex mit sechs Hallen zugänglich. Diese dienten ursprünglich als Karawanserei, wurden von den Johannitern später aber als Spital und Pilgerherberge genutzt. Ein weiterer Stollen wurde zwischen dem Leuchtturmparkplatz und dem Khan e-Schune ausgegraben. Er verband ursprünglich die Burg des Templerordens mit dem Hafen.

Auf die Initiative Ahmad al-Jezzars ist auch der Bau der **Zitadelle** ③ zurückzuführen, die direkt über der Kreuzfahrerstadt errichtet wurde. Während der Mandatszeit nutzten die Briten die Zitadelle als Hochsicherheitstrakt und kerkerten viele jüdische Untergrundkämpfer ein. Auch Hinrichtungen fanden hier statt; eine israelische Quelle vermeldet, dass viele der noch jungen Leute heldenmütig mit der Nationalhymne *Hatikwa* auf den Lippen in den Tod gingen. Auch der ideologische Kopf der *Irgun*, Ze'ev Jabotinsky, saß hier gefangen. 1947 kam es zu einem spektakulären Massenausbruch: Jüdische Untergrundkämpfer sprengten ein Loch in

Oben: Zweigeschossige Arkaden im Hof der Säulenkarawanserei (Khan al-Umdan).

NÖRDLICHE MITTELMEERKÜSTE

die Mauer und befreiten zum Tode verurteilte militärische Führern wie Menachem Begin, den späteren Ministerpräsidenten. Leon Uris erzählt dies äußerst spannend in seinem 1958 erschienenen Roman *Exodus*. Das israelische **Heldenmuseum** in der Zitadelle widmet sich mit vielen Fotos und Exponaten der Geschichte jener Tage.

Gegenüber der Kreuzfahrerstadt kann man das einstige Badehaus des Ahmad al-Jazzar, **Hamam al-Basha** ④ (Bad des Pasha, 1795) besichtigen.

Die ★**Ahmad al-Jezzar-Moschee** ⑤ im Zentrum der Altstadt wurde 1781 bis 1783 im Stil des „türkischen Rokoko" auf den Fundamenten der Kreuzfahrer-Kathedrale erbaut und trägt den Namen ihres Stifters. Die Moschee ist eines der größten und bedeutendsten muslimischen Heiligtümer Israels. Vor dem Haupttor steht inmitten eines bezaubernden Gartens ein eleganter, von Säulen umgebener Reinigungsbrunnen mit einem Kupferdach. Die Moschee nennt eine besondere Reliquie ihr eigen: In einem Schrein wird ein Haar aufbewahrt, das angeblich vom Barte des Propheten Mohammed stammt. In einem **Mausoleum** ist Ahmad al Jezzar mit seinem Sohn begraben.

In der Nähe des Hafens findet man eine Anzahl von Karawansereien. Die älteste ist der **Khan al-Afrandji** ⑥ (Karawanserei der Franken), um 1600 für europäische Kaufleute mit einem kleinen Franziskaner-Kloster an der Stelle errichtet, an der zur Kreuzfahrerzeit der Mittelhof des venezianischen Viertels gelegen hatte.

Derzeit wegen Baufälligkeit gesperrt ist ★**Khan al-Umdan** ⑦, die **Säulenkarawanserei**, die al-Jezzar auf den Resten eines Dominikaner-Klosters aus der Kreuzfahrerzeit errichten ließ. Das Baumaterial wurde aus Caesarea herangeschafft. Die Arkadensäulen des Innenhofs aus Granit und Porphyr stammen zum größten Teil aus der Antike, manche auch aus byzantinischer Zeit. Im Erdgeschoss lagen die Stallungen, im Obergeschoss die Herbergen.

Der hohe **Uhrturm** ⑧ wurde 1906 anlässlich des Feierns zum 30. Thronjubiläum des osmanischen Sultans Abdul Hamid II. errichtet.

Am umtriebigen **Hafen** ⑨ von Akko mit einem Leuchtturm sieht man Fischer ihre Netze flicken und Boote aus- und einlaufen. Gute Fischrestaurants servieren diverse Köstlichkeiten, wie etwa Krabben in einer Knoblauchkräutersauce oder frittierte Kalamaris. In früheren Tagen reichte die Hafenmole noch viel weiter – bis zum heute zerstörten **Fliegenturm** ⑩, einer winzigen, einst befestigten Insel in der Bucht von Akko.

Spaziert man im Gassenlabyrinth der Altstadt die Hagana Street entlang, passiert man das **Bahai-Haus** ⑪, in dem Mirza Hussein Ali, der Religionsstifter Baha'ullah (s. u.), zwölf Jahre seines Exils verbrachte.

In östliche Richtung zieht sich der ★**Hof Argaman** ⑫ (Purpurküste), der weiße, kilometerlange **Sandstrand** hin, den einige Hotels überragen.

Umgebung von Akko

Das freundliche Akko eignet sich gut als Standquartier, um von hier aus das nördliche Galiläa zu erkunden.

Auf dem Weg nach Norden in Richtung Nahariya liegt nach 3 km rechter Hand der ★**Persische Garten al-Bahji** (die Genüsse); für die Gläubigen der Bahai-Sekte ist dies der heiligste Ort auf Erden. In dem von herrlichen Grünanlagen umgebenen Landhaus verbrachte der Baha'ullah (Glanz Gottes) – der Begründer des Bahaismus – nach der Freilassung aus osmanischer Gefangenschaft seine letzten Lebensjahre. Nahebei wurde er 1892 bestattet (Haupteingang nur für gläubige Bahai, Anhänger anderer Religionen müssen den Nebeneingang benutzen).

1 km weiter verläuft rechts der Straße ein **Aquädukt**. Eine Wasserleitung von den Kabri-Quellen nach Akko gab

NÖRDLICHE MITTELMEERKÜSTE

es hier schon zur Römerzeit. Al Jezzar ließ den Aquädukt im 18. Jh. restaurieren. Die umliegenden Felder gehören zum **Kibbuz Lochamei Hageta'ot**. Besucher, die an Zeitgeschichte interessiert sind, sollten hier stoppen: Das Gemeinschaftsprojekt wurde 1949 von deutschen, polnischen und litauischen Juden gegründet; im **Dokumentationszentrum** findet man das wohl weltweit größte Archiv mit Zeugnissen über den jüdischen Widerstand in Deutschland, Polen und Litauen. Fotografien zeigen jüdisches Alltagsleben in Osteuropa, den Aufstand im Warschauer Ghetto und die Deportationen in die Konzentrationslager.

★Nahariya

★**Nahariya** ⓮, Israels nördlichster Badeort, wurde 1934 von deutschen Juden gegründet und nach dem hebräischen Wort *nahar* (Fluss) benannt. Schon bald erkannten die Siedler den

Oben: Strandschönheit in Nahariya.

eigentlichen Reichtum ihrer Stadt: die langen, weißen ★**Sandstrände**. Nahariya wandelte sich zu dem idyllischen und freundlichen Seebad, das es bis heute geblieben ist.

Die Hauptstraße des knapp 50 000 Einwohner zählenden Orts ist der **Ha'Ga'aton Boulevard**, der mit Eukalyptus-Bäumen bestanden und von zahlreichen Geschäften, Cafés und Restaurants gesäumt ist.

Nahariya gilt noch immer als die „deutsche Stadt" Israels, obwohl man heute hier kaum noch deutsche Klänge vernimmt. Aufgrund der jüngsten Einwanderungswellen hört man eher äthiopische Juden *Amhari* oder persische Juden *Farsi* sprechen.

1947 gruben Archäologen einen 3500 Jahre alten, der Fruchtbarkeitsgöttin Astarte geweihten kanaanäischen **Tempel** aus, der mit einer Werkstatt für Sakralgeräschaften ausgestattet war. Hunderte von Kultgegenständen, die hier gefunden wurden, kann man heute im Israel-Museum von Jerusalem (s. S. 83) bewundern.

NÖRDLICHE MITTELMEERKÜSTE

Tel Akhziv National Park

5 km nördlich von Nahariya erstreckt sich der **Tel Akhziv National Park** ⑮ mit einem Ruinengelände. Hier ließen sich schon Kanaaniter, Phönizier und Kreuzfahrer nieder, und man kann die Überreste ihrer Gebäude besichtigen.

Ein **Museum** zeigt archäologische Funde aus der Umgebung, und ein **Strand** samt Restaurant und Club Méditerranée sorgt für Ferienvergnügen.

Kefar Rosh Ha Niqra

7 km nördlich von Nahariya ist mit **Kefar Rosh Ha Niqra** ⑯ die libanesische Grenze erreicht. Der Name des Dorfs bedeutet Höhlenkopf und spielt damit auf die zwei zu besichtigenden Attraktionen an. Da ist zunächst ein großes **Grottensystem**, das in Jahrmillionen vom Meer aus dem weichen Kreidegestein gewaschen worden ist. Von einer **Plattform** mit Restaurant hat man einen spektakulären ★**Ausblick** auf die raue, zerklüftete Steilküste. Seit 1968 fährt eine **Seilbahn** hinab zu den Höhlen am Fuß des schneeweißen, in der Sonne leuchtenden ★**Kreidefelsens**, der 100 m steil zum Meer abfällt.

Über die Jahrtausende hat er hier die Verkehrsverbindungen stark beeinträchtigt. Alexander der Große ließ Treppenstufen in den Kalkstein schlagen. Über diese „Leiter von Tyros" marschierten seine Truppen sowie die Armeen seiner Nachfolger: Diadochen und Seleukiden, römische Legionäre, Araber und in ihren schweren Rüstungen keuchende Kreuzritter. 1918 legten die Engländer eine Straße an. Sichtbar sind noch die 1942 von den Briten in den Kalkstein getriebenen **Tunnel** einer Eisenbahnlinie, die von Beirut über Haifa und Tel Aviv bis nach Kairo führte. Doch nur fünf Jahre später wurde die Trasse von israelischen Untergrundkämpfern unterbrochen, um das Eindringen arabischer Truppen aus dem Libanon zu unterbinden.

HERZLIYA PITUACH

Mehrmals täglich verkehren Busse, Züge und Sherut-Taxen von Tel Aviv, Netanya und Haifa nach Herzliya.

1948, israelische Küche auf hohem Niveau in elegantem Ambiente, erschwinglich, Medinat Hayehudim 85, Tel. 09-9575212.
Al HaMaim, nettes Fischrestaurant direkt am Wasser, Sharon Beach, Tel. 09-9501767.

NETANYA

Ha'atzmaut Square, in der Nähe des Freilichttheaters, Tel. 09-8827286.

ANREISE: Mehrmals täglich verkehren Busse von Tel Aviv, Jerusalem und vom Ben Gurion Airport nach Netanya. Züge von und bis Tel Aviv verkehren mehrmals täglich, und es gibt einen regen *Sherut*-Verkehr.

Hooters, typisch amerikanisches Lokal, sympathisch, gut, preiswert, Giborei Yisrael 17 (Poleg-Kreuzung), Tel. 09-8353736.
Turkis, leichte Gerichte in farbenfrohem, marokkanisch-rustikalem Ambiente, im Moshav Beit Yitzhak, an der Straße Netanya – Beit Lid, Tel. 09-8845560.
Pundak Hayam, Steakhouse mit Tradition und typisch israelischer Küche, 1 Harav Kook Street, Tel. 09-8341222.
Patisserie Antverpia, sehr leckere Kuchen, 1 Eliyahu Krause.

Laniado Hospital, Tel. 09-8604619. **Apotheken** findet man an der Herzl Street und Weizmann Street, z. B. **Trufa**, 2 Herzl Street.

HADERA

Khan Historical Museum, So-Do 8-13, So/Di 16-18, Fr 9-12 Uhr, 74 Hagiborim Street.

Nördliche Mittelmeerküste

» Karte S. 132, Info S. 139–141

NÖRDLICHE MITTELMEERKÜSTE

CAESAREA

Ausgrabungsareal, geöffnet April-September 8-17, Oktober-März 8-16 Uhr, Eintrittsgebühr.

Helena, verführerische mediterrane Küche am Wasser, im Ausgrabungsgelände, Tel. 04-6101008.

Tauchclub Caesarea, 40-minütige Tauchgänge im alten Hafen für Unterwassertouristen mit Tauchschein, Tel. 04-6265898.

ZIKHRON YA'AQOV

Hameyasdim St. 1, So-Do 8-13 Uhr, Tel. 04-6398892.

ANREISE: Busse von Tel Aviv, Netanya und Haifa sowie ein *Sherut*-Service.

Viele Restaurants und Cafés reihen sich entlang der Hameyasdim Street.
Weinkeller Kastonio, romantisches Lokal in einem 130 Jahre alten Gewölbe, 56 Hameyasdim Street, Tel. 04-6291244.
Casa Barone, koschere mediterrane Küche, von Wein überwucherte Terrasse mit Blick über den Carmel bis zum Meer, 4 Zahal Street, Tel. 04-6290999.

Bet Aaronson, geöffnet So, Mo, Mi, Do 8.30-15, Di 8.30-16, Fr 8.30-13 Uhr, 40 Hameyasdim Street.
Tishbi Wine Cellar, Tel. 04-6288195.

HAIFA

48 Ben Gurion Blvd., Tel. 1-800-305090, www.tour-haifa.co.il.

ANREISE: Busse verkehren mehrmals täglich von Tel Aviv, Jerusalem und Akko, Züge ebenfalls mehrmals täglich von Tel Aviv, zudem gibt es regelmäßigen *Sherut*-Service.

Jacko, einfaches, aber gutes Fischrestaurant, 12 Hadekalim Street, Tel. 04-8668813.
Mayan Habira, einfaches Lokal, das jeden Tag von 10-17 Uhr köstliche mediterrane Küche bietet, 4 Natanson Street, Tel. 04-8623193.
Hanamal 24, edle Küche in einem simplen Viertel, 24 Hanamal St. Tel. 04-8628899.
Hamoschava Haktana, israelische Hausmannskost zwischen Ost und West, in einem alten Templergebäude, 56 Derech Allenby, Tel. 04-8515152.
Douzan, libanesische Vorspeisen und französische Hauptgerichte in alten Möbeln und einem Ambiente das Orient und Okzident verbindet, wer draußen sitzt, hat Blick auf den Bahai-Schrein und die Gärten, in der ehemaligen Deutschen Kolonie, 35 Ben Gurion, Tel. 04-8525444.
Weitere Tipps findet man unter www.restaurants.co.il.

Ramban Hospital, Tel. 04-8542222. **Carmel Hospital**, Tel. 04-8250211.
Apotheke Shomrom, 44 Yafo Street.
Merkaz, 130 Hanassi Boulevard.

Bahai-Schrein, Schrein täglich 9-12 Uhr, der Garten hat drei Teile und zieht sich über den ganzen Carmel, der obere Teil (zugänglich von Jeffe Nof 61) und der untere (zugänglich von der Ben-Gurion Straße) sind täglich von 9-17 Uhr geöffnet, der mittlere Teil mit dem Bahai-Schrein täglich von 9-12 Uhr, Sderot Hatziyonut, Tel. 04-8313131.
Clandestine Immigration and Naval Museum, So-Do 8.30-16 Uhr, 204 Allenby Street.
Haifa-Museum of Art, Mo-Mi 10-16, Do 16-21, Fr 10-13, Sa 10-15 Uhr, 26 Shabtai Levy Street.
Mané-Katz-Museum, So, Mo, Mi, Do 10-16, Di 14-18, Fr 10-13, Sa 10-14 Uhr, 89 Yefe Nof.
National Maritime Museum, Mo-Mi 10-16, Do 16-21, Fr 10-13, Sa 10-15 Uhr, 198 Allenby Street, Busse Nr. 44, 45, 5, 3.
Janco-Dada-Museum, So-Fr 9.30-14, Sa 10-15 Uhr, Künstlerkolonie En Hod.
The Museum of Edible Oil Production, So-Do 8-15.30 Uhr, 2 Tovim Street.
Shtekelis Prehistory Museum, So-Do 8.15-15, Fr 8-13, Sa 10-14 Uhr, 124 Ha-Tishbi Street, Eingang durch den Zoo.

AKKO

In der Weizmann Street 1, im Besucherzentrum der Zitadelle, Tel. 1-700-708020,

NÖRDLICHE MITTELMEERKÜSTE

www.akko.org.il (auch deutschsprachig) erhält man u. a. Karten und Tourenvorschläge.

ANREISE: Busse und Züge von vielen Orten verkehren entlang der Mittelmeerküste, so etwa von Tel Aviv, Haifa und Nahariya. Busse von Zefat. Es gibt einen regen *Sherut*-Service.

Ptolmais und **Abu Christo**, zwei Restaurants am Hafen in der Altstadt, einfachstes Mobiliar, hier gibt es hervorragende Fischgerichte wie etwa Krabben in Knoblauchkräutersauce. Weitere gemütliche, kleine Restaurants liegen um den Hafen, eine Reihe von Garküchen findet man am Eingang zur Altstadt rund um die Ahmad al-Jazzar-Moschee.
Uri Buri, hervorragendes Fischrestaurant in schlichtem Ambiente, erschwinglich, separater Raum mit orientalischen Sofas zum Wasserpfeiferauchen, am Leuchtturmplatz, Tel. 04-9552212.

Bahai-Garten, Garten täglich 9-16, Grabmal Fr-Mo 9-12 Uhr, an der Straße zwischen Akko und Nahariya.
Kreuzfahrerstadt (**Hospitaliterzitadelle** – der Hospitaliterorden war der Vorläufer der Malteser- und Johanniter-Orden), Sa-Do, 8.30-17, Fr 8.30-14 (im August und September bis 19.30, Fr bis 17 Uhr), Altstadt von Akko.
Templerstollen, So-Do 8.30-17 und Fr 8.30-14 Uhr, Altstadt von Akko, Zugang über den Khan e-Schune oder vom Parkplatz beim Leuchtturm.
Hammam al-Pascha (das türkische Bad), So-Do 8.30-17 und Fr 8.30-14 Uhr, Altstadt von Akko.
Okashi-Museum, zeitgenössische israelische Kunst, So-Do 8.30-17, Fr 8.30-14 Uhr, gegenüber der Ahmad al-Jazzar-Moschee, Altstadt.
Ahmad al-Jazzar-Moschee, täglich 9-17 Uhr, mittags und nachmittags während der Gebetszeiten kurz geschlossen.
Zitadelle mit Gedenkmuseum für die hier von den Briten gefangengehaltenen Untergrundkämpfer, So-Do, Sa 9-16.30, Fr 9-12.30, Altstadt von Akko.
Holocaust and Resistence Museum im **Kibbuz Lochamei Hageta'ot** mit Dokumentationszentrum über den jüdischen Widerstand in Deutschland, Polen und Litauen, geöffnet So-Do 9-16, Fr 9-13, Sa 10-17 Uhr, an der Straße von Akko nach Nahariya, kurz vor Regba.

NAHARIYA

19 Ga'aton Boulevard, Tel. 04-9879830.

ANREISE. Mehrmals täglich verkehren Busse und Züge von vielen Orten entlang der Mittelmeerküste, so etwa von Tel Aviv, Haifa und Akko. Es gibt einen regen *Sherut*-Service.

Pinguin, volkstümliches, typisch israelisches Lokal, 31 Ga'aton Boulevard, Tel. 04-9928855.
Kapulsky, vegetarische Gerichte für jede Tageszeit, an der Promenade, Tel. 04-9921985.
The Singapore Chinese Garden, Mayasdim Street / Ecke Jabotinsky Street, und **The Chinese Inn Restaurant**, 28 Ga'aton Boulevard, sind zwei weitere Lokale mit guter chinesischer Küche.
Eine Anzahl kleiner Restaurants und Bars findet man unmittelbar an der reizvollen Strandpromenade.

Grottensystem von Rosh Ha Niqra, geöffnet So-Do 9-16 im Winter, 9-18 im Sommer, Fr 9-16, Sa 9-18 Uhr, 7 km nördlich von Nahariya, Tel. 04-9857109, www.rosh-hanikra.com.
Nahal Mearot Nature Reserve, prähistorische Höhlen mit audiovisuellen Darstellungen prähistorischen Lebens, geologische und botanische Wanderpfade, an der Tel Aviv-Haifa Straße (Nr. 4), 8 km hinter der Fureidis-Kreuzung, Tel. 04-9841750.
Nahal Yehiam Nature Reserve and Fortress, Kreuzfahrerburg inmitten üppiger Vegetation und steiler Klippen, Wanderwege entlang eines Bachs, an der Straße Nahariya-Maalot Tarshiha (Nr. 89), an der Ga'aton-Kreuzung nach Süden, Tel. 04-9856004.

Western Galilee Nahariya Hospital, Tel. 04-9107107.
Szabo Pharmacy, 3 Ga'aton Boulevard, am Busbahnhof.

Nach reichlichem Winterregen erblüht das Land im Frühling

NORDGALILÄA

NORDGALILÄA

NORDGALILÄA

**MONTFORT / BAR'AM
MT. MERON / ZEFAT
ROSH PINA / TELL HAZOR
HULA / TEL HAY
TELL DAN / BANYAS
NIMROD'S BURG / QAZRIN**

NORDGALILÄA

★Kreuzfahrerburg Montfort

Von der nördlichen Mittelmeerküste bieten sich zwei Routen zur malerischen ★**Kreuzfahrerburg Montfort** ❶ an: Zum einen von Kefar Rosh Ha Niqra entlang der libanesischen Grenze in östliche Richtung, bis ein Schild rechts ab in den **Goren National Forest** weist. In diesem Naturpark beim **Kibbuz Elon** wurden Eichen, Lorbeer- und Judasbäume angepflanzt, und es gibt Zeltplätze und Picknickareale. Auf holpriger Piste ist nach kurzer Fahrt ein Parkplatz erreicht, von dem sich ein schöner Blick auf die spektakulär gelegene Kreuzfahrerburg bietet. Vom Naturpark durch das tiefe Wadi Quren getrennt, erhebt sich auf einem Bergrücken die majestätische Festung. Die gesamte Gegend ist einsam und dicht bewaldet. Ein Fußweg führt über 3 km nach Montfort. Für den Hin-und Rückweg müssen mindestens zwei Stunden einkalkuliert werden.

Die Festung ist auch von **Nahariya** aus (Straße nach Zefat) über das Dorf **Mi'ilya** zu erreichen. Mi'ilya wird von christlichen Arabern bewohnt. Im Ortskern liegt die Ruine der Kreuzfahrerfestung **Chastiau du Roi**. 3 km nördlich von Mi'ilya beginnt ein etwas kürzerer Fußpfad (30 Minuten) nach Montfort.

Der strategische Wert der Festung Montfort war nicht groß; kein bedeutender Ort befand sich in ihrer Nähe. Ursprünglich errichtete der französische Ritter Joscelin de Courtenay im 12. Jh. an dieser Stelle inmitten seiner Ländereien eine erste kleine Burg und nannte sie Mons Fortis, später Montfort. 1187 eroberte Sultan Saladin die Festung, erkannte jedoch bald ihren eingeschränkten militärischen Nutzen und gab sie – man glaubt es kaum – dem Besitzer zurück.

1229 kaufte der Deutsche Orden die Burg, benannte sie in Starkenberg um und baute sie aus. Der ägyptische Mamelucken-Sultan Baibars versuchte 1266 vergeblich, die nun mächtige Festung einzunehmen. Fünf Jahre später kehrte er mit Belagerungsmaschinen und Mineuren zurück; die Katapulte verschossen riesige Wackermänner, und die Tunnelexperten trieben einen Stollen unter die Wallmauern. Nach sieben Tagen waren die Ritter zermürbt und begannen mit Verhandlungen. Baibars ließ sie mit ihrem Ordensarchiv und allen Kostbarkeiten nach Akko ziehen; nur ihre Waffen mussten sie ihm übergeben. Seitdem ist die Burg verlassen.

Der erste, der mit Kennerblick die Anlage beschrieb, war Thomas Edward Lawrence, besser bekannt als Lawrence

Links: Eine offene Thorarolle.

» Karte S. 146-147, Info S. 158-159

NORDGALILÄA

von Arabien. Im Zuge seiner Magisterarbeit über die Kreuzfahrerburgen im Heiligen Land war er Anfang des 20. Jh. vor Ort. Nebenbei spionierte er die lokale Infrastruktur der türkischen Besatzungsmacht für den heimlschen Secret Service aus. 1926 machten Archäologen des New Yorker Metropolitan Museum of Art Ausgrabungen und fanden Waffen, Rüstungen, Münzen, Keramik, Kapitelle und Alltagsgegenstände aller Art. Sie sind heute außer in New York im Rockefeller-Museum in Jerusalem (s. S. 79) zu sehen.

In dem großenteils überwucherten Ruinenareal, dessen Raumfolge in West-Ost-Richtung ansteigt, sind neben den Mauern und Bastionen eine Wassermühle, der Kapitelsaal, die Ordenskapelle, Unterkünfte, mehrere Zisternen und ein heute noch 18 m hoher Bergfried zu besichtigen.

★Synagoge von Bar' Am

Zurück zur Straße geht es weiter auf der Route 99 entlang der libanesischen Grenze in Richtung Osten. Eine Ausschilderung weist nach **Bar'am** ❷, zu den gut erhaltenen Resten einer wohl aus dem 2. oder 3. Jh. stammenden ★**Synagoge**. An diesem Ort sollen laut jüdischer Überlieferung der Prophet Obadja und Ester, die Gattin des Perserkönigs Xerxes, begraben sein. Die Bibelgeschichte der Königin ist interessant, spielt das Buch Ester doch auf die Zeit der Judenverfolgungen im Perser-Reich an. Ester, die Pflegetochter des Mordechai, wird von Artaxerxes zur Frau genommen, ohne dass der Großkönig weiß, dass sie eine Jüdin ist. Ihr Ziehvater Mordechai ist beliebt beim Herrscher, da er einmal eine Verschwörung gegen ihn aufgedeckt hat. Haman, einer der mächtigsten Männer bei Hofe, ist dagegen kein Freund der Juden und hasst Mordechai wegen dessen Gunst beim König. Durch viele Intrigen erwirkt der Bösewicht ein königliches Dekret zur Ausrottung aller Juden, die durch

Losentscheid (*Pur*) auf den 14. Adar festgesetzt wird. Ester geht nun zum König und offenbart ihm ihre jüdische Herkunft. Der ist höchst erschrocken, doch ein königlicher Erlass ist nicht mehr zu ändern. So verkündet er salomonisch, dass sich die Juden ihrer Feinde erwehren dürfen. Schnell wird der Intrigant Haman gehenkt, und Mordechai nimmt sein Amt ein. Seither feiern die Juden alljährlich am 14. Adar, im Februar/März, das ausgelassene **Purimfest**, eine Freudenfeier erster Güte.

Von der Synagoge sind Teile der Fassade und die Säulenreihe der ★**Eingangshalle** (Narthex) mit drei Portalen gut erhalten.

Der wichtigste Fund aus dieser Aus-

NORDGALILÄA

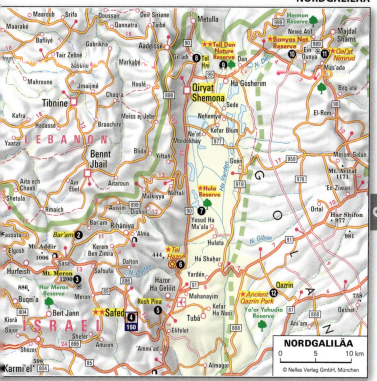

grabungsstätte befindet sich leider im Pariser Louvre; ein Tür- oder Fenstersturz mit der Inschrift: „Möge Friede über diesen Platz kommen und über alle Orte in Israel. Diesen Sturz hat Jose der Levite gemacht. Segen über seine Arbeit. Shalom."

Berg Meron

Von Bar'am geht es weiter zum **Berg Meron** ❸, mit 1200 m Nord-Galiläas höchster Berg. Eine Straße führt hinter dem *SPNI Field Study Centre* (SPNI = Society for the Protection of Nature in Israel) bis unterhalb des Gipfels; die Bergspitze selbst ist von der israelischen Armee okkupiert. Bei schönem Wetter hat man

eine prachtvolle ★**Aussicht** bis weit ins Hule-Tal im Norden und bis zum See Genezareth im Süden. Der Berg und sein Umland gehören zum 10 000 Hektar umfassenden **Har Meron-Naturpark**.

★★Safed (Zefat)

Das etwa 840 m hoch in einer herrlichen Landschaft gelegene ★★**Safed (Zefat)** ❹ (die Israelis nennen die Stadt Tsfat, was oft Zefat geschrieben wird) ist neben Jerusalem, Tiberias und dem in der West Bank liegenden Hebron die vierte heilige Stadt des Talmud und war in der Vergangenheit das spirituelle Zentrum der jüdischen Mystiker und Kabbalisten. Aufgrund der Höhenlage

>> Karte S. 146–147, Info S. 158–159

NORDGALILÄA

und der damit reinen Luft, der vollständig restaurierten Altstadt mit ihren schmalen verwinkelten Gassen und der großen Künstlerkolonie ist Safed als Sommerfrische sehr beliebt.

Geschichte von Safed

Zur Zeit des 1. Jüdischen Aufstands (66-73) gegen die Römer ließ der Historiker Flavius Josephus, damals Oberbefehlshaber der Truppen in Galiläa, seinem Bericht in dem Geschichtswerk *Der Jüdische Krieg* zufolge Safed (das er Sepph nennt) so schnell wie möglich mit Befestigungen ausbauen.

Zur Kreuzfahrerzeit hieß die Stadt Safed. Anfang des 12. Jh. zogen die Franken auf dem Hametzuda-Hügel eine erste Festung hoch, die in den folgenden Jahren weiter ausgebaut und verstärkt wurde. Dies sollte König Balduin retten, der sich 1157 vor den Truppen des Damaszener Sultans Nur ad-Din mit seinen Mannen in die Sicherheit von Safed zurückziehen musste. 10 Jahre später gab Amalrich I. die Burg den Templerrittern, und 1188 konnte Sultan Saladin sie einnehmen. Eine zweimonatige schwerste Beschießung mit Gestein aus Katapultbatterien trieb die Kreuzfahrer aus der Festung. Die Araber zerstörten die Anlage bis auf die Grundmauern.

1240 fädelten die Templerritter eine Allianz zwischen den Kreuzfahrern und den Damaszenern gegen den ägyptischen Sultan Aiyyub ein und erhielten dafür die Stadt zurück. Doch scheuten sie vor den hohen Wiederaufbaukosten zurück und wollten die Burg nicht wieder instandsetzen. Die unsicheren Zeiten verlangten jedoch Sicherungsmaßnahmen, und abermals entstand eine gewaltige Wehranlage, die als uneinnehmbar galt. Das beeindruckte den militärisch erfolgreichen ägyptischen Mamelucken-Sultan Baibars keineswegs, und so griff er 1266 an. Über 2000 Menschen hatten in der Festung

Oben: Safed, spirituelles Zentrum und beliebte Sommerfrische. Rechts innen: In Safed leben viele orthodoxe Juden. Rechts außen: In der Ha' Ari-Synagoge.

NORDGALILÄA

Schutz gesucht, und nach drei Wochen waren die Vorräte aufgebraucht. Die Christen wollten die Burg übergeben und Baibars versicherte ihnen freien Abzug, doch dann ließ er alle Ritter und diejenigen töten, die nicht zum Islam konvertierten.

Als 1492 in Spanien die sog. Katholischen Könige Isabel und Fernando per Erlass die Juden vertrieben, kam es in Palästina zu einer Einwanderungswelle sephardischer Juden, von denen es viele nach Safed zog. Bald darauf öffnete eine theologische Schule ihre Pforten, an der mystische Praktiken und Auslegungen der *Kabbala* (= Tradition, eine mystische Strömung im Mittelalter und in der Neuzeit) gelehrt wurden. Die folgenden Jahrhunderte brachten der jüdischen Bevölkerung von Safed schwere Prüfungen; mehrfach wurden die Stadt und das Umland von verheerenden Erdbeben verwüstet, mal dezimierte eine Pest-, mal eine Typhus-Epidemie die Einwohnerschar, mal gingen die Drusen plündernd und marodierend gegen die Bewohner vor.

Am Vorabend der Unabhängigkeit (1948) lebten nur noch 1700 Juden in der ansonsten von 12 000 Muslimen bewohnten Stadt. Die abziehenden britischen Truppen überließen die strategischen Schlüsselstellungen den Arabern, und es war klar, dass die wenigen kampffähigen Juden, verstärkt durch einige *Haganah*-("Selbstschutz-")Kämpfer, nicht lange standhalten würden. Waffen, Munition und mehr Soldaten konnten nicht nach Safed gebracht werden. Die Lage sah so hoffnungslos aus, dass die Armee den wenigen Juden tatsächlich riet, ihr Stadtviertel aufzugeben. Diese aber wollten nicht fort, und so übergab die israelische Militärführung den Verteidigern lediglich eine *Davidka*, einen selbstgebastelten, bisher nicht auf seine Funktionstüchtigkeit geprüften Mörser. Tatsächlich war das Geschütz jedoch so erfolgreich, dass die Juden damit die Übermacht der arabischen Soldaten in die Flucht schlagen konnten, und fortan sprachen die Bewohner vom „Wunder von Safed". Leon Uris hat diese Begebenheit in sei-

» Stadtplan S. 150, Info S. 158-159

NORDGALILÄA

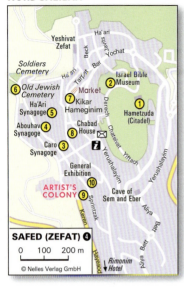

nem 1958 erschienenen Roman *Exodus* detailliert beschrieben.

Besichtigung von Safed

Einen Stadtrundgang beginnt man am besten am Park der **Zitadelle** ① (**Hametzuda**), wo die Reste der Kreuzfahrerburg in 834 m Höhe seit Jahrhunderten Wind und Wetter trotzen. An der Hativat Yiftah Road, die die Parkanlage umläuft, befindet sich im ehemaligen Haus des osmanischen Gouverneurs das **Israel Bible Museum** ②. Ausgestellt sind hier die von der biblischen Geschichte beeinflussten Bilder des jüdisch-amerikanischen Malers Phillip Ratner.

Hauptstraße von Safed ist die **Yerushalayim Street**, die an ihrem südlichen Ende in eine Fußgängerzone übergeht. Von diesem verkehrsberuhigten Teil der Stadt führen Treppenstufen hinunter in das alte, stimmungsvolle und gut restaurierte **Jüdische Viertel**. Der ers-

Rechts: Die Kuppel der Abouhav-Synagoge in Safed.

te Teil der nun folgenden engen Gasse ist gesäumt von Andenkengeschäften und Devotionalienläden; schnell ist die **Caro-Synagoge** ③ erreicht. Ihren Namen hat sie von Rabbi Yosef Caro bekommen, der 1535 nach Zefat kam und lange Zeit religiöses Oberhaupt der Gemeinde war.

Ein kurzes Stück weiter erblickt man ein kleines halbrundes **Freilichttheater**, in dem an Sommertagen Theaterstücke und Musikveranstaltungen aufgeführt werden.

Ein nächster Stopp lohnt links an der **Abouhav-Synagoge** ④ im sephardischen (südeuropäischen) Bereich der Altstadt. Das Gebetshaus geht auf Rabbi Isaak Abouhav zurück, der im 15. Jh. hier lehrte. Das Heiligtum ist in hellen, blauen Farben gehalten, die Wände schmücken religiöse Darstellungen.

Nach wenigen Metern Fußweg führt rechts eine Treppe hoch. Auf halber Höhe ist die **Ha'Ari-Synagoge** ⑤ erreicht, die im Zentrum des ashkenasischen (osteuropäischen) Teils von Alt-Zefat liegt. Das Gotteshaus ist nach Rabbi Ari benannt und entstand einige Jahre nach seinem Tod 1572. Das Erdbeben von 1837 zerstörte die sakrale Stätte, die jedoch kurze Zeit später wieder aufgebaut wurde. Kaum jemand hat einen nachhaltigeren Einfluss in Safed hinterlassen als der Namensgeber der Synagoge, der eigentlich Isaak Luria hieß, aber Ari genannt wurde, was in hebräisch Löwe bedeutet und gleichzeitig ein Akronym für Adoneinu Rabbeinu Itzhak, unser Meister und Lehrer Isaak, war. In den wenigen Jahren, die er in Safed lehrte, schuf er eine Interpretation der Kabbala, die bis heute Gültigkeit hat. Die Ha'Ari-Synagoge ist in hellen Farben gehalten, und die Wände sind nur spärlich dekoriert.

Einen Besuch lohnt auch der alte **Friedhof** ⑥ von Safed, auf dem viele berühmte Rabbiner und Kabbalisten begraben liegen, wie Ha'Ari und Rabbi Yosef Caro, an deren Gräbern man oft betende Gläubige findet. Das **Beit**

NORDGALILÄA

HaMeiri Museum oberhalb des Friedhofes erzählt die Geschichte jüdischen Lebens in der Stadt.

Stufen führen zum **Kikar Hameginim** ⑦ (Platz der Verteidiger), dem Zentrum der Altstadt mit engen, katzenkopfgepflasterten Gassen; den Namen hat die Örtlichkeit von einem Haus erhalten, in dem während der Kämpfe von 1948 ein Kommandoposten untergebracht war, der von hier aus die nachbarschaftliche Verteidigung des jüdischen Viertels organisierte. Heutzutage kann man in dem kleinen Restaurant-Café Hakikar eine Pause einlegen.

Folgt man vom Kikar Hameginim dem Sträßchen rechts ab, ist nach wenigen Schritten das **Chabad House** ⑧ erreicht, in dem ein Studienzentrum und eine audiovisuelle Vorführung mit dem Judentum vertraut machen. Zudem kann man hier eine Kunstausstellung und ein Buchladen besuchen.

Die Yerushalayim Street geht in eine Fußgängerzone über, und hier – im einstigen arabischen Viertel der Stadt – hat sich eine Künstlerkolonie angesiedelt. Die ★**Artist's Colony** ⑨ wurde 1951 von sechs Künstlern ins Leben gerufen, die der noch immer schwer zerstörten Stadt neuen Aufschwung geben wollten. Das angenehme Klima und die attraktive Landschaft lockte bald weitere Maler, Bildhauer und Töpfer an, so dass nach etlichen Jahren an die 50 Künstler in Safed arbeiteten. Wer sich einen Überblick über die Kunstproduktion im Ort verschaffen möchte, sollte als erstes einen längeren Blick in die **General Exhibition** ⑩ werfen, wo Gemälde, Aquarelle, Seidenmalerei und Skulpturen zu bewundern sind. Die Ausstellung ist in einer ehemaligen Moschee untergebracht.

Rosh Pina

Von Zefat geht es nun wenige Kilometer ostwärts zum Städtchen **Rosh Pina** ❺, das 1878 von Juden aus Zefat besiedelt wurde. Da es ihnen jedoch an landwirtschaftlichen Fachkenntnissen und Mitteln mangelte, verließen sie bald wieder den Ort. 1882 ließen

NORDGALILÄA

sich rumänische Juden hier nieder und nannten ihre neue Heimat Rosh Pina (Eckstein). Die Namensgebung ging zurück auf Psalm 118, wo es heißt: „Der Stein, den die Bauleute verwarfen, er ist zum Eckstein geworden." Auf Anraten und mit finanzieller Unterstützung von Baron Edmond de Rothschild begannen die Bewohner – neben Anbau von Getreide und Tabak – mit einer Seidenraupenzucht; die notwendigen Maulbeerbäume hatte der Baron den Siedlern zur Verfügung gestellt. Die Produktion von edlen Tuchwaren lief auch gut an, doch mangelte es den Bewohnern an ausgeprägtem Geschäftssinn und effektiven Marketingstrategien. Sie waren nicht in der Lage, ihre Seidenstoffe erfolgreich zu vermarkten, und eine Familie nach der anderen verließ die so hoffnungsvoll gegründete Siedlung.

★**Old Rosh Pina**, der alte Teil des Örtchens (Ausschilderung Jugendherberge), ist noch so erhalten, wie er gegen Ende des 19. Jh. gegründet wurde. Die Straße ist katzenkopfgepflastert, eine Dorfkneipe markiert das Zentrum, und am Hang erstreckt sich ein terrassierter Friedhof.

Das **Hotel Schwartz**, erbaut 1890 und damals die erste und einzige Unterkunftsmöglichkeit in Nordgaliläa, vermittelt noch ein wenig von der Atmosphäre der frühen Gründerzeit. Dieser alte Teil von Rosh Pina ist heute von ca. 60 Künstlern bewohnt, deren Arbeiten in der **Galerie** an der Harishonim Street zu besichtigen und zu kaufen sind.

★Tel Hazor

8 km nördlich von Rosh Pina erstreckt sich an der nach Qiryat Shemona führenden Route 90 links der Straße das große Ausgrabungsareal von ★**Tel Hazor** ❻ (Hatsor), als einer der bedeutendsten Orte Palästinas der Bronze- und Eisenzeit UNESCO-Welterbe. Hazor bedeutet soviel wie Gehöft, und die Stadt war in der Bronze- und Eisenzeit eine bedeutende Ansiedlung.

Oben: Schönes altes Gemäuer von Old Rosh Pina.
Rechts: Das Pfeilergebäude von Tel Hazor.

NORDGALILÄA

Ihre Gründung an der geschäftigen Karawanenstraße, die von Ägypten über Palästina nach Mesopotamien führte und während der römischen Epoche den Namen Via Maris bekam, fällt in die frühe Bronzezeit, um 2500 v. Chr. Um 1800 findet sich die erste schriftliche Erwähnung in altägyptischen Texten, und von da an taucht der Name von Hazor – dessen Bewohner mit dem Zinnhandel zu Wohlstand kamen – oft und regelmäßig in den Chroniken auf. Um 1600 v. Chr. (Ende der Mittelbronzezeit), als bereits viele Bewohner am Reichtum der Stadt teilhatten, wuchs die Einwohnerzahl beträchtlich, so dass auch das untere Plateau besiedelt wurde.

Um 1200 kam es zwischen den Israeliten unter Josua und den Kanaanäern unter Jabin, dem König von Hazor, zur Schlacht am Merom, einem See nördlich der Stadt. Wie die Bibel mitteilt, waren die Israeliten erfolgreich und metzelten mit alttestamentalischer Grausamkeit die Bevölkerung dahin, plünderten und trieben das erbeutete Vieh fort. Lange Zeit blieb die Stätte unbewohnt, bis im 9. Jh. Salomo und nach ihm die Könige Omri und Ahab die Oberstadt wieder befestigten. 732 v. Chr. überrannte der assyrische Herrscher Tiglatpileser III. mit seinen Truppen Hazor und verschleppte die überlebenden Bewohner als Sklaven in sein Reich.

Bei den Ausgrabungen stieß man auf 21 unterschiedliche Siedlungsschichten. Die archäologische Stätte ist entsprechend der früheren Funktion in eine schmale Oberstadt und eine nördlich und östlich gelegene große Unterstadt aufgeteilt. In der ★**Oberstadt** sieht man noch wuchtige steinerne **Kasemattenmauern** und Ruinen der von Ahab erbauten **Zitadelle** (Areal B). Auffälligstes Bauwerk ist das etwa 30 x 20 m messende ★**Pfeilergebäude** (Areal A), das früher meist als Pferdestall, heute gewöhnlich als Vorratsspeicher gedeutet wird. Ebenfalls aus der Zeit Ahabs (9. Jh. v. Chr.) stammt das beeindruckende ★**Wasserversorgungssystem** (Areal L) mit einem gewaltigem Schacht, in den man über eine Treppe hinabsteigen kann.

» **Karte S. 146-147, Info S. 158-159**

NORDGALILÄA

In der **Unterstadt** wurde ein dreiteiliger kanaanitischer **Tempel** freigelegt. Die ausgegrabenen Funde sind im Israel-Museum in Jerusalem (s. S. 83) und im **Hazor-Museum**, auf dem Gelände des nahegelegenen **Kibbuz Ayelet Hashachar**, zu besichtigen.

★Hula Nature Reserve

Weiter auf der Route 90 in Richtung Norden, auf Qiryat Shemona zu, weist nach 9 km eine Ausschilderung nach Osten zum ★**Hula Nature Reserve** ❼, einem der letzten Feuchtbiotope des Landes. Als Anfang des 20. Jh. neu eingewanderte Juden die ausgedehnten Nassgebiete trockenlegen wollten, untersagten die Briten die Drainage, um die landwirtschaftliche Nutzfläche in jüdischem Besitz so gering wie möglich zu halten.

Nach der Unabhängigkeit gingen die Israelis in den 1950er Jahren daran, die Region trockenzulegen. Sie erkannten noch vor dem vollständigen Abschluss der Drainage-Arbeiten die Bedeutung dieses Ökosystems, denn zweimal jährlich legen hier Abertausende von Zugvögeln auf dem Weg von Europa nach Afrika und zurück eine Rast ein. Störche, Pelikane, Wildgänse, Enten, Reiher, Kormorane, Ibisse und viele weitere Vögel brüten in dem Refugium. Insekten, die hier herumschwirren, sind anderswo schon ausgestorben, auch die Flora des Reservats weist viele selten gewordenen Pflanzen auf, z. B. Papyrus. Wasserbüffel, Biber, Wildschweine und Wildkatzen durchstreifen das 323 Hektar große Schutzgebiet. Das **Visitor Centre** gibt Informationen über den Nationalpark und seine Tier- und Pflanzenwelt.

Tel Hai

Im Norden von **Qiryat Shemona** liegt **Tel Hai** ❽, (Hügel des Lebens). Hier ist der in Israel hochverehrte Josef Trumpeldor begraben, der als 32-jähri-

Oben und rechts: Vogelschwärme und ausgedehnte Papyrusdickichte sind typisch für das Hula Nature Reserve.

NORDGALILÄA

ger, begeistert von zionistischen Idealen, 1912 von Russland nach Palästina einwanderte. Da er in der zaristischen Armee gedient hatte, trat er bei Ausbruch der Ersten Weltkriegs in ein jüdisches Regiment der britischen Armee ein und kämpfte in der berüchtigten Schlacht von Gallipolli (1915/1916). Nach Kriegsende zog er in den **Kibbuz Tel Hai**. Damals räuberten Beduinen sowie arabische Banden in regelmäßigen Abständen in den kleinen, im einsamen nördlichen **Hule-Tal** gelegenen Siedlungen; Tel Hai und Metulla waren schon mehrfach überfallen worden. Trumpeldor baute eine Verteidigungsstrategie auf, die auch für einige Zeit sehr wirksam war. 1920 wurde er jedoch zusammen mit sieben anderen Kämpfern im Kibbuz ermordet. Ein **Museum** ehrt sein Andenken und macht auch mit den Ansiedlungen der Region bekannt.

Das nahe Qiryat Shemona (Stadt der Acht) ist nach Trumpeldor und seinen sieben ermordeteten Kameraden benannt.

★★Tel Dan Nature Reserve

Von Qiryat Shemona führt die Route 99 in Richtung Osten und nach 10 km Fahrt ist das ★★**Tel Dan Nature Reserve** ❾ erreicht, das in seiner landschaftlichen Schönheit einzigartig ist.

Schon in den ägyptischen Ächtungstexten des 19. Jh. v. Chr. und in der Liste der von Pharao Thutmosis III. (1490-1436) eroberten Städte wird die kanaanäische Stadt *Lais* (auch Lajis) erwähnt, die einige Jahrhunderte später von dem israelitischen Stamm der Daniter eingenommen wurde. Die Bewohner von Lajis waren ein friedliches und ruhiges Volk, das von den kriegerischen Israeliten ausgerottet wurde. Sie steckten auch die Stadt in Brand, bauten sie später jedoch wieder auf und nannten sie nach ihrem Stammvater Dan. Als Jerobeam I. (932-916) nach der Teilung des Reichs Israels zum König des Nordstaates avancierte, ließ er als Gottessymbole in den Tempeln von Bet El und Dan jeweils ein goldenes Kalb aufstellen. 732 v. Ch. kam mit den einfallenden

» Karte S. 146-147, Info S. 158-159

NORDGALILÄA

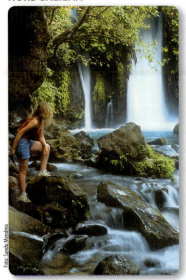

Foto: Sandu Mendrea

★Banyas (Banias) Nature Reserve

Der arabische Name des ★**Banyas (Banias) Nature Reserve** ❿ geht auf eine Verballhornung von *Paneas* zurück, so nämlich hieß die Stadt, die hier dem griechischen Gott Pan geweiht war. Pan, eine arkadische Gottheit, war der Sohn des Hermes und einer Nymphe und gilt als Beschützer der Hirten und ihrer Herden.

Der Tetrarch Philippus (4 v. Chr.-34 n. Chr.), der Sohn des Herodes, gab der Stadt den Namen *Caesarea Philippi*, und hier soll Jesus die schicksalsschweren Worte zu Simon Barjona gesprochen haben: „Ich aber sage dir: „Du bist Petrus (griech. Fels), und auf diesem Felsen werde ich meine Kirche bauen, und die Mächte der Unterwelt werden sie nicht überwältigen. Ich werde dir die Schlüssel des Himmelreiches geben; was du auf Erden binden wirst, das wird auch im Himmel gebunden sein, und was du auf Erden lösen wirst, das wird auch im Himmel gelöst sein." (Matthäus 16, 13-20). Damit war die Institution des Papsttums gegründet, und Petrus avancierte dann später in Rom zum ersten Amtsinhaber.

Die Hauptattraktion der reizvollen Landschaft ist der über 10 m hohe ★**Banyas-Wasserfall**. Von hier aus führt ein ausgeschilderter **Rundweg** unter schattigen Bäumen zur **Banyas-Quellgrotte**, einer der Ursprungsquellen des Jordan.

★Qala'at Nimrud

Von Baniyas aus führt die Strecke in die von Israel annektierten Golan-Höhen und hinauf zu der mächtigen Burganlage ★**Qala'at Nimrud** ⓫, der Nimrudsburg. Von hier oben schweift die ★**Aussicht** weit über das fruchtbare Hule-Tal. Glaubt man der Legende, so war es Nimrod – laut Bibel „ein tüchtiger Jäger vor dem Herrn" (Genesis 10, 9) und Urenkel Noahs –, der als erster hier eine Festung erbaute, die dann in den folgenden Jahrtausenden den wichti-

Assyrern unter Tiglatpilesar III. das Ende der Stadt.

Unter schattenspendenden hohen Eschen, Taboreichen, Sykomoren, Pistazien- und Lorbeerbäumen spaziert man an dem idyllischen Dan-Fluss entlang, vorbei an Bächen und Teichen und sieht mit ein wenig Glück vielleicht sogar einen Biber. Der Dan ist der wasserreichste der drei Quellflüsse des Jordan und hat ihm auch seinen Namen gegeben – denn Jordan bedeutet nicht anders als „kommt vom Dan".

Am ★**Tel Dan** wird seit 1966 gegraben. Archäologen haben bisher riesige Erdwälle um die einstige eisenzeitliche Stadt Lais freigelegt, ein mächtiges **Stadttor**, Reste eines **Tempels** und anderer Gebäude, eine Pflasterstraße und ein großes Plateau, das wohl der sakrale Ort der Stadt war.

Im nahen **Kibbuz Dan** kann man ein **Naturkundemuseum** besichtigen.

Oben: Am Wasserfall im Banyas Nature Reserve.
Rechts: Reste einer Synagoge aus dem 4. Jh. n. Chr. in Qazrin.

NORDGALILÄA

gen Karawanenweg von Damaskus zum Mittelmeer bewachte.

Gesicherter ist die Erkenntnis, dass Anfang des 12. Jh. die Hashashinen (auch Assassinen genannt) auf der Burg einen ihrer Stützpunkte hatten. Diese aus schiitischen Ismaeliten hervorgegangene Sekte war in jenen Tagen berühmt-berüchtigt und äußerst gefürchtet für ihre politisch motivierten Morde an sunnitischen Herrschern, die ihre Mitglieder meist im Zustand des Haschischrausches begingen; von den Hashashinen hat sich das englische Wort *assassination* (Attentat) abgeleitet. Als der Sultan von Damaskus gegen die mordenden Sektenmitglieder vorging, übergaben diese ihre Burg an die Kreuzfahrer, damit die Damaszener nicht in den Besitz der Festung gelangen konnten. Wenige Jahre später eroberten die Araber dennoch die Burg. Die Franken holten sie sich einige Zeit danach wieder zurück, schließlich fiel sie 1164 erneut an die Sarazenen. Zu Beginn des 13. Jh. wurde die Anlage bis auf die Grundmauern zerstört, damit die herannahenden Truppen des 5. Kreuzzugs hier keinen Schutz mehr finden konnten.

1260 ließ der ägyptische Mamelucken-Sultan Baibars Qala'at Nimrud neu errichten; mit dem Ende der Kreuzzüge verlor die Zitadelle jedoch an Bedeutung und verfiel über die Jahrhunderte. Auch diese Festung untersuchte 1909 der junge Thomas Edward Lawrence im Rahmen seiner Forschungen über Kreuzfahrerburgen.

Ein Teil der Gewölbe und Mauern ist noch unrestauriert. In dem 430 m langen und bis zu 150 m breiten **Burghof** erkennt man die Ruinen von Magazinen, Ställen, Wohnungen, Werkstätten, Küchen und einer Kapelle, die von **Kassemattenmauern** umgeben sind. Eindrucksvoll ist der mächtige ★**Donjon** an der Nordostecke, gleichsam eine eigene mehrstöckige Festung mit mehreren Sälen und einem markant auf einer Felsnase stehenden Rundturm. Mit schönen Gewölben warten im Südwesten der Festung ein mameluckischer **Turm** von 1277 und die **Zisterne** auf.

» Karte S. 146-147, Info S. 158-159

NORDGALILÄA

★Ancient Qazrin Park

Von Qala'at Nimrud führt eine spektakuläre Strecke entlang der schroffen Hügelhänge in südliche Richtung.

Qazrin ist das Verwaltungszentrum der von Israel besetzten **Golan-Höhen**. Die kleine Stadt mit 3000 Einwohnern wurde 1977 gegründet. Der Name stammt von einer nahegelegenen jüdischen Ansiedlung aus dem 2. Jh. Deren Reste haben Archäologen im ★**Ancient Qazrin Park** ⓬ ausgegraben. Ein Haus wurde wiederaufgebaut, und das Alltagsleben seiner damaligen Bewohner ist mit der rekonstruierten Einrichtung anschaulich dargestellt. Die Funde sind zusammen mit einem rekonstruierten Dolmen aus der frühen Bronzezeit im örtlichen ★**Golan Archaeological Museum** zu besichtigen. Hier werden Besucher auch mittels einer Multimedia-Show und dem Modell der Synagoge mit der Geschichte der antiken Stadt **Gamla** bekannt gemacht, die in Israel den Beinamen „Masada des Nordens" bekommen hat. In Gamla legte man Überreste von Gebäuden und einer Synagoge sowie ein Wasserleitungssystem frei.

Während des Aufstands gegen die Römer hatte sich in Gamla eine verzweifelt kämpfende Gruppe von Juden verbarrikadiert. 67 n. Chr. griffen die Römer die 20 km südöstlich von Qazrin gelegene Stadt an. Flavius Josephus berichtet, wie tragisch die Sache für die Verteidiger endete: „Allseits eingeschlossen, sahen die meisten Männer keine Möglichkeit mehr, sich zu retten, und stürzten ihre Kinder und Frauen und darauf sich selbst in die Schlucht hinab."

Im Industriepark von Qazrin befindet sich die **Golan Heights Winery**, deren Weine etliche Goldmedaillen auf internationalen Messen gewonnen haben. Auf Anmeldung (Tel. 04-6968420) kann man eine Führung durch die hochmoderne Anlage und eine Weinprobe mitmachen.

SAFED (ZEFAT)

Tourism Association, So-Do 8-16 Uhr, in d. Galilee Mall, a. d. Einfahrt zu Rosh Pina, Tel. 1-800-323223; 04-6801465.

ANREISE: Busse mehrmals täglich von Tel Aviv, Akko, Jerusalem, Haifa und Tiberias; außerdem ein *Sherut*-Service.

Bat Ya'ar, rustikales Steakhouse mit fantastischem Blick über das Hula-Tal bis zum Berg Hermon, Pferdefarm, Möglichkeit zu Ausflügen in die Gegend, nördlich von Safed im Birya Forest, Weg ausgeschildert, Tel. 04-6921788.
Hamifgash, populäres Restaurant mit großem israelischen Weinangebot (Hamifgash bedeutet „Treffpunkt"), 75 Yerushalayim Street, Tel. 04-6920510.
Gan Eden, Fisch und vegetarische Köstlichkeiten in romantischem Ambiente, Terrasse mit Blick über die Berge, am nördl. Ende von Safed, etwas außerhalb, an der Hagdud Hashlishi St., Tel. 04-6972434, 052-4349756.
Weitere Tipps unter www.restaurants.co.il.

General Exhibition, des Künstlerviertels von Safed, So-Do 9-17, Fr 9-14 Uhr. Viele Künstler und Galerien findet man unter www.artists.co.il/safed.
Israel Bible Museum, geöffnet März bis September So-Do 10-18, Sa 10-14, Oktober und November Sa-Do 10-14, Dezember So-Do 10-14 Uhr, Chativat Yiftach Road.
Museum of Printing, So-Do 10-12, 16-18 Uhr, Fr/Sa 10-12 Uhr, im Künstlerviertel von Zefat.
Beit Ha Meiri, So-Do 9-14, Fr 9-13 Uhr, Simtat Hamekubalim, im unteren Teil der Altstadt, Tel. 04-6971307.
Jedes Jahr im August findet in Safed ein **Klezmer-Festival** statt.

HULA-TAL UND UMGEBUNG

Alle Kibbuz-Unterkünfte informieren Besucher so gut wie offizielle Touristen-Büros und bieten den gleichen Service hinsichtlich Vorbuchungen oder geführten Touren.

ANREISE: Mehrmals täglich verkehren Busse von Zefat durch das Hula-Tal in Richtung Qiryat Shemona. Zum Tel Dan Nature Reserve

NORDGALILÄA

und zum Baniyas Nature Reserve sowie zu Nimrods Burg verkehren mehrmals täglich Busse von Qiryat Shemona durch die Golan-Höhen nach Qazrin.

Jeden Freitag findet man im Magazin der englischen Ausgabe von *Ha'aretz* eine große Auswahl an Restaurants und Cafés, inkl. Beschreibung und Preiskategorie.

Auberge Shulamit, elegant-rustikale Küche in nostalgischem Ambiente, weiter Blick über die Landschaft, kleines Boutique-Hotel angeschlossen, David Shuv Street, im alten Teil von Rosh Pina, Tel. 04-6931485.

Am-Burger, gute, rustikale Küche, im neuen Shopping Center in Rosh Pina, Tel. 04-6801592.

Julian, Fleischspezialitäten, nette Bar, im 2. Stock eines historischen Gebäudes, Derech Hagalil 46, an der Einfahrt nach Rosh Pina.

Black Steer, argentinisches Grillhouse, an der Rosh Pina Kreuzung, Tel. 04-6936250.

Muscat, elegante israelische Gourmet-Küche, die vor allem selbstgezogenes Obst und Gemüse verwendet, traumhafter Blick über das Hule-Tal und den See Genezareth, im Hotel Mizpe Hayamim, zwischen Rosh Pina und Safed, Tel. 04-6994523.

Rafa's, Gourmet-Küche, im Herzen der Altstadt von Rosh Pina, Tel. 04-6936192.

Cowboy's Restaurant, gute Steaks in Cowboy-Ambiente, Kibbuz Merom Golan auf den Golan-Höhen, westlich der syrischen Stadt Quneitra, Tel. 04-6960206.

Dag al Hadan, spezialisiert auf Forellen-Gerichte, an der Route 99, nahe bei Qiryat Shemona, gegenüber vom Kibbuz Hagoschrim, Tel. 04-6950225.

Ein Camonim, gutes bodenständiges Essen mit hervorragendem Ziegenkäse, frischgebackenem Brot, reicher Gemüseauswahl und heimischem Wein, den Käse kann man in einem angeschlossenem Laden kaufen, an der Route 85, 4 km westlich der Kadarim Junction, südlich von Zefat, Tel. 04-6989680.

Farmyard Restaurant, eins der besten Restaurants Israels, daher nicht gerade billig, Dubrovim Farm, Yesod Hama'ala, nahe dem Eingang zum Hula Nature Reserve, Tel. 06-6934495.

Rivka Ziv General Hospital, Safed, Harambam Road, Tel. 04-682 8811, Notruf: 12-55-161.

HULA NATURE RESERVE
Geöffnet täglich, April-Sept. 8-17, Oktober-März 8-16 Uhr, Tel. 04-6937069.

TEL HAI
Museum, geöffnet So-Do 9-16, Fr-Sa 10-13 Uhr.
Museum of Photography, geöffnet So-Do 8-16, Sa 10-17 Uhr, im Industriegebiet des Kibbutz Tel-Hai.

Bat Ha'Ikar (Bauerntochter), französisch-mediterrane Küche in einem alten Farmhouse, erschwinglich, 21 Harishonim, Metulla, Tel. 04-6997177.

TEL HAZOR
Ausgrabungsareal, geöffnet täglich 8-16 Uhr, April-September 8-17 Uhr.

QUALA'AT NIMRUD
Nimrods Burg, April bis September 8-17, Oktober bis März 8-16 Uhr.

BARAM NATIONAL PARK
Antike Synagoge, geöffnet täglich, April-September 8-17, Oktober-März 8-16 Uhr, an der Straße 899, 15 Minuten nordöstlich der Sasa-Kreuzung.

TEL DAN NATURE RESERVE
Geöffnet täglich, April-September 8-17, Oktober-März 8-16 Uhr.

BANYAS NATURE RESERVE
Quelle und **Ausgrabungsareal**, geöffnet täglich, April-September 8-17, Oktober-März 8-16 Uhr.

QAZRIN
Golan Archaeological Museum, So-Do 8-17, Fr 8-15 Uhr.
Ancient Qazrin Park, geöffnet So-Do 8-17, Fr 8-15, Sa 10-16 Uhr, Talmudic Village.

SEE GENEZARETH UND SÜDGALILÄA

SEE GENEZARETH UND SÜDGALILÄA

**KAPERNAUM / TABGHA
GINOSAR / TIBERIAS
BELVOIR / BET SHE'AN
BET ALFA / MEGIDDO
BET SHE'ARIM / NAZARETH
SEPPHORIS / KAFR KANA
BERG TABOR**

★★SEE GENEZARETH

Der ★★**See Genezareth** ist 21 km lang und an der weitesten Stelle 13 km breit. Sein hebräischer Name **Yam Kinneret** (See von Kinneret) bezieht sich auf die einst am Nordostufer gelegene kanaanäische Stadt gleichen Namens. Die Araber nennen ihn *Ein Allah* (Auge bzw. Quelle Gottes).

Der Yam Kinneret ist mit 209 m unter dem Meeresspiegel nach dem Toten Meer der am tiefsten gelegene See der Welt. In der tiefen Senke herrscht subtropisches Klima, die Winter sind mild, die Sommer mit oft über 35 °C sehr heiß. Während Pilger noch im 19. Jh. berichteten, dass die Landschaft um den See eine einzige Wüstenei sei und die umgebenden Gebirgszüge karg und unfreundlich aussähen, hat sich das Bild heute radikal geändert: Dank künstlicher Bewässerung werfen die Felder reiche Erträge ab; einige Agrarprodukte können mehrmals im Jahr geerntet werden. In der Antike war das schon einmal so. Der römische Geschichtsschreiber Flavius Josephus berichtet im 1. Jh. n. Chr. von den unterschiedlichsten Feldfrüchten, die hier üppig gedeihen.

Links: Der St. Petrus-Fisch – die Delikatesse am See Genezareth.

Kapernaum (Kafarnaum)

Am Nordende des Sees liegt der biblische Ort **Kapernaum** ❶ (**Kafarnaum**), der wie zur Zeit Jesu heute wieder **Kefar Nahum** (Dorf des Nahum) heißt. Der Ort wurde wahrscheinlich erst im 2. Jh. v. Chr. vor der Zeitenwende gegründet. In neutestamentarischer Zeit hatte er schon eine ansehnliche Größe erreicht und umrahmte das nördliche Seeufer. Ein Fischerhafen sorgte für Arbeit. Da Jesus in seiner Heimatstadt keine Anhängerschar um sich sammeln konnte, machte er sich auf nach Kapernaum. Hier soll er eine Reihe seiner Wunder vollbracht haben: Er heilte die fiebernde Schwiegermutter von Petrus, erweckte das tote Kind des Synagogenvorstehers Jaïrus wieder zum Leben, erlöste eine Blutende von ihrem Leiden, sorgte für die Gesundung eines Besessenen in der Synagoge und ließ einen Mann mit verdorrter Hand fortan wieder glücklicher durchs Leben gehen.

In der Synagoge (s. u.) von Kapernaum hielt Jesus seine bekanntesten Predigten, doch auch hier blieb ihm der große Erfolg versagt – die Bewohner von Kapernaum waren nicht zu einem gläubigen Leben zu bewegen.

Nach den beiden Aufständen gegen Rom (66-73 und 132-135) wuchs Kapernaum weiter an, und es ließen sich aus Jerusalem geflüchtete Juden hier

» Karte S. 163, Info S. 184-185

SEE GENEZARETH UND SÜDGALILÄA

nieder. Im 4. Jh. bekam der Ort eine neue Synagoge. Mit der Eroberung durch die Araber im 7. Jh. verlor er jedoch schnell an Bedeutung und sank zu einem Fischerdorf herab.

Die Ausgrabungsstätte ist von schönen Parkanlagen umgeben. Archäologen haben Häuser aus römischer Zeit ausgegraben. Die herumliegenden Säulen- und Quaderfragmente sind mit feinen Steinmetzarbeiten – z. B. Blättern, Weinreben und Palmzweigen – verziert. Reliefs zeigen Adler, Davidssterne, Trauben und Feigen.

Die ★**Kirche des Petrus** ist eine achteckige Kapelle (Oktogon) mit halbrunder Apsis. Sie erhebt sich seit byzantinischer Zeit (5. Jh.) über bescheidenen Wohnhäusern, die teilweise noch aus dem 1. Jh. v. Chr. stammen. Eines der Häuser, in dessen Putzresten der Name Jesus und Petrus des öfteren erscheint, war nach christlicher Überzeugung das Haus des Petrus. Die Kirche besitzt ein herrliches ★**Bodenmosaik** mit einem Rad schlagenden Pfau.

Bedeutendstes Zeugnis aus antiker Zeit ist jedoch die sehenswerte, um 400 erbaute ★**Synagoge** aus weißen Kalksteinquadern – der vielleicht schönste jüdische Sakralbau im heiligen Land. Ein **Narthex** (Vorhalle) führt in den dreischiffigen **Hauptraum**, der durch Säulen mit kunstvoll verzierten Kapitellen unterteilt ist. Steinmetzarbeiten zeigen Granatäpfel, Trauben und jüdische Symbole wie den siebenarmigen Leuchter und den Davidsstern.

Berg der Seligpreisung

Von Kefar Nahum geht es am Seeufer entlang in Richtung Süden und auf den Gipfel des **Bergs der Seligpreisung** ❷ (Mount of Beatitudes). Auf seiner Spitze thront eine in den 1930er Jahren von einer italienischen Missionsgesellschaft errichtete **Kirche der Seligpreisung** hoch über dem See Genezareth. Das harmonische, achteckige Gotteshaus aus örtlichem Basalt, über dem sich eine hohe Kuppel wölbt, ist von Kolonnaden aus weißem Nazarethstein und römischem Travertin gesäumt. Auf die Wände des Oktogons sind in lateinischer Sprache die berühmten Worte der Bergpredigt geschrieben, die Jesus hier gehalten haben soll.

In der **Kuppel** liest man die letzte Seligpreisung: „Selig seid ihr, wenn ihr um meinetwillen beschimpft und verfolgt und auf alle möglichen Weisen verleumdet werdet. Freut euch und jubelt; euer Lohn im Himmel wird groß sein" (Matthäus 5, 3-12). Die Kirche ist von einem zauberhaften **Garten** mit Palmen und exotischen, duftenden Pflanzen umgeben. Von hier kann man eine der schönsten ★**Aussichten** über den See Genezareth genießen, v. a. am späten Nachmittag, wenn das Wasser eine tiefblaue Färbung annimmt.

★Tabgha

Bei der Weiterfahrt am Ufer des Sees Genezareth kommt auf einem kleinen Felsvorsprung, bei dem Ort ★**Tabgha** ❸, die **Kirche der Erscheinung des Auferstandenen** in Sicht, oft auch nur kurz **Petruskirche** oder **Primatskapelle** genannt. Hier soll der auferstandene Jesus seinen Jüngern erschienen sein, die sich die ganze Nacht vergeblich abgemüht hatten, auf dem See Genezareth Fische zu fangen und riet ihnen, es noch einmal zu versuchen. Als sie Erfolg hatten, wussten sie, dass der Auferstandene ihnen erschienen war. Beim gemeinsamen Essen sagte Jesus dann dreimal zu Petrus: „Weide meine Schafe" (Johannes 21, 1-17). In jenen Tagen bedeutete eine dreimal vor Zeugen ausgesprochene Formel die formelle Übertragung eines Rechtstitels; Jesus hatte also dem Petrus die Führung über die Gläubigen angetragen.

Über die Jahrhunderte wurden an dieser Stelle nacheinander sechs Kirchen errichtet, deren Mitte der Fels **Mensa Domini** („Tisch des Herrn") bildete, auf dem Jesus und die Jünger ge-

SEE GENEZARETH UND SÜDGALILÄA

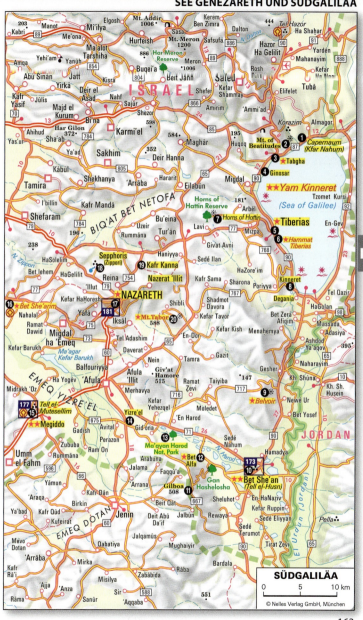

SEE GENEZARETH UND SÜDGALILÄA

tafelt haben sollen. Das heutige Gotteshaus, einen strengen, einschiffigen Bau, errichteten italienische Franziskaner in den 1933 aus dunklem Basalt.

Ein kurzes Stück entfernt liegt der Ort Tabgha, dessen Name eine Verballhornung des griechischen Wortes *Heptapegon* ist, was **Sieben Quellen** bedeutet – die heute noch existieren. Die Kreuzfahrer nannten die Stelle *Septem Fontes*, und in Hebräisch heißt der Ort *En Sheva*, was ebenfalls beides dem griechischen Namen entspricht. Hier erinnert die ★**Brotvermehrungskirche** an ein weiteres Wunder Jesu, der hier fünf Gerstenbrote und zwei Fische vermehrte und den Hunger von 5000 Menschen stillte, die gekommen waren, um ihn predigen zu hören.

Im 4. Jh. entstand die erste Kirche, die wie die Nachfolgekirche des 5. Jh. Erdbeben zum Opfer fiel.

Die heutige Brotvermehrungskirche ist wesentlich jüngeren Datums: Sie wurde nach Entwürfen der Kölner Architekten Goergen und Baumann im byzantinischen Stil erbaut und im Jahr 1981 geweiht. Ihr modernes Portal mit den entsprechenden Bibelszenen gestaltete der Kölner Bildhauer Hillebrand. Sie erhebt sich über den **Bodenmosaiken** des Vorgängerbaus (5. Jh.), die zu Recht als die schönsten im ganzen Land gepriesen werden. Besonders eindrucksvoll ist das ★**Wasservogelmosaik**, das Störche, Reiher, Gänse, Enten und Schwäne zeigt, die sich zwischen Sumpfpflanzen und Lotusblüten tummeln. Auf dem ★**Brot-und-Fische-Mosaik**, vor dem schlichten modernen **Altar**, sind ein Brotkorb (mit vier Broten) und zwei Fische abgebildet. Der Altar selbst überdacht ein Stück des legendären **Felsens**.

Deutsche Benediktinermönche und philippinische Nonnen der benachbarten Klöster betreuen Kirche, Konvente und die zugehörige Landwirtschaft. Hörenswert sind ihre Choräle zur **Morgen- und Abendmesse**.

Oben: Bodenmosaik des 5. Jh. in der Brotvermehrungskirche. Rechts: Fischen wie zu Jesu Zeiten auf dem See Genezareth.

SEE GENEZARETH UND SÜDGALILÄA

Foto: Stefano Amantini (Schapowalow)

Ginosar

Von Tabgha geht es weiter in Richtung Süden nach **Ginosar** ❹ mit dem **Kibbuz Ginosar**. Hier lohnt ein Besuch im ★**Bet Allon Museum**. Es erinnert an Yigal Allon (1918-1980), der in den 1940er Jahren in der *Haganah* kämpfte und in den 1970er Jahren im Kabinett von Golda Meir und Yitzhak Rabin Außenminister war.

Größte Attraktion im Ausstellungsgebäude ist ein rund 2000 Jahre altes ★**Fischerboot** („Jesus-Boot"), das 1986 im Schlick des Sees Genezareth gefunden wurde. Zehn Jahre wurde es in einem Chemiebad konserviert, um ein Auseinanderfallen zu verhindern. Ein interessanter Film zeigt, wie das Boot ausgegraben wurde. Weitere Ausstellungstücke im Bet Allon machen mit der Naturgeschichte und der Besiedlung der Region vertraut. Das obere Stockwerk informiert mit vielen Fotos über das Leben von Yigal Allon, dem berühmten Sohn des Kibbuz. Die arabischen Bewohner dieser Gegend wurden 1948 auf Befehl des Palmach-Kommandeurs Yigal Allon vertrieben; später wurde Allon ein wichtiger Politiker (u. a. Außenminister).

Am Steg neben dem Museum kann man sich einer ★**Bootsfahrt** über den See Genezareth anschließen, die ein schönes, beschauliches Erlebnis ist. Mehrere Unternehmen betreiben große hölzerne Schiffe, die dem „Jesus-Boot" nachempfunden sind.

★Tiberias

Herodes Antipas, Sohn von Herodes dem Großen, nannte um 18 n. Chr. seine neue Stadtgründung ★**Tiberias** ❺ und ehrte mit der Namensgebung seinen Schutzherrn, den römischen Kaiser Tiberius. Die Wahl des Standorts war jedoch keine glückliche; Antipas hatte einen Friedhof einebnen lassen und darauf die Häuser gesetzt. Juden war der Ort deshalb unrein, und als Herodes seine Residenz in das neue Tiberias verlegte, hatte er Mühe, Bewohner für seine Stadt zu finden.

» Karte S. 163, Info S. 184-185

SEE GENEZARETH UND SÜDGALILÄA

Im 2. Jh. zog es Rabbi Simion Bar Yochi zu den heißen Quellen, um Linderung von seinem Rheumaleiden zu suchen. Als es ihm nach einer Kur tatsächlich besser ging, erklärte er die Stadt für „rein", und nun durften sich auch gesetzestreue Juden ansiedeln. Auch der Hohe Rat der Juden (*Sanhedrin*) kam nach Tiberias, und bald öffnete eine Gesetzesschule ihre Pforten. In diesen Tagen wurde die *Mischna*, eine religiöse Gesetzessammlung, sowie ein Jahrhundert später die *Gemara*, ein Kommentar dazu, fertiggestellt (beide zusammen bilden den *Talmud*).

Ab dem 4. Jh. entstanden die ersten Kirchen, Tiberias avancierte zum Bischofssitz. 636 kam das arabische Heer und nahm das geistig-religiöse Zentrum der Juden kampflos ein. 749 und 1033 zerstörten schwere Erdbeben die Stadt fast vollständig; jedesmal erfolgte unverzüglich der Wiederaufbau. Während der Kreuzfahrerzeit wechselte Tiberias mehrfach zwischen Franken und Arabern. Im 16. Jh. kamen Juden aus Portugal und Spanien, 200 Jahre später jüdische Einwanderer aus Osteuropa. Ibrahim Pascha, der ägyptische Vizekönig, fand im 19. Jh. Gefallen an den heißen Quellen und baute Tiberias zum luxuriösen Badeort aus.

Ein Badeort ist die heute 40 000 Einwohner zählende Stadt noch immer, von Luxus kann jedoch keine Rede mehr sein, denn der Massentourismus hat hier Einzug gehalten. Tiberias ist ein weitgehend moderner, lebhafter und sehr beliebter Ferienort mit breitem Unterhaltungsangebot. An der schönen **Uferpromenade** laden Cafés und Restaurants zum Verweilen und Genießen des Seeblicks ein. Delikatesse der örtlichen Küche ist ein Barsch, der sog. Petrus-Fisch. An der Promenade findet man auch die Anlegestege für **Ausflugsdampfer** und einen Yachthafen. Man kann Boote mieten, Wasserskifahren oder ganz einfach schwimmen.

Am Seeufer liegt das **Franziskaner-Kloster St. Peter** mit seinem harmonischen Kreuzgang. Es wurde über einer

Oben: Wasserrutsche im Gai Beach Hotel, Tiberias.

SEE GENEZARETH UND SÜDGALILÄA

Kreuzfahrerkirche erbaut. Die Form der Apsis erinnert an ein Fischerboot.

Südlich des Klosters ist das **Städtische Museum** in einer um 1880 erbauten Moschee untergebracht. Es zeigt archäologische Objekte aus Tiberias und Umgebung.

Am Nordrand der Altstadt liegen die Überreste einer **Kreuzfahrer-Festung**, in die ein **Kunstzentrum** mit Restaurant integriert wurde.

In dem großen Betongebäude an der **Marina** macht mehrmals täglich *The Galilee Experience*, eine halbstündige audiovisuelle Show, mit der Geschichte des südlichen Galiläas bekannt. An der Habanim Street finden sich Reste der mittelalterlichen **Stadtmauer**, und hinter dem Scottish Centre in der Dona Gracia und der Gedud Barak Street sind **Verteidigungsanlagen** aus dem Mittelalter zu besichtigen.

Das **Grab von Moses Maimonides** (1135-1204) in der Ben Zakkai Street erinnert an den berühmten jüdischen Philosoph, Arzt und Jurist, der im maurischen Córdoba geboren wurde. 1148 flüchteten seine Eltern mit ihm vor einem Judenprogrom der berberischen Almohaden. Um 1160 lebte er dann in Fes (Marokko). Mit 30 Jahren kam er nach Kairo, wo er aufgrund seiner Gelehrsamkeit Oberhaupt der ägyptischen Juden wurde. Mittels der aristotelischen Philosophie versuchte Maimonides, die jüdische religiöse Überlieferung zu systematisieren. Zugleich studierte er den menschlichen Körper und seine Erkrankungen und avancierte zum Leibarzt von Sultan Saladin. Maimonides empfahl die heilende Wirkung des mineralreichen Wassers und war so angetan von den heißen Quellen, dass er in Tiberias begraben werden wollte. Sein Grab liegt an der Rehov Ha-Tanaim im Stadtteil Ha-Rambam.

Hochgelegen am Hang findet man in der Derech Hagevura die letzte **Ruhestätte von Rabbi Akiba**, dem geistigen Führer des Bar Kochba-Aufstandes (132-135) gegen die Römer. Nach seiner Ergreifung wurde er von römischen Legionären hingerichtet.

★Hammat Tiberias

An den südlichen Ortsausgang von Tiberias schließen sich die ★**heißen Quellen** von ★**Hammat Tiberias** ❻ an, wo stark mineralhaltiges Wasser mit einer Temperatur von 60° C aus dem Boden sprudelt. Durch Risse in der Erdkruste des so genannten Palästinensischen Einbruchgrabens strömt das vom Magma aufgeheizte Wasser an die Oberfläche.

Die Heilkraft des Wassers bei Rheuma war schon in der Antike bekannt. Heute stehen in Hammat Tiberias zwei **Badeanlagen** zur Verfügung: Rechts der Straße liegt das Kurzentrum **Tiberias Hot Springs** für die therapeutische Behandlung von Hautkrankheiten, links am See erhebt sich der moderne Komplex **Young Tiberias Hot Springs**, dessen Thermalbäder für jedermann zugänglich sind. Man sollte sich das ungewöhnliche Badevergnügen auf keinen Fall entgehen lassen: Ein großes Innenschwimmbecken und ein Außenpool mit Liegeterrasse und spektakulärer ★**Aussicht** sorgen für körperliches und seelisches Wohlbefinden.

Archäologen haben in Hammat Tiberias Reste einer ★**Synagoge** freigelegt, die wahrscheinlich im 5. Jh. n. Chr. durch ein Erdbeben zerstört wurde. Ein großes, dreiteiliges **Bodenmosaik** im Mittelschiff zeigt den Sonnengott Helios umgeben von den 12 Tierkreiszeichen, die Böden der beiden Seitenschiffe sind mit einfachen Mosaikmustern verziert.

Außerdem ist hier in einem Kuppelgrab **Rabbi Meir**, wegen seiner Gelehrsamkeit „Spender des Lichts" genannt, zur letzten Ruhe gebettet. Der bedeutende Schriftgelehrte war im 2. Jh. einer der Verfasser der *Mischna*, der jüdischen Religionsgesetze. Er hatte in Tiberias ein eigenes Lehrhaus und wurde deshalb hier bestattet, nachdem er in Kleinasien verstorben war.

» Karte S. 163, Info S. 184-185

SEE GENEZARETH UND SÜDGALILÄA

Hörner von Hattin

Ungefähr 10 km westlich von Tiberias, unweit der Straße nach Nazareth, ragen aus der Ebene die 181 m hohen **Hörner von Hattin** ❼ auf, die beiden gleichförmigen Gipfel eines alten Vulkankraterrands (*Qarne Hittim* = Weizenhörner), den man in 30 Minuten erklimmen kann. Eine schöne ★**Aussicht** auf den See Genezareth und Ostgaliläa lohnt die Anstrengung.

Hier entschied sich das Schicksal der Kreuzfahrer. Den Grund für die entscheidende Schlacht hatte 1186 Rainald von Châtillon geliefert. Der nämlich war mit seinen Männern in besagtem Jahr über eine reichbeladene arabische Karawane hergefallen und hatte sie ausgeplündert. Sultan Saladin war zu Recht empört, denn zwischen Christen und Sarazenen herrschte Waffenstillstand. Er forderte die Rückgabe der Waren und die sofortige Freilassung der Gefangenen, doch der arrogante Rainald lehnte ab. Auch die Intervention von König Guido zugunsten der Forderung Saladins blieb ungehört. Der Sultan stellte nun ein riesiges Heer auf die Beine, das 1187 südlich vom See Genezareth den Jordan überquerte und auf Tiberias vorstieß. Die Kreuzfahrer zogen von Westen durch die in der Sommerhitze glühenden Hügel Südgaliläas heran und schlugen am Abend des 3. Juli ihr Lager zwischen den beiden Gipfelhörnern von Hattin auf. Das gesamte Heer litt unerträglichen Durst und war durch den Eilmarsch sowie durch ständige Plänkeleien mit unterwegs angreifenden Sarazenen bereits völlig erschöpft. Saladin ließ die Franken vollständig einkesseln und griff am nächsten Morgen an. Das Kreuzritterheer versuchte einen Durchbruch zum See, doch Saladin schaffte es, die Franken vom Wasser fernzuhalten.

Der Kampf an den Hörnern von Hattin war eine Massenschlachtung ohne Beispiel: 63 000 Mann sollen die Franken in die Schlacht geführt haben, die Hälfte kam um, die andere Hälfte sorgte auf den Sklavenmärkten der Region für einen rapiden Preisverfall; nur wenige hundert Kämpfer konnten entkommen. Die gesamte christliche Führungsschicht ging Saladin ins Netz, darunter auch Rainald von Châtillon, der ja für das Gemetzel verantwortlich war. Saladin schlug ihm eigenhändig den Kopf ab, denn nie hatte der Kreuzfahrer eine Vereinbarung mit dem Sultan eingehalten. Ähnlich erging es den Rittern vom Templer- und Hospitaliter-Orden, die sich zu den fanatischsten Sturmstaffeln im heiligen Land aufgeschwungen hatten und Tod und Verwüstung brachten, wo immer sie hinkamen.

Von dieser Katastrophe sollten sich die Kreuzritter nicht mehr erholen. Sultan Saladin eroberte innerhalb der nächsten Monate alle wichtigen Stützpunkte der Franken, und am 2. Oktober 1187 zog er siegreich in Jerusalem ein.

Oben: Schon im Altertum war Tiberias berühmt für seine heißen Quellen (Reste der römischen Thermen). Rechts: Taufzeremonie in Yardenit am Jordan.

SEE GENEZARETH UND SÜDGALILÄA

Kinneret und Yardenit

Etwas weiter südlich taucht der **Friedhof** des **Kibbuz Kinneret** ❽ auf; ein Pfad führt zu einem ★**Aussichtspunkt** mit Blick auf den See und die fernen Golan-Höhen. Viele Siedler sowie einige geistige Väter der zionistischen Bewegung sind hier begraben. So auch die hochverehrte Dichterin Rachel Hameshoreret (gest. 1931). Sie lebte vor dem 1. Weltkrieg in Degania, studierte dann in Frankreich und kümmerte sich um Flüchtlingskinder in Russland, wo sie an Tuberkulose erkrankte. Zurück in Israel schrieb sie leidenschaftliche Gedichte in hebräischer Sprache über die Schönheit der Region. Viele ihrer Verse wurden vertont.

Nahe der Einfahrt zum 1911 gegründeten Kibbuz Kinneret, einem der ältesten Israels, liegt **Yardenit**, ein liebliches Plätzchen am Jordan unter Eukalyptusbäumen. Hier, an der angeblichen **Taufstelle Jesu** (s. S. 224), sieht man häufig Bibeltouristen bei Taufzeremonien. Ein **Souvenir-Shop** verkauft u.a. Flaschen, die man mit Jordan-Wasser füllen kann. Ein **Restaurant** mit Blick auf den Jordan sorgt für das leibliche Wohl.

Ein kurzes Stück weiter erreicht man den Kibbuz **Degania Alef** (*Alef* heißt der Buchstabe „A", nahebei gibt es auch ein Degania Bet, =„B"). Der erste Kibbuz Israels – 1909 von osteuropäischen Juden gegründet – wird noch heute als „Mutter der Kibbuzim" bezeichnet. Ein kleines **Museum** macht mit der Idee und der Geschichte der Kibbuzim vertraut. 636 schlugen hier die Araber die byzantinischen Truppen, und damit war der Vordere Orient für die Eroberungen der Muslime frei. Hier war es auch, wo Sultan Saladin 1187 seine Truppen über den Jordan führte, um in der Schlacht von Hattin das Ende der Kreuzfahrer-Ära einzuläuten. Ein drittes militärisches Ereignis spielte sich 1948 ab: Nach der Proklamation der Unabhängigkeit marschierten die Invasionsarmeen von fünf arabischen Staaten in Israel ein. Von Osten her rollten syrische Panzer heran, überrannten zwei Kibbuzim und konnten erst bei Degania gestoppt werden.

» **Karte S. 163, Info S. 184–185**

SEE GENEZARETH UND SÜDGALILÄA

SÜDGALILÄA

★Belvoir

Der einst mächtigsten **Kreuzfahrerburg** des Westjordanlandes gaben die Franken einen passenden Namen: ★**Belvoir** ❾ (schöne Aussicht). Und das ist ein treffender Name, denn von dem 550 m hohen Felsplateau schweift die ★**Aussicht** weit über das Land, an klaren Tagen bis hin zum See Genezareth.

Auch Juden und Araber ließen sich von der Lage bei der Namensgebung inspirieren; die einen nannten die Festung *Kochav Hayarden* (Stern des Jordan), die anderen *Kaukab al Hauwa* (Stern der Lüfte). Schon in der Antike war die Bergspitze besiedelt, und während des 1. Jüdischen Aufstands gegen die Römer (66-73) befand sich hier bereits eine erste Festung.

1138 ließen die Kreuzfahrer eine erste kleine Burg auf dem strategisch bedeutsamen Hügel errichten; *La Coquette* (die Eitle) nannten sie ihre Errungenschaft.

30 Jahre später erkannten die Ritter des Johanniter-Ordens die militärische Bedeutung des Felsplateaus, kauften den Festungskomplex und bauten ihn innerhalb weniger Jahre zu einer uneinnehmbaren strategischen Trutzburg aus.

Nach der Schlacht von Hattin (siehe Seite 160), die 1187 das Ende der Kreuzfahrer in Palästina einläutete, eroberte Sultan Saladin eine Franken-Festung nach der anderen, nur Belvoir hielt stand. 18 Monate belagerte er die mächtige Burg, ließ von seinen Mineuren einen Stollen unter dem Nordostturm graben und brachte diesen dadurch zum Einsturz – das änderte die Situation jedoch keineswegs, Belvoir blieb weiter uneinnehmbar. Erst nachdem die fränkischen Kreuzfahrer nach dem Fall ihrer anderen Stützpunkte auf keinen Nachschub mehr hoffen konnten, gaben sie auf.

Saladin garantierte den Christen frei-

Oben: Im Kibbuz Degania Bet werden Datteln angebaut. Rechts: In den Ruinen der Kreuzritterburg Belvoir.

SEE GENEZARETH UND SÜDGALILÄA

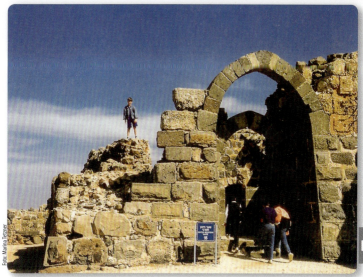

en Abzug, und so zogen die Ordensritter ins nördliche Tyros (Libanon). Der Sultan ließ die Burg wieder instandsetzen.

Doch als 20 Jahre später die Mannen des 5. Kreuzzugs nach Palästina brandeten, zerstörten die Araber 1219 vorsichtshalber die Festung. 1241 waren die Franken wieder im Besitz des Hügelplateaus, doch die Geldsummen, die für eine erneute Befestigung nötig gewesen wären, konnten nicht aufgetrieben werden.

In den 1960er Jahren fanden dann umfangreiche archäologische Arbeiten statt, und heute präsentiert sich Belvoir den Besuchern als eindrucksvolle Ruine.

Dort, wo kein Steilabfall als natürlicher Schutz die Burg sicherte, hatten die Kreuzfahrer einen bis zu 25 m breiten und 12 m tiefen **Graben** in den harten Untergrund geschlagen. Über 3 m dick waren die Mauern, die zudem von sieben Türmen gesichert wurden. Das **Haupttor** war nach den neuesten militärischen Erkenntnissen gebaut. Es besaß eine Reihe von leicht zu verteidigenden Winkelsystemen sowie eine Anzahl von Maschikulis, hoch gelegene Ausgusskanäle, von denen aus siedendes Pech oder kochendes Öl auf die Angreifer geschüttet werden konnte. Ausfallpforten und zusätzliche unterirdische Gänge, deren Ausgänge weit entfernt von der Burg lagen, waren weitere Sicherungsmaßnahmen und machen im Verbund mit einer riesigen **Zisterne** und umfangreichen **Lagergewölben** klar, warum Saladin die Kreuzfahrer hier 18 Monate lang vergeblich belagerte.

Im Zentrum des ummauerten Areals ragte der mächtige **Donjon** auf, der auch als eine Burg innerhalb der Burg diente. Dieser Bergfried war derart gesichert, dass die Ritter hier – nach Fall des äußeren Mauerrings – notfalls nochmals monatelang hätten ausharren können.

Eigene Vorratsräume und – was in dieser Lage besonders wichtig war – umfangreiche Wasserspeicher befanden sich im Untergeschoss. In den darüberliegenden Trakten lebten die Ritter.

» Karte S. 163, Info S. 184–185

SEE GENEZARETH UND SÜDGALILÄA

★★Bet She'an (Skythopolis)

Eine der wichtigsten Ausgrabungen Palästinas ist ★★**Bet She'an** ❿ bzw. der **Tell el-Husn** (Hügel der Stärke). Der Name ist treffend gewählt, mussten die Archäologen sich doch durch 28 Siedlungsschichten graben. Hier haben über die Jahrtausende Ägypter, Kanaanäer, Philister, Juden, Hellenen, Römer, Araber und Kreuzfahrer gesiedelt –, was nicht verwundert, konnte man doch von hier aus einerseits die fruchtbare Jesreel-Ebene in Richtung Nordwesten, wie auch deren Ausläufer ins Jordan-Tal beherrschen, durch das zudem noch eine Karawanenstraße verlief.

Spuren menschlicher Ansiedlungen reichen bis ins Chalkolithikum (4. Jt.) zurück. Zur Zeit des Neuen Reichs in Ägypten ließ Thutmosis III. (1490-1436) Kanaan erobern und eine erste mächtige Festung errichten. Fast alle nachfolgenden Pharaonen verewigten sich in Bet She'an mit Tempelbauten oder durch Ausgestaltungen der Burganlage.

Nachdem die Israeliten in Palästina eingezogen waren, begannen sie auch im Jordan-Tal und der fruchtbaren Jesreel-Ebene zu siedeln und teilten das Land unter den Stämmen auf. Bet She'an selbst blieb in kanaanäischer Hand, denn die Juden waren in jenen Tagen noch weit davon entfernt, die Stadtstaaten in Kanaan einzunehmen – das taten gegen 1100 dann die Philister. Am Berg Gilboa schlugen die Philister die Israeliten vernichtend; Saul und seine drei Söhne fanden in der Schlacht den Tod. Erst David konnte die Philister ein für allemal vertreiben. Bet She'an verlor seine Bedeutung.

Das änderte sich erst wieder, als die Skythen, ein gefürchtetes asiatisches Reitervolk aus Südrussland, nach Palästina eindrangen und sich anschickten, Ägypten zu bedrohen. Pharao Psammetich I. (663-609) zog den Fremdlingen entgegen und beschenkte sie derart reichlich, dass sie von ihrem Vorhaben abließen und umkehrten. Eine kleine

Oben: Die Palladius-Straße und das Theater in Bet She'an (Skythopolis).

SEE GENEZARETH UND SÜDGALILÄA

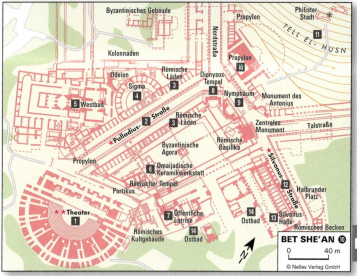

Truppe blieb aber in Palästina und siedelte in Bet She'an, das später, in hellenistisch-römischer Zeit, den Namen *Skythopolis* erhielt.

Mit der Ankunft der Römer wurde Bet She'an 63 v. Chr. als einziger Ort westlich des Jordans Mitglied – und im 1. Jh. n. Chr. zeitweise auch Hauptstadt – des Zehnstädtebundes (Dekapolis). Nach der Teilung Palästinas in drei Verwaltungseinheiten wurde Skythopolis Ende des 4. Jh. Verwaltungssitz der Provinz *Palaestina II*. In frühbyzantinischer Zeit wurde die Stadt mit einem Bischofssitz geehrt und erreichte ihre größte Pracht und Ausdehnung. Damals hatte sie bis zu 40 000 Einwohner.

Der Niedergang von Bet She'an / Skythopolis kam ab dem 6. Jh.: 541/542 wütete eine schreckliche Pestepidemie, 636 eroberten die Araber die nun *Beisan* genannte Stadt, die dann 749 auch noch ein schweres Erdbeben verwüstete. Der Ort fiel in den folgenden Jahrhunderten in einen Dornröschenschlaf, aus dem ihn nur kurzzeitig die Kreuzfahrer mit der Errichtung einer Burg holten.

Besichtigung von Bet She'an (Skythopolis)

Im Ort zeigt das ★**Städtische Museum** interessante örtliche Funde, darunter das ★**Leontis-Mosaik** mit einer Szene aus der Odyssee, das der wohlhabende, aus Alexandria stammende hellenisierte Jude Leontis im 5. Jh. in Auftrag gab.

Allererste Attraktion des unübersichtlichen Ruinenareals ist das hervorragend erhaltene ★★**Theater** 1, das größte, das die Römer in Palästina hinterlassen haben. In der Antike war es mit allen nur erdenklichen Raffinessen ausgestattet. Eine Wasserleitung führte kostbares Nass herbei, und so konnten *Naumachien* inszeniert werden. Bei diesen Wasserspielen fanden Gladiatorenkämpfe in Form einer Seeschlacht statt. Dies geschah entweder in gigantischen Becken oder durch Flutung der Theaterarena. Das Bühnenhaus wurde durch zwei runde Treppentürme flankiert. Von hier konnten Schauspieler auf die Bühne hinabgelassen oder nach oben zum

» Plan S. 173, Info S. 184–185

SEE GENEZARETH UND SÜDGALILÄA

Verschwinden gebracht werden. So hatten die 8000 Zuschauer auf den Rängen die Illusion, dass Götter auf die Erde schwebten oder wieder aufstiegen.

Zwischen dem Theater und dem Tell el-Husn, der späteren Akropolis, verläuft die sog. ★**Palladius-Straße** 2, benannt nach einem byzantinischen Statthalter, der sie um 400 auf römischen Fundamenten errichten ließ. Einige der Säulen wurden wieder aufgestellt. Diese Kolonnadenstraße war einst von zahlreichen **Läden** 3 gesäumt, die sich im Westen zu einer **Sigma** 4, einem halbrunden Platz erweitern. Hier erkennt man ein ★**Mosaik** aus dem 6. Jh. n. Chr., das die Stadtgöttin Tyche mit einem Füllhorn als Symbol des Reichtums darstellt.

Daneben breiten sich die Hallen des **Westbades** 5 aus, einer riesigen byzantinischen Thermenanlage, deren Innenhof von Säulengängen umfasst und mit ★**Bodenmosaiken** geschmückt ist.

Oben: Das Bodenmosaik in der Synagoge von Bet Alfa.

Südlich der Palladius-Straße sieht man die Straßen, Monumente und Plätze einer reichen römisch-byzantinischen und später arabischen Stadt, u. a. die Reste einer omaijadischen **Keramikwerkstatt** 6 und **Latrinen** 7.

Am Nordende der Palladius-Straße führen Stufen zu den Resten eines römischen **Dionysos-Tempels** 8, der zu Ehren des Stadtpatrons im 2. Jh. n. Chr. auf einem Unterbau (Substruktion) aus Basaltgewölben errichtet wurde.

Unmittelbar daneben finden sich die Ruinen eines **Nymphäums** 9 (Prachtbrunnen), dessen Architekturdekoration davor noch so liegt, wie sie beim Erdbeben von 749 gefallen ist.

Ein kurzer, aber steiler Aufstieg führt neben einem **Propylon** 10 (Torbau) bis zur Spitze des **Tell el-Husn** 11, auf dem sich einstmals die **Philister-Stadt** mit einem **Astarte-Tempel** befand. Von dort oben bietet sich eine fantastische ★★**Aussicht** über das antike Stadtzentrum.

Die im Fischgrätmuster gepflasterte ★**Silvanus-Straße** 12 mit ionischen

SEE GENEZARETH UND SÜDGALILÄA

Säulenkapitellen finanzierte der Kaiser Anastasios I. 515/516, nachdem Silvanus, ein Bürger von Skythopolis, seinen Einfluss bei Hof geltend machte. An die Arkaden schloss sich eine Stoa (Halle) an, die später auch **Silvanus-Halle** 13 genannt wurde.

Eine weitere Thermeanlage, das **Ostbad** 14, wird derzeit ausgegraben.

Am südlichen Stadtrand liegen die Ruinen des römischen **Amphitheaters** und einer **Kreuzfahrerfestung** sowie ein **Serail**, ein türkisches Regierungsgebäude, 1905 unter Verwendung antiker Säulen und Steine erbaut.

Berg Gilboa und Gan Hashelosha National Park

Südwestlich von Bet She'an ragt der 508 m hohe **Berg Gilboa** 11 aus der Ebene, und ein kurvenreiches Sträßchen führt steil bergauf. Dem Alten Testament zufolge kamen hier Saul und seine drei Söhne im Kampf gegen die Philister ums Leben, und die Philister hängten Sauls Leichnam als Abschreckung an die Stadtmauer von Bet She'an (1. Samuel 28-31).

Der Berg ist bekannt für seine Wildblumen (u.a. Gilboa-Iris), die im Frühjahr einen wunderschönen Blütenteppich bilden. Ein leicht zu begehender Pfad führt am Gipfel entlang und bezaubert mit den Schönheiten der Natur, denen allerdings die Umweltorganisation *Society for the Protection of Nature in Israel* (SPNI) kräftig nachgeholfen hat. Es ist natürlich verboten, hier Blumen zu pflücken! Nach wenigen Minuten Fahrt ist der **Gan Hashelosha National Park** (Garten der Drei) am Fuß des Bergs Gilboa erreicht. Das kleine Naturschutzgebiet wurde nach drei jüdischen Siedlern benannt, die an diesem Ort bei Kämpfen mit arabischen Nachbarn getötet wurden. Hier kann man selbst im Winter genüsslich baden, denn zwischen Wiesen sprudeln warme Quellen mit einer ganz angenehmen Temperatur von 28 Grad.

★Bet Alfa

Ein kurzes Stück weiter in Richtung Westen lohnt beim **Kibbuz Hefzi Bah** ein Besuch der **★Synagoge** von **Bet Alfa** 12. Das Heiligtum entstand um 625 n. Chr. und wurde schon wenige Jahre später von einem Erdbeben zerstört. Perfekt erhalten ist das prachtvolle **★Bodenmosaik**, das zu den schönsten in Israel zählt. Der erste Teil des großen Mosaiks zeigt die Opferung des Isaak, das Mittelfeld gibt ein Tierkreiszeichen wieder, und der hintere Teil zeigt die von Löwen bewachte Bundeslade mit dem Thoraschrein und zwei siebenarmigen Leuchtern.

Ma'ayan Harod National Park

Wenige Kilometer weiter westlich erstreckt sich kurz vor dem Kibbuz En Harod etwa 3 km abseits der Route 71 der kleine **Ma'ayan Harod National Park** 13. Mit seinen ausgedehnten Rasenflächen unter schattigen Eukalyptusbäumen ist das Areal ideal für ein Picknick. Die besondere Attraktion – v. a. an heißen Tagen – ist ein großes natürliches **Quellbecken**, in dem man gut baden kann.

Vor über 3000 Jahren sollen sich an dieser Stelle die Streiter des Gideon erfrischt haben, die sich alsbald über ihre Feinde, die Midianiter, hermachten: Mit nur 300 Mann umzingelte Gideon nachts das feindliche Lager; er ließ seine Recken dann kräftig in Hörner stoßen und helle Fackeln anzünden. Die schlaftrunkenen Midianiter, vom Lärm und Fackelschein orientierungslos, richteten ihre Schwerter gegeneinander und machten sich gegenseitig nieder – so die Bibel (Richter 7, 1-22).

Es war nicht die einzige Schlacht, die vor Ort geschlagen wurde. 1260 stoppte ein Mamelucken-Heer die bis dahin unbesiegbaren Mongolen. In den 1930er Jahren trainierte hier der englische Offizier Orde Wingate *Haganah*-Einheiten; unter den Männern, die von

SEE GENEZARETH UND SÜDGALILÄA

Wingate recht unorthodoxe, nichtsdestotrotz effektive strategische Lektionen bekamen, befanden sich auch Moshe Dayan und Yigal Allon, zwei große israelische Generäle, die später auch erfolgreich in der Politik waren.

Tel Jezre'el

Unweit des Kibbuz Yisre'el liegt der **Tel Jezre'el** ⓮, wo Archäologen nach den Resten der biblischen Stadt graben. Dieser Ort ist im Alten Testament erwähnt als Schauplatz der Geschichte von Ahab, dem König von Samaria, der sich den Weinberg des Nabot aus Jesreel aneignen wollte. Dieser mochte sein Anwesen aber nicht verkaufen, und so verleumdete des Königs Frau Isebel den Standhaften und sorgte dafür, dass er gesteinigt wurde. Für diese Freveltat ließ Gott den König und seine Frau grausam zu Tode kommen (1. Könige 21, 1-29, 2. Könige 9, 1-15).

1990-1996 brachten archäologische Ausgrabungen Siedlungsschichten ab dem Chalkolithikum (4. Jt. v. Chr.) zutage. Bedeutendste Funde sind ein **Sechs-Kammer-Tor** aus der frühen Eisenzeit (10./9. Jh.) und die Reste einer mittelalterlichen **Kirche**.

★★Megiddo

★★**Megiddo** ⓯ **(Tell el-Mutesellim)** – wegen seiner kulturgeschichtlichen Bedeutung 2005 von der UNESCO zum Welterbe erklärt – war einmal eine der bedeutendsten Metropolen der Region, wachte über die Handels-und Heerstraße, die von Ägypten aus durch Palästina nach Mesopotamien führte, und war wegen seiner strategisch wichtigen Lage immer wieder umkämpft.

Endzeitlich orientierte Christen glauben, dass „Har Megiddo" (der Berg von Megiddo) der Ort der biblischen Endschlacht zwischen Gut und Böse sein wird – das *Armageddon* der Offenbarung (Apokalypse) des Johannes (Offb. 16,16).

Vom 5. Jt. v. Chr. bis zum 4. Jh. n. Chr. war die Stadt bewohnt, und der Tell von Megiddo weist nicht weniger als 21 Siedlungsschichten auf, von denen die erste bis ins späte Neolithikum zurückreicht. In der frühen Bronzezeit, um 3000 v. Chr., entstand eine erste befestigte Ortschaft, von der die Archäologen einige kleine Tempel lokalisieren konnten.

Die Kanaanäer bauten die Stadt weiter aus, und die Hyksos (um 1700-1550) sicherten die Stadt mit neuen Befestigungsanlagen. 1468 eroberte der ägyptische Pharao Thutmosis III. mit seinen Truppen Megiddo und zog dann weiter in Richtung Euphrat. Während der Zeit des „Ketzerpharao" Echnaton vermerkten viele der sog. Amarna-Briefe Einfälle der Habiru, bei denen es sich wahrscheinlich um erste zaghafte Besiedlungsversuche israelitischer Stämme gehandelt haben mag. Die jüdische Landnahme begann in großem Stil ab etwa 1200, nachdem das auserwählte Volk die Kanaanäer geschlagen hatte. König David nahm um 1004 Megiddo ein. Davids Nachfolger Salomo ließ die Stadt mit starken Befestigungswällen ausstatten, was jedoch nicht viel nützte; Pharao Scheschonk I. kam auf einem seiner Raubzüge auch nach Megiddo und plünderte, was nicht niet-und nagelfest war. Die Könige Omri und Ahab übertrafen Salomo noch in ihren Anstrengungen, die Stadt uneinnehmbar zu machen. Wahrscheinlich in Ahabs Zeit wurde das grandiose Wasserversorgungssystem angelegt.

Den nun von Syrien heranstürmenden Assyrern unterwarfen sich die Israeliten und lieferten regelmäßig Tribut an den mächtigen Nachbarn ab. Als König Pekach die Zahlungen einstellte, machte der assyrische Herrscher Tiglatpileser III. Megiddo 732 dem Erdboden gleich. Danach wurde die Stadt wieder aufgebaut, um 723 ein weiteres Mal von den Assyrern zerstört zu werden. Mit dem Niedergang dieses mächtigen Reichs riss Joschija, König von Juda, die

SEE GENEZARETH UND SÜDGALILÄA

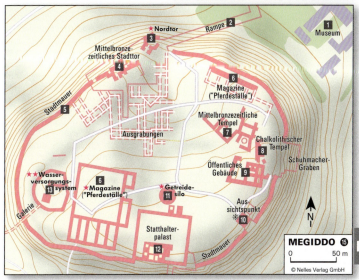

assyrischen Provinzen Samaria und Megiddo an sich und verleibte sie seinem Herrschaftsgebiet ein. 609 v. Chr. kamen die Ägypter unter Pharao Necho, um Palästina und Syrien zu erobern. Von nun an verwandelte sich die Stadt in einen ziemlich unbedeutenden Ort.

Besichtigung von Megiddo

Vor dem Eingang zum Ruinenareal zeigt das **Museum** 1 u. a. ein ★**Modell der Ausgrabungsstätte**, zudem kann man sich mit einem kurzen **Film** (auch in deutscher Sprache) über die Geschichte der Stadt und die archäologischen Ausgrabungen informieren.

Eine ca. 120 m lange **Rampe** 2 führt zum ★**Nordtor** 3, ein für die Zeit Salomos im 10. Jh. typisches Sechs-Kammer-Tor mit Vortor in einer Kasemattenmauer. Weiter westlich erkennt man Reste eines **Stadttores** 4 aus der Mittleren Bronzezeit (18. Jh.), an die sich die stellenweise noch bis zu 4 m hohe, massive **Stadtmauer** 5 anschließt.

An zwei Stellen am Rande des Siedlungshügel (arab. *Tell*; hebr. *Tel*) befinden sich die berühmten so genannten ★**Pferdeställe** 6, die früher der Ära Salomos zugerechnet wurden. Heute weiß man, dass Ahab sie errichten ließ. Die Räume sollen Schlachtrosse für die Streitwagen aufgenommen haben, von denen Ahab laut Altem Testament an die 2000 besessen hat. Die großen Gebäude werden heute als **Magazine** gedeutet.

Südlich der nordöstlichen „Pferdeställe" breiten sich drei **Tempel** 7 aus der Mittleren Bronzezeit (1950-1550), deren Grundriss Ähnlichkeiten mit dem aus der Ägäis, Griechenland und Anatolien bekannten Megaron hat. Zwei der Heiligtümer sind als Doppeltempel konzipiert.

Zu dem Komplex gehört auch ein runder, etwas erhöhter **Opferplatz** mit etwa 8 m im Durchmesser.

Wesentlich früher, in das 4. Jt., ist der **Chalkolithischer Tempel** 8 zu datieren.

Über ein großes **Öffenliches Gebäude** 9 unbekannter Funktion (9. Jh.) und

>> Plan S. 177, Info S. 184-185

SEE GENEZARETH UND SÜDGALILÄA

einen **Aussichtspunkt** 10 führt der Weg zu einem 7 m in die älteren Siedlungsschichten gegrabenen ★**Getreidesilo** 11 (s. Bild S. 25) aus dem 8. Jh. v. Chr. Zwei Treppen liefen an der gemauerten, sich nach unten verjüngenden Wand hinab.

Am äußersten Südrand der Stadt, begrenzt von einer fast quadratischen Umfassungsmauer, liegt ein als **Statthalterpalast** 12 gedeutetes Gebäudeensemble aus solomonischer Zeit, dessen Grundriss bzw. Raumanordnung phönikischen Einfluss verrät.

Höhepunkt des Rundgangs durch Megiddo ist das geniale ★★**Wasserversorgungssystem** 13. Südwestlich der Stadt, aber außerhalb ihrer Mauern, sprudelte in einer Höhle eine Quelle, zu der schon die Kanaaniter in einen Stufengang angelegt hatten. Bei Belagerungen konnte die lebenswichtige Stelle jedoch nicht erreicht werden, und so ließ Salomo die sogenannte **Galerie** errichten, einen schmalen, gut verborgenen künstlichen Tunnel, der zum Wasser hinabführte. Doch Pharao Scheschonks I. (945-924) Soldaten müssen die Anlage entdeckt haben, und von da an waren die Verteidigungsanlagen der Stadt nutzlos. Da so etwas nicht noch einmal vorkommen sollte, gruben König Ahabs Ingenieure innerhalb der Stadtmauern einen fast 50 m tiefen Schacht durch gewachsenen Fels. Vom Fuß dieser riesigen Mine meißelten sie einen horizontalen, 70 m langen Stollen bis zur Quellhöhle, deren Außeneingang dann verschlossen wurde – eine antike Ingenieurleistung allererster Güte. James A. Mitchener hat in seinem Roman „Die Quelle", das die Geschichte Israels anhand eines fiktiven Tells nacherzählt, dem Bau dieses Stollens ein eigenes Kapitel gewidmet.

★Bet She'arim

Nördlich von Megiddo, am Fuß der Ausläufer des Berg Karmel und inmitten des lieblichen **Bet She'arim National Parks**, liegt die **Katakombenanlage** von ★**Bet She'arim** 16. (UNESCO-Welterbe). Nach dem Bar Kochba-Aufstand (132-135) und dem Niedergang Jerusalems zogen viele Bewohner der gebeutelten Stadt nach Bet Shary, wie die Örtlichkeit in jenen Tagen hieß. Auch die Rabbis des jüdischen Hohen Rats (Sanhedrin) ließen sich hier nieder, und der Ort entwickelte sich zu einem religiösen Zentrum. Um 170 kompilierte Rabbi Yehuda Hanassi vor Ort die Mischna, eine Sammlung bisher nur mündlich weitergegebener religiöser Gesetze. Bet Shary entwickelte sich zur heimlichen Hauptstadt der Juden und einem Zentrum religiöser Gelehrsamkeit. Wenn einer der Schriftgelehrten verstarb, fand er seine letzte Ruhestätte in den Katakomben unterhalb der Stadt. Viele Juden aus allen Teilen des Landes wollten in Bet Shary nahe der großen Rabbis begraben werden, und die Nekropole wurde immer größer. Da jede Katakombenan-

Oben: Katakomben von Bet She'arim. Rechts: Verkündigungskirche (Nazareth).

SEE GENEZARETH UND SÜDGALILÄA

lage mit einem großen steinernen Tor gesichert war, bekam die Stadt einen neuen Namen: Bet She'arim (Haus der Tore). 352 zerstörten die Römer nach einem Aufstand die Stadt.

1936 entdeckte Alexander Zayd, ein aus Russland eingewanderter Jude, die Katakomben, und die Archäologen begannen mit Grabungen, die bis heute andauern. Am höchsten Punkt von Bet She'arim erhebt sich die **Reiterstatue** von Alexander Zayd, der 1938 bei Kämpfen mit Arabern zu Tode kam.

Kurz vor dem Eingang zum Bet She'arim National Park liegen die Ruinen einer dreischiffigen **Synagoge** aus dem 2./3. Jh. n. Chr. und eine **Ölpresse**.

Zu besichtigen ist nur die **Grabanlage Nr. 20**, mit 26 labyrinthischen Kammern die größte der bisher freigelegten Katakomben. Über 100 **Sarkophage** aus örtlichem Kalkstein tragen Inschriften in griechischer, aramäischer und hebräischer Sprache, viele sind mit einfachen jüdischen Symbolen verziert.

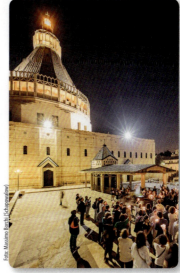
Foto: Massimo Borchi/Schapowalow

★Nazareth

Mit über 60 000 Einwohnern arabischer Herkunft – von denen rund die Hälfte dem christlichen Glauben angehört – ist ★**Nazareth** ⓱ die größte arabische Stadt Israels. Nahebei erstreckt sich auf einem Hügel **Nazerat Illit**, das seit den 1950er Jahren entstandene obere Nazareth mit 30 000 ausschließlich jüdischen Bewohnern. Besucher wandeln hier zwar auf frühchristlichen Spuren, das gesamte Straßenbild jedoch – so die lebhaften Basargassen und der alte Marktplatz – ist ausgesprochen arabisch geprägt und entspricht nicht so ganz den Erwartungen der christlichen Pilger.

Wohl schon im 3. Jt. v. Chr. besiedelt, machte der unbedeutende Ort nie von sich reden. Dem Neuen Testament (Lukas 1, 31) zufolge lebte in der Ära von Herodes dem Großen eine junge Frau namens Maria in Nazareth und war mit dem Zimmermann Josef verlobt. Der Engel Gabriel verkündete ihr, dass sie einen Sohn gebären werde, dem sie den Namen Jesus geben solle. Verwundert fragte Maria den Himmelsboten, wie das vonstatten gehen solle, da ihr ein Ehemann fehle. Gabriel verwies auf den heiligen Geist, der über sie kommen werde. In den folgenden Jahren wuchs Jesus in Nazareth auf.

Nach der Zerstörung Jerusalems 70 n. Chr. ließen sich viele Juden in Nazareth nieder. Erst im 5. Jh. entstand eine erste byzantinische Verkündigungskirche, die 614 persische Truppen zerstörten. 1099 errichteten die Kreuzfahrer auf diesen Fundamenten ein neues, prachtvoll ausgestattetes Gotteshaus. 1187 nahm Sultan Saladin die Stadt ein, zeigte für jene Tage große religiöse Toleranz und rührte die christlichen Heiligtümer nicht an. Deren Zerstörung blieb schließlich dem Mamelucken-Sultan Baibars ein gutes Jahrhundert später überlassen.

Anfang des 17. Jh. begannen wieder Christen in Nazareth zu siedeln, und 1730 gestatteten die Osmanen die Errichtung einer Kirche – gaben der

>> Karte S. 163, Stadtplan S. 181, Info S. 184–185

SEE GENEZARETH UND SÜDGALILÄA

großzügigen Erlaubnis jedoch einen mächtigen Pferdefuß mit: Die Bauzeit durfte nicht länger als ein halbes Jahr betragen! So blieb nur Zeit für ein kleines Gotteshaus über der zu einer Krypta umgestalteten Grotte.

Dieser Notbehelf fiel 1954 der Spitzhacke zum Opfer. 1969 konnte dann die heutige **★Verkündigungskirche** ① geweiht werden, deren hohe Kuppel weithin sichtbar und beherrschend über den Dächern von Nazareth steht. Die Kirche ist bei Paaren als Hochzeitskirche besonders beliebt. An der westlichen **Eingangsfassade** zeigt ein Relief die Verkündigungsszene, oben den Engel Gabriel und Maria, darunter die vier Evangelisten mit ihren Symbolen Adler, Stier, Löwe und Mensch. Die drei Portale mit Szenen aus dem neuen Testament schuf der deutsche Bildhauer Roland Friedrichsen. Von hier gelangt man zuerst in die **Unterkirche** mit der **Verkündigungsgrotte**. In dieser ehemaligen Vorratshöhle soll Maria der Engel Gabriel erschienen sein. Zwei Wendeltreppen führen in die **Oberkirche**. Darüber erhebt sich die 40 m hohe und 18 m breite **Kuppel** in Form einer Lilienblüte. Von der Oberkirche gelangt man durch die nördlichen Hauptportale auf eine Terrasse mit Blick auf alte Siedlungsreste.

Wenige Schritte weiter ist die 1914 geweihte **Josefskirche** ② erreicht, wo der Überlieferung nach Josef der Zimmermann sein Haus und seine Werkstatt hatte. Bei Grabungen entdeckten Archäologen ein mosaikgeschmücktes **Taufbecken**. Treppenstufen führen in eine lange Grotte, ehemals ein Vorratsraum, der jedoch schon früh als sakraler Ort angesehen wurde, wie der **Mosaikfußboden** und die Schriftzeichen an den Wänden vermuten lassen.

Spaziert man die Straße Casa Nova von der Verkündigungskirche abwärts, ist bald die Kreuzung mit der Paulus VI. erreicht. Nun geht die lebhafte und laute Hauptstraße des Ortes nach links ab. Nach rund 500 m ist links der moderne weiße **Marienbrunnen** ③ erreicht: An

Oben: Verkündigungsgrotte (Nazareth).

SEE GENEZARETH UND SÜDGALILÄA

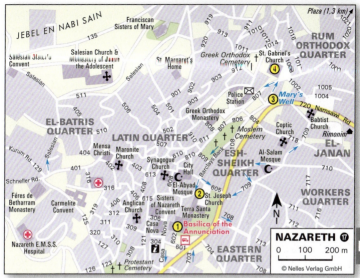

dieser Stelle versorgte sich Maria einst angeblich mit Wasser.

Die einzige wirkliche Quelle in ganz Nazareth befindet sich am Ende der Straße in der griechisch-orthodoxen **Gabrielskirche** ④. Für die Gläubigen dieser Religionsrichtung ist diese Quelle ein heiliger Ort, denn ihrer Überzeugung nach hat Maria die Verkündigung durch den Engel Gabriel nicht in ihrem Haus, sondern hier beim Wasserholen erhalten. Gegen eine kleine Spende (für die man mit einem gesegneten kleinen Kreuz bedacht wird), führt ein griechisch-orthodoxer Patriarch die Besucher an die Quelle.

Zippori (Sepphoris)

Etwa 6 km nordwestlich von Nazareth liegen auf einem 289 m hohen Hügel, umgeben von den fruchtbaren Tälern Südgaliläas, die Ruinen der Stadt **Zippori** ⑱ (**Sepphoris**). Schon Mitte des 1. Jh. v. Chr. ernannte sie der römische Statthalter der Provinz Syrien zur Hauptstadt Galiläas. Im 3. Jh. n. Chr. übersiedelte der *Sanhedrin* von Bet She'arim nach Zippori. Der Ort war damals eine reiche Handelsstadt mit 30 000 überwiegend jüdischen Bürgern. Im 4. Jh. wurde die Stadt zum Bischofssitz, und erste Kirchen entstanden. An Bedeutung verlor sie erst mit der arabischen Eroberung im 7. Jh.

Seit 1993 kommt bei den archäologischen Grabungen der ganze Reichtum und die Schönheit der antiken Stadt zum Vorschein. Gefunden wurde bis jetzt ein **Theater**, eine römische **Villa** mit einem ★**Mosaikfußboden**, der Szenen aus dem Leben des Weingottes Dionysos darstellt sowie das Antlitz einer schönen Frau. Weitere sichtbare Reste der antiken Stadt sind die säulengesäumte römische **Hauptstraße** und ein öffentliches Gebäude mit dem sog. **Nil-Mosaik**. Zu den bedeutendsten Bauten zählt eine **Synagoge** mit einem wunderschönen Bildprogramm auf dem reich geschmückten ★**Mosaikfußboden**.

Auch ein riesiges, aus dem Fels geschlagenes **Wasserreservoir** ist zu

» Stadtplan S. 181, Karte S. 163, Info S. 184-185

SEE GENEZARETH UND SÜDGALILÄA

besichtigen. Es liegt in 1,5 km Entfernung, ist etwa 250 m lang und konnte 5000 m³ Wasser fassen.

Die **Zitadelle** mit schönem Portal, das einzige Gebäude, das seit der Kreuzfahrerzeit immer wieder instandgesetzt und benutzt wurde, beherbergt heute ein kleines **Museum** mit Multimedia-Programmen, die die Geschichte der Stadt, das Wassersystem und das Nil-Mosaik erklären. Vor Ort gibt es ein ausführliches Faltblatt über Zippori, auch in deutscher Sprache.

Kafr Kana

Zehn Kilometer nördlich von Nazareth liegt inmitten von ausgedehnten Olivenhainen das arabische Dorf **Kafr Kana** ⓳ (auf das arabische *Kafr*, das soviel wie Dorf bedeutet, geht übrigens unser umgangssprachliches Wort „Kaff" zurück). In biblischer Zeit hieß der Ort

Oben: Die „Mona Lisa von Galiläa" nennt man dieses Mosaik in der römischen Villa von Sepphoris.
Rechts: Blick auf den Berg Tabor.

Kana. Hier soll Jesus sein erstes Wunder bewirkt haben, als er bei einer Hochzeit Wasser in Wein verwandelte (Johannes 2).

Gleich zwei **Kirchen** halten In dem freundlichen arabischen Ort, in dem sowohl Christen als auch Moslems wohnen, die Erinnerung an dieses Wunder wach; eine für die römisch-katholischen und eine für die griechisch-orthodoxen Gläubigen. Beide Glaubensrichtungen reklamieren, dass ihre Gotteshäuser direkt über dem Hochzeitshaus erbaut sind, in der sich dereinst das Mirakel zugetragen haben soll. Als Pflicht-Souvenir für trinkfeste Reisende auf den Spuren der Bibel gilt der im Dorf flaschenweise angebotene *Wine of Kana*.

★ Berg Tabor

Zwanzig Kilometer östlich von Nazareth ragt aus der südgaliläischen Ebene der ★ **Berg Tabor** ⓴ in den Himmel. Mit 588 m ist der „Berg der Verklärung" die höchste Erhebung der Region. Dem Alten Testament (Richter 5) zufolge sollen am Berg Tabor und in der angrenzenden Jesreel-Ebene die Israeliten in einer großen Schlacht Sisera getötet und damit der Unterdrückung durch die Kanaanäer ein Ende bereitet haben.

Während der Kreuzfahrerzeit gründeten Benediktiner-Mönche ein schwer befestigtes Kloster auf dem Berg Tabor. Trotz größter Anstrengungen schaffte es Saladin nicht, die Abtei einzunehmen.

Nach der schweren Niederlage in der Schlacht von Hattin (s. S. 168), die das Ende der Kreuzfahrer-Ära einläutete, mussten auch die Mönche den Tabor verlassen. Der Sultan von Damakus ließ einige Jahre später eine mächtige Festung auf dem Plateau errichten. Doch der Berg fiel nicht durch das Schwert, sondern durch Vertragsverhandlungen wieder an die Christen, bis 1263 Baibars mit seinen Truppen das Gipfelplateau in eine Steinwüste verwandelte. Anfang des 17. Jh. kamen die Franziskaner hier-

SEE GENEZARETH UND SÜDGALILÄA

her und errichteten ein neues Kloster.

Eine Serpentinenstraße führt zum elliptisch geformten Bergplateau. Man kann mit dem Auto oder mit einem Taxi-Shuttle zum Plateau hochfahren. Stimmungsvoller ist es allemal, zu Fuß aufzusteigen.

Durch den **Arabischen Bogen** „Tor der Winde" betritt man das Plateau, auf dem verschiedene Gebäude zu sehen sind. Griechisch-orthodoxe Mönche errichteten die 1911 geweihte **Elias-Kirche** auf den Fundamenten eines Gebäudes aus der Kreuzfahrerzeit.

1921-23 ließen die Franziskaner vom Architekten Antonio Barluzzi die gewaltige ★**Verklärungskirche** (Taborkirche) erbauen. Sie liegt in einem ummauerten Klosterhof mit schönen Gartenanlagen. Die monumentale Basilika mit zwei wuchtigen, durch einen Bogen miteinander verbundenen Türmen ist aus hellem Kalkstein. Innen ist das Mittelschiff durch weite Bögen von den Seitenschiffen getrennt. Im Apsisgewölbe zeigt ein **Mosaik** die Verklärung Christi. Jesus stieg zusammen mit Petrus, Jakobus und dessen Bruder Johannes auf den Berg Tabor. Dort wurde er verwandelt, sein Gesicht leuchtete wie die Sonne, und seine Kleider wurden weiß wie Schnee. Dann erschienen plötzlich Moses und Elija und redeten mit Jesus. Eine leuchtende Wolke warf ihren Schatten auf sie, und daraus rief die Stimme Gottes, dass dies sein geliebter Sohn sei, auf den sie hören sollten. (Matthäus 17, 1-6).

Die **Christus-Grotte** im Ostteil der Kirche, mit einem modernen Altarraum, ist von den Mauern einer Kreuzfahrerkirche eingefasst. Zwei weitere Kapellen, die **Elias-** und die **Moses-Kapelle**, befinden sich in den Türmen. Der mit Kreuzen verzierte Mosaikboden der Moses-Kapelle stammt aus der Zeit um ca. 400 n. Chr.

Vom Gipfelplateau bietet sich ein schöner ★**Rundblick**: weit über das fruchtbare Galiläa im Norden, den Jordangraben im Osten, über die Berge von Samaria im Süden, die Jesreel-Ebene und die Berge um Nazareth im Westen.

» **Karte S. 163, Info S. 184-185**

SEE GENEZARETH UND SÜDGALILÄA

SEE GENEZARETH

ANREISE: Busse verkehren in Richtung Norden und Süden des Sees Genezareth von Tiberias aus. *Sherut*-Service von Tiberias.

KAPERNAUM (KAFARNAUM)

Ausgrabungsstätte, täglich 8-17 Uhr.
Petrus-Kirche (Kirche der Erscheinung des Auferstandenen), täglich 8.30-12 und 14-17 Uhr.

BERG DER SELIGPREISUNG

Kirche, täglich 8-11.45 und 14.30-17 Uhr (Oktober-März bis 16 Uhr).

TABGHA

Brotvermehrungskirche, Mo-Fr 8-17, Sa 8-15 Uhr.

GINOSAR

Man in the Galilee Museum – Yigal Allon Centre, geöffnet tägl. 8.30-16, Fr bis 13 Uhr, Kibbuz Ginosar, am Nordufer des Sees Genezareth, Tel. 04-6721495.

TIBERIAS

Habanim Street, Tel. 04-6725666, So-Do 9-16, Fr 8.30-12.30 Uhr.

ANREISE: Linienbusse verkehren regelmäßig von und nach Tel Aviv, Jerusalem und Haifa.

Avi's Restaurant, traditionsreiches Haus mit typisch israelischer Küche, Kishon Street, gegenüber dem Jordan River Hotel, Tel. 04-6791797.
Apropo, Café und leichte Gerichte in modernem Ambiente, an der Uferpromenade.
Galei Gil, gutes Fischrestaurant mit Tischen direkt am Wasser, Blick über den See und die Golanhöhen, an der alten Uferpromenade, Tel. 04-6720699.
Pagoda und **The House**, bieten gute chinesische und thailändische Küche, das Pagoda hat zudem auch eine Sushi-Bar, beide an der Gedud Barak Street, am Lido Beach, Tel. 04-6725513.
Dex, argentinisches Grilllokal, am Lido Beach, Tel. 04-6721538.

The Galilee Experience, Vorführungen in deutscher Sprache, So-Do 8-22 Uhr, Fr 8-16 Uhr, an der Uferpromenade von Tiberias, Tel. 04-6723620.
Grabmal des Moses Maimonides, So-Do von Sonnenaufgang bis Sonnenuntergang, Fr bis 14 Uhr.

HAMMAT TIBERIAS

Heiße Quellen von Tiberias, So 8-18, Mo, Mi 8-20, Di, Do 8-22, Fr 8.30-17 Uhr. **Synagoge**, täglich, April-September 8-17, Oktober-März 8-16 Uhr, freitags wird eine Stunde früher geschlossen.

Poriya Hospital, Tel. 04-6652211, Notrufnummer: 12-55-162.
Schwartz Pharmacy, Galil Street.
Center Pharmacy, Bibass/Ecke Galil Street.

KINNERET / YARDENIT

Taufstelle, täglich 8-17 Uhr, freitags bis 16 Uhr.

BELVOIR

Burgruine (hebräisch **Kochav Hayarden**), täglich April-September 8-17, Oktober-März 8-16 Uhr, ca. 20 km südlich vom See Genezareth. Auf dem Gelände gibt es auch einen **Skulpturengarten** mit Werken von Yigal Tumarkin.

BET SHE'AN (SKYTHOPOLIS)

Ausgrabungsstätte, täglich, April-September 8-17 Uhr, Oktober-März 8 bis 16 Uhr.

GAN HASHELOSHA NATIONAL PARK

Gan Hashelosha National Park, täglich, April-September 8-17 Uhr, Oktober-März 8-16 Uhr, www.parks.org.il.

BET ALFA

Synagoge Bet Alfa, geöffnet täglich April-September 8-17, Oktober-März 8-16 Uhr, im Kibbuz Hefzi Bah.

Dag Dagan, rustikales Fischrestaurant, im Kibbutz Hefziba (Beit Alfa Synagoge), Tel. 04-6534359.

SEE GENEZARETH UND SÜDGALILÄA

MA'AYAN HAROD NATIONAL PARK

Ma'ayan Harod National Park, täglich April-September 8-17, Oktober-März 8-16 Uhr, www.parks.org.il.

MEGIDDO

Ausgrabungstätte, täglich April-September 8-17, Oktober-März 8-16 Uhr.

BET SHEARIM

Ausgrabungstätte, täglich April-September 8-17, Oktober-März 8-16 Uhr.

Noga's Casserole, mediterrane Küche auf hohem Niveau zu moderaten Preisen, Beit Shearim, Tel. 04-9830730.

NAZARETH

Goverment Tourist Information Office, in der Casa Nova Street, Tel. 04-675052, www.nazarethinfo.org.

Alrida, orientalische und internationale Küche in einem Aristokraten-Haus aus dem 16. Jh. mit typisch arabischen Stilelementen, von der Terrasse hat man eine schöne Aussicht, 21 Habsora Street (gegenüber dem Uhrturm des Franziskaner-Klosters), Tel. 04-6084404.
Omar Elkayam, einfaches Lokal mit typisch arabischer Küche, viele Vorspeisen auf kleinen Tellern, gefüllte Gemüse, gegrilltes Fleisch, schöner Blick über die Stadt, hinter der Nazareth-Kreuzung an der Straße nach Afula, Tel. 04-6576610.
Diana, gepflegtes Restaurant mit guter arabischer Küche, 51 Paul VI. Street, gegenüber von Superpharm, Tel. 04-6572919.
Shan-Day, elegantes, authentisch-thailändisches Restaurant, mit traumhaftem Blick über das arabische Nazareth mit seinen Kirchen und Klöstern, das Gebäude und die Einrichtung wurden aus Thailand importiert und hier wieder aufgebaut, 1 Oranim Street, Nazareth Illit.

English (Nazareth) Hospital, Tel. 04-6028888.
Farah Pharmacy, Paul VI. Street, neben der Egged Bus-Information.

Griechisch-orthodoxe Gabrielskirche, täglich 8-12, 13-17 Uhr, So Tel. 04-6576437.
St. Josephskirche, täglich 8-18 Uhr.
Verkündigungskirche, täglich 8-18 Uhr.
Nazareth Village, Mo-Sa 9-17 Uhr, Tel. 04-6456042, www.nazarethvillage.com.

SEPPHORIS (ZIPPORI)

Ausgrabungstätte, täglich April-September 8-17, Oktober-März 8-16 Uhr.

KAFR KANNA (KANAAN)

Hochzeitskirche der Franziskaner, 8-12, 14-17.30 Uhr, außer So nachmittags.

BERG TABOR

Verklärungsbasilika, täglich 8-12 und 14-17 Uhr.

Bordeaux, regionale Küche, die sich mit den Jahreszeiten ändert, auf dem Gelände der Winzerei, Kfar Tavor (unterhalb des Berg Tabor, an der Route 65), Tel. 04-6767673.

HAMAT GADER

Hamat Gader Recreation Park, modernes Spa mit heißen Mineralquellen, Ruinen der römischen Therme, Krokodilfarm, So 7-17, Mo-Fr 7-23, Sa 7-21 Uhr, Makhvat Restaurant Mo-Sa 12-16 Uhr, im Südosten des Sees, Tel. 04-6659999, www.hamat-gader.com.

Hamachwat (die Pfanne), gute rustikale Küche, Tel. 04-6659955.
Siam, traditionelle thailändische Gerichte, serviert in einem schönen Holzbau, Tel. 04-6659933.

EN GEV

En Gev Fish Restaurant, gutes und preiswertes Restaurant, hier werden leckere Fischgerichte, aber auch andere gute Speisen serviert, im Kibbuz En Gev an der Ostseite des Sees Genezareth, an der Route 92, etwa 10 km von der Tzemach Junction entfernt, Mobile Post En Gev 14940, Tel. 04-6658008.

NEGEV UND TOTES MEER

NEGEV UND TOTES MEER

NEGEV UND TOTES MEER

BEER SHEVA / TEL ARAD
TOTES MEER / MASADA
EN GEDI / HAI BAR
TIMNA PARK / ELAT
MAMSHIT / AVDAT / SHIVTA

NEGEV UND TOTES MEER

Be'er Sheva

Be'er Sheva ❶, mit 160 000 Einwohnern die fünftgrößte Stadt Israels, ist in ihrem ausgedehnten Neustadtbereich eine moderne Metropole mit großzügig und luftig angelegten Siedlungen und breiten Straßen, dennoch mangelt es der Negev-Kapitale an Atmosphäre, die man nur noch in der **Altstadt** findet. Dieses alte Viertel wurde von den Türken im Jahr 1900 mit Hilfe eines deutschen Architekten auf einem rechtwinkligen Straßengrundriss angelegt.

Jeden Donnerstag findet am Rande der Altstadt ein ★**Beduinenmarkt** statt, zu dem die Nomaden von nah und fern heranziehen und ihre Waren – Hühner, Schafe, Ziegen und Esel, aber auch Leder- und Kupferarbeiten sowie Silberschmuck und viel Ramsch – feilbieten. Leidenschaftliches Feilschen wird erwartet! Neben den Beduinen haben auch die Händler Be'er Shevas ihre Stände aufgestellt und verkaufen von Unterwäsche über Geschirr, Musikkassetten, Gemüse und Obst fast alles.

In der Nähe des Markts liegt der schön restaurierte **Abrahams Brunnen**,

Links: Ein Scheich aus Be'er Sheva – ein muslimischer Patriarch, der die Stammestraditionen wahrt.

der nicht etwa aus der alttestamentarischen, sondern aus der türkischen Zeit stammt. Im **Restaurant** des luftigen Brunnenhofs kann man sich nach dem Marktbesuch stärken.

Das **Städtische Museum** in der Ha' Azmaut-Straße in der Altstadt ist in einer türkischen **Moschee** untergebracht und zeigt archäologische Funde ab dem Chalkolithikum (Kupfersteinzeit; 4. Jt. v. Chr.) aus der Umgebung. Vom Minarett bietet sich eine schöne ★**Aussicht** über die Stadt und die umliegende Wüste.

Imponierend groß ist die **Ben Gurion Universität**; der Erforschung der Trockengebiete und der Möglichkeiten zur Bewässerung widmet sich das **Arid Zone Research Centre**.

Umgebung von Be'er Sheva

15 Minuten Fahrt auf der Route 233 nach Westen führen zum interessanten **Israel Air Force Museum**. Knapp einhundert Flugzeuge stehen hier, und während der Besichtigung erklären wehrpflichtige Frauen die Besonderheiten der einzelnen Maschinen. Ausgestellt ist beispielsweise eine der vier *Messerschmidts*, mit denen 1948 die israelische Luftwaffe begründet wurde und die während des Unabhängigkeitskrieges den ägyptischen Vormarsch stoppten. Desweiteren sieht man die *Kfir*, die erste israelische Eigenproduk-

›› Karte S. 190, Info S. 204-205

NEGEV UND TOTES MEER

tion eines Kampfflugzeugs, oder eine *Spitfire*, die vom späteren Verteidigungsminister Ezer Weizmann geflogen wurde.

Etwa 20 km nordöstlich von Be'er Sheva ist beim Ort **Lahav** das ★**Museum of Bedouin Culture** im Alon Regional and Folklore Centre untergebracht. Das Institut ist nach dem Piloten Joe Alon benannt, der ein starkes Interesse an der Kultur der Beduinen hatte und auf dessen Initiative dieses Museum zurückgeht. Vor allem wird die sich rapide verändernde Lebensweise der Beduinen seit dem Ende des 20. Jh. mit vielen Exponaten dokumentiert.

★Tell Arad und Arad

Von Be'er Sheva ostwärts auf der Route 31, erblickt man nach ca. 40 km nördlich der Straße den ★**Tell Arad** ❷, den Siedlungshügel einer kanaanäischen Stadt. Während der Kupfersteinzeit (4. Jt. v. Chr.) fand die erste Besiedlung der Region statt. Arad selbst muss in der frühen Bronzezeit (ca. 3150-2950 v. Chr.) gegründet worden sein. In den folgenden Jahrhunderten avancierte Tell Arad zu einem Handelszentrum an der Karawanenstraße, die von Ägypten nach Norden führte, und die Bewohner kamen zu Reichtum. So mächtig war die Stadt, dass sie die einwandernden Israeliten zu einem großen Umweg gezwungen haben soll.

Später revanchierten sich die Israeliten für dieses ungebührliche Benehmen und zerstörten – dem Alten Testament zufolge – Arad. Wahrscheinlich Salomo baute die Stadt dann wieder auf, doch der ägyptische Pharao Scheschonk I. ließ sie 926 v. Chr. wiederum zerstören. Mehrere Male wurde Arad in der Folge wieder besiedelt und vernichtet. Die Babylonier gaben der Stadt schließlich 587 v. Chr. den Rest.

Zwei größere Komplexe würden hier entdeckt: Die **Kanaaniterstadt** aus der Bronzezeit und die **Akropolis** mit

Oben: Auf dem Beduinenmarkt von Be'er Sheva.
Rechts: Badespaß im Toten Meer – hoher Salzgehalt sorgt für starken Auftrieb.

NEGEV UND TOTES MEER

Bauten aus der Eisenzeit bis römischen Zeit. Archäologen haben Mauerreste der israelitischen Festung, des Jahwe-Tempels, des Königspalastes und eines Wasserreservoirs ausgegraben.

Einige Kilometer östlich des Tells breitet sich die moderne, 1961 gegründete Stadt **Arad** ❸ aus, in der Amos Oz, der bekannteste israelische Schriftsteller, wohnt. 2005 wurde er mit dem Goethe-Preis ausgezeichnet. Die 600 m über dem Meerspiegel liegende, 25 000 Einwohner zählende Stadt ist in ganz Israel berühmt für ihre trockene, staub- und pollenfreie Luft, und viele Asthma-Kranke finden hier Linderung ihrer Beschwerden.

In der Ben Yair Street findet man das ★**Arad Museum and Visitor Centre**, in dem die Funde vom Tell Arad ausgestellt sind. Interessant ist auch der hier gezeigte **Film** über die Wüste, auf die manchmal sintflutartigen Regenfälle niederprasseln, und über ihre Flora und Fauna, die sich dieser lebensfeindlichen Umgebung im Lauf der Jahrtausende bestens angepasst hat.

★★Totes Meer

Von Arad führt die Straße auf einer Strecke von 24 km steil und kurvenreich bergab zum ★★**Toten Meer** ❹. Rund 1000 m Höhenunterschied werden auf dieser kurzen Strecke überwunden. An zwei Stellen kann der Wagen geparkt werden, und von hier ergeben sich beeindruckende ★**Aussichten** in die Schluchten und Cañons des Negev und weiter auf das Tote Meer. Bei Newe Zohar (s. u.) erreicht man das Ufer des am tiefsten gelegenen Sees der Welt – 422 m unter dem Meeresspiegel.

Das Tote Meer ist 80 km lang und bis zu 18 km breit, bedeckt eine Fläche von 1020 km^2 und ist bis zu 380 m tief. Infolge seines hohen Salzgehalts von 30 % an der Oberfläche und 33 % in der Tiefe (zum Vergleich: Nordsee 3,5 %), existiert keinerlei pflanzliches oder tierisches Leben im Wasser. Der hohe Salzgehalt entsteht durch Verdunstung in dem abflusslosen See, den der Jordan speist. Wegen des vielen Salzes kann man nicht untergehen, und Besucher fotografie-

» Karte S. 190, Info S. 204–205

NEGEV UND TOTES MEER

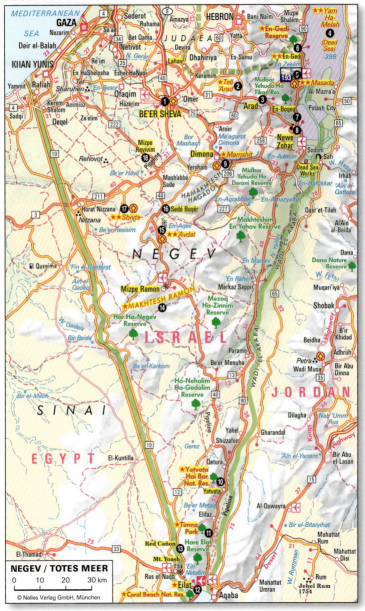

NEGEV UND TOTES MEER

ren sich gern beim „Baden-mit-Zeitung". Bei Sommertemperaturen bis zu 45 °C sucht man in dem öligen Wasser vergebens Abkühlung; im Juli und August hat das Tote Meer eine Temperatur von 30 °C, im Februar immer noch 19° C. Wild plantschen darf man nicht, da Wasserspritzer extrem in den Augen brennen. Und wer nur 50 Milliliter Totes-Meer-Wasser in die Lunge bekommt, ist in höchster Lebensgefahr – nur sofortige Sauerstoffverabreichung durch einen Rettungsschwimmer hilft dann noch!

Auf Straßenschildern in dieser Region taucht immer wieder der Name **Sodom** (oder auch **Sedom**) auf. Christen wissen, was in biblischer Zeit hier geschehen sein soll: 50 Gerechte wollte der Herr in Sodom und Gomorrha finden. Abraham gelang es, Gott auf zehn herunterzuhandeln – doch nicht einmal die fanden sich. Da war das Ende besiegelt. Schnell evakuierten zwei Engel Lot und dessen Familie, die einzigen Frommen, in die Berge und warnten sie vor dem Zurückschauen. Als die Sonne aufgegangen und Lot mit Frau und Kindern in Sicherheit war, ließ Gott auf Sodom und Gomorrha Schwefel und Feuer regnen und vernichtete die Städte und die Menschen. Als Lots Frau trotz Warnung zurückblickte, erstarrte sie zur Salzsäule (Genesis 19, 23-26).

Das Ereignis fand laut Bibel in jenen Tagen statt, in denen Abraham in den Negev zog. Geologen fanden heraus, dass die Region während der Mittleren Bronzezeit (2150-1550) von einem verheerenden Erdbeben heimgesucht wurde, reiben hier doch an der syrischafrikanischen Spalte zwei Platten aneinander. Als bei dem Erdbeben die Erde aufriss, strömten schwefelhaltige Gase und Asphalt an die Oberfläche und entzündeten sich – dies könnte für eine große Katastrophe gesorgt haben.

Am Südende des Toten Meeres erstrecken sich die **Dead Sea Works**. Hier werden aus dem mineralhaltigen Wasser in großen Verdunstungsbecken Brom, Magnesium, Salz und Pottasche gewonnen. Schwer umfängt einen die schwefelhaltige Luft.

In En Boqeq, Newe Zohar und En Gedi (s. u.) gibt es ★**Thermalbäder** mit palmenbestandenen Promenaden und Hotels, die auf die Behandlung von Schuppenflechte und anderer Hautkrankheiten spezialisiert sind und große Heilungserfolge vorzuweisen haben.

★★Masada

Von Newe Zohar geht es in nördlicher Richtung am Toten Meer entlang und vorbei an En Boqeq (s. o.) zum 20 km entfernten Bergplateau von ★★**Masada** ❺ (UNESCO-Welterbe). Der 440 m senkrecht in die Höhe ragende, mächtige Tafelberg war aufgrund seiner Schutzlage schon im Neolithikum besiedelt. Herodes ließ 36 bis 30 v. Chr. auf dem Plateau eine mächtige Festung bauen, Wasserzisternen aus den Felsen schlagen und zwei prachtvollen Paläste sowie Magazine für Getreide und Lebensmittel errichten.

66 n. Chr., als der 1. Jüdische Aufstand gegen die Römer ausbrach, überrumpelte eine Gruppe Zeloten – eine radikale politische Minderheit mit starkem jüdischen Nationalgefühl – die römische Garnison auf Masada und brachte die Festung in ihre Gewalt. Flavius Josephus berichtet, daß die Zeloten auf dem ausgedehnten Areal Ackerbau betrieben, um die Vorratshaltung zu verbessern. Archäologen bezweifelten das lange, da heute in dieser Gegend jährlich nur 40 mm Regen niedergehen. Nun aber fand man heraus, dass im 1. Jh. n. Chr. ein gemäßigteres Klima mit mehr Regen um Masada herrschte. In den letzten 2000 Jahren ist es also zu einem Klimawandel gekommen.

Nach der Eroberung Jerusalems (70) war Masada das einzige noch existierende jüdische Widerstandsnest und den Römern ein Dorn im Auge. Zu Winterbeginn des Jahres 72 marschierte Flavius Silva, der Statthalter der Provinz Judäa, mit der X. Legion an den Fuß des

NEGEV UND TOTES MEER

Tafelberges und begann mit der Belagerung. Da aufgrund der riesigen Vorratslager und der vollen Wasserzisternen ein Aushungern jahrelang gedauert hätte, musste die als uneinnehmbar gehaltene Festung notgedrungen militärisch bezwungen werden.

Bis vor wenigen Jahren gingen übereinstimmend alle Archäologen – inklusive der Leiter der Masada-Forschungen, Yigael Yadin – davon aus, dass die nicht zu übersehende, riesige Rampe von den römischen Pionieren aufgeschüttet wurde, um Truppen und einen Belagerungsturm nach oben zu bringen. So hat es Flavius Josephus berichtet, dessen Schilderungen immer wieder durch archäologische Grabungen bestätigt worden sind. Doch im August 1993 wies der Geologe Dan Gill vom Geological Survey of Israel nach, dass die schräge Ebene natürlichen Ursprungs ist und wahrscheinlich nur geringfügig aufgeschüttet wurde. In der nur wenige Monate dauernden Belagerung hätten die Römer nie die 250 000 m³ Erde bewegen können, die aus Josephus Schilderungen errechnet worden sind.

Zu Beginn des Jahres 73 hatten die Römer ein Loch in die Mauer geschlagen und die von den Zeloten dahinter errichtete hölzerne Barriere in Brand gesteckt. Als sie am nächsten Morgen aufs Plateau stürmten, herrschte Totenstille. Alle Bewohner hatten nach einer flammenden Rede des Zeloten-Führers Eleazar (die Flavius Josephus frei erfunden hat) kollektiven Selbstmord begangen, laut dem Chronisten 960 Männer, Frauen und Kinder. Mittlerweile ist es jedoch fraglich, ob dieser Massenselbstmord tatsächlich stattgefunden hat, und in Israel beginnt man mit einer Entmythologisierung des mächtigen Burgfelsens.

Bei Ausgrabungen fand man nur 24 Skelette, nirgends Gräber. Zudem wäre eine kollektive Tötung gegen den Geist des Judentums gewesen, denn die jüdische Tradition ist auf das Überleben ausgerichtet. Es gibt keinen handfesten

Oben: Vom Felsplateau Masadas erkennt man die Lager der Römer, die 73 n. Chr. die Bergfestung einnahmen.

NEGEV UND TOTES MEER

Beweis, nur den Text des Flavius Josephus – und der war nicht selbst vor Ort.

Von 1965 bis 1991 wurden die israelischen Rekruten auf dem Tafelberg vereidigt und sprachen dabei den Schwur: „Masada darf nie wieder fallen."

Besichtigung von Masada

Das **Visitor Center** mit **Café** am Fuß des durch Erosion entstandenen Tafel- bzw. Zeugenbergs stimmt auf den Besuch ein und bietet Audioführer an.

Eine **Seilbahn** 1 bringt Besucher auf das Plateau; stilvoller ist es jedoch, auf dem sog. **Schlangenpfad** 2 hochzusteigen (ca. 45 Min.). Oben angekommen findet man einige überdachte, schattige Rastplätze sowie Trinkwasser aus Wasserhähnen.

Schlangenpfad und Seilbahn enden am **Schlangenpfadtor** 3. Hier beginnt die ungefähr 1400 m lange **Kasemattenmauer** 4, die das gesamte Areal einmal komplett einschloss und ca. 8 m hoch und 6 m breit war.

Ein wichtiger Gebäudekomplex der (fast) uneinnehmbaren Festung waren die großen, parallel angeordneten **Magazine** 5, in den Herodes neben Lebensmitteln auch Roheisen, Waffen und sonstiges Kriegsgerät lagern ließ.

In Richtung Nordspitze stößt man auf die ★**Thermen** 6, das luxuriöse Badehaus des Herodes, mit den mosaikgeschmückten Räumlichkeiten des *Tepidariums* (Abkühlraum), *Frigidariums* (Kaltwasserbad) und des *Caldariums* (Heißwasserbad), die mittels der *Hypokausten* (Kanäle für das Warmluftheizsystem) beheizt wurden.

An der äußersten Nordspitze klebt der ★**Nordpalast** 7 mit den privaten Räumlichkeiten des Herodes am Fels. Von der **oberen Terrasse** hatte der Herrscher einen großartigen ★**Ausblick**. Eine Treppe führt zur 20 m tiefer gelegenen **mittleren Terrasse** mit einem runden Säulenhof, dann geht es 15 m hinunter zur **unteren Terrasse** mit einem quadratischen Hof.

Ein Stück westlich liegen, eingebunden in die Kasemattenmauer und nach Jerusalem orientiert, die Überreste der

» Plan S. 193, Info S. 204–205

NEGEV UND TOTES MEER

ältesten **Synagoge** 8 der Welt, die die Zeloten umgebaut und mit Steinbänken ausgestattet hatten.

Weiter südlich liegt eine einschiffige **Kirche** 9 aus byzantinischer Zeit (5. Jh.), auf deren ★**Mosaikfußboden** Pflanzen und Früchte dargestellt sind.

Der mit annähernd 4000 m² sehr weitläufige ★**Westpalast** 10, auf halber Strecke zwischen Nord- und Südspitze an der Mauer, diente als Residenz des Herrschers und war prächtig ausgeschmückt, um Besucher zu beeindrucken. Der Empfangsraum zeigt die ältesten ★**Mosaiken**, die bisher in Israel freigelegt wurden. Im **Thronsaal** markieren vier Pfostenlöcher die Stelle, wo unter einem Baldachin vielleicht einmal der Herrscher seinen Platz hatte.

Aus herodianischer Zeit stammt auch die sog. **Südvilla** 11, ein prächtiges Gebäude, in dem die Zeloten (jüdische Widerstandskämpfer) wohnten.

Eine **Südbastion** 12 sicherte die dem Nordpalast gegenüberliegende Spitze von Masada, da hier die Felsen nicht ganz so steil in die Höhe ragen. In der Nähe führen Stufen zu einer gigantischen ★**Zisterne** 13 herunter, von denen es eine ganze Reihe gab, und die bei den seltenen, aber dann heftigen Regenfällen durch ein intelligentes Wasserleitsystem gefüllt wurden.

Nahe der Zisterne liegt ein jüdisches **Ritualbad** 14 (*Mikwe*), eines der ältesten in Palästina, das dem Talmud zufolge aus drei Bereichen bestand: ein Sammelbecken für (reines) Regenwasser, ein Becken für die Fuß- und Handwaschung sowie das rituelle Tauchbecken.

Vom Plateau sieht man deutlich die Reste der acht **Römerlager** sowie den 3,5 km langen und 2 m breiten **Belagerungswall** rund um den Tafelberg.

★★En Gedi

15 km nördlich von Masada liegt ★★**En Gedi** 6, die größte Oase der Region, die auch **Baden im Toten Meer**

Oben: Schlammkur bei En Gedi am Toten Meer. Rechts: Der Wasserfall im En Gedi Nature Reserve mit seinem natürlichen Pool lädt zum Baden ein.

NEGEV UND TOTES MEER

bietet. Am Ufer des Toten Meers bei En Gedi gibt es einen Campingplatz mit Restaurant und eine Jugendherberge. Hier kann man baden oder sich den Körper mit dem mineralhaltigen schwarzen Schlamm bestreichen, der sehr gut für die Haut und die Gesundheit sein soll.

Zweite Attraktion En Gedis ist ein schöner ★**Naturpark**. Ein ausgeschilderter Weg führt entlang des Nahal David (Davids Strom) durch grüne Wäldchen, vorbei an kleinen plätschernden Wasserfällen und natürlichen, mit schattigen Farnen und Riesenschilf gesäumten Becken zu einem ★**Wasserfall**, der aus großer Höhe in einen Pool hinabrauscht. Ein erfrischenderes Bad findet man im weiten Umkreis nicht.

Die Oase ist ein Vogelparadies, und mit ein wenig Glück kann man hier auch Steinböcke, Füchse und Klippschliefer beobachten. Ein steiler Aufstieg führt von hier hoch zur **Dodim-Höhle** und zu **Davids Quelle**; südlich davon entspringt die **Shulamit-Quelle**, benannt nach jener erotischen Figur aus dem Hohelied, die zu Salomo singt: „Eine Hennablüte ist mein Geliebter mir, aus den Weinbergen von Ein Gedi" (Hoheslied 1,14). In früheren Zeiten wuchsen hier nämlich Hennabüsche.

Ein Weg führt zum südlich der Quelle gelegenen chalkolithischen **Tempel**. Von hier kann man zum „**Trockenen Canyon**" oder westlich zum **römischen Kastell** und zur runden **israelitischen Festung** laufen. Für alle Sehenswürdigkeiten des Naturparks benötigt man mindestens 5 Stunden Wanderzeit.

Der **Kibbuz En Gedi**, der in einem **botanischen Garten** liegt, bietet Übernachtungsmöglichkeiten an. Nördlich des Kibbuz liegt die Ruine einer **Synagoge** mit einem Bodenmosaik, das Vogelpaare und den Davidsstern zeigt.

En Boqeq

Einer der bedeutendsten Kurorte am Toten Meer ist **En Boqeq** ❼, 15 km südlich von Masada. Das warme, mine-

Foto: Radu Mendrea

ralhaltige Wasser wird bereits seit der Antike für therapeutische Zwecke, vornehmlich bei Hautkrankheiten, genützt.

Nördlich von En Boqeq liegt **Mezad Boqeq**, die eisenzeitlichen Ruinen einer von den Königen Judas gegen die Moabiter errichteten Festung.

Newe Zohar

Bei **Newe Zohar** ❽, dem südlichsten Kur- und Thermalbadeort am Toten Meer mit **Schwefelquellen**, sieht man weiße „Dämme" im Wasser. Die **Dead Sea Works** (s. S. 191) baggern hier den Grund aus, weil dieser durch die mit der Verdunstung verbundenen Salzablagerungen jedes Jahr um 20 cm steigt und der höhere Wasserspiegel die Hotels gefährden würde. Insofern sieht man keine Salzformationen mehr, aber die Atmosphäre ist surreal: Es ist totenstill, man hört kein Geräusch, kein Vogel flattert durch die Lüfte.

Bei einer Wanderung in der großartigen ★**Schlucht des Zohar-Flusses** stößt man etwa 3 km westlich von

NEGEV UND TOTES MEER

Newe Zohar auf die Burg **Mezad Zohar**, die erst die Nabatäer und später die Byzantiner befestigten.

★Mamshit (Mampsis)

6 km von **Dimona** liegt das antike **Mampsis**, heute als ★**Mamshit** ❾ (hebräisch) oder **Kurnub** (arabisch) bekannt (UNESCO-Welterbe). Die Handelsstadt, ideal am Verkehrsweg zwischen Petra (s. S. 230) und Gaza gelegen, ging wohl ab dem 1. Jh. v. Chr. aus einer Karawanserei hervor, um die sich in spätnabatäischer Zeit zahlreiche Wohnhäuser gruppierten. Mampsis blieb später für die Römer und nach der Christianisierung auch für die Byzantiner als Verwaltungs- und Kulturzentrum von Bedeutung. Die Araber zerstörten die Stadt um 634 bei der Eroberung des Negev.

Hinter dem **Nordtor** trifft man auf den großzügigen **Palast** mit Empfangssaal und Peristyl (säulengeschmückter Innenhof), neben dem sich das **Verwaltungszentrum** mit Turm befindet.

Schönster Sakralbau der Stadt ist die wohl Anfang des 5. Jh. errichtete ★**Neilus-Kirche** (Westkirche), benannt nach ihrem Stifter. Bemerkenswert sind hier v. a. die marmornen Chorschranken und der Mosaikboden davor mit zwei Pfauen, in der frühchristlichen Ikonografie das Symbol der Unsterblichkeit. Einen ähnlichen Grundriss wie die Neilus-Kirche – dreischiffige Basilika mit Apsis und vorgelagertem, säulenumgebenen Atrium – weist auch die **Kirche der Heiligen und Märtyrer** (Martyrion, Ostkirche) auf, die wahrscheinlich als Bischofskirche diente. Daneben erkennt man im **Baptisterium** ein marmorverkleidetes **Taufbecken** in Form eines griechischen Kreuzes.

Biblical Wildlife Reserve des ★Yotvata hai Bar-Reservats

Von En Gedi geht es wieder vorbei an Masada und Newe Zohar nach Süden

Oben: Eine Oryx-Antilope im Biblical Wildlife Reserve des Yotvata Hai Bar-Reservats. Rechts: Das Tal von Timna in der Negev-Wüste.

NEGEV UND TOTES MEER

und entlang der Route 90 parallel zur nahen jordanischen Grenze. Die einsame, lange Fahrt ist für Wüsten-Fans erhebend: In der flirrenden Hitze verschwimmen Farben und Formen. Rote Felszacken wechseln ab mit gelben oder lila Hügelketten. Beduinen ziehen mit Kamelen oder Schafen durch die Landschaft.

Beim **Kibbuz Yotvata**, 60 km nördlich von Eilat, züchten Biologen im **Biblical Wildlife Reserve** des ★**Yotvata hai Bar Nature Reserve** ❿ (*Hai Bar* bedeutet Wildtier) alle jene Tiere, die in der Bibel Erwähnung finden, aber mittlerweile und großteils vom Aussterben bedroht sind: Oryx-Antilopen, Syrische Steinböcke (*Capra ibex nubiana*), Wüstenfüchse (Fenneks), Wüstenluchse, Hyänen, die wohl letzte Wüstenleopardin sowie Somali-Wildesel und Asiatische Wildesel.

Viele der im Reservat gezüchteten und gehegten Tiere werden später in die freie Wildbahn entlassen.

Nahe beim Naturpark stellen der üppige **Palmenwald** und die **Quelle** des **Kibbuz Yotvata** einen besonderen Akzent in der eintönigen sandfarbenen Wüste dar. Eine Pipeline leitet das kostbare Nass bis nach Eilat.

★Timna Park

Bis zur nächsten Attraktion im Negev ist es nicht weit. Der 60 km² große ★**Timna Park** ⓫ ist zur Hälfte von einem schroffen, 800 m hohen Bergkranz umgeben. In vielerlei Farben erstrahlen die gewaltigen Brocken im Sonnenlicht; der untere Teil des Gebirges besteht aus Sandstein und schimmert in purpurroten Tönen, darüber ist Meeresablagerungsgestein aus Kreide und Kalkmergel geschichtet, welches das gleißend helle Licht zurückwirft.

Ein modernes **Visitor Center** am Eingang zum Park stimmt mit einer **Multimedia-Präsentation** (Mines of Time) auf den Besuch ein.

In Timna entdeckten Archäologen das älteste Bergwerk der Welt. Im Chalkolithikum (Kupfersteinzeit), vor 6000 Jahren, begannen hier die Menschen,

» **Karte S. 190, Info S. 204–205**

NEGEV UND TOTES MEER

Kupfererz abzubauen und lernten, daraus Metall zu gewinnen. Über 1000 Schächte durchziehen die Region, und überall findet man Reste von **Schmelzöfen**, in denen mittels einer einfachen, doch effektiven Technik das Kupfer aus dem Erz gelöst wurde. In die steinernen, innen mit Lehm ausgekleideten Öfen kamen Holzkohle, Kupfererz und Eisen- oder Manganoxyd. Der Zweck der Oxyde bestand darin, die Nebenbestandteile des Erzes – z. B. Schwefel – zu binden und die Viskosität des Schmelzflusses zu verringern. Mit zwei fußbetriebenen Blasebälgen wurde Sauerstoff in den Ofen geleitet, in dem eine Hitze von bis zu 1350 °C erzeugt werden konnte. Nach 5-7 Stunden war das Kupfer, dessen Schmelzpunkt bei 1084 °C liegt, verflüssigt und hatte sich von seinen Nebenprodukten gelöst. Das schwere Metall sank auf den Boden des Schmelzofen, obenauf schwamm

die leichte Schlacke. Nun musste man nur noch eine Öffnung am Ofen anbringen, damit die Schlacke abfließen konnte. Zurück blieb ein reiner Kupferlaib.

Während des Neuen Reichs in Ägypten, vom 14.-12. Jahrhundert v. Chr., ließen die Pharaonen die Kupferbergwerke in Timna ausbeuten, zumeist von den in der Region wenig beliebten Midianitern, die zwischen Ägypten und Palästina als Händler und Hirten lebten, sich aber auch auf Überfälle und Plünderungen verstanden. Bei vielen Schmelzöfen fanden die Archäologen kleine midianitische **Tempel** mit Altar, Opferbank, Weihebecken und Priesterzelle. Königskartuschen mit den Namen der ägyptischen Herrscher sind noch heute entlang der Route durch den Sinai und den Negev zu entdecken, und in Timna findet man eine Reihe von ★**Felszeichnungen** aus der ägyptisch-midianitischen Epoche. Man erkennt deutlich einen Steinbock und einen Strauß, die vorherrschenden Tiere der Region; weiterhin von Stieren gezogene Fuhrwerke, die von ägyptischen Solda-

Oben: Die „Säulen König Salomos" im Timna-Park.
Rechts: Badehotels am Nordstrand von Eilat, am Golf von Aqaba.

NEGEV UND TOTES MEER

ten mit Äxten und Schilden geschützt werden, sowie auch eine Gruppe von Jägern, bewaffnet mit Dolch, Pfeil und Bogen.

Im Zentrum des Timna-Parks ragen mächtige, über 60 m hohe purpurschimmernde Felsformationen auf: die sog. ★**Säulen König Salomons**. Über Jahrmillionen haben Auswaschungen im Sandstein diese bizarren Formen hervorgebracht. Eine von den alten Ägyptern in den Fels geschlagene Treppe führt hoch zu einem **Relief**: Ramses III. (1184-1153 v. Chr.) bringt der Göttin Hathor ein Opfer dar; Hathor war nicht nur die Schutzpatronin der Tänzer, Musiker und der Liebenden, sondern auch die der Bergleute. Am Fuß von Salomons Säulen errichteten die Ägypter ein zentrales **Heiligtum**, das ebenfalls der Hathor geweiht war.

Hat man alle Schächte, Schmelzöfen und Felszeichnungen in Augenschein genommen, lohnt eine Rast am kleinen, blauen **Timna-See**, wo schattige Plätze zum Picknick einladen. Baden darf man in dem künstlichen See nicht.

★Eilat

★**Eilat** ⓬ liegt an der Südspitze Israels, am **Golf von Aqaba**. Im Westen schließt sich die ägyptische Sinai-Halbinsel an, und im Osten sieht man bei klarem Wetter abends die Lichter des nahen jordanischen Aqaba. Nur ungefähr 10 km ist Israel hier noch breit. Eilat ist eine moderne Touristenhochburg mit luxuriösen Hotelanlagen, Einkaufszentren und einem Yachthafen. Das Nachtleben ist rege, auch viele junge Leute und Rucksackreisende machen hier Urlaub. Die langen, feinen ★**Sandstrände** im Zentrum laden dazu ein, auszuspannen oder im angenehm warmen Roten Meer zu schwimmen.

Eine der Attraktionen Eilats ist das ★★**Unterwasser-Observatorium**, das in ein Korallenriff hineingebaut wurde. In einer Tiefe von 6 m kann der Besucher durch große Scheiben die papageienbunten Fische des Riffs beobachten. Wer die schweigsame Welt unter Wasser genauer erkunden möchte, sollte mit dem **Yellow Submarine** auf einer 45-Minuten-Tour durch die Korallenriffe kreuzen. Darüber hinaus gibt es viele **Tauchschulen** im Ort, und von der kleinen **Marina** aus operieren **Glasbodenboote**.

Am ★**Coral Beach Nature Reserve**, außerhalb des Zentrums in Richtung der ägyptischen Grenze, kann man sich Flossen, Schnorchel und Maske ausleihen, entlang des Riffs schnorcheln und die vielen bunten Fische hautnah bestaunen. Ohne Badesandalen sollte man hier allerdings nicht ins Wasser gehen: Der Boden ist mit abgestorbenen scharfkantigen Korallen bedeckt, und es besteht die Gefahr, dass man auf einen Steinfisch treten könnte (dessen Stachel ein tödliches Gift injiziert).

Die größte Attraktion von Eilat ist das ★★**Dolphin Reef** nahebei; hier trennt ein Netz eine Bucht ab und verhindert, dass Delfine und Seelöwen davon schwimmen. Man kann mit Schnorchel (wer eine Tauchlizenz besitzt auch mit Flaschen) mit den Delfinen schwimmen, sie anfassen, sich vielleicht von ihnen durchs Wasser ziehen lassen – ein Erlebnis (Reservierung nötig).

Wer in die beiden Nachbarländer Israels reisen möchte, hat heute keine großen Schwierigkeiten. Von Eilat kann man problemlos in beide Länder einreisen, und die großen Reiseveranstalter bieten bereits **Drei-Länder-Touren** an. In Jordanien wird besonders gern die einstige nabatäische Hauptstadt **Petra** (s. S. 230) besucht. In Ägypten zählen zu den Hauptattraktionen das ★★**Katharinenkloster** – dieser biblische Ort des brennenden Dornbuschs thront in einzigartiger Lage in 1570 m Höhe – und der 3 Stunden Fußmarsch entfernte **Jebel Musa** (Mosesberg; besonders populär zum Sonnenaufgang) sowie die **Sinai-Halbinsel** mit ihren Badehotels und einzigartiger Unterwasserwelt – besonders faszinierend im Meeresnationalpark ★★**Ra's Muhammad**.

Rechts: Im faszinierenden Unterwasser-Observatorium von Eilat.

Umgebung Eilats

Nordwestlich von Eilat an der Route 12 kann man mit dem Auto auf einer steilen Piste fast bis auf den Gipfel des 734 m hohen **Mount Yoash** (Har Yo'ash) fahren; von dort oben hat man eine tolle ★**Aussicht**: Nach Osten und Süden schweift der Blick über Eilat bis zur jordanischen Hafenstadt Aqaba, auf die schroffen Berge von Edom und über die saudi-arabische Küste des Roten Meeres. Im Westen breitet sich das ägyptische Moon Valley aus, eingerahmt rotglänzenden Bergen.

Red Cañon

Die abwechslungsreiche Wanderung im **Red Cañon** ⓭ (**Gai Shani**), unweit der Route 40, sollte man nicht auslassen. Von der Straße geht es für kurze Zeit zu Fuß entlang eines ausgetrockneten Flussbetts (*Wadi*), das geradewegs in den engen Felseinschnitt führt. Deutlich ist zu erkennen, wie über die Jahrmillionen das Wasser die an manchen Stellen nur 1,5 m breite Schlucht aus dem roten Sandstein gewaschen hat. An Geländern und an in den Fels gehauenen Haltegriffen geht es immer tiefer hinab, bis sich die Klamm wieder in ein breites Wadi öffnet. Hier kann man auf einem schmalen Pfad und über Leitern hochsteigen und oberhalb des Cañons wieder zurückspazieren.

★Makhtesh Ramon und Mitzpe Ramon

Auf dem Weg von Eilat nach Norden, mitten durch den Negev entlang der Route 40, warten weitere landschaftliche Höhepunkte. Nach rund 100 km Fahrt von Eilat steigt die Straße – hier Ma'ale Ha'atzmaut (Pass der Unabhängigkeit) genannt – plötzlich steil und in Haarnadelkurven hoch. Oben angekommen, bietet sich ein großartiger Ausblick über den gigantischen „Krater" ★**Makhtesh Ramon** ⓮, der 40 km lang,

NEGEV UND TOTES MEER

10 km breit und von 430 m hohen lotrecht aufragenden Felsen eingefasst ist. Die Senke ist jedoch nicht vulkanischen Ursprungs, sondern entstand vor 70 Mio. Jahren, als die Region, von gewaltigen Höhlensystemen durchzogen, einbrach. Paläontologen fanden Fossilien von Tieren, die vor 200 Mio. Jahren hier lebten, sowie Spuren von Sauriern.

An der nordwestlichen Abbruchkante des Talkessels liegt das Bergarbeiter- und Künstlerstädtchen **Mitzpe Ramon**. Es macht seinem Namen alle Ehre – *Mitzpe* bedeutet Aussichtspunkt. Ein **Visitor Centre** in Form eines riesigen ammonitischen Fossils macht mit der Erdgeschichte der Region vertraut.

Hier kann man auch Jeeptouren oder Kamelritte durch den Krater buchen. Auch *Rappelling*, das Abseilen an der Kraterwand, wird angeboten. Ein Selbstbedienungsrestaurant bietet neben Erfrischung auch einen traumhaften ★**Aussicht** über den Krater. Am schönsten ist die Sicht kurz vor Sonnenuntergang. Dann kommen auch die Steinböcke zum Kraterrand.

★★Avdat (Oboda)

Das wohlhabende Kaufmannsvolk der Nabatäer ließ nördlich von Mitzpe Ramon im 3. Jh. v. Chr. inmitten der Wüste eine blühende Stadt errichten. ★★**Avdat** ⓯ (arab. **Abdah**), das antike **Oboda**, heute UNESCO-Welterbe, war eine wichtige Karawanenstation an der Handelsstraße, die von der nabatäischen Hauptstadt Petra (s. S. 230) nach Gaza ans Mittelmeer führte. Im ariden Negev erzielten die Nabatäer mit ihren ausgedehnten Zisternensystemen und den ausgeklügelten Bewässerungstechniken hervorragende Anbauerfolge. Die Römer unterhielten hier im 3. Jh. ein Militärlager und bauten einen Jupiter-Tempel, in byzantinischer Zeit wurden die Bewohner christianisiert. Doch nach dem Einfall der Sasaniden und der Araber Anfang des 7. Jh. verfiel die Stadt.

Israelische Botaniker und Archäologen rekonstruierten einen nabatäischen Hof, setzten die Irrigationsanlagen instand und bauten mit großem

NEGEV UND TOTES MEER

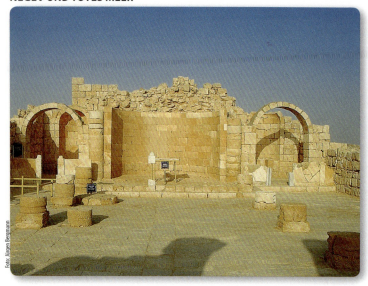

Erfolg Nutzpflanzen an, die schon die Nabatäer hier gezogen hatten. Die großartige Ausgrabungsstätte bietet eine Fülle von Sehenswürdigkeiten: Nahe des oberen Parkplatzes liegt ein **römisches Wohnviertel** mit einer nabatäischen Weinpresse sowie eine nabatäische Töpferei.

Durch das **Südtor** gelangt man zur teilweise restaurierten **byzantinischen Burg** mit den Ruinen einer Kapelle und Klosterräumen. Zwei dreischiffige Säulenbasiliken, die **Theodoros-Kirche** (Südkirche) und die ★**Nordkirche** neben einem nabatäischen **Tempelportikus**, sind in die Burg integriert.

Südlich des Komplexes, am unteren Parkplatz, finden sich **Grabkammern** sowie Reste eines **Wohnhauses** und eines **Bades** aus byzantinischer Zeit.

Nahebei liegt eine besondere landschaftliche Attraktion: **En Avdat**. *En* bedeutet Quelle, und man darf sich auf kühles Wasser in der heißen Wüste

Oben: Reste der frühbyzantinischen Nordkirche aus dem 5.-6. Jh. in Avdat.

freuen. Spektakulär ist der ★**Blick** in die nur ca. 50 m breite, einige Kilometer lange und mehrere hundert Meter tiefe ★**Schlucht von En Avdat**. Der heute trockene Fluss Zin hat sich hier im Lauf der Jahrmillionen seinen Weg durch das weiche Kreidegestein gebahnt. Schwindelfrei sollte man schon sein, wenn es auf einem schmalen Stufenpfad und über Leitern bergab geht. An den engsten Stellen sorgen Haltegriffe im Gestein für Sicherheit. Unten angekommen, hat man die Wüste weit hinter sich gelassen. Tamarisken spenden Schatten an drei kleinen **Seen**. Ein vierter Pool liegt noch tiefer, und hier hinein ergießt sich ein **Wasserfall**.

Sede Boqer

Nördlich von En Avdat beginnen die Ländereien des **Kibbuz Sede Boqer** ⓰ mit der Negev-Hochschule. An der Dependance der Universität von Be'er Sheva werden Naturwissenschaften, Soziologie, Archäologie und Geschichte gelehrt, außerdem gibt es hier das

National Solar Energy Centre, das in einem **Visitor Centre** über den neuesten Stand der Solartechnik informiert.

Vor der Bibliothek der Wüstenuniversität haben David Ben Gurion (1886 bis 1973), Israels erster Premierminister, und seine Frau Paula ihre letzte Ruhestätte gefunden. Die Ben Gurions waren Mitglieder im Gemeinschaftsprojekt Sede Boqer. Nach Ende von Davids Amtszeit 1953 zogen sie in den gerade gegründeten Kibbuz. Ihr **Wohnhaus** ist zu besichtigen und fasst kaum die 5000 Bücher.

★★Shivta (Sobata)

Gut erhalten im Negev ist die antike Stadt ★★**Shivta** ⓱ (arab. **Subeita**), 54 km südlich von Be'er Sheva (UNESCO-Welterbe). Grundlage der wirtschaftlichen Blüte in nabatäischer und später in römischer und vor allem byzantinischer Zeit war nicht nur die Lage an einem Hauptkarawanenweg zwischen Transjordanien und dem Mittelmeer – der Weihrauchstraße –, sondern intensive Landwirtschaft, ermöglicht durch riesige Zisternen und raffinierte künstliche Bewässerung. Vor allem die Weinproduktion florierte, was Reste von Weinpressen belegen. Nachdem Kaiser Trajan 106 n. Chr. die Provinz Arabia (Negev und heutiges Jordanien) einrichtete, musste Sobata die Militärlager von Mampsis, Oboda und Nessana (Nitzana) versorgen. Die Stadt überstand den Araber-Sturm um 634 zwar, entvölkerte sich dann aber und wurde um 800 nach dem Verfall des Wasserversorgungssystems aufgegeben.

Großartigstes Bauwerk von Sobata ist die dreischiffige ★★**Nordkirche** aus dem 5. Jh., deren Apsiden noch fast ganz erhalten sind. Zu dem Gebäudeensemble gehören auch ein Baptisterium, eine Kapelle, ein Kloster mit Werkstätten und ein großes Atrium, in dessen Mitte man noch die Basis einer Säule erkennen kann, auf der wahrscheinlich ein Stylit (Säulenheiliger) lebte.

Mitten in der Stadt liegt die ★**Südkirche**, das älteste, im 4. Jh. erbaute Gotteshaus. Die asymmetrische Grundriss ohne Atrium ist auf die eingezwängte Lage zwischen **Wohnhäusern** und dem riesigen **Doppelreservoir** zurückzuführen. An das danebenliegende **Baptisterium**, mit einem monolithischen Taufbecken in Form eines griechischen Kreuzes, fügten die Araber eine **Moschee** an, Indiz für die zeitgleiche Nutzung in frühislamischer Zeit. Die kufischen Inschriften an den Steinbogenfragmenten datieren in das 9. Jh.

Aus Platzmangel hat die zwischen der Nord- und Südkirche gelegene, erst um 600 vollendete **Zentralkirche** ebenfalls kein Atrium.

Mitzpe Revivim

Mitzpe Revivim ⓲, auf halber Strecke nach Be'er Sheva gelegen, war der erste israelische Kibbuz in der Wüste. Die Initiative zur Besiedlung des Negev ging auf Ben Gurion zurück. Der alte Mann wusste, dass bei einem Teilungsplan Palästinas die UN das riesige Negev-Areal den Israelis nur dann zuschlagen würde, wenn hier sichtbare Anstrengungen zur Urbarmachung erfolgt waren. 1947 inspizierte eine UN-Delegation Mitzpe Revivim und zeigte sich von den Erfolgen der Kibbuznikim beeindruckt. Ein Jahr später, nachdem der Staat Israel proklamiert worden war und die arabischen Armeen von fünf Nachbarstaaten die Grenzen Israels überschritten, mussten die Siedler einer weit überlegenen ägyptischen Truppe widerstehen. Wochenlang nahmen die Ägypter den Kibbuz unter Artilleriebeschuss, konnten ihn aber nicht einnehmen. Nach dem Krieg haben die Bewohner ihre Verteidigungsstellung als **Museum** erhalten. Die Unterkünfte der ersten Kibbuznikim mit dem originalgetreuen Mobiliar können besichtigt werden und geben einen Eindruck von der dramatischen Zeit 1948-49, nach der Unabhängigkeitserklärung.

NEGEV UND TOTES MEER

BE'ER SHEVA

Tourist Information Office, 1 Hebron St., Ecke Keren Kayemet St., Tel. 08-6234613.

ANREISE: Von Tel Aviv (Central Bus Station im Süden der Stadt und von der Arlozoroff Station am Bahnhof) und Jerusalem (Busbahnhof Jaffa Road) verkehren mehrmals täglich Busse nach Be'er Sheva.

Arabica, Restaurant u. Coffee-Bar, von 8 Uhr morgens bis 4 Uhr nachts findet man hier von Pizza über Sushi bis Steak für jeden Geschmack etwas, auch israelische und etwas ausgefallene Gerichte, sympathisches Ambiente, Herzl 12, Tel. 08- 6277801. **Ahuzat Smolansky**, interessante mediterran-französische Küche in einem Gebäude aus der Türkenzeit mit hohen Decken und Bögen und einem romantischen Innenhof, So-Fr 18-23, Sa 12-17 Uhr, 23 Smilansky Street, in der Altstadt, Tel. 08-6654854.
Yakuta, gediegenes Restaurant, hier kann man eintauchen in die Welt, aus der viele Einwohner Beer Shevas kommen: Küche, Einrichtung und Flair sind authentisch marokkanisch, Freitagnachmittag bis Samstagabend geschl., 12 Mordei Hagetta'ot Street (Ecke 18 Anilevitch Street), Tel. 08-6232689.
Pitput, kleine Mahlzeiten aller Art, Pizzen, Sandwiches, Nudel- und Gemüseaufläufe, Omeletts, Suppen etc., 122 Herzl Street.
Weitere Cafés und Restaurants liegen in dem großen Einkaufszentrum am Busbahnhof.

Israel Air Force Museum, So-Do 8-17 Uhr, Fr 8-13 Uhr, 15 km westl. von Be'er Sheva an der Route 233.
Museum of Bedouin Culture, So-Do 8.30-17, Fr 8.30-14 Uhr, im Alon Regional and Folklore Centre, 20 km nordöstl. von Be'er Sheva beim Örtchen Lahav.

Soroka Hospital, Hanassaim Boulevard, Tel. 08-6400111. **Yerushalayim Pharmacy**, 34 Herzl Street sowie **Super Pharm** im Einkaufscenter am Busbahnhof.

Neve Midbar – Spa in the Desert, große Therme, die heißes Mineralwasser aus 900 m Tiefe nutzt, ca. 30 km südlich von Be'er Sheva, an der Straße Nr. 40, zwischen dem Golda-Park und den Dünen, Tel. 08-6579666, www.neve-midbar.co.il.

ARAD

Tourist Information, an der „Paz" gas station, Tel. 08-9954160.

Muza, ältestes Restaurant von Arad mit leckeren, preiswerten Speisen, am Stadteingang an der Route 31 gelegen, nahe einer Alon-Tankstelle.
Max, Restaurant und Pub mit israelischer und italienischer Küche, Artists Quarter, Maccabim 9, Tel. 08-9973339.
Rachel's Restaurant, israelische und jemenitische Küche, Kikar Hashuk (am Marktplatz), Tel. 08-9971157.

Arad Museum and Visitor Centre, So-Do 9-17, Sa 9-14.30 Uhr. **Arad Glass Museum**, moderne Glaskunst, Do 10-17, Fr 10-15, Sa 10-19 Uhr, an anderen Tagen nur nach Voranmeldung, 11 Sadan Street, Tel 08-9953388. **Tel Arad**, täglich April-Sept. 8-17, Okt.-März 8-16 Uhr.

Erste-Hilfe Station, gegenüber der Stadtverwaltung, Tel. 101.
Apotheke im Commercial Centre.

MASADA

Burgfels, täglich April-September 8-17, Oktober-März 8-16 Uhr.

EN GEDI

En Gedi-Nationalpark, Sa-Do 8-16 Uhr, Fr 8-15 Uhr.

YOTVATA HAI BAR NATURE RESERVE

Biblical Wildlife Reserve, täglich April-Sept. 8-17, Okt.-März 8-16 Uhr, geführte Touren um 9, 10.30, 12 und 13.30 Uhr.

TIMNA PARK

König Salomons Säulen, Sa-Do 8-16, Fr 8-13 Uhr, im Juli und August nur So, Fr 8-13, Sa-Do auch 18-20.30 Uhr, Tel. 08-632655, www.timna-park.co.il.

NEGEV UND TOTES MEER

EILAT

Municipal Tourist Office, Beit Hagesher St. 8, Tel. 08-6309111.

ANREISE: Arkia Airline und Israir Airline fliegen mehrmals täglich vom Sde Dov Airport im Norden von Tel Aviv und dreimal täglich vom Haifa Airport nach Eilat. Der Flughafen befindet sich mitten in der Stadt.
Mehrmals täglich verkehren Busse von den Central Bus Stations in Tel Aviv und Jerusalem. Platzreservierung sinnvoll, vor allem in der Hauptreisezeit.

Jeden Freitag findet man im Magazin der englischen Ausgabe von „Ha'aretz" eine Auswahl an Restaurants und Cafés, inkl. Beschreibung und Preiskategorie. **Pastory**, romantische italienische Trattoria mit Bar, selbstgemachte Pasta, Fleischspezialitäten und Meeresfrüchte à la Toskana, 7 Tarshish, Tel. 08-6345111. **Santa Fe**, moderne mexikanische Grill-Bar, authentisches Ambiente, vorwiegend jüngeres Publikum, vor dem Caesar Hotel, Tel. 08-6338081. **La Belle Epoche**, französisches Gourmet-Restaurant im Stil der 20er Jahre, Princess Hotel, Taba Beach, Tel. 08-6365555. **Eddie's Hideway**, hier gibt es amerikanisch inspirierte Küche, Steaks in allen Größen und Variationen, Almogim Street, Tel. 08-6371137. **Fisherman's House**, Self Service Fischlokal, am Coral Beach, Tel. 08-6379830. **Last Refuge**, bestes Seafood Restaurant in Eilat, an der Route 90 am Coral Beach, Tel. 08-6372437.
Tandoori, mit sehr guter indischer Küche und daher entsprechend teuer, abends werden häufig indische Begleitmusik und Tanzvorführungen geboten, Kings Wharf, an der Lagune, Tel. 08-6333879. **Kilometer 101**, Raststätte im Wild-West-Stil, 24 Stunden geöffnet, Restaurant und Cafeteria mit einfachen, typisch israelischen Gerichten, Reptilienzoo, 101 Kilometer vor Eilat an der Route 90, Tel. 08-6581635.

Dolphin Reef, So-Do 9-17, Fr, Sa 9-16.30 Uhr, bei Voranmeldung kein Eintritt, Eilat, Tel. 08-6300111, www.dolphinreef.co.il. **Unterwasser-Observatorium** im Coral Reef, Sa-Do 8.30-17, Fr 8.30-16 Uhr, Tel. 08-6364200, www.coral world.com/eilat/eng.

Yoseftal Hospital, Yotam Street, Tel. 08-6358011, Notfallnummer: 101.
Michlin Pharmacy, gegenüber vom Busbahnhof.

TÜRKISCHES BAD: **Hamam Turki**, Spa mit echt türkischem Dampfbad, Behandlung durch Fachkräfte aus der Türkei, neben Holiday Inn Hotel, Tel. 08-6363000.

MITZPE RAMON

Makhtesh Ramon Vistor Centre, Sa-Do 8-17, Fr 8-16 Uhr.

Pangea, Komplex mit mehreren Restaurants vom amerikanischen Diner bis zum Beduinenzelt, Har Oded, Tel. 08-6539222, 050-2000230. **Hachavit** (Das Fass), internationale Küche, Kuchen und eine kleine Bar mit atemberaubendem Blick über den Ramon-Krater, neben dem Visitor Centre, Tel. 08-6588226. **Café Netto**, modernes Café, leichte Gerichte, 5 Nahal Zin Street, Tel. 08-6587777.

AVDAT

Antike Stadt Oboda, täglich April-September 8-17, Oktober-März 8-16 Uhr. **En Avdat**, täglich April-September 8-17, Oktober-März 8-16 Uhr.

SEDE BOQER

Haus von Ben Gurion, So-Do 8.30-16 Uhr, Fr 8.30-14 Uhr, Sa 9-15 Uhr, im Kibbuz Sede Boqer.

Havat Matnat Midbar, organisch-vegetarische Küche auf einer Farm mit weiten Blicken über die Wüste, So-Mi nach Vereinbarung, Do ab 12, Fr 9-16, Sa ab 12 Uhr, an der Straße Nr. 40 zwischen Tlallim und Sede Boker, ca. 2 km südöstlich der Kreuzung Tlallim, Tel. 054-4862311.

MITZPE REVIVIM

Ehemalige Gefechtsstellungen, So-Do 9-15 Uhr, Fr 9-13 Uhr, Sa 10-16 Uhr, ca. 30 km südlich von Be'er Sheva.

Ed-Deir in Petra

JORDANIEN

JORDANIEN

JERASH (GERASA) UND DIE DEKAPOLIS-STÄDTE
AMMAN
WÜSTENSCHLÖSSER
MADABA / BERG NEBO
NATURSCHUTZGEBIETE
KERAK / PETRA
WADI RUM / AQABA

JORDANIEN

Landeskunde

Das ca. 89 300 km² große Jordanien, das antike Ostjordanland (Transjordanien) mit den alttestamentlichen Reichen Ammon, Moab und Edom, besteht zu vier Fünftel aus Wüste (v. a. Stein- und Lavawüste) und wüstenartiger Steppe. Dieses traditionell von Beduinen und Halbnomaden bewohnte Gebiet im Süden und Osten des Landes ist Teil der Nordarabischen Wüste (Große Syrische Wüste). Nach Westen läuft die Wüstensteppe in ein durchschnittlich 900 m hohes Plateau aus, das von den beeindruckenden Schluchten des Yarmuk, Nahr ez-Zerqa, Wadi al-Mujib und Wadi el-Hesa (von Nord nach Süd) durchschnitten wird. Die westliche Staatsgrenze mit Israel bildet der etwa 410 km lange und bis zu 20 km breite Große Grabenbruch, bestehend aus Jordan-Tal, Totem Meer (bis etwa 400 m unter dem Meeresspiegel) und Wadi al-Araba. Der einzige Hafen Jordaniens ist im äußersten Süden Aqaba am Golf von Aqaba (Rotem Meer).

Jordanien liegt am Übergang vom feuchten, gemäßigten Mittelmeerkli-

Links: Warten auf Touristen vor der vielfarbigen Sandsteinkulisse Petras.

ma zum ariden, kontinentalen Wüstenklima (große Temperaturunterschiede zwischen Tag und Nacht). Die meisten Niederschläge fallen im fruchtbaren, landwirtschaftlich intensiv genutzten Nordwesten und nehmen kontinuierlich nach Südosten ab. Von Mai bis Oktober ist Trockenzeit, von November bis April Regenzeit (in den höheren Lagen auch Schneefall).

Jordanien ist mit etwa 6,4 Mio. Einwohnern relativ dünn, aufgrund der extremen geografischen Unterschiede jedoch sehr ungleichmäßig besiedelt (über 90 % der Bevölkerung leben auf rund 10 % der Landesfläche; über 30 % bzw. knapp 2 Mio. Einwohner allein in der Hauptstadt Amman). Der jährliche Bevölkerungszuwachs beträgt 3,5 % und ist einer der höchsten der Welt.

Mit etwa 99 % sind die Araber die größte Bevölkerungsgruppe. Die ethnischen Minderheiten setzten sich v. a. aus Kurden, Armeniern und Tscherkessen (in den 1870er Jahren aus dem östlichen Kaukasus nach Vorderasien eingewandert) zusammen.

Schätzungsweise 93 % der Muslime bekennen sich zum sunnitischen Islam. etwa 5 % der Bevölkerung sind Christen verschiedener Kirchen (u. a. koptisch, römisch-katholisch, griechisch-orthodox, armenisch).

Am 22. März 1946 wurde das frühere britische Mandat Transjordanien unter

» **Karte S. 211, Info S. 238–239**

JORDANIEN

Abdullah I. unabhängiges Königreich, das sich seit 1950 „Haschemitisches Königreich Jordanien" nennt. Staatsoberhaupt der Konstitutionellen Monarchie ist seit dem 7. Februar 1999 König Abdullah II., Regierungschef seit Dezember 2009 Samir Rifai.

Die Hauptdevisenquelle der jordanischen Wirtschaft sind der Export von Phosphat, Pottasche und Dünger (von der Umgebung des Toten Meeres) und von landwirtschaftlichen Produkten (v. a. im klimatisch begünstigten Norden und Westen des Landes). Die Agrarwirtschaft hat sich nie ganz von den Verlust des Westjordanlands nach dem Sechs-Tage-Krieg (1967) erholt, der die Einbuße von 80 % des Obstanbaugebiets und beträchtlicher Exporteinnahmen bedeutete. In dem verbleibenden Gebiet gibt es nur wenig Agrarland (nur 5 % der Staatsfläche). Angebaut werden hauptsächlich Tomaten, Zitrusfrüchte, Oliven, Feigen, Gurken, Wassermelonen, Auberginen, Gerste und Weizen. Der Dienstleistungssektor (darunter der Tourismus) steuert den Großteil, nämlich rund drei Viertel, zum Bruttoinlandsprodukt bei.

Geschichte: Die Dekapolis

Zu den interessantesten Phänomenen antiker Geschichte und Kultur Palästinas gehört die **Dekapolis**. Im Hellenismus (Ende 4. bis 1. Jh. v. Chr.) wurden etliche ältere Siedlungen neu gegründet, häufig von den Seleukiden und den Ptolemäern, die den Städten dann meist griechische Eigen- und Beinamen hellenistischer Könige gaben (z. B. *Philadelphia*). 64/63 v. Chr. reorganisierte der römische Feldherr Gnaeus Pompeius den Nahen Osten und gliederte dabei neue Städte in die Provinz *Syria* ein. Früher hielt man die Dekapolis für ein politisches Bündnis von zehn (griech. *deka*) freien Städten (griech. *polis* = Stadt). Neueste Forschungen ergaben, dass der Begriff, der wohl erst seit Mitte des 1. Jh. n. Chr. geläufig war, eine Wirtschaftsgemeinschaft freier Städte (v. a. im heutigen Jordanien, daneben auch vereinzelt in Israel und Süd-Syrien) mit kommunaler Selbstverwaltung bezeichnete. Der Name ist zudem nur als Hinweis der Zugehörigkeit zum griechisch-römischen Kulturkreis zu verstehen. Daher erklären sich auch die verschiedenen Abweichungen in den Inschriften und in den Städtelisten der antiken Autoren, z. B. bei Plinius dem Älteren (Nat. Hist. V, 74).

Die wichtigsten Dekapolis-Städte waren: Damaskus, Hippos (Qala'at el-Hosn), Philadelphia (Amman), Raphana (Er-Rafe), Kanatha (Qanawat), Skythopolis (Bet She'an), Gadara (Umm Qeis), Dion, Pella (Tabaqat Fahl), Gerasa (Jerash) und Abila (El-Queilbeh).

★Gadara (Umm Qeis)

28 km nordwestlich der Provinzstadt **Irbid** breitet sich auf einem Plateau die antike Stadt **★Gadara**, das heutige **Umm Qeis** ❶ aus. Von hier hat man an klaren Tagen eine fantastische **★Aussicht** über den Yarmuk und den See Genezareth bis zum 2814 m hohen Berg Hermon. Das einst an der Kreuzung wichtiger Handelsstraßen gelegene Gadara war in hellenistisch-römischer Zeit Mitglied der Dekapolis und eines der Kulturzentren Transjordaniens.

Die bedeutendsten Bauwerke Gadaras finden sich im Bereich der **Akropolis**: neben dem schlecht erhaltenen **Nordtheater** das ganz aus Basalt errichtete **★Westtheater** für 3000 Zuschauer, spätantike **Thermen** mit Hypokausten (Fußbodenheizung), ein **Nymphäum**, eine **Ladenstraße** und eine byzantinische, als Oktogon ausgeführte **★Kirche** mit korinthischer Säulenordnung aus dem frühen 6. Jh. Einen Besuch verdienen neben dem in einem alten osmanischen Haus eingerichteten **★Museum** (u. a. kopflose Statue der Göttin Tyche) mehrere **Gräber** außerhalb des antiken Zentrums, so das **Westmausoleum**.

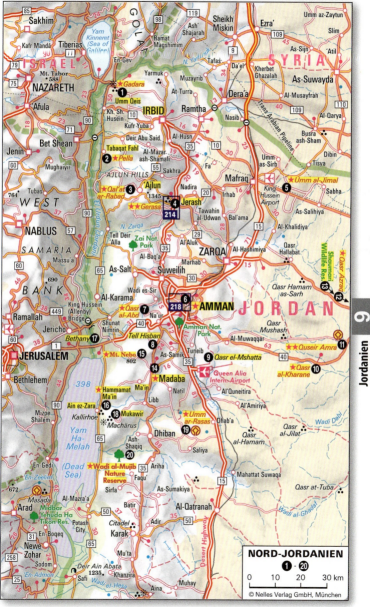

JORDANIEN

★Pella (Tabaqat Fahl)

Eine der historisch bedeutendsten Städte Transjordaniens ist ★**Pella** ❷, unmittelbar neben dem heutigen Dorf **Tabaqat Fahl** in dem klimatisch äußerst begünstigten Wadi Jirm el-Moz (mit ganzjährig wasserführender Quelle und schöner Aussicht auf das Jordan-Tal). Erste menschliche Spuren lassen sich bereits für das Mesolithikum (Mittelsteinzeit; um 12 000 v. Chr.) nachweisen. Fast durchgehend war der Ort vom Neolithikum bis in die mameluckische Zeit besiedelt. Erstmals erwähnt wird die Stadt während der Mittleren Bronzezeit in den ägyptischen Ächtungstexten (19. Jh.), später in der Liste Thutmosis' III. (1490-1436) der eroberten Städte Palästinas und in den berühmten Amarna-Briefen Echnatons /Amenophis' IV. (1364-1347) – damals *Pehel* oder *Pihilum* bezeichnet.

In frühhellenistischer Zeit (um 310) gründeten die Seleukiden die Stadt neu und nannten sie *Pella*, wohl in Anspielung auf den Geburtsort Alexanders des Großen. Nach vorübergehender ptolemäischer Herrschaft fiel sie in die Hände des Hasmonäers Alexander Iannäus, der sie 83 v. Chr. zerstören ließ, da sie sich nicht den jüdischen Gesetzen unterwerfen wollte. Der erneute Aufstieg begann mit Pompeius, der Pella 63 v. Chr. wiederaufbauen ließ und sie in die Dekapolis eingliederte.

Die Stadt blühte auf in der byzantinischen Zeit, als Pella ab dem 4. Jh. ein beliebter Kurort und im 5./6. Jh. ein einflussreicher Bischofssitz mit mehr als 25 000 Einwohnern war.

Einschneidende Ereignisse zu Beginn des 7. Jh. leiteten den Niedergang ein: die sassanidische Invasion (610), ein schweres Erdbeben (633) und insbesondere die arabische Eroberung. Hier nämlich fand am 23. Januar 635,

Rechts: Blick auf das Ovale Forum und die Kolonnadenstraße des antiken Gerasa; im Hintergrund das heutige Jerash.

dem „Tag von Fahl", die Entscheidungsschlacht zwischen Kaiser Herakleios und dem muslimischen Heer statt, in der – dem arabischen Historiker Yakut zufolge – 80 000 Byzantiner den Tod fanden. Die endgültige Niederlage des Byzantinischen Reichs ein Jahr später erfolgte in der Schlacht am Yarmuk mit angeblich 100 000 Gefallenen.

Vom Dorf Tabaqat Fahl kommend, in dessen Häusern zahlreiche Spolien (wiederverwendete Bauteile) der antiken Stadt erkennbar sind, erreicht man zuerst die **West-Basilika**, im 5./6. Jh. wohl Zentrum eines Klosters. Erstaunlich ist eine riesige, fast 300 000 Liter fassende **Zisterne** wenige Meter entfernt: im späten 6. oder frühen 7. Jh. aus dem Fels geschlagen, wurde sie bereits Ende des 7. oder im 8. Jh. nicht mehr benützt, wie ein muslimisches Grab am Grund schließen lässt.

Zwischen der Khirbet Fahl mit **omaijadischen Wohnhäusern** im Norden und dem Tell el-Husn mit den Resten eines **frühbyzantinischen Forts** finden sich im sog. **Städtischen Zentrum** (*civic complex*) die eindruckvollsten Ruinen: neben einem **Odeion** (kleines überdachtes Theater) mit neun Sitzreihen für 400 Zuschauer die dreischiffige ★**Tal-Basilika** mit kolonnadenumgebenem Atrium im Westen. Um 400 mit römischen Spolien errichtet, wurde die Kirche später zweimal erweitert (Apsiden in den Seitenschiffen und monumentale Freitreppe).

★Qala'at ar-Rabad

4 km nordwestlich der Kleinstadt **Ajlun** erhebt sich auf einer Bergkuppe die ★**Qala'at ar-Rabad** ❸ („Burg der Vororte"), die einzige rein arabische Festung in Jordanien. Den Bau gab der Emir Izz ed-Din Usama, ein General und Neffe Sultan Saladins, 1184/1185 in Auftrag, um den Pilgerweg nach Mekka gegen die Kreuzfahrer zu sichern. Die kleine, aber gut erhaltene Burg fiel dem Mongolen-Sturm 1260 zum Op-

JORDANIEN

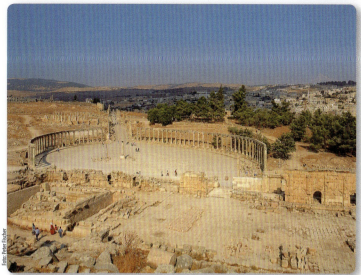

fer, wurde jedoch bald darauf von dem Mamelucken-Sultan Baibars wiederaufgebaut. Weiter östlich bietet das **Ajlun Nature Reserve** Wanderwege durch Eichen- und Kiefernwälder sowie Zelt- und Bungalowunterkünfte.

★★Gerasa (Jerash)

Etwa 50 km nördlich von Amman liegt **Jerash** ❹, das antike ★★**Gerasa**, eine der besterhaltenen und eindrucksvollsten römischen Städte des Nahen Ostens. Gerasa wurde im 2. Jh. v. Chr. von Griechen gegründet, doch auch aus dem Neolithikum und der Bronzezeit wurde eine Siedlung nachgewiesen. Aber erst in der römischen Kaiserzeit erreichte die Stadt ihre Blüte mit 25 000 Einwohnern. Von 63 v. Chr. bis 106 n. Chr. gehörte Gerasa zur Dekapolis, dem Zehnerbund freier Städte in der römischen Provinz *Syria*. Seit der Neuordnung der Provinzen durch Kaiser Trajan im Jahr 106 bildete die Dekapolis zusammen mit dem ehemaligen nabatäischen Königreich im Süden die römische Provinz *Arabia*. Als Handelsstadt mit fruchtbarem Umland profitierte Gerasa von seiner zentralen Lage in der Provinz, dem von den Römern neugebauten Wegenetz und den gesicherten Grenzen. Die heute noch sichtbare Stadtanlage geht auf Bauvorhaben vor allem des 2. und 3. Jh. zurück, die von Rom und reichen Händlerfamilien aus Gerasa finanziert wurden.

Ende des 3. Jh. n. Chr. fand diese Phase des Wohlstands mit der Krise des spätrömischen Reichs vorläufig ein Ende. Jegliche Bautätigkeit wurde eingestellt, und man beschränkte sich in Gerasa darauf, die bestehenden Gebäude instand zu halten. In frühbyzantinischer Zeit (5./6. Jh.) erfuhr die inzwischen christianisierte Stadt eine zweite Blüte, von der zahlreiche Gotteshäuser zeugen. Es wurden nicht nur Tempel zu Kirchen umgebaut, es wurden dabei auch Spolien verwendet, Steine und Säulen aus Tempeln zum Kirchenbau.

Im frühen 7. Jh. wurde Gerasa erst von den Sassaniden, dann von den Arabern erobert. Ein schweres Erdbe-

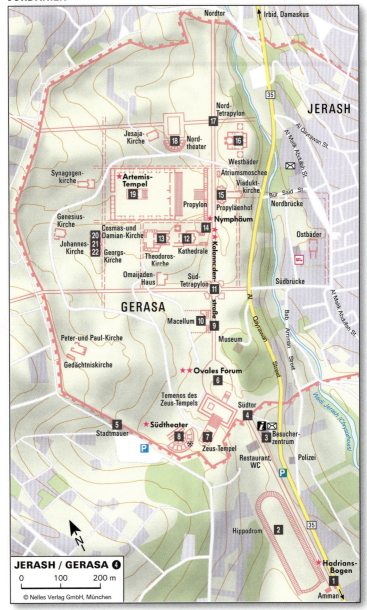

ben machte Gerasa 747 dem Erdboden gleich, und es blieb mehr als 1000 Jahre unbewohnt. Erst 1878 siedelten sich im östlichen Stadtteil Tscherkessen an, die sich in den antiken Ruinen Baumaterial beschafften. Während der Ostteil heute überbaut ist, zeugt der gut erhaltene Westteil von der einstigen Bedeutung als römische Provinzstadt, und daher gilt Gerasa nach Petra heute als bedeutendste Sehenswürdigkeit Jordaniens.

Besichtigung Gerasas

Eine Besichtigung des weitläufigen Ruinengeländes beginnt man am besten im Süden beim ★**Hadrians-Bogen** 1. Mit dem 25 m breiten, ursprünglich 21,50 m hohen Triumphbogen ehrten die Bewohner Gerasas den römischen Kaiser bei dessen Besuch im Winter 129/130. Nördlich schließt das restaurierte **Hippodrom** 2 (Pferderennbahn) an, dessen 17 Sitzreihen etwa 15 000 Zuschauern Platz boten. Heute werden hier wieder **Wagenrennen** gezeigt.

Der Haupteingang liegt beim **Besucherzentrum** 3 (**Visitor Center**) mit einem **Restaurant**. Hier ist auch ein detailliertes **Stadtmodell** zu bewundern.

Man betritt das antike Gerasa durch das **Südtor** 4, das korinthische Halbsäulen und Durchgänge mit Tonnengewölben aufweist. Es ist Teil der ungefähr 3,5 km langen, durchschnittlich 2,5 m breiten **Stadtmauer** 5 aus dem 1. Jh., die im Bereich des Südtors am besten erhalten geblieben ist.

Anschließend kommt man auf das ★★**Ovale Forum** 6, der ungewöhnlichste Platz, der aus der Antike bekannt ist. Der durch eine Säulenreihe begrenzte Platz ruht zum Ausgleich von Geländeunebenheiten auf ca. 7 m hohen Fundamenten. Die ausgefallene Form ergab sich dadurch, dass man zwischen der Nordwest-Südost-Ausrichtung des anschließenden **Zeus-Tempels** 7 und der Nord-Süd-Ausrichtung des römischen Straßensystems vermitteln wollte (der ursprüngliche Tempel stammt aus hellenistischer Zeit, spätere römische Umbauten aus dem 1. und 2. Jh. n. Chr.).

Vom Ovalen Forum gelangt man zum ★**Südtheater** 8 (Ende 1. Jh. n. Chr.), das aufwändig, jedoch nicht originalgetreu restauriert wurde und früher bis zu 5000 Besuchern Platz bot. Vom obersten Rang aus hat man eine fantastische ★**Aussicht** über das Ruinengelände.

Nördlich des Ovalen Forums schließt sich die 700 m lange ★★**Kolonnadenstraße** 9 (Cardo maximus) an, die im 2. Jh. mit korinthischen Säulen, diagonaler Bettung der Pflastersteine und erhöhtem Gehsteig verbreitert wurde.

Als **Macellum** 10 (Lebensmittelmarkt) oder **Staats-Agora** diente der stattliche Komplex mit einem Säulenoktogon in der Mitte. Nach 50 m kreuzt eine Querstraße, der **Südliche Decumanus**. Die kreisrunde Kreuzung ist durch das **Süd-Tetrapylon** 11 (vier quadratisch angeordnete Säulen) markiert.

Nach wenigen Metern geht es links zur **Kathedrale** 12. Es handelt sich hierbei um zwei miteinander verbundene frühchristliche Kirchen, deren unterer östlicher Teil auf den Fundamenten des antiken Dionysos-Tempels errichtet wurde. Oberhalb der Kathedrale wurde quer zu ihr im 4./5. Jh. die **Kirche des hl. Theodoros** 13 erbaut.

Folgt man der Kolonnadenstraße, sieht man zunächst auf der linken Seite das halbkreisförmige ★**Nymphäum** 14 (Prachtbrunnen) aus dem 2. Jh., dessen ursprünglich kunstvolles Dekor man leider nur noch erahnen kann.

Wenden wir uns nun nach rechts und betreten den **Propyläenhof** 15 (2. Jh. n. Chr.), in den die Prozessionsstraße aus den östlichen Wohnvierteln mündete. In den Schmalseiten dieses Hofs waren in Nischen Wasserbecken zur Reinigung für die Gläubigen eingelassen. Nach der Überquerung des Cardo steigt man zunächst die breiten Stufen zur Altar-Terrasse hinauf. Hier konnten hunderte Gläubige dem Opferkult beiwohnen. Von dem **Altar** sind nur noch die Fundamente erhalten.

JORDANIEN

Vorbei an den **Westbädern** 16 führt der Weg zum **Nord-Tetrapylon** 17, einem kleineren Pendant des südlichen Tetrapylons. Einer Inschrift zufolge ist das Monument der Syrerin Julia Domna, der zweiten Frau des Kaisers Septimius Severus (193-211), gewidmet.

Das **Nordtheater** 18 hatte etwa zwei Dutzend Sitzreihen für bis zu 2500 Zuschauer und war möglicherweise im 2./3. Jh. überdacht, ist somit auch als **Odeion** (Odeum) zu interpretieren.

Man sollte die Dimensionen des einst prachtvollen ★**Artemis-Tempels** 19 auf sich wirken lassen: Eine imposante, 120 m breite Treppe dient als Zugang zu dem ausgedehnten Temenos (Tempelhof; heiliger Bezirk), der einst von einer Säulenhalle umgeben war. Weitere Stufen führten zur ursprünglich marmorverkleideten Cella, dem Heiligtum der Artemis, der Schutzgöttin der Stadt, deren bunt bemalte Statue in der hinteren Nische des Sakralbaus stand.

Von hier aus geht man weiter über die Hügel westwärts zu einer Anlage aus drei byzantinischen Kirchen (529-533 n. Chr.). Die jüngste, die **St. Cosmas und Damian**-Kirche 20, war zur Zeit des islamischen Bildersturms (8. Jh.) bereits verschüttet; von einer Ummauerung aus kann man ihren schönen ★**Mosaikboden** mit geometrischen und figürlichen Motiven bewundern.

In der Mitte befindet sich die **Johannes-Kirche** 21, ein Rundbau mit vier Exedren (halbkreisförmige Nischen) und vier Säulen. Die älteste der drei Kirchen ist die **Georgs-Kirche** 22, eine dreischiffige Basilika.

★Umm al-Jimal

19 km von Mafraq, im Süden des Haurans, des großen, weit nach Syrien reichenden Basaltplateaus, liegt ★**Umm al-Jimal** 5 (Mutter der Kamele), eine römisch-byzantinische und omaijadische Stadt besonderer Art: ab dem 2. Jh. ganz aus schwarzen Basaltsteinen er-

Oben: Der Artemis-Tempel von Gerasa. Rechts: In der jordanischen Hauptstadt Amman, vor dem Römischen Theater.

JORDANIEN

baut und großenteils von nabatäischen Händlern bewohnt, wie zahlreiche Inschriften und Gräber nahelegen. Der Siedlung, in der schätzungsweise 5000-7000 Menschen lebten, kam aufgrund ihrer Nähe zu den Garnisonen am *Limes Arabicus*, der römischen Verteidigungslinie gegen die Überfälle kriegerischer Beduinen im Osten Transjordaniens, als Handelsplatz besondere Bedeutung zu. Seine Blüte erlebte Umm el-Jemal in frühbyzantinischer Zeit (5. und 6. Jh.), als die Stadt mindestens 15 Kirchen hatte. Auch nach der arabischen Eroberung (638) ging in omaijadischer Zeit die Bautätigkeit und das städtische Leben weiter, dem erst ein schweres Erdbeben 747 ein Ende bereitete.

Neben der unregelmäßig geformten, wohl um 180 errichteten **Stadtmauer** mit mehreren **Stadttoren**, zahlreichen **Wohnhäusern** (mit ausgiebiger Verwendung der Kragsteintechnik) und großen **Zisternen** – nur diese ermöglichten das Überleben auf dem wasserlosen Basaltplateau, wo nur im Winter Regen fällt – sind v. a. die frühbyzantinischen **Kirchen** bemerkenswert. Diese, z. T. als Doppelkirchen ausgeführt, variieren im Grundriss sehr stark voneinander und lassen sich typologisch in mehrschiffe Basiliken und einschiffige Hallenkirchen unterscheiden. Das besterhaltene Gebäude ist die sog. ★**Kaserne**, ein zweigeschossiger, ungefähr 35 x 55 m großer Komplex mit Zentralhof und nachträglich angebautem Turm, der wahrscheinlich als byzantinischer Militärstützpunkt diente.

★Amman

Noch Ende des 19. Jh. ein kleines tscherkessisches Dorf, präsentiert sich ★**Amman** ❻ heute als moderne arabische Hauptstadt mit über 2 Mio. Einwohnern (großteils Palästinensern).

Im Stadtbild zeugt nur noch wenig von der großen Vergangenheit Ammans als eisenzeitlichem *Rabbat Ammon* und hellenistisch-römisches *Philadelphia*, letzteres die Stadt, die wie Gerasa Mitglied der Dekapolis war.

Das gut erhaltene ★★**Theater** ①

» Karte S. 211, Stadtplan S. 218-219, Info S. 238-239

JORDANIEN

aus dem 2. Jh. n. Chr., eines der größten römischen Theater des Nahen Ostens, bot annähernd 6000 Besuchern Platz. Jahrhundertelang war es verschüttet und wurde erst 1970 restauriert. Bemerkenswert ist die für griechische und römische Theater exzellente Akustik. In den beiden Flügeln des Bühnengebäudes sind das **Folklore-Museum** und das **Jordan Museum of Popular Traditions** (Volkskunde) mit Beduinenschmuck, Möbeln, Trachten, Teppichen, Waffen etc., sehenswert.

Daneben steht das **Odeum** ② aus dem 2. Jh. n. Chr., ein kleines überdachtes Theater mit 500 Sitzgelegenheiten. Der Platz davor macht heute nur noch einen Bruchteil des auf 7500 m² geschätzten antiken **Forums** aus, das damit eines der größten im Osten des Römischen Reichs gewesen ist.

Ein Muss ist in Amman die Fahrt auf den ★★**Zitadellenhügel** (**Jebel al-Qalaa**): Von den bescheidenen Ruinen des **Herkules-Tempels** ③, der die Akropolis dominierte, hat man eine fantastische ★**Aussicht** über die Stadt und zum gegenüberliegenden Amphitheater. In dem kleinen ★**Archäologischen Museum** ④ werden bedeutende Funde aus dem ganzen Land präsentiert. Zu den interessantesten zählen eine **Hand** der einst 9 m hohen Herkules-Statue aus dessen Tempel; islamische **Kalligrafien** und ammonitische **Steinskulpturen** der Eisenzeit II (10.-6. Jh.) vom Zitadellenhügel. Im Norden der Zitadelle sind die Fundamente eines **Omaijadischen Palastes** ⑤ aus dem frühen 8. Jh. (quadratisches Innenhofhaus) und einer dreischiffigen byzantinischen Basilika (4./5. Jh.) zu sehen.

Lohnend ist ein Spaziergang durch die Gassen des umtriebigen ★**Suqs** zwischen den römischen **Nyphäum** ⑥ (Prachtbrunnen) und der 1924 errichteten **King Hussein-Moschee** ⑦ mit ihren verschiedenartig gestalteten, unterschiedlich hohen Minaretten.

Einen kurzen Abstecher ist auch die ★**Abu Darwish-Moschee** ⑧ auf dem

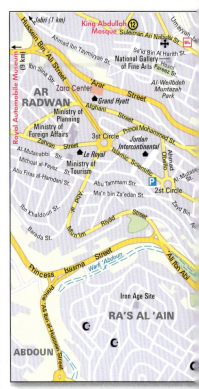

im Süden gelegenen Jebel Ashrafiyeh, dem höchsten der Stadt, mit ihrer markanten schwarz-weißen Fassadengestaltung wert (Zutritt nur für Muslime). Den Sakralbau gab in den 1920ern der Tscherkesse Hasan Mustafa Sharkas, genannt Abu Darwish, in Auftrag.

Ein Zentrum arabischer Künstler des Nahen Ostens ist **Darat al-Funan** ⑨. Regelmäßig finden hier Ausstellungen zeitgenössischer Maler statt, in den Ruinen einer byzantinischen Kirche workshops und Vorträge; angenehm ist eine Pause im **Garten-Café**.

Das neue ★**Jordanien-Museum** ⑩ erzählt in drei großen Galerien die Geschichte der Region und präsentiert u.a. ★**Schriftrollen vom Toten Meer**

JORDANIEN

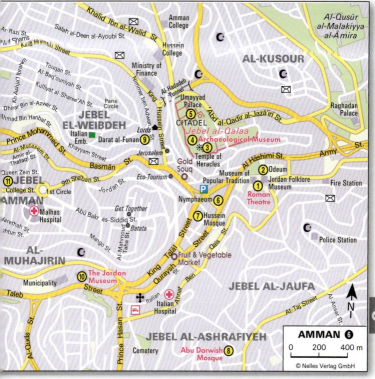

und ★**Nabatäische Keramik** aus Petra. Weltweit einzigartig sind die neolithischen, im Lauf des 7. Jt. v. Chr. entstandenen über 30 ★★**Tonfiguren aus Ain Ghazal** (5 km nordöstlich von Amman), die zu den ältesten menschlichen Darstellungen überhaupt zählen. Die bis zu 1 m hohen Statuetten dienten dem Totenkult, kommen einzeln, paarweise oder nur als Gesichtsmaske vor und wurden um ein Gerüst aus Schilf modelliert. Ebenso alt sind tönerne, mit Kaurischnecken verzierte ★**Schädel aus Jericho** (Tell es-Sultan; s. S. 89).

Westlich des historischen, sehr eng bebauten Stadtzentrums schließt sich der weitläufige **Jebel Amman** ⑪ mit Restaurants, Geschäften und Hotels und dem **modernen Stadtzentrum** an.

Die größte Moschee Jordaniens ★**King Abdullah-Moschee** ⑫, auf dem Jebel el-Weibdeh (Kreuzung Majlis Ummah St. / Salayman Nabulsi St.), wurde 1989 eröffnet. Hier kann man einen Eindruck von moderner jordanischer Architektur erhalten (Besichtigung für Nicht-Muslime durch einen Seiteneingang an der Südseite). Die 37 m hohe Kuppel, an der sich 99-mal mit goldenen Schriftzeichen der Name Allahs wiederholt, ist innen mit schönen Mosaiken dekoriert.

Am westlichen Stadtrand, im Al Hussein Park, präsentiert das ★**Royal Automobile Museum** die wahrhaft exquisite königliche Kollektion seltener Old- und Youngtimer und Motorräder.

» Stadtplan S. 218-219, Info S. 238-239

JORDANIEN

★Qasr al-Abd (Wadi as-Sir)

Ein lohnender Ausflug von Amman führt zum 25 km südwestlich gelegenen ★**Qasr al-Abd** ❼ (Palast des Sklaven) im **Wadi as-Sir**. Der späthellenistische Palast oder Tempel mit zwei Vorhallen aus dem 2. Jh. v. Chr. beeindruckt durch seine großformatigen, bis zu 3 m hohen und 6 m langen Quaderblöcke und die gut erhaltenen ★**Löwen-Reliefs** über dem Gesims des Erdgeschosses.

Tell Hisban

Trotz der Namensähnlichkeit nicht identisch mit dem alttestamentlichen Heschbon, der Hauptstadt des Amoriter-Königs Sichon (4. Mose, 21, 26-30), ist der **Tell Hisban** ❽; dies nämlich glaubten anfangs die US-amerikanischen Archäologen, die 1968-1976 und 1978 den 12 km nördlich von Madaba gelegenen Ort erforschten. Zutage kamen Siedlungsspuren erst ab der Späten Eisenzeit, vor allem aber der römisch-byzantinischen und später der omaijadischen und mameluckischen Zeit.

Eindrucksvollstes Zeugnis der Eisenzeit ist, auf der Akropolis, eine 7 m tiefe quadratische ★**Zisterne** mit 17 m Seitenlänge und rund 220 000 l Fassungsvermögen – das bedeutendste Wasserversorgungssystem Transjordaniens jener Epoche.

Neben römischen **Wohnhäusern**, **Grüften** mit Rollstein und einem **Wachturm** verdienen zwei frühbyzantinische Sakralbauten eine nähere Betrachtung: die wohl in das 6. Jh. zu datierende **Akropolis-Kirche** mit zoomorphen und floralen Motiven im Apsismosaik und die später von den Omaijaden in eine Moschee umgewandelte **Nordkirche** mit ungehörnten Gazellen unter Bäumen im Mosaik des Presbyteriums (Altarraum).

Rechts: Das Quaseir Amra, das berühmteste der omaijadischen Wüstenschlösser.

Die omaijadischen „Wüstenschlösser"

In Syrien, Libanon, Israel und Jordanien gibt es insgesamt über 20 sog. omaijadische „Wüstenschlösser". Östlich von Amman liegen drei besonders sehenswerte: **Qasr al-Kharane**, **Quaseir Amra** und **Qasr Azraq**. Noch heute ist man sich über die genaue Entstehungszeit und die Funktion dieser Bauwerke nicht sicher, denn die Baumeister der Omaijaden (7./8. Jh.) haben keinen ausgeprägten eigenen Stil entwickelt, sondern sind dafür bekannt, aus anderen Epochen Anleihen genommen zu haben. Es wurden viele Theorien über die Bedeutung der Wüstenschlösser aufgestellt: Konnten sie fernab der Städte eher ihrem Hang zur Freizügigkeit nachgeben? Spuren von Bewässerungsanlagen wurden entdeckt – handelte es sich daher nur um größere Gutshäuser? Oder wurde hier abwechselnd Hof gehalten, um den Nomaden die Stärke des neuen islamischen Weltreichs zu demonstrieren und sich so auch ihre Loyalität zu sichern?

Qasr el-Mshatta

Zu den bekanntesten Wüstenschlössern zählt **Qasr el-Mshatta** ❾, etwa 30 km südöstlich von Amman, das wohl während der kurzen Regierungszeit des Kalifen al-Walid II. (743-744) begonnen wurde und unvollendet blieb. 1903 schenkte der osmanische Sultan dem deutschen Kaiser Wilhelm II. die prachtvoll mit figürlichen Reliefs geschmückte Fassade, die seitdem ein Prunkstück des Islamischen Museums / Pergamonmuseums in Berlin ist. Deshalb ist das Ruinengelände heute kaum sehenswert.

★Qasr al-Kharane

Man verlässt Amman in südöstlicher Richtung auf einer gut ausgebauten Hauptstraße. Nach ca. 65 km sieht man an der rechten Straßenseite ★**Qasr**

JORDANIEN

al-Kharane ❿, ein 35 x 35 m großes zweigeschossiges Bauwerk mit runden Ecktürmen und Halbrundtürmen in der Mitte der Fassaden. Bei den äußeren Maueröffnungen handelt es sich nicht um Schießscharten, sondern um Belüftungen für die Innenräume. Von Süden gelangt man in die **Eingangshalle**. Links und rechts davon befinden sich zwei große Ställe oder **Lagerräume**. Vom quadratischen **Innenhof** aus sind drei abgeschlossene **Wohntrakte** zugänglich. Eine flache Treppe führt ins Obergeschoss, dessen Wohnräume miteinander verbunden sind, fast ein Labyrinth bilden und aufwändiger gestaltet sind als das Erdgeschoss. Von der Architektur spricht vieles für eine persische Karawanserei, doch vermutlich handelt es sich um einen originalomaijadischen Bau.

★★Quaseir Amra

Nach weiteren 5 km erreicht man ★★**Quaseir Amra** ⓫ (**Qusair Amra**; an der rechten Straßenseite), das 1898 der österreichische Beduinenforscher Alois Musil (1868-1944) entdeckt und die UNESCO zum Weltkulturerbe erklärt hat. An die dreischiffige **Audienzhalle** mit der Thronnische im Mittelschiff schließt sich ein **Badehaus** an mit Umkleideraum, Tepidarium (mit Hypokausten-System als Fußbodenheizung) und Schwitzbad. Heizraum, Lagerraum und Brunnenhaus sind von außen zugänglich. Über die Kombination Audienzhalle-Badehaus darf man sich nicht wundern, denn die Omaijaden haben in orientalischer Tradition Unterredungen oft im Bad geführt. Berühmt ist das frühislamische Quaseir Amra wegen seiner figürlichen ★★**Fresken** (Audienzhalle linke Wand: die „Große Badende", sechs Herrscher der Weltgeschichte und Jünglinge beim Sport; rechte Wand: Jagd- und Handwerksszenen). Die Fresken im Badehaus zeugen von großer Kenntnis der griechischen Mythologie und lassen einen Meister der sog. Madaba-Schule vermuten. Kunstgeschichtlich geradezu sensationell sind diese Wandmalereien wegen des islamischen Bilderverbots.

» **Karte S. 211, Info S. 238-239**

JORDANIEN

★Qasr Azraq

Von Quaseir Amra aus sind es noch ungefähr 50 km bis zur Oase **Azraq**, die schon im Neolithikum besiedelt war. Im Norden der Stadt liegt eine **Festung** aus schwarzem Basalt, deren Geschichte wechselvoll, aber gut bekannt ist: ★**Qasr Azraq** ⓬. Im 3./4. Jh. n. Chr. diente das Qasr als römische Grenzfestung. Im 8. Jh. ließ Kalif Walid II. die Anlage zu einem Jagdschloss mit Moschee im Innenhof umbauen. Später diente das Qasr als Stützpunkt für die Aijubiden im Kampf gegen die Kreuzritter (13. Jh.). Im Winter 1917/1918 hielt sich Thomas Edward Lawrence („Lawrence von Arabien") vor seinem Sturm auf Damaskus hier auf und beschrieb die schwere Basaltplatte des hinteren Tors.

Von Azraq aus kann man, um nicht den gleichen Weg zurück fahren zu müssen, die Hauptstraße nach Zarqa nehmen und unterwegs **Qasr Hallabat**, eine verfallene römische Festung, besichtigen.

Shaumari Wildlife Reserve

Südlich der Oase Azraq und der Sumpfgebiete des zur Vogelbeobachtung geeigneten **Azraq Wetland Reserve** liegt das 22 km² große **Shaumari Wildlife Reserve** ⓭. Mit Hilfe des World Wildlife Fund schuf hier die *Royal Society for the Conservation of Nature* ein Rückzugsgebiet für vom Aussterben bedrohte Wüstentiere. Neben Wildeseln und Straußen kann man v. a. **Oryxantilopen** beobachten – von einem Aussichtsturm oder noch besser mit einem Guide von einem Traktoranhänger aus.

★Madaba

Von Amman aus führt eine Hauptstraße ca. 30 km in südwestliche Richtung nach ★**Madaba** ⓮ mit rund 30 000 Einwohnern. Hier beginnt der **Königsweg** (Kings' Highway), eine alte Karawanenstraße, die durch eine atemberaubende Landschaft führt.

Madaba ist schon aus biblischer Zeit berühmt: Hier soll das Heer Davids die Ammoniter und Moabiter besiegt haben (1. Chronik 19,6-15). Im 6. Jh. n. Chr. erlangte Madaba Bedeutung als Bischofssitz und der berühmten Mosaikwerkstatt. Im 8. Jh. wurde die Stadt durch eine Erdbeben zerstört, das die Mosaiken der Kirchen unter Schutt und Asche legte, die so erst Ende des 19. Jh. wiederentdeckt wurden.

Berühmt ist die sog. ★★**Palästinakarte** in der ★**Georgs-Kirche**. Diese Karte ist geostet: sie stellt das heilige Land so dar, wie es Moses vom Berg Nebo aus gesehen haben soll, und diente als Orientierung für die Pilger der Wallfahrtsorte im Nahen Osten. Das Gebiet auf dieser Abbildung reicht von Nord-Ägypten bis Süd-Libanon. Im Zentrum der Karte sind Jerusalem (samt Stadtmauer und Toren), Jordan-

Oben: Wegen seiner figürlichen Fresken wurde Quaseir Amra zum Weltkulturerbe erklärt. Rechts: Die „Palästina-Karte" in der Georgs-Kirche von Madaba.

JORDANIEN

Graben und Totes Meer zu sehen. Die Ortsnamen sind in Griechisch – mit Schreibfehlern! – geschrieben, Tier- und Pflanzenabbildungen lockern das Gesamtbild auf.

400 m südlich der Georgs-Kirche findet man im ★**Mosaikmuseum** weitere Schätze dieser für das frühe Christentum bedeutenden Kunstgattung. Nähere Beachtung verdienen u. a. das **Banche-Satyros-Mosaik** und das **Messianische Mosaik**, bei dem Kalb und Löwe friedlich nebeneinander weiden. Skulpturen, Keramiken, Waffen, Schmuck und Trachten ergänzen die Sammlung.

Sehr ansprechend gestaltet ist der ★**Archaeological Park**, bei dem man von einem erhöhten Gang gut die Mosaiken studieren kann. Zum Komplex gehören auch die **Elias-Kirche**, die **Kirche der Jungfrau** und die **Hippolytus-Halle**.

Ein anderes berühmtes Mosaik befindet sich in der Ruine der **Apostelkirche** (an der Straße nach Kerak): das ★★**Thalassa-Mosaik**. Das runde Medaillon zeigt die Meeresgöttin, umgeben von allerlei Tieren und Pflanzen. Charakteristisch für die Madaba-Schule sind die plastischen Menschen- und Tierdarstellungen, die griechischen Einfluss widerspiegeln.

★Berg Nebo / Khirbet al-Mukhayyet

Etwa 10 km westlich von Madaba liegt der ★**Berg Nebo** ⓯. Hier soll Moses das Gelobte Land erblickt haben (ein Monument, das eine um das Kreuz gewundene Schlange darstellt, markiert die Stelle; hier soll er gestorben und begraben sein. Vom Berg Nebo hat man nicht nur eine einzigartige ★★ **Aussicht** auf Jordan-Tal und Totes Meer; hier blickt man auch auf 4000 Jahre Geschichte. Traurige Berühmtheit erlangte Nebo dadurch, dass König Mescha Mitte des 9. Jh. v. Chr. alle 7000 Bewohner der Stadt erschlagen ließ. Im 4. Jh. n. Chr. ließen sich hier ägyptische Mönche nieder, die ein **Kloster** gründeten. Die heute noch in den Grundmauern erhal-

» Karte S. 211, Info S. 238-239

tenen Kirchen mit den wundervollen ★**Mosaiken** der Madaba-Schule (s. o.) datieren aus dem 6. Jh. Wie Madaba verfiel auch dieser Ort im 8. Jh. Erst 1901 wurden die byzantinischen Kirchen auf den beiden Gipfeln des Berges von Alois Musil wiederentdeckt. Die spektakulären Funde veranlassten den Franziskaner-Orden zum Kauf des ganzes Berges.

Die ★**Mosaiken** in der **Klosterbasilika von Siyagha** zeigen wilde Tiere, Jäger, Traubenernte- und Weinkelter und eine Personifikation der Erde.

Unweit von Siyagha auf dem Hügel von **Khirbet al-Mukhayyet** (Khirbet el-Mekhayat) kann man in der **Kirche der hl. Lot und Prokop** weitere frühbyzantinische ★**Mosaiken** mit Motiven der Weinherstellung, Jagd- und Musikszenen bewundern.

★Hammamat Ma'in / Bethanien

Rund 25 km schlängeln sich die Serpentinen von **Ma'in** bis nach ★**Hammamat Ma'in** ⓰, 150 m unter dem Meeresspiegel, hinab. Die abwechslungsreiche Fahrt ist eindrucksvoll, nicht minder als die über 50 heißen und kalten Quellen, die schon in der Antike berühmt waren. So kurte Herodes der Große (37-4 v. Chr.) in dem wenige Kilometer entfernt gelegenen Kallirhoe (**Ain ez-Zara, Ain ez-Zerqa**), und nach dem jüdischen Historiker Flavius Josephus (Jüdischer Krieg VII, 6, 3) kam man nach Hammamet Ma'in, um ein „angenehmes, heilkräftiges und besonders für die Nerven zuträgliches Bad" zu nehmen. Das Wasser der 40° bis 60° C heißen **Thermalquellen** kommt aus 1200 m Tiefe und enthält u. a. Soda, Magnesiumbromid, Schwefel, Natrium und Kaliumchlorid, und soll u. a. Arthritis, Schuppenflechte und Rheumatismus heilen. Hauptattraktion der *Hot Springs* mit zugehörigem **Kurhotel** ist eine annähernd 35 m hohe, über Sinterablagerungen stürzende ★**Kaskade**, deren warmes Wasser sich in einem natürlichen Becken sammelt und dann zum Toten Meer hin abfließt – Badespaß ist dabei garantiert!

Geführte ★**Wanderungen**, u. a. entlang des Zerqa-Bachs hinab zum **Toten Meer**, organisiert die *Royal Society for the Conservation of Nature* im **Eco Sports Park** bei den Quellen.

10 km nördlich des Toten Meeres besuchen christliche Pilger die mutmaßliche **Taufstelle Jesu** am **Jordan** – das **Bethanien** ⓱ der Bibel, mit Resten frühchristlicher Kirchen und Taufbecken.

Mukawir / Qasr el-Meshneqeh

24 km südlich von Madaba zweigt beim Ort Libb die Straße nach **Mukawir** ⓲ ab, ein Dorf mit einer byzantinischen **Kirchenruine** und dem **Bani Hamida House**, einer Teppichweberei-Kooperative der hiesigen Beduinen.

Vom westlichen Dorfrand erblickt man den steil aufragenden Berg von **Qasr el-Meshneqeh** (auch **Qala'at el-Mishnaqa**), auf dessen Plateau sich die antike Burg Machärus mit dem Palast Herodes' des Großen (37-4 v. Chr.) ausbreitet. Die Festung diente bereits den Hasmonäern als wichtiges Bollwerk gegen die Expansion der Nabatäer und spielt auch im Neuen Testament (Matthäus 14,3-12) eine Rolle: hier soll Johannes der Täufer eingekerkert gewesen und auf Wunsch der Salome – nach ihrem Tanz vor König Herodes Antipas (4 v. - 39 n. Chr.) – enthauptet worden sein. Während des 1. Jüdischen Aufstands (66-73) kapitulierten die Besatzer gegen freien Abzug vor den Römern, die die Festung schleiften.

Imposanter als die Ruinen selbst, u. a. der **Palastthermen**, ist die fantastische ★**Aussicht** auf das Tote Meer.

★Umm ar-Rasas

Etwa 30 km südöstlich von Madaba breiten sich die Ruinen von ★**Umm**

Rechts: Mit Glück kann man im Wadi al-Mujib Nature Reserve Steinböcke beobachten.

JORDANIEN

ar-Rasas ⑲ aus, die die UNESCO zum Welterbe erklärte. Aufgrund spätantiker Quellen (Eusebius u. a.) und Mosaikinschriften in der Stephans-Kirche konnte der Ort mit dem römischen *Kastron Mefaa* identifiziert werden, diente also als römisches Fort (*Castrum*). Diese militärische Funktion behielt Umm ar-Rasas auch in der folgenden byzantinischen und islamischen Zeit, doch entwickelte sich die Stätte auch zu einem bedeutenden religiösen Zentrum mit mindestens 15 Kirchen.

Beeindruckendster Sakralbau ist neben der **Kirche des hl. Sergios** die ★**Basilika des hl. Stephanos**, ein dreischiffiges Gebäude mit Presbyterium (Altarraum) und Apsis. Sensationell war die Entdeckung eines inschriftlich auf das Jahr 756 datierten, 785 erneuerten und noch gut erhaltenen ★★**Mosaiks**, das insgesamt 27 Städte Palästinas abbildet (ähnlich wie Jerusalem auf dem berühmten Palästina-Mosaik in Madaba; s. S. 222). Das Kunstwerk bezeugt somit blühende christliche Zentren während des Beginns der Herrschaft der arabisch-muslimischen Abbassiden-Kalife (750-1258).

Bemerkenswert ist ferner ein treppenloser, ca. 15 m hoher quadratischer ★**Turm** 1,3 km nördlich des Stadtgebietes, der früher als Profanbau, heute jedoch meist als Plattform eines Styliten gedeutet wird. Säulenheilige genossen in frühbyzantinischer Zeit (4.-6. Jh.) im Nahen Osten (v. a. Syrien) als weltabgewandte Mönchsasketen hohes Ansehen bei Gläubigen und Pilgern.

★Wadi al-Mujib Nature Reserve

Bis zu 700 m tief grub sich der El-Mujib, während der Eisenzeit der Grenzfluss zwischen den Königreichen Ammon und Moab, in das westjordanische Felsplateau ein. Trotz des 2002 fertiggestellten Staudamms zählt der seit 1987 als ★**Wadi al-Mujib Nature Reserve** ⑳ bezeichnete Canyon, in dem man über 400 Pflanzenarten studieren und mit etwas Glück auch die vom Aussterben bedrohten **Syrischen Steinböcke** (*Capra ibex nubiana*) beobachten kann,

JORDANIEN

zu den eindrucksvollsten Landschaften Jordaniens.

Unvergesslich bleiben ★**Wanderungen** in der Wüstenschlucht, die am Visitor Center bei der **Wadi al-Mujib Bridge** (Route 65) ihren Anfang nehmen. Diese dauern – je nach Schwierigkeitsgrad – ca. 3-12 Stunden und können teils alleine (Siq Trail), teils nur mit Guides (z. B. Malagi Trail, Wild River Trail) unternommen werden.

★★Kerak

Von Madaba sind es weitere 90 km in Richtung Süden bis Kerak. Die Fahrt geht durch eine imposante Landschaft entlang einer berühmten Handelsstraße, dem ★**Königsweg** (**Kings Highway**). Woher diese Karawanenstraße ihren Name hat, ist nicht bekannt. Sicher ist nur, dass seit Jahrtausenden die verschiedensten Königreiche um die Beherrschung dieser wichtigen Route gekämpft haben. Schon im Neolithikum (8.-4. Jt. v. Chr.) gab es in den Tälern wegen des günstigen Klimas Siedlungen und Ackerbau. Als Handelsstraße wurde der sichere Königsweg der weiter östlich gelegenen **Wüstenstraße** (**Desert Highway**) vorgezogen, die ständig von räuberischen, nomadisierenden Stämmen bedroht war.

So blickt auch ★★**Kerak** ㉑ auf eine bewegte Geschichte zurück: In der Kreuzfahrerzeit war die **Burg** aufgrund ihrer strategisch wichtigen Lage unentbehrlich zur Beherrschung des südlichen Toten Meeres und der östlichen Wüstenstraße. 1142 ließ Payen le Bouteiller die uneinnehmbare Burg ausbauen. Im Belagerungsfall konnte man per Signalfeuer, die bis nach Jerusalem sichtbar waren, jederzeit Verstärkung anfordern. Ab 1170 ging der Kampf um die Festung zwischen Rainald de Châtillon, dem neuen, grausamen Burgherren, und Saladin, dem Begründer der Aijubiden-Dynastie, in die Geschichte ein. Der Kreuzfahrer hatte muslimische Karawanen und sogar Mekka bedroht.

Sultan Saladin unternahm zahlreiche Versuche, die Burg einzunehmen. Er war erst erfolgreich, nachdem er das christliche Heer 1187 bei den Hörnern von Hattin (s. S. 168) geschlagen hatte. Sein Bruder Adil ließ nach der Eroberung die Burg mit einem Zwinger und einem Palast ausbauen. Im 13. Jh. übernahmen die Mamelucken die Nachfolge der Aijubiden und ließen weitere Befestigungen errichten, u.a. Baibars' Bastion im Norden Keraks.

Bei der Besichtigung der ★★**Festung** können anhand des verwendeten Baumaterials fränkisch-kreuzfahrerzeitliche (rötlich-schwarzes Vulkangestein) und aijubidisch-mameluckische Bauphasen (gelblicher Kalkstein) unterschieden werden. Einen ausgezeichneten natürlichen Schutz bieten die tief eingeschnittenen und steil abfallenden Täler, das Wadi el-Franji im Westen und das Wadi es-Sitt im Osten.

Hinter dem **Haupttor** ❶ führen Stufen hinunter zur ca. 230 m langen und 20 m breiten **Unterburg**, in der die gewölbten unterirdischen und bis zu 80 m langen ★**Gänge** – beleuchtet durch runde Fenster mit bis zu 7 m Durchmesser – am eindrucksvollsten sind.

Das **Archäologische Museum** ❷ in einem Gewölbesaal zeigt Funde aus Kerak, byzantinische Grabsteine und Gläser sowie bronzezeitliche Keramiken aus Bab edh-Dhra am Toten Meer. Ein schönes aijubidisch-mameluckisches Element stellt die unterirdische **Iwan-Halle** ❸ weiter südlich dar.

Folgt man den Stufen aufwärts, sieht man in der ★**Oberburg** schon an der gegenüberliegenden Seite den aijubidisch-mameluckischen ★★**Donjon** ❹, den vierstöckigen, mit Schießscharten ausgestatteten Hauptturm der Burg. Mit seiner westlichen Fortsetzung, dem südlichsten Teil der Unterburg, erhebt er sich über einem rund 30 m breiten **Graben** ❺, der die Festung vom gegenüberliegenden Felssporn **Umm et-Telj** trennt. Ein restauriertes **Glacis** ❻ macht den darübergelegenen **Ma-**

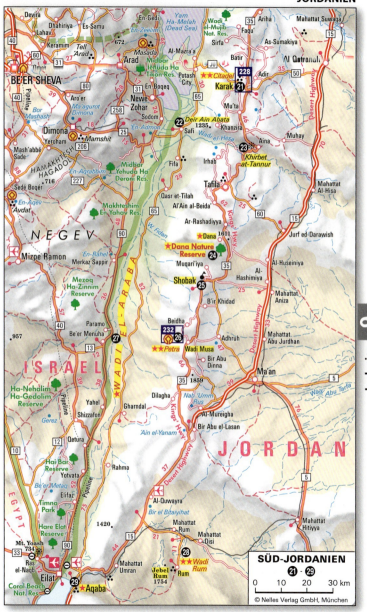

JORDANIEN

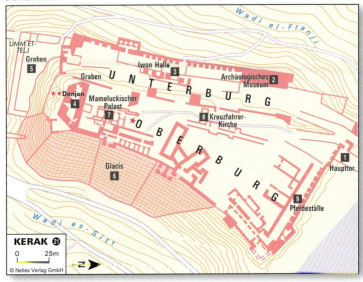

meluckischen Palast 7 mit großen Aufenthaltsräumen von der Ostseite nahezu unangreifbar.

Im Zentrum der trapezförmigen, ungefähr 180 m langen und 35 bzw. 75 m breiten Oberburg liegt die **Kreuzfahrerkirche** 8.

Der nordöstlich gelegene Komplex der **Pferdeställe** 9 diente auch als Vorratslager und Schlafstätte für niedere Bedienstete wie Knappen. Mehrere, auf das gesamte Burgareal verteilte **Zisternen** sammelten das von den Dächern laufende Regenwasser.

Deir Ain Abata (Höhle des Lot)

Im Ghor es-Safi (südliche Depression), nördlich des Orts Safi, liegt **Deir Ain Abata** 22, auch als **Höhle des Lot** bekannt. Ab 1988 legten Archäologen im Auftrag des British Museum (London) vor einer natürlichen Höhle eine dreischiffige Basilika des 7. Jh. mit einem schönen **Mosaikboden** frei, errichtet

Rechts: Die Festung von Kerak.

auf bronzezeitlichen bis nabatäerzeitlichen Siedlungsresten. Die Erwähnung des Lot auf einer Bauinschrift lässt auf ein frühbyzantinisches Pilgerheiligtum schließen, das im 8. Jh. aus unbekannten Gründen aufgegeben wurde.

Dem Alten Testament (Genesis 19, 30-38) zufolge zog sich Lot nach der Zerstörung der sündigen Städte Sodom und Gomorrha in eine Höhle zurück. In dieser machten ihn seine beiden überlebenden Töchter betrunken, damit er mit jeder von ihnen ein Kind zeuge. Die beiden Söhne, Moab und Ben-Ammi, wurden somit die Stammväter der Moabiter und Ammoniter (zur Vorgeschichte s. S. 191).

Khirbet at-Tannur

An der Südseite des **Wadi el-Hesa**, das während der Eisenzeit (10.-7. Jh. v. Chr.) die Grenze zwischen den Reichen Moab und Edom markierte, liegt exponiert auf einem kegelförmigen Berg **Khirbet at-Tannur** 23. Nach einem 30-minütigen Aufstieg erreicht man die

JORDANIEN

archäologische Stätte, Ruinen eines 7 v. Chr. geweihten nabatäischen **Tempels**, der aufgrund seiner exponierten Lage und ★**Aussicht**, fernab jeder Quelle und Siedlung, als Wallfahrtsort diente. Zentraler Bestandteil des Sakralbaus ist ein Schrein mit einem Altar inmitten eines rechteckigen Hofs, an den sich an der Nord- und Südseite mehrere Räume – z. T. mit Triklinien (Liegen für Festbankette) – anschließen.

★Dana Nature Reserve / Wadi Feinan

Von dem pittoresken, wahrscheinlich im 16. Jh. von Beduinen des Atateh-Stammes gegründeten Dorfes ★**Dana** am Königsweg bis hinunter in das Wadi al-Araba erstreckt sich das ★**Dana Nature Reserve** ㉔. Das über 300 km² große Naturschutzgebiet überwindet dabei eine Höhendifferenz von 1700 m und ist Lebensraum für rd. 600 Pflanzenarten und rd. 250 teils vom Aussterben bedrohte Vögel und Wildtierarten, darunter Geier, Hyänen Antilopen, Syrische Steinböcke und Wölfe.

Drei Eingänge führen in das Dana Nature Reserve, in dem man herrliche ★**Wanderungen** unternehmen kann: beim **Visitor Center** der *Royal Society for the Conservation of Nature* (RSCN) im Dorf, beim **Tower Entrance** (Aussichtsturm) am Rumman Camp und vom wesentlich tiefer gelegenen **Wadi Feinan** aus. Hier finden sich auch riesige Schlacken und Schächte, Zeugnisse einer bedeutenden bronze- und eisenzeitlichen Kupfererzverarbeitung.

Shobak (Shobeq)

Von Kerak aus folgt man dem Königsweg weiter ca. 120 km in südliche Richtung über Tafila nach **Shobak** ㉕ (**Shobeq**). Shobak ist nach Kerak die bedeutendste **Kreuzritterburg** Jordaniens. Die Lage auf einem natürlichen Bergkegel ist einmalig, allerdings ist die ab 1115 von Balduin I., König von Jerusalem, in Auftrag gegebene Festung mit Bad, Palast und Kirche (später Moschee) stark zerstört.

JORDANIEN

★★Petra

Der Besuch von ★★**Petra** ❷⓰ (Welterbe der UNESCO), der alten, durchschnittlich ca. 950 m hoch gelegenen Hauptstadt des Nabatäer-Reichs wird das beeindruckendste Erlebnis einer Jordanien-Reise werden. Man sollte mindestens einen ganzen Tag, besser mehrere Tage vorsehen – der weitläufige Talkessel lädt auch zu eindrucksvollen Wanderungen abseits der Besichtigungsrouten ein. Vom Desert Highway zweigt man bei Ma'an (ca. 200 km südlich von Amman) nach **Wadi Mousa** ab, einem kleinen Ort bei Petra.

Geschichte und Kultur Petras

Die **Nabatäer** waren ein Nomadenstamm aus Südarabien und wurden erst im 4. Jh. v. Chr. in der Gegend ansässig. Anfangs waren sie ausschließ-

Oben: Beduinin aus Siq al-Barid. Rechts: Der Zugang zu den Monumenten von Petra führt durch eine enge Schlucht, den Siq.

lich als Viehzüchter und Händler tätig (Asphalt vom Toten Meer nach Ägypen; Aromastoffe wie Weihrauch und Myrrhe von Südarabien zum Mittelmeer). Sie bauten zunächst weder Häuser, noch betrieben sie Landwirtschaft. Im Lauf des 2. Jh. v. Chr. entwickelten sie nach hellenistischem Vorbild eine Monarchie und dehnten ihren Machtbereich aus, der im 1. Jh. v. Chr. bis nach Damaskus reichte. Nie befestigten sie ihre Landesgrenzen; andere Völker, die auf ihrem Territorium lebten, wurden in ihrer kulturellen Eigenständigkeit geachtet. Als Händler bekamen sie jedoch zunehmend Konkurrenz durch die Ptolemäer (griechisch-makedonische Könige Ägyptens), die mit ihren Schiffen nun den Warentransport zwischen Südarabien und Mittelmeer dominierten.

63 v. Chr. wurde Petra von den Römern erobert, konnte sich aber durch Tributzahlungen freikaufen. Die Blütezeit Petras fiel in die späthellenistische und frührömische Zeit, als die Nabatäer in festen Häusern wohnten, monumentale Bauwerke schufen – freistehend oder als Fassaden in Felswänden – sowie lukrativen Handel, Ackerbau und Viehzucht betrieben. Die Stadt hatte damals etwa 30 000 Einwohner. 106 n. Chr. wurde Petra der römischen Provinz *Arabia* einverleibt und die Nabatäer zunehmend romanisiert.

Charakteristisch für die nabatäische Kultur ist die eigenwillige Verknüpfung altarabischer und hellenistischer Einflüsse. Berühmt ist die feine, hellrote **Keramik** mit variantenreicher, dunkelroter Bemalung. Bemerkenswert ist auch das ausgeklügelte **Wasserleitungssystem** zur Versorgung der Bewohner. Die nabatäische **Schrift** erinnert ans Aramäische und gilt als Vorläufer des kufischen Arabisch. Die ausgedehnten **Nekropolen** mit der vielfältigen und originellen Grabarchitektur geben noch Rätsel über den Totenkult auf. Ihre **Götter** verehrten die Nabatäer auf Kultplätzen und als steinerne gesichts- und figurlose Statuen in Felsnischen (Betyl). Erst in

JORDANIEN

römischer Zeit nahmen die Götter Gestalt an. Ihr Hauptgott Dhushara (Herr des Höhenzugs von Petra) war selbst Stein und wird mit Dionysos und Zeus gleichgesetzt. Die arabischen Göttinnen Allat und al-Uzza entsprechen Aphrodite und Venus. Shai al-Qaum galt als Beschützer der Karawanen und Qaus als Wettergott.

Nach dem Erdbeben von 363 wurde die Stadt fast völlig verlassen. Die römische Ostkirche ließ 446 in Petra eine Kathedrale weihen. Ein weiteres Erdbeben erschütterte 747 die Stadt. Seitdem war sie unbewohnt und vergessen, bis 1812 der junge Schweizer Reisende und Abenteurer Johann Ludwig Burckhardt auf der Suche nach dem Grabmal des Aaron die Stadt wiederentdeckte. Die Nachricht über den sensationellen Fund löste in Europa Mitte des 19. Jh. eine Reisewelle nach Petra aus.

2008 hat man hier ein **Nabatäerdorf** nachgebaut.

Foto: Kiedre (PhotoPress)

Besichtigung Petras

Im **Besucherzentrum** 1 werden die Eintrittskarten verkauft. Wer nicht gut zu Fuß ist, kann hier eine Kutsche mieten (Pferde dürfen nur noch für die kurze Strecke bis zum Schluchteingang benutzt werden).

Der Weg hinunter zur Stadt führt am **Obelisken- und Schlangengrab** 2 vorbei durch den eindrucksvollen ★★**Siq** 3, eine enge Schlucht mit 70 m hohen Felswänden. Der rote Sandstein ist mit gelben, grünlichen und blaugrauen Adern durchzogen. Hinter dem Damm kann man am linken Wegrand noch die Reste des alten Wasserleitungssystems erkennen, das aus der Mosesquelle gespeist wurde. Oben sieht man noch den Ansatz eines Bogens, der die Schlucht überspannte. Im Altertum war der Weg mit Steinplatten gepflastert. Unterwegs erkennt man an den Wänden spitzbogige Reliefs, sog. **Nefesh** (Seelen), die an Verstorbene erinnern sollten, und **Betyl** (Votivnischen), in denen Götterbilder standen.

Plötzlich öffnet sich die enge Schlucht und gibt den Blick frei auf die ★★**Khazne al-Firaun** 4 (Schatzhaus des Pharaos), das mit 25 m Breite und 40 m Höhe imposanteste Bauwerk Petras, von dem man nicht weiß, ob es ein Tempel oder ein Grab war (zahlreiche Namen der Monumente Petras sind freie Bezeichnungen der ersten Forscher oder der bis 1985 zwischen den Ruinen lebenden Halbnomaden). Seine reich gegliederte **Fassade** wurde vermutlich 1. Jh. n. Chr. direkt aus dem Fels gehauen. Die sechs Säulen mit floralen Kapitellen tragen eine mächtige Attika. Das Obergeschoss wird dominiert durch einen **Tholos** (Rundbau). Die Säulen links und rechts tragen einen sog. Gesprengten Giebel, eine architektonische Besonderheit Petras. Auf dem Tholos steht die 3,5 m hohe Urne, die einen „Pharao-Schatz" enthalten haben soll. Einschusslöcher an der Front zeugen von zahlreichen Versuchen, die Urne zu sprengen. Die Stufen führen durch die **Säulenvorhalle** in den 12 x 12m großen **Innenraum**.

» Plan S. 232–233, Info S. 238–239   231

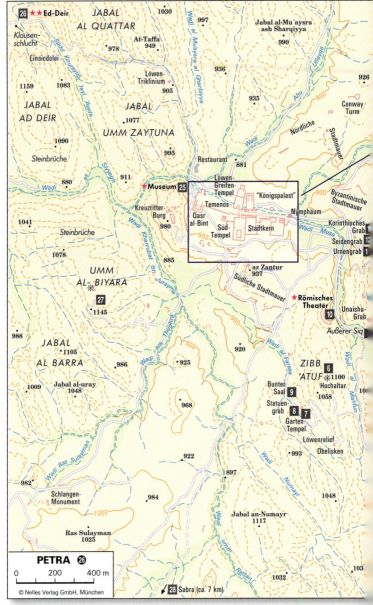

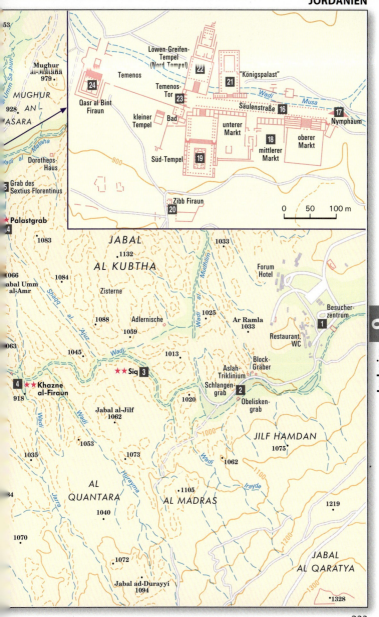

JORDANIEN

Nach rechts geht es weiter durch den **Äußeren Siq** 5, die Gräberstraße der **Theaternekropole**. Besonders an der rechten Felswand zeichnen sich die verschiedensten **Grabfassaden** (1. Jh. v. Chr.) ab, von denen man aber nur den oberen Teil zu sehen bekommt, da das Tal im Lauf der Zeit um einige Meter aufgeschüttet wurde. Von hier zweigt ein steiler Weg nach links zum 1100 m hohen **Zibb Atuf** 6 mit einem großen **Opferplatz** und zwei **Obelisken** ab. Der Weg hinauf ist anstrengend, aber die ★★**Aussicht** lohnt die Mühe.

Weiter nach Süden führt der Weg vorbei an Löwenrelief und Steinaltar zu **Gartentempel** 7, **Statuengrab** 8 und **Buntem Saal** 9, einem Triklinium, in dem das Totenmahl abgehalten wurde; der rot, blau und weiß gefärbte Sandstein verlieh ihm seinen Namen.

Das Ende des Äußeren Siq bildet das ★**Römische Theater** 10 aus dem 1. Jh. v. Chr., das etwa 8000 Besuchern Platz bot. Typisch römisch ist die halbrunde Form, während die Hanglage griechischen Einfluss verrät.

Von hier zweigt ein Weg nach rechts zur sog. ★★**Königswand** ab, deren Gräber des 1. und 2. Jh. n. Chr. vermutlich als letzte Ruhestätte der nabatäischen Herrscher waren. Die südlichste Fassade bildet das **Urnengrab** 11, dessen 17 x 18 m großer Innenraum die gesamte Farbpalette des hiesigen Sandsteins aufweist. 447 wurde dieses Grab zur Kathedrale von Petra geweiht.

Links davon schließt sich das **Bunte Grab** 12 (oder **Seidengrab**) an, so benannt wegen der bunten Maserung der Steinfassade mit Halbsäulen in einer Attika (Zone über dem Hauptgesims).

Heute sehr stark verwittert, ähnelt das zweigeschossige **Korinthische Grab** 13 (ohne korinthische Kapitele!) der Khazne al-Firaun mit Tholos und Gesprengtem Giebel.

Zu den größten Felsgräbern Petras zählt das riesige, klassizistisch anmutende ★**Palastgrab** 14 mit vier, bis zu 7 x 10 m große Säle im Inneren.

Oben: Die Königswand in Petra. Rechts: Eine aus dem Fels gehauene Urne krönt den Tempel Ed-Deir.

JORDANIEN

Die Reihe der Mausoleen beschließt im Norden das **Grab des Sextius Florentinus** 15 (130 n. Chr.), erbaut für den Statthalter der Provinz *Arabia*.

Den Beginn des einstigen Stadtzentrums, das eine **Kolonnadenstraße** 16 entlang des Wadi Musa in einen Nord- und einen Südteil trennt, markiert ein großes, sehr schlecht erhaltenes **Nymphäum** 17 (Prachtbrunnen).

In etwa drei gleich große Areale ist das **Forum** 18 (Marktplatz) geteilt. Neben dem **Süd-Tempel** 19 erhebt sich der **Zibb Firaun** 20 (Phallus des Pharao), eine einzelne, allen Erdbeben zum Trotz noch aufrecht stehende Säule.

Jenseits der Säulenstraße liegt neben dem sog. **Königspalast** 21 der **Löwen-Greifen-Tempel** 22 (auch **Tempel der geflügelten Löwen**), benannt nach den Kapitellen mit figürlichem Dekor.

Das dreibogige, 18 m breite **Temenos-Tor** 23 schließt die Kolonnadenstraße im Westen ab und bildet den Übergang vom profanen zum sakralen Bereich. Bedeutendster Bau des heiligen Bezirks ist der **Qasr al-Bint Firaun** 24 (Palast der Pharaonentochter), der eigentlich der Tempel des nabatäischen Hauptgottes Dhushara war. Die sechs Säulen der Vorhalle und die gewaltigen Mauern der Cella liegen in Trümmern wie auch der Altar.

Im ★**Museum** 25 von Petra kann man nabatäische, römische und byzantinische Keramiken, Gläser, Skulpturen, Reliefs und Metallobjekte studieren.

In nordwestlicher Richtung geht es einen etwas mühsamen, aber lohnenden Weg (Mieteselservice!) hinauf zu ★★**Ed-Deir** 26. Die 47 m breite und 43 m hohe Fassade des „Klosters" ist wahrlich gigantisch. Der nabatäische Tempel und der Platz davor wurden für Kult- und Festakte genutzt. Von einem ★**Aussichtspunkt** in der Nähe kann man das Wadi al-Araba vom Toten Meer bis Aqaba überblicken.

Unbedingt sollte man sich Zeit für ★**Wanderungen** (bzw. Pferde- oder Kamelritte) nehmen, auch wenn diese

Foto: Frank Stefan Becker

etwas beschwerlich sein können (am besten mit einheimischem Führer). Empfehlenswert ist z. B. der Aufstieg auf das 1145 m hohe Felsplateau **Umm al-Biyara** 27 mit Resten eines Tempels oder Palastes, von dem sich eine grandiose ★★**Fernsicht** bietet. Lohnend ist auch eine Tagestour durch das Wadi Umm er-Retam und Wadi es-Sugra zu den Ruinen der antiken Stadt **Sabra** 28.

★Wadi al-Araba

Das ★**Wadi al-Araba** 27 bildet die südliche Fortsetzung des Jordangrabens und die Grenze zum Negev in Israel (dort Wadi el-Arava genannt). Die bis zu 30 km breite Depression erstreckt sich über etwa 175 km zwischen Totem Meer und der Hafenstadt Aqaba (bzw. Eilat). Bei einer Fahrt durch die Halbwüste – auf der Route 65 – prägen malerische Schirmakazien und Tamarisken vor weithin kahlen Bergen das Landschaftsbild, nur unterbrochen von Beduinenzelten, zwei Tankstellen und kleinen Bewässerungsprojekten.

» **Plan S. 232-233, Karte S. 227, Info S. 238-239**

JORDANIEN

★★Wadi Rum

Vom Desert Highway zweigt 40 km nördlich von Aqaba die Straße ins ★★**Wadi Rum** ❷❽ ab. Die Landschaft ist von unermesslicher Schönheit: riesige verwitterte rote Sandsteinformationen in einer weiten Wüstensteppe. Entstanden ist dieses Naturwunder vor 30 Mio. Jahren, als gewaltige Verwerfungen die Gesteinsmasse aufbrachen und neben dem Golf von Aqaba und dem Jordan-Tal auch einzelne isolierte, in der Folgezeit stark erodierte Berge schufen.

Noch vor dem als Posten der Wüstenpolizei dienenden **Fort** am Fuß des 1754 m hohen **Jebel Rum** (beliebt bei Kletterern) sieht man links die Felsen der **Sieben Säulen der Weisheit**, wo schon Lawrence von Arabien 1917/1918 sein Lager aufgeschlagen hatte. Von hier organisierte der britische Agent, Archäologe und Militärberater den legendären Arabischen Aufstand gegen die Osmanen – in dem Spielfilm *Lawrence von Arabien* (1962) von David Lean genial in Szene gesetzt.

Heute findet vor der Kulisse der Sieben Säulen der Weisheit alljährlich im Juli das größte Technofestival des Nahen Ostens, **Distant Heat**, statt.

Im Dorf **Rum** gibt es ein kleines Rest House, und man kann Landrover oder Kamele für den weiteren Weg mieten. Im Tal findet man Spuren der Nabatäer: die Ruine eines **Tempels** der Göttin Allat aus dem 1. Jh. n. Chr. Die Felsen auf der anderen Seite des Dorfs sind berühmt für ihre ★**Prähistorischen Ritzzeichnungen**. Am späten Nachmittag lässt die Sonne zur Freude aller Fotografen die gelben und roten Farben der Felsen noch intensiver leuchten.

★Aqaba

335 km von Amman und 120 km von Petra entfernt liegt ★**Aqaba** ❷❾, Jordaniens einzige, sehr schnell wachsende

Oben: Das Wadi Rum fasziniert durch seine verwitterten, roten Sandsteinformationen. Rechts: Glasbodenboot im Golf von Aqaba, dessen Riffe auch Taucher anziehen.

JORDANIEN

Foto: Walter Bibikow (mauritius images)

und sich verändernde Hafenstadt am Roten Meer mit rund 130 000 Einwohnern. Berühmt sind vor allem die bizarren **Korallen** im Golf von Aqaba (bzw. Golf von Elat) und die artenreiche, bunte ★**Meeresfauna**. **Baden** und Wassersport, insbesondere **Schnorcheln** und **Gerätetauchen**, stehen daher hier an erster Stelle. Entlang der untermeerisch steil abfallenden Küste tummeln sich u.a. Riffbarsche, Papageienfische, Löwenfische und Engelsfische. Man kann die Farbenpracht der Unterwasser-Schönheiten aber auch trockenen Fußes im ★**Aquarium** oder bei der Fahrt mit einem **Glasboden-Boot** bestaunen.

Der **Strand** im Stadtbereich ist meist in Hotel- oder Privatbesitz, öffentlich kann man nur zwischen dem Museum und dem *Royal Yacht Club* baden, an den übrigen Abschnitten gegen Gebühr, z. B. im *Red Sea Riviera Beach Club* oder *The Royal Diving Center*.

Schon Nabatäer, Ptolemäer und Römer hatten die Vorzüge des Hafens für den Handel erkannt. Unter den Arabern erreichte Aqaba zudem Bedeutung als Etappe der Wallfahrer nach Mekka.

In der **Altstadt** blieb ein Stück orientalischen Charmes erhalten. Sehenswert ist die ★**Kreuzritterburg** (12. Jh.), die Sultan Saladin 1170 einnahm und die später in mameluckischem und osmanischem Besitz war. 1917 eroberte die Burg Prinz Faisal, der die Türken aus der Stadt und aus dem Land vertrieb und die heute noch regierende Dynastie der Haschemiten etablierte.Unweit der Burg befinden sich das **Visitor Center** und, in der früheren Residenz von Hussein ibn Ali (Scherif von Mekka und Urgroßvater des jordanischen Königs), das kleine ★ **Archäologische Museum** mit bronzezeitlichen, römischen und islamischen Exponaten.

Reizvoll ist ein Ausflug zur ★**Pharaoneninsel**, 7 km von Aqaba entfernt und bereits zu Ägypten gehörend (keine nennenswerten bürokratischen Hindernisse). Ziel ist die einst *Ile de Graye* genannte, von Balduin I. im 12. Jh. errichtete **Festung**. Zu dem restaurierten Komplex gehören u. a. ein Restaurant, eine Moschee und ein Schwimmbad.

» Karte S. 227, Info S. 238–239

JORDANIEN

UMM QEIS (GADARA)
Museum, Mi-Mo im Sommer 8-18 Uhr, im Winter 8-17 Uhr.

PELLA (TABAQAT FAHL)
Ausgrabungsstätte, tägl. im Sommer 7-17 Uhr, im Winter 7.30-16.30 Uhr.

GERASA (JERASH)
Ruinengelände, tägl. im Sommer 7-17 Uhr, im Winter 7.30-16.30 Uhr; Tickets im **neuen Visitors' Center** am Hadrians-Tor, Restaurant und Stadtmodell im **alten Visitors' Center** beim Südtor.
Museum, Sa-Mo, Mi 9-17 Uhr, Di 9-13 Uhr, Fr 10-14 Uhr.

Jerash Festival, jedes Jahr im August / September, zweiwöchiges Ereignis mit Konzerten, Theater, Literaturvorlesungen etc., nähere Infos: www.jerashfestival.com.jo.

AMMAN
Ministry of Tourism and Antiquities, Jebel Amman, Tel. 06-4603360, www.tourism.jo.
Fluginformation, Queen Alia Internat. Airport, Tel. 06/4453200.
Royal Jordanian Airlines (Alia), Reservierung und Tickets, Tel. 06/5678321, 06/4453333, 6/5100000.

Römisches Theater, tägl. 7 Uhr bis Sonnenuntergang.
Jordan Museum of Popular Tradition und **Folklore-Museum**, tägl. 9-16 Uhr, in den Seitenräumen des Bühnengebäudes des Römischen Theaters, Tel. 65100000.
Archäologisches Museum, Sa-Do 8-16.30 Uhr, Fr 10-17 Uhr, auf dem Zitadellenhügel.
King Hussein-Moschee, unregelmäßig für Touristen offen, im historischen Zentrum, Einmündung der Al-Saadi in die Al-Malek Talal.
King Abdullah-Moschee, Sa-Do 8-12 und 13.30-15 Uhr, Fr 8-11 Uhr, auf dem Jebel el-Weibdeh, Kreuzung Majlis Ummah St. / Salayman Nabulsi St.
Darat al-Funun, Sa-Mi 10-19, Do 10-20 Uhr, auf dem Südosthang des Jebel el-Weibdeh, www.daratalfunun.org.

Cairo, preiswerte und gute arabische Gerichte in angenehmer Atmosphäre, in der Nähe der King Hussein-Moschee in einer Seitenstraße der Al-Malek Talal Street.
Eco-Tourism - Rashid Courts Café, neben der empfehlenswerten Küche lockt der Balkon im ersten Stock, von dem man gut das Kommen und Gehen auf der Straße beobachten kann, in der Al-Malek al-Faisal Street.
Jabri, englischsprachige Speisekarte, unweit der Al-Malek al-Hussein Street / Ecke Al-Amer Mohammad Street.

Polizei: Tel. 06/4651048. **Notruf**: Tel. 192, 193. **Notarzt**: Tel. 199.

King Hussein Medical Centre, Wadi as-Sir, Suweilah, Tel. 06/5856856.
University Hospital, University St., Tel. 06/5353444.

AZRAQ WETLAND RESERVE

Vogelbeobachtung: Beste Zeit zur Vogelbeobachtung in dem Feuchtgebiet sind die Monate Dezember bis Februar und Mitte März bis Anfang Mai.

SHAUMARI WILDLIFE RESERVE
Oryxantilopen: Mit einem Local Guide lassen sich am besten die Wildtiere beobachten, die auch – wenn die Population im Naturschutzgebiet zu groß wird – in freier Wildbahn (v. a. im Süden Jordaniens) ausgesetzt werden.

TELL HISBAN
Ausgrabungsstätte, unregelmäßige Öffnungszeiten, meist 9-18,Uhr, sonst Schlüssel beim Wärter gegenüber dem Eingang.

MADABA
Mosaic Museum, Sa-Mo und Mi-Do 9-17 Uhr, Fr 10-14 Uhr, Ticket gilt auch für Archäologischen Park und Apostelkirche.
Archaeological Park, tägl., im Sommer 8-19 Uhr, im Winter 9-17 Uhr.

Haret Jdoudna, sehr gutes Restaurant mit einem Café, in dem mehrere Kunsthandwerker (Mosaiken, Silber, etc.) arbeiten, beliebt bei Reisegruppen, daher Reservierung empfeh-

JORDANIEN

lenswert, in der Nähe der Georgs-Kirche, Tel. 05-548650 / 548651.

BERG NEBO

Ausgrabungsstätte (Siyagha), tägl., im Sommer 7-19, im Winter 7-17 Uhr.

HAMMAMAT MA'IN

Thermalquellen (Hot Springs): Die Badeanlagen sind für Tagesbesucher (keine Hotelgäste) von 6-16 Uhr zugänglich. Eintritt zahlt man an der Straße oberhalb von Hammamat Ma'in. „Dusche" und Naturbecken unter der großen Kaskade sollten Frauen – wenn überhaupt – wie die Jordanierinnen nur komplett angezogen nutzen.

Wanderungen mit Guide im weiteren Umkreis der **heißen Quellen** organisiert die *Royal Society of the Conservation of Nature* (RSCN). Besonders empfehlenswert ist der Trek in der Schlucht des Zerqa-Bachs, der von Ma'in über die Hot Springs von Hammamat Ma'in hinab zum Toten Meer fließt.

WADI AL-MUJIB NATURE RESERVE

Wanderungen unterschiedlicher Dauer und Schwierigkeitsgrades beginnen am **Visitor Center** bei der **Wadi al-Mujib Bridge**; bei den meisten Trails nur mit Begleitung eines Guides der *Royal Society for the Conservation of Nature* möglich. In den Gebühren sind 10 % Unterstützungsbeitrag für die RSCN enthalten (jedoch keine Steuern).

KERAK

Kreuzfahrerburg, tägl., im Sommer 8 bis 19 Uhr, im Winter 8-17 Uhr.
Museum, 8-16 Uhr.

DANA NATURE RESERVE / WADI FEINAN

Wanderungen: Beste Zeit ist der Frühling, wenn in den unterschiedlichen Vegetationszonen die Pflanzen blühen. Auf mehreren Pfaden darf man allein gehen, die Besichtigung der Kupfermine im Wadi Feinan ist nur in Begleitung eines Führers möglich.

PETRA

Visitor Center, am Eingang zur Stadt bzw. zum Siq, Tel. 03-2157433, 7-17 Uhr, hier warten englischspr. Führer. Eintrittspreis: 50 Dinar (für in Jordanien Übernachtende).

Mehrere Hotel-Restaurants bieten gute, preiswerte Dinner-Buffets, z. B. das **Anbat I** und **Musa Spring**; gut, aber teuer ist das **Crowne Plaza** beim Visitor Center. Billiger isst man in den kleinen einfachen Lokalen im Zentrum von **Wadi Musa**.

WADI RUM

Die grandiose Felsszenerie des Wadi Rum kann man auf verschiedene Weise erkunden: bei einem **Kamelritt**, bei einer Fahrt mit dem **Jeep** oder – teurer – mit dem **Heißluftballon** am frühen Morgen oder am späten Nachmittag. Nähere Infos erhält man bei den Tour Operators in Aqaba.

AQABA

Tourist Information Office, Fr, Sa 8-14 Uhr, So-Do 7.30-16 Uhr, im Museum nahe der Burg, Tel. 03-2035360, www.aqaba.jo.

Museum of Aqaba Antiquities, tägl., im Sommer 8-19 Uhr, im Winter 8-17 Uhr.
Kreuzfahrerburg, tägl., im Sommer 8-17 Uhr, im Winter 8-14 Uhr, Eintrittskarte gilt für Museum und Festung.

Ali Baba, gute Vorspeisen sowie exzellente Fischgerichte und internationale Speisen, zentral nordöstlich der King Hussein-Moschee.
Syrian Palace, gute bodenständige Küche, Raghadan Street, in der Nähe des Souk.

Türkisches Bad, Dampfbad u. Massage (Frauen nur mit Voranmeldg.), Al-Malik al-Hussein Street, nahe Nairoukh 2 Hotel. **Janna Ladies Spa**, Hammam nur für Frauen, nahe Burger King, Tel. 03/205 1991. **Hammam Bab al Hara**, nur Männer, neben Pizza Hut, Tel. 079 966 3800.

Princess Haya el-Husein Hospital, Tel. 03/2012122 / 2014111.

ISRAEL

REISEVORBEREITUNGEN

Klima und Reisezeit

Israels Lage zwischen Mittelmeer und Wüste ist bestimmend für das Wetter im Land. Der Winter ist mild mit Regen, der Sommer ist trocken und heiß. Erste Niederschläge fallen im Oktober, der letzte feuchte Guss geht im April nieder. Vor allem zwischen Dezember und Februar kann es recht nass werden. Israels feuchtestes Gebiet liegt in Nord-Galiläa rund um Zefat und in Richtung Norden auf die libanesische Grenze zu; am Trockensten ist es in der Negev-Wüste zwischen dem Toten Meer und Eilat. Der Norden Galiläas hat rund 70 Regentage pro Jahr, in Jerusalem und den Judäischen Bergen regnet es rund 50 Tage jährlich, und im Negev kommen an etwa zehn Tagen nasse Schauer herunter.

Minustemperaturen sind im Winter selten. 7° C unter Null war die bisher tiefste gemessene Temperatur im Land. In den Bergregionen Nord-Galiläas fällt Schnee, und die Hügel tragen dann weiße Kappen. Neben dem Regen gehen öfter Hagelschauer nieder, die von Sturmböen begleitet sind. In der Regel aus Westen vom Mittelmeer her.

Der Sommer ist trocken und sehr heiß. Die heßesten Regionen des Landes sind das Wadi al-Araba und die Negev-Wüste, die Strände des Toten Meeres, die Jordan-Senke und das Tal von Bet She'an; die bisher höchste Temperatur von 54 °C wurde in dem – weit unter Meeresniveau liegenden – Jordan-Tal gemessen. In Jerusalem stieg die Quecksilbersäule bisher auf den höchsten Sommerwert von 44 °C. Regelmäßig wehen heiße Wind aus östlicher Richtung, die in Arabisch *Khamsin* und in Hebräisch *Sharav* heißen; dann hat man das unangenehme Gefühl, einen Haarfön ins Gesicht gehalten zu bekommen.

Die beste Reisezeit liegt in den Monaten April und Mai.

Jahresdurchschnittstemperaturen in °Celsius

Januar	21
Februar	23
März	26
April	31
Mai	35
Juni	38
Juli	39
August	39
September	36
Oktober	33
November	27
Dezember	22

Wasserdurchschnittstemperaturen

Monat	Mittelmeer	See Genezareth	Totes Meer	Rotes Meer
Jan.	18,0	17,0	21,0	22,0
Feb.	17,5	15,0	19,0	20,0
März	17,5	16,5	21,0	21,0
April	18,5	21,0	22,0	21,5
Mai	21,5	24,5	25,0	24,0
Juni	25,0	27,0	28,0	25,0
Juli	28,0	28,5	30,0	26,0
Aug.	29,0	29,5	30,5	27,0
Sep.	28,5	29,5	31,0	27,0
Okt.	27,0	27,5	30,0	26,0
Nov.	23,0	24,0	28,0	25,0
Dez.	19,0	21,5	23,0	24,0

Kleidung und Ausrüstung

Leichte Baumwollkleidung, bequeme, gut eingelaufene Schuhe und eine Kopfbedeckung gegen die Sonne gehören unbedingt ins Reisegepäck. Für kühle Wüstennächte oder bei Winterreisen in Israel leistet ein dicker Pullover wertvolle Dienste. Eine allzu freizügige Kleidung ist trotz der heißen Temperaturen nicht nur bei Synagogen-, Kirchen- oder Moscheebesuchen unbedingt zu vermeiden, sondern auch überall dort, wo die Bevölkerung eher konservativ ist, beispielsweise in der Altstadt von Jerusalem. Auf Shorts, kurze Röcke, ärmellose T-Shirts und Blusen

REISE-INFORMATIONEN ISRAEL

sollte man dort unbedingt verzichten, bzw. etwas zum Überziehen dabei haben.

Informationen

Informationen über Israel bekommt man bei den folgenden Institutionen:

In der Bundesrepublik Deutschland: **Staatliches Israelisches Verkehrsbüro**, Direktion für Deutschland und Österreich, Friedrichstr. 95, 10117 **Berlin**, Tel. 030/2039970, Fax 030/20399730, www.goisrael.de, info@goisrael.de.

Repräsentanz für **Nord- und Ostdeutschland**, Friedrichstr. 95, 10117 Berlin, Tel. 0180/54041 (bundesweite Servicenummer) oder 030/2039970.

Repräsentanz für **Süddeutschland**, Stollbergstr. 6, 80539 München, Tel. 089/2123860.

Repräsentanz für **Österreich**, Rossauer Lände 41/12, 1090 Wien, Tel. 01/3108174.

In der **Schweiz**: Offizielles Israelisches Verkehrsbüro, Lintheschergasse 12, 8021 Zürich, Tel. 01/2112344.

Einreisebestimmungen

Für die Einreise nach Israel ist ein noch mindestens sechs Monate gültiger Reisepass nötig. Deutsche Staatsbürger, die nach dem 1. 1. 1928 geboren sind, sowie Österreicher und Schweizer brauchen für einen Aufenthalt bis zu 3 Monaten kein Visum. Ansonsten das Visum bei einer **Botschaft** des Staates Israel zu beantragen. (Deutschland: Auguste-Victoria-Str. 74-78, 14193 Berlin, Tel. 030/89045500, http://berlin.mfa.gov.il).

Wer noch in andere arabische Länder reisen will, sollte sich den Einreise-Stempel auf einem separaten Blatt geben lassen (das Papier dann aber nicht verlieren). Hat man Einreisevermerke arabischer Länder (außer Ägypten und Jordanien) im Pass, ist mit einer Sicherheitsbefragung zu rechnen.

Wer länger als drei Monate im Land bleiben will, braucht eine Sondergenehmigung von einer der Dependancen des Innenministeriums. Adressen:

Jerusalem: Generali Building, Rehov Shlomzion Hamalka 1, Tel. 02-6290222;

Tel Aviv: Kiryat Hamemshala Tower, Visa Department, Menachem Begin Street 125, Tel. 03-7632500;

Haifa: 15 Palyam Street, Tel. 04-8633333. Öffnungszeiten für Visa jeweils So-Do 8-12.

Weiterreise nach Ägypten und Jordanien

Am Grenzübergang **Eilat/Taba** bekommt man nur ein **14-Tage-Visum für die Sinai-Halbinsel**; möchte man in andere Teile von **Ägypten** weiterreisen, ist das Visum schon vorab in der Heimat oder im ägyptischen Generalkonsulat in Eilat (15 US-$) zu besorgen – mit dem „Taba-Visum" darf man den Sinai nicht verlassen, es gilt auch nicht für das Tauchen im National Park Ras Muhammad bei Sharm El-Sheikh! Die Grenzstation ist 24 Stunden am Tag geöffnet (Informationen unter Tel. 08-6372104).

In **Deutschland** gibt es das Visum bei der Konsularabteilung der **Botschaft der Arabischen Republik Ägypten**, Stauffenberg Str. 6-7, 10785 Berlin, Tel. 030/47754740, www.aegyptische-botschaft.de, sowie bei den **Ägyptischen Generalkonsulaten** in 20148 Hamburg, Mittelweg 183, Tel. 040/4133260, und in 60322 Frankfurt, Eysseneckstr. 34, Tel. 069/9551340.

In **Österreich** bekommt man den Sichtvermerk im **Ägyptischen Konsulat**, Hohe Warte 52, 1190 Wien, Tel. 01/3708104/-06; in der **Schweiz** im **Ägyptischen Konsulat**, 3006 Bern, Elfenauweg 61, Tel. 031/3528012.

Ist man schon in **Israel**, erteilt die **Botschaft der Arabischen Republik Ägypten**, Tel Aviv, 54 Basel St., Tel. 03-5464151, das Visum für den Besuch des Nachbarlandes, und zwar So-Do 9-11 Uhr.

Mit israelischem **Leihwagen** darf man nicht nach Ägypten einreisen; Autos kann man im Taba Hilton knapp hinter der Grenze mieten.

REISE-INFORMATIONEN ISRAEL

Rafiah, eine weitere Grenzstation zwischen Israel und Ägypten (55 km südwestlich von Ashkelon), ist bis auf weiteres geschlossen.

Zur **Weiterreise nach Jordanien:** siehe Seite 249.

Währung / Geldwechsel / Devisen

Offizielles Zahlungsmittel ist der **Neue Israelische Schekel** (NIS). Halboffizielle Nebenwährung ist der US-$ – ein Zeichen, wie der Schekel im Heimatland eingeschätzt wird. Hohe Akzeptanz genießen die Kreditkarten der Firmen Eurocard, Visa und American Express. Geldautomaten für EC- und Kreditkarten sind weit verbreitet. Ein Schekel besteht aus 100 Agorot. Es gibt eine Ein-, eine Zwei-, eine Fünf- und eine Zehn-Schekel-Münze und Scheine über 20, 50, 100 und 200 Schekel.

Schekel sowie fremde Währungen dürfen in unbegrenzter Menge eingeführt werden, die Ausfuhr von Schekel hingegen unterliegt Restriktionen. Schekel können nur bis zu einer Höhe von 100 US-$ zurückgetauscht werden, es sei denn, man kann durch Quittungen nachweisen, dass man vorher im Land einen höheren Betrag aus einer Fremdwährung in Schekel getauscht hat.

1 Euro entspricht etwa 4,25 NIS, 1 US-$ etwa 3,80 NIS (Stand: Mai 2016).

Gesundheitsvorsorge

Impfungen sind für Israel nicht vorgeschrieben. Unverzichtbar ist vor allem im Sommer ein ausreichender Schutz gegen die Hitze; Sonnenöl mit einem hohen Lichtschutzfaktor, ein Hut gegen die Strahlen und eine gute Sonnenbrille sind unerlässlich. Regelmäßig sollte man auch den Tag über Wasser trinken, um einer Dehydration vorzubeugen. Eine Impfung gegen Hepatitis A (und eventuell auch B) sollte man generell für Reisen in südliche Länder erwägen. In der Regel kann man sämtliche Gerichte bedenkenlos essen.

Eine häufige Ursache für Reisedurchfall sind ungewohnte Darmkeime; vorbeugen kann man durch die Einnahme von Präparaten mit probiotischen Darmkeimen. Die „Reiseapotheke" sollte Mittel gegen Durchfall, Schmerztabletten, Mückenschutz, Desinfektionsmittel, Verbandsmaterial, Pflaster, Schere und Pinzette beinhalten; ebenso gegen Erkältung; alle besseren Hotels, viele Geschäfte und die Reisebusse haben Klimaanlagen, so dass man oft aus der Hitze schwitzend in eine sehr kalte Hotel-Lobby oder einen Laden kommt – Schnupfen, Husten, Heiserkeit sind unter solchen Bedingungen vorprogrammiert.

Alle Ärzte und Apotheker in Israel sprechen englisch.

REISEWEGE NACH ISRAEL

Mit dem Flugzeug

Israels internationaler Flughafen, der **Ben Gurion Airport**, liegt 15 km östlich von Tel Aviv und 50 km westlich von Jerusalem. Heimatlinie ist die El Al, die von Berlin, Frankfurt und München mehrmals pro Woche direkt und Nonstop nach Ben Gurion fliegt; aber auch die Lufthansa (täglich von Frankfurt) sowie die anderen großen europäischen Luftfahrtgesellschaften haben Direktflüge nach Israel. Die Flugzeit beträgt vier Stunden.

Unbedingt sollte man mindestens 2,5 Stunden vorher am Flughafen sein, da manchmal das gesamte Gepäck durchsucht wird; die Sicherheitskontrollen können über eine halbe Stunde dauern. Bei der Ausreise aus Israel wird man vom Sicherheitspersonal des Flughafens wieder befragt und das Gepäck kontrolliert, was ebenfalls eine halbe Stunde überschreiten kann und angesichts möglicher Terroraktionen verständlich ist – also auch zwei bis drei Stunden vor Abflug am Airport sein.

Fluglinien

Austrian Airlines, 1 Ben Yehuda St., Tel Aviv, Tel. 03-5115110.

REISE-INFORMATIONEN ISRAEL

El Al, 12 Hillel St., Jerusalem, Tel. 02-6770231. 32 Ben Yehuda St., Tel Aviv, Tel. 03-5261222. 5 Palyam St., Haifa, Tel. 04-8612600.

Lufthansa, Flughafen Tel Aviv, Tel. 03-9754050 u. 03-5135353.

Swiss, Tel. 03- 513 9000, außerhalb Tel Avivs 1-700-700-257

Auf dem Landweg

Die Einreise nach Israel auf dem Landweg ist von Jordanien und Ägypten möglich. Es gelten die normalen israelischen Einreisebestimmungen. (Zu den Grenzübergängen siehe oben unter Einreise/Visum.)

REISEN IN ISRAEL

Mit der Eisenbahn

Stündlich verkehren Züge von Tel Aviv die nördliche Mittelmeerküste hoch bis nach Nahariya nahe der libanesischen Grenze. Ebenso gibt es eine Linie nach Süden, die über Ashdod und Ashkelon bis nach Be'er Sheva fährt. Die Strecke nach Jerusalem ist landschaftlich besonders schön. Die Fahrpreise liegen unter denen der Busse. Die Waggons sind meist relativ neu und gut gepflegt.

Am **Sabbat** sowie an jüdischen Feiertagen verkehrt die Eisenbahn nicht. Gegen Vorlage des Studentenausweises gibt es 10 % Rabatt (Info unter Tel. 03-5774000 oder *5770 oder www.israrail.org.il/english).

Mit dem Bus

Busse sind in Israel das wichtigste öffentliche Verkehrsmittel zwischen den Ortschaften und Städten des Landes. Die Fahrpreise sind niedrig. Das größte Busnetz hat die landesweit operierende *Egged Line*. Auskunft zu Intercity-Buslinien, Tel. 03-6948888, www. egged.co.il/eng. Jerusalem: 8, Shlomzion St., Tel. 02-6221999). Der Linienverkehr wird bereits um fünf Uhr morgens aufgenommen und dauert bis in den Abend hinein. Die Hauptstrecken zwischen Jerusalem und Tel Aviv sowie nach Haifa werden gar bis 23.30 betrieben; in den drei genannten Metropolen verkehren die innerstädtischen Busse bis Mitternacht. Am **Sabbat** fahren von Freitagabend bis Samstagnacht keine Busse. Gegen Vorlage des Studentenausweises bekommt man 10 % Rabatt.

Mit dem Flugzeug

Die beiden Inlandsfluggesellschaften Arkia Israel Airline und Israir unterhalten einen Lufttaxiservice zwischen den Städten Tel Aviv, Jerusalem, Rosh Pina, Eilat und Haifa. Informationen: **Arkia Israel Airline**, Sde Dov Airport, Tel Aviv, Tel. 03-6902222; Reservation Center Tel. 03-6903712, So-Do 8-22, Fr 8-14 Uhr, Customer Service Department Tel. 03-6902210, So-Do 9-15 Uhr, www.arkia. com.

Israir, 23 Ben Yehuda St., Tel Aviv, Tel. 03-7955777, Reservierung Tel. 1-700-505-777, www.israir.co.il

Mit Taxi und Sherut

Taxifahrer sind per Gesetz verpflichtet, den Taxameter einzuschalten und dessen Werte als Berechnungsgrundlage zu nehmen. Bei längeren Strecken kann man eine Pauschale aushandeln. Wer mit einem Taxi ins Westjordanland fährt, sollte sich einem arabischen Chauffeur anvertrauen, der seinen Sammelplatz am Damaskus-Tor in Jerusalem hat. Taxis winkt man einfach an der Straße heran.

Sheruts sind Sammeltaxen, die losfahren, wenn alle 7-10 Plätze besetzt sind, und die im wesentlichen den Busrouten folgen; alle größeren Orte Israels sind mit Sheruts zu erreichen. Die Preise liegen etwas über den Bustarifen.

Am **Sabbat** verlangen Taxis einen Aufpreis.

Mit Mietwagen / Verkehrsregeln

Israel ist problemlos mit per Leihwagen zu erkunden. Die Straßen sind in der Regel gut, und es gelten im wesentlichen die gleichen Verkehrsregeln

REISE-INFORMATIONEN ISRAEL

wie in Europa. Einen Leihwagen kann man bereits in Deutschland bei den international operierenden Anbietern vorbestellen. Man steigt am Ben Gurion Airport ins Auto und fährt los.

Wesentlich billiger, teilweise bis zu 50 %, sind lokale Anbieter; in Tel Aviv reihen sich am nördlichen Ende der Tayelet-Strandpromenade, die dann in die Hayarkon Street übergeht, viele kleine örtliche Anbieter aneinander, die sich mit ihren Preisen zu unterbieten versuchen.

Bevor Sie mit einem Mietwagen in die palästinensischen Gebiete reisen, sollten sie unbedingt genau klären, ob die KFZ-Versicherung für die jeweilige Fahrtroute alle Schadensfälle abdeckt; ob bestimmte Gebiete problemlos mit einem israelischen Mietwagen befahren werden können und wie die Sicherheitslage im allgemeinen ist.

Wer ab April/Mai unterwegs ist, sollte auf das Funktionieren der Klimaanlage achten, sonst wird eine Fahrt durch den Negev nach Eilat zur Saunatour.

In Israel herrscht Rechtsverkehr. Wer von rechts kommt hat – falls nicht durch Schilder anders angezeigt – Vorfahrt. Innerorts beträgt die Höchstgeschwindigkeit 50 km/h, außerorts 80 km/h, Autobahnen 90 oder 100 km/h. Promillegrenze: 0,1; Abblendlicht am Tag ausserhalb von Ortschaften von November bis Ende März. An weiß-blauen Markierungen darf man parken (teils gebührenpflichtig: Parkschein vom Automat oder Kiosk). An rot-weißen Markierungen herrscht Halteverbot.

Hinweisschilder sind englisch und hebräisch, oft auch arabisch beschriftet. Auf touristische Zielpunkte weisen orange-rote Schilder hin.

Der *Automobile and Touring Club of Israel* (MEMSI) ist sowohl der *Federation Internationale de l'Automobile* (FIA) als auch der *Alliance Internationale de Tourisme* (AIT) angeschlossen und steht damit in Verbindung mit den weltweit führenden Automobilclubs.

Mitgliedern der deutschen Automobilclubs wird vom israelischen Gegenstück (MEMSI) Hilfe geleistet. Von 8-17 Uhr sind Straßenwachtwagen unterwegs, Abschleppen bis 25 km ist kostenlos, nach 17 Uhr wird eine Gebühr fällig. Adressen: **Tel Aviv**: 20 Harakevet St., Tel. 03-5641122;
Jerusalem: 31 Ben Yehuda St., Tel. 02-6259711/2.
Haifa: 1 Nevi'im St., Tel. 04-8667820.
Notruf: 03-5641111.

PRAKTISCHE TIPPS

Alkohol

In Israel keltern eine Reihe von Winzergenossenschaften hervorragende **Weiß- und Rotweine** (u. a. *Merlot*, *Syrah*, *Cabernet*, *Sauvignon Blanc*), so dass man auf teure Importware verzichten kann. Gut sind v. a. die Rothschild-Weine aus der Karmel-Region südlich von Haifa, sowie die Weine von den Golan-Höhen.

Auch das im Land gebraute **Bier** ist trinkbar (u. a. *Goldstar* und *Maccabi*; besser verträglich ist *Taybeh*) und am Ende eines heißen Tages ein beliebter Durstlöscher.

Bars und Restaurant schenken auch Cognacs und andere **hochprozentige Alkoholika** aus. Grappa, Brandy und Arack stammen oft aus einheimischer Produktion; eingeführte Spirituosen sind relativ teuer.

Apotheken

Apotheken mit einem europäischen Standards entsprechenden Angebot findet man auch noch in jeder kleineren Stadt. Da die internationalen Pharmakonzerne auch für und in Israel produzieren, kann der Markenname des Medikamentesallerdings vom heimischen Produkt abweichen. Wer also auf ein bestimmtes Medikament angewiesen ist, sollte sich sicherheitshalber von seinem Apotheker eine Liste der Inhaltstoffe geben lassen, bzw. die Packungsbeilage mitnehmen. Alle Apotheker sprechen englisch.

REISE-INFORMATIONEN ISRAEL

Archäologische Ausgrabungen

Wer im Zuge seines Urlaubs tiefer in die Geschichte und Kultur des Landes eintauchen und selbst an einer archäologischen Grabung teilnehmen möchte, wende sich zur näheren Information (einzelne Grabungsprojekte, Kosten etc.) an: www.mfa.gov.il.

Einen sehr guten Überblick über zu besichtigende archäologische Stätten gibt: **www.biblewalks.com**.

Banken

Auch der kleinste Ort verfügt über eine Bank, wo Reise- und Euroschecks eingelöst werden können und man auch mittels Kreditkarte Bargeld sowie US-$ oder auch Euro bekommt.

Botschaften in Israel

Deutsche Botschaft, Daniel Frish Street 3 (19. Stock), Tel Aviv, Tel. 03-6931313, www.tel-aviv.diplo.de.
Österreichische Botschaft, Beit Crystal Hachilason Str. 12 (6. Stock), Ramat Gan, Tel. 03-6120924, www.austrian-embassy.org.
Östereichisches Konsulat, 2, Hanamal Street, Haifa, Tel. 04-8610610.
Schweizer Botschaft, 228 Rehov Hayarkon, Tel Aviv, Tel. 03-5464455.

Einkaufen

Zu den lohnenden Mitbringseln gehören Schmuck und Diamanten, Antiquitäten und Orientteppiche, Silber-, Kupfer- und Lederartikel, Gemälde, Skulpturen, Keramik und religiöse Devotionalien, die Judaica.

Die Ausfuhr von Antiquitäten – und dazu zählt jeder Gegenstand, der vor 1700 datiert – ist verboten, es sei denn, man ist im Besitz einer Ausfuhrgenehmigung des Kultusministeriums. Die möglichen Objekte müssen dem *Department of Antiquities* im Rockefeller Museum, Suleyman Street, Jerusalem (an der Nordwestecke der Altstadtmauer), vorgelegt werden; unter der Nummer 02-6204624 kann man einen Termin vereinbaren.

Elektrizität

In Israel wird Wechselstrom mit einer Spannung von 220 Volt verwendet. Die Steckdosen sind dreipolig, so dass in Mitteleuropa verwendete Stecker nicht passen. Wer also Haarfön oder Elektrorasierer in Betrieb nehmen will, sollte einen Adapter von zuhause mitbringen oder sich im Land einen Adapter (Englisch: *Plug*) besorgen.

Essen und Trinken

Die hygienischen Verhältnisse sind im ganzen Land sehr gut. Das Wasser aus den Leitungen ist ohne Probleme trinkbar. Wer trotzdem Vorsicht walten lassen will, sollte, wie generell im Orient, auf grüne Blattsalate, geschältes Obst, rohes Gemüse, Mayonnaise, Speiseeis und Eiswürfel verzichten.

Festivals und Veranstaltungen

Jedes Jahr im Juni findet das **Israel-Festival** mit Schwerpunkt in Jerusalem statt, doch kommen Veranstaltungen auch in den römischen Theatern von Caesarea und Bet She'an auf die Bühne, Konzerte mit bekannten Ensembles und namhaften Dirigenten treten in Tel Aviv und anderen Orten Israels auf.

Alljährlich findet während des **Passah-Festes** im Kibbuz En Gev am See Genezareth das mittlerweile berühmte **En Gev Music Festival** mit klassischen Musik- und Folkloredarbietungen statt.

Alle drei Jahre nehmen weltweit Harfenspieler am **International Harp Contest** teil, und ebenfalls alle drei Jahre findet das **Zimriya**, das internationale Chor-Festival statt. Im April jeden Jahres steht in Tel Aviv der **Rubinstein-Wettbewerb** an, der von jungen Pianisten aus aller Welt besucht wird.

Spring in Jerusalem und **Spring in Tel Aviv** sind Frühlingsfeste, in denen Musik, Theater, Tanz und Folklore im Mittelpunkt der Veranstaltungen stehen. Alljährlich zum Unabhängigkeitstag gibt es überall Straßenfeste und eine Vielzahl anderer Veranstaltungen. Jedes Jahr im März findet in Jerusalem die Internationale Buchmesse statt, die größte und bedeutendste des gesamten Nahen Ostens.

Haifa ist bekannt für seine **International Flower Show** (Floris), die gesamte Stadt ist dann ein einziges Blütenmeer. Beim **Internationalen Folklore-Festival** strömen Künstler- und Musikgruppen aus aller Welt in die Hafenmetropole.

Filmen und Fotografieren

Filme sind in Israel teurer als in Deutschland. Das Fotografieren von militärischen Anlagen ist untersagt. Bei der Mitnahme einer **Video-Kamera** muss diese angemeldet werden; je nach Wert kann der Zoll eine **Kautionshinterlegung** in Höhe der Zollgebühren (bis zu 500 US-$) verlangen; einfacher ist die Deklaration, wenn man über eine Kreditkarte verfügt, die dann belastet wird. Bei der Ausreise wird die Kaution zurückerstattet. Man sollte beim Fotografieren oder Filmen Takt und Respekt walten lassen; v. a. bei orthodoxen Juden und Muslimen.

Kibbuz- und Moshav-Einsätze

Wer unbedingt einmal in einem Kibbuz arbeiten möchte – was in den vergangenen Jahrzehnten im Zuge moralischer Wiedergutmachungsbestrebungen bei deutschen Nachkriegsjugendlichen sehr populär war, heute jedoch etwas aus der Mode gekommen ist – erhält unter der folgenden Adresse Informationen aller Art: **United Kibbuz Movement** (Takam), www.kibbutz.org.il.

Kur- und Thermalbäder

Das trockene Klima rund um das Tote Meer ist ideal für Patienten, die unter Hautkrankheiten aller Art wie Schuppenflechte, allergische Ekzeme, Weißfleckenkrankheit, Akne, Rheuma etc. leiden. Hier einige Adressen: **En- Gedi-Thermalquellen**, www.ein-gedi. co.il; **Esprit Spa** im Isrotel, 86980 Dead Sea, Tel. 08-6689666.

Naturschutz und Nationalparks

Die israelische Naturschutzgesellschaft heißt Society for the Protection of Nature in Israel (SPNI). Wer sich über die Aktivitäten dieser Institution informieren möchte, kann dies unter www.aspni.org tun.

Wen es zu tatkräftiger Mithilfe beim Naturschutz zieht, der kann in Israel einen Baum pflanzen. Informationen erteilt der Jüdische Nationalfonds e. V. (Keren Kayemeth Leisrael), unter www.jnf-kkl.de oder in den Dependancen: Hohenzollerndamm 196, 10717 Berlin, Tel. 030/8834360; Kaiserstraße 28, 40479 Düsseldorf, Tel. 0211/49189 0; Liebigstraße 24, 60323 Frankfurt/M, Tel. 069/971402-0; Luisenstraße 27, 80333 München, Tel. 089/594482.

Insgesamt gibt es in Israel derzeit 42 Nationalparks (www.parks.org.il), die archäologisch oder landschaftlich interessante Regionen umfassen. Dazu gehören etwa die Ausgrabungsstätten von Megiddo, Caesarea, Bet She'an, Masada etc. Für die 42 Parks gibt es die Green Card, mit der man in einem Zeitraum von zwei Wochen alle Reservate besuchen kann. Man spart sehr viel Geld beim Erwerb dieser zentralen Eintrittskarte, die an jedem Kassenhäuschen gekauft werden kann.

Notruf

Magen David Adom (Roter Stern Davids, das israelische Pendant zum Roten Kreuz, Rettungswagen): Tel. 101; **Polizei**: 100; **Feuerwehr**:102.

Öffnungszeiten

Banken: Unterschiedlich, aber vor allem vormittags bis ca. 14 Uhr (außer samstags), Fr bis 12 Uhr, Mo und Do auch 15.30-17 Uhr. An fast allen Banken gibt es Geldautomaten, die EC-Karte oder Kreditkarte akzeptieren.

Geschäfte: in der Regel von 8-13 und von 16-19 Uhr geöffnet. Freitag und vor Feiertagen schließen die Läden um 14 Uhr.

Post: 8-12.30 und 15.30-18 Uhr.

REISE-INFORMATIONEN ISRAEL

Hauptpostämter sind durchgehend geöffnet. Am Sabbat sind alle Postämter geschlossen.

Post

Israelische Postämter erkennt man an einem Logo, das einen springenden Hirsch auf rotem Untergrund zeigt. Briefkästen für innerstädtische Sendungen sind gelb, für Briefsendungen nach außerhalb rot.

Presse

Alltäglich erscheinen weit über 20 Tageszeitungen, manche in englischer Sprache. Renommiertestes Blatt ist die *Ha'aretz*, die am Freitag mit einer dicken Wochenendbeilage auf den Markt kommt, in der auch die Programme für Theater, Kino, Konzerte und das Fernsehen abgedruckt sind. Samstags erscheint sie nicht.

Einzige deutschsprachige Tageszeitung sind die *Israel-Nachrichten* (auch online: www.israel-nachrichten.de).

Deutsche Zeitungen und Magazine erscheinen mit ein bis zwei Tagen Verspätung auf dem Markt.

Sicherheit

Informieren Sie sich vor Reiseantritt unbedingt beim Auswärtigen Amt (**www.auswaertiges-amt.de**) über die aktuelle Sicherheitslage, da sich diese sehr schnell ändern kann!

Die Sicherheitslage ist oft angespannt. In der Vergangenheit ist es zu Anschlägen in öffentlichen Bussen und an viel frequentierten Orten gekommen. Meiden Sie Menschenansammlungen und Demonstrationen, besonders in Jerusalems Altstadt, und an Freitagen den Tempelberg.

Bei Aufenthalten im unmittelbaren **Grenzgebiet zum Gaza-Streifen** wird zu erhöhter Vorsicht geraten. Es wird empfohlen, sich vor Ort über die Lage von Schutzräumen und das Verhalten bei Raketenangriffen zu informieren. Auf der Website der Deutschen Botschaft Tel Aviv sind unter der Rubrik „Konsularischer Service, Nothilfe für Deutsche" Infos der israelischen Behörden mit **Verhaltenshinweisen in Krisensituationen**, u. a. bei Raketenangriffen, eingestellt (**www.tel-aviv. diplo.de/krisenvorsorgeliste**).

Von Reisen in den **Gaza-Streifen** ist abzuraten. Reisen in die Westbank – abgesehen von Bethlehem, Jericho und Ramallah – können mit einem erhöhten Risiko verbunden sein (s. S. 85).

Von Aufenthalten im **Grenzgebiet zu Syrien und Libanon** ist abzuraten, ebenso von Fahrten entlang der **israelisch-ägyptischen Grenze**.

Vor Taschendieben sollte man sich besonders in der Altstadt von Jerusalem und am Ölberg in Acht nehmen; vor allem Kinder und fliegende Händler sind sehr geschickt (aber nicht gewalttätig).

Nächtliche Spaziergänge in den arabischen Städten sind nicht zu empfehlen – man ist dann mehr oder weniger allein auf dunklen Straßen.

Für eine Fahrt mit dem **Mietwagen** in die Westbank (in den Gaza-Streifen darf man gar nicht mit Mietwagen einreisen) sollte man bei einem arabischen Autoverleiher mieten, da deren Versicherung auch für die autonomen und besetzten Gebiete gilt (z. B. Petra, Tel. 02-5820716 oder Good Luck Rent-a-Car, Tel. 02-6277033. Beide liegen an der Hauptstraße von Shuafat im Norden Jerusalems). Vor einem Besuch dieser Gebiete empfiehlt sich ein Anruf bei der Tourist Information, um sich über die aktuelle Situation zu informieren.

Geführte **Tagestouren in die Westbank** (auf englisch) bietet von palästinensischer Seite Herr Abu Hassan an, mit Sitz im Jerusalem Hotel an der Nablus Road im Ostteil von Jerusalem (Tel. 02-6283282 oder 052-2864205).

Sport

Folgende Institutionen informieren über sportliche Betätigungen:

Bergsteigen: **The Israeli Alpine Club**, POB 1572, Hod Hasharon 45115, Noam Weiss, Tel. 054-4581668.

REISE-INFORMATIONEN ISRAEL

Drachenfliegen, Ballonfahren und Paragliding: **Aero Club of Israel**, 67 Hayarkon Street, Tel Aviv 61263, Tel. 03-5175038, office@aeroclub.org.il; **Israel Paragliding Association**, 120 Eliyahu Saadon St., 60200 Or-Yehuda, Tel. 03-5338002, ipa@actcom.co.il.

Golf: **Ga'ash Golf Club**, Tel. 09-9515111; **The Israel Golf Federation**, Caesarea, www.israelgolffed.org.

Reiten: **Israel Equestrian Federation**, Wingate Institute, Netanya 42902, Tel. 09-8850938

Segeln: **The Israeli National Yacht Club**, Tel. 054-4822946, info@sailing-union.org.il; Hinweise zum Segeln gibt der **Yacht Club Sdot Yam**, Tel. 04-6364394 oder die **Marina in Tel Aviv**, Tel. 03-5272596. Treffpunkt zahlreicher Segelfreunde ist die Segelregatta in Haifa, die alle 2 Jahre stattfindet.

Tennis: **Israel Tennis Center**, www.tennis.org.il, Tel. 03-6456655.

Eine **Liste aller Vereine** mit Telefonnummern findet man unter: www.science.co.il/Sports-Associations.asp

Sprache

In Israel sind Hebräisch *(Ivrit)* und Arabisch die beiden Amtssprachen. Die meisten Israeli sprechen gut Englisch, das als Handels- und Zweitsprache dient. Auch Französisch ist weit verbreitet, ebenso Russisch, Rumänisch und Amharisch (eine äthiopische Sprache). Außerdem sprechen rd. 100 000 Israelis Deutsch als Muttersprache.

Telefon / Internet

Fast alle **öffentlichen Telefone** sind Kartentelefone. Nur selten findet man noch die ältere Bauart, für die man einen Chip *(Asimonim)* benötigt. Die *Telecard* bekommt man auf Postämtern und an Kiosken. An manchen öffentlichen Telefonen kann man mit Kreditkarte telefonieren. Auch viele Läden und Kioske bieten Münztelefone. Mobilfunkstandards: GSM 900/1800/3G.

Vorwahl Israel: 00972.

Viele Cafés und die Filialen von „Aroma Espresso Bar", „Arcaffe", „McDonald's" und „Yellow" bieten kostenlosen **WiFi/WLAN-Zugang**.

Trinkgeld

Man gibt in Hotels, Restaurants, Bars und Kneipen ein Trinkgeld von etwa 10 %. Sherut-Fahrer bekommen kein Trinkgeld, bei Taxifahrten ist Trinkgeld eigentlich nicht üblich, wird aber freudig akzeptiert. Dienstleistungen aller Art sollte man ebenfalls mit einem kleinen Geldbetrag honorieren.

Zeit

MEZ + 1 Stunde. Die Sommerzeit, die von Mitte April bis Mitte September dauert, ist der mitteleuropäischen Zeit um zwei Stunden voraus.

Zoll / Ausreise

Zollfrei eingeführt werden dürfen 1/4 Liter Parfüm, 2 Liter Wein und 1 Liter Spirituosen sowie 250 Gramm Tabak oder 250 Zigaretten. Geschenke dürfen eine Gesamtwert von 125 US-$ nicht überschreiten.

Nicht eingeführt werden dürfen Frischfleisch, Früchte, Bücher oder Zeitschriften aus arabischen Ländern, Waffen, Messer, die auch als Waffe zu benutzen wären, pornografische Produkte und Narkotika.

Bei der **Ausreise** nach **Jordanien** wird eine **Steuer** von 70 bis ca. 150 NIS fällig, je nach Grenzübergang.

Bei der **Wiedereinreise nach Deutschland** dürfen pro Person 200 Zigaretten, 1 l alkoholische Getränke mit mehr als 22 Vol.-%, sowie Waren im Wert von 59 Euro eingeführt werden. Streng verboten ist die Einfuhr von Produkten aus geschützten Tieren oder Pflanzen nach dem Washingtoner Artenschutzabkommen.

JORDANIEN

REISEVORBEREITUNGEN

Klima und Reisezeit

Jordanien liegt in der Übergangszone vom winterfeuchten Mittelmeerraum (Westjordanien) zu den Wüstengebieten. Mittelmeerklima überwiegt, aber die klimatischen Unterschiede zwischen den Landesteilen sind beträchtlich.

Als beste **Reisezeit** gelten die Monate April und Mai, September und Oktober.

Im Sommer von Juni bis September ist es sehr heiß, in den Tälern bis über 34 °C, im Jordan-Tal, in Aqaba am Roten Meer und im Wadi Rum bis zu über 40 °C. Dazu ist es sonnig und sehr trocken, doch wird am Abend meist wesentlich angenehmer, auch auf dem Hochplateau.

Die Winter sind eher mild mit geringer Luftfeuchtigkeit und Temperaturen z. B. in Amman von etwa 8-15 °C (um die Mittagszeit höher). Schnee findet man in der Regel in den höheren Lagen, die Täler sind mild. In Aqaba am Roten Meer ist es meist warm bei ca. 18-24 °C.

In der Wüste und auf dem Basaltplateau fallen im Winter die tagsüber angenehmen Temperaturen nachts stark ab.

Jordanische Botschaft im Heimatland

Deutschland: Heerstraße 201, 13595 Berlin, Tel: 030-369 96 00, Fax: 030-36996011, Visaabt.: Tel: 030-36 99 60 43, www.jordanembassy.de
Honorarkonsulate: in Düsseldorf, Hannover, München, Wiesbaden, Hamburg.
Österreich: Rennweg 17/4, 1030 Wien, Tel: 01-4051026, Fax: 01-4051031, www.jordanembassy.at
Schweiz: Belpstraße 11, 3007 Bern, Tel: 031-3814146, Fax: 031-3822119, www.jordanien.ch

Einreisebestimmungen

Zur Einreise ist ein noch mind. 6 Monate gültiger Reisepass und ein **Visum** erforderlich, das von jordanischen Botschaften (39 € für 2 Monate) oder an der Grenze/Flughafen ausgestellt wird; das **Visa on Arrival** für 4 Wochen kostet 40 JD (gibt es nicht an der King-Hussein/Allenby-Bridge!) Ausreisesteuer: 8 JD; nicht bei Abflug, nur auf dem Landweg. Wer länger als 4 Wochen bleiben will, muss mit Pass und Kopien der relevanten Seiten zur Polizei (am besten in Amman, Petra oder Aqaba), um einen **Verlängerungsantrag** zu stellen; bis 6 Monate ab Einreisetag sind möglich.

Impfungen sind nicht vorgeschrieben, es wird aber ein Impfschutz gegen Hepatitis, Polio, Tetanus und Typhus geraten.

Währung

Die Währung ist der **Jordan Dinar** (JD), unterteilt in 100 Qirsh/Piaster. Banknoten gibt es im Wert von 50, 20, 10, 5 und 1 JD. Als Münzen gibt es ½ und 1 Qirsh; 2½, 5, 10 Piaster; ¼, ½ und 1 Dinar. Ältere Münzen sind Dirham (1/10 JD) und Fils (1/1000 JD).

1 Euro entspricht ca. 0,80 JD, 1 US-$ etwa 0,70 JD (Stand: Mai 2016).

REISEWEGE NACH JORDANIEN

Mit dem Flugzeug

An den Flughäfen von **Amman** und **Aqaba** bekommt man für 40 JD ein **Visa on Arrival** am Immigrationsschalter.

Der **Queen Alia Airport** bei Amman, knapp 40 km vom Stadtzentrum entfernt, ist der wichtigste Flughafen Jordaniens, bei dem auch die Einreiseprozedur (mit Visum) meist zügig verläuft.

Einreise von Israel auf dem Landweg

Seit dem Friedensvertrag kann man an drei **Grenzübergängen** von Israel nach Jordanien einreisen (die unten genannten Öffnungszeiten können sich an hohen Feiertagen ändern). Man sollte dafür vorab ein Visum besorgen, da man sich auf die Erteilung eines „Visums

REISE-INFORMATIONEN JORDANIEN

bei Ankunft" bei diesen Grenzübergängen nicht verlassen kann.

Visa für Jordanien erteilt die **Jordanische Botschaft**, in D, A, CH: siehe oben, in Israel. 14 Abba Hille St., Tel Aviv, Tel. 03-7517722.

Jordan River Crossing (Sheikh Hussein Bridge, 90km von Amman); Höhe von Bet She'an, So-Do 6.30-22 Uhr, Fr u. Sa 8-20 Uhr, Tel. 04-6480018, Ausreisegebühr ca. 90 NIS.

Allenby Bridge (King Hussein Bridge; bei Jericho, 57 km von Amman): So-Do 8-20, Fr/Sa 8-13 Uhr, Tel. 02-5482600. Hier Visum im Voraus erforderlich! Überquerung mit PKW oder zu Fuß nicht möglich, stattdessen Shuttle Service. Israelische Mietwagenfirmen können die Bereitstellung eines Wagens jenseits der Grenze organisieren. Ausreisegebühr ca. 150 NIS.

Arava Crossing (Yitzchak Rabin bei Eilat/Aqaba, 324 km von Amman): So-Do 6.30-22, Fr/Sa 8-20 Uhr, Tel. 08-6300530, 08-6300555. Egged Bus Nr. 15 und 16 fahren von der Eilat Central Bus Station direkt an die Grenze; auf jordanischer Seite sorgen Taxis für die Weiterfahrt. Ausreisegebühr ca. 70 NIS.

PRAKTISCHE TIPPS

Botschaften in Jordanien

Deutsche Botschaft, Benghasi Street 31, Jabal Amman, P. O. Box 183, Tel.: 06-5930351/ 5930367, Fax 06-5932887, www.amman.diplo.de

Deutsches Honorarkonsulat: P. O. Box 71, Aqaba, Tel.: 03-201 44 44, Fax 03-203 26 26 (zurzeit Besuch nur nach telefonischer Kontaktaufnahme).

Botschaft von Österreich: 36 Mithqal Al-Fayez Street, Jabal Amman, P. O. Box 830795, Tel: 06-4601101, Fax 06-4612725, amman-ob @bmaa.gov.at

Schweizer Botschaft: 19 Ibrahim Ayoub Street, 4th Circle, Jabal Amman, P. O. Box 5341, Tel: 06-5931416 / 593 03 75, Fax: 06-5930685, vertretung@amm.rep.admin.ch

Elektrizität
220 Volt Wechselstrom. Empfehlenswert ist ein Adapter (oft auch vor Ort zu erwerben).

Feiertage
Gesetzliche Feiertage: 1. Januar: Neujahr; 1. Mai: Tag der Arbeit; 25. Mai: Unabhängigkeitstag; 9. Juni: Tag der Thronbesteigung von König Abdullah; 25. Dezember: Weihnachten.

Islamische Feiertage: Ramadan, Eid al-Adha (Opferfest), Eid al-Mawlid al-Nawabi (Geburtstag des Propheten) und Isra wa al-Miraj (Himmelfahrt des Propheten) und der Islamische Neujahrstag richten sich nach dem arabischen Mondkalender und sind daher auf kein bestimmtes Datum des westlichen Kalenders festgelegt.

Der **wöchentliche Ruhetag** ist der **Freitag** (zahlreiche Geschäfte schließen schon am Donnerstagnachmittag).

Information
Internet: http://de.visitjordan.com

Jordan Tourism Board (JTB), P. O. Box 830688, Amman, Tel. 06/5678444, Fax 5678295, www.visitjordan.com

Infobüro Jordanien, Adam & Partner GmbH, Weserstr. 4, 60329 Frankfurt, Tel. 069/92318870, Fax 92318879, jordan@adam-partner.de

Ministry of Tourism and Antiquities: Al-Mutanabbi Street, Jebel Amman, hinter dem Hotel Le Royal in der Nähe des 3. Circle, Tel. 06-4603360, Fax 06-4648465, contacts@tourism.jo

Naturschutz und Nationalparks
1966 gründete König Hussein II. die **Royal Society for the Conservation of Nature** (RSCN), der mehrere Nature Reserves im Land (u. a. Shaumari Wildlife Reserve, Wadi al-Mujib Nature Reserve) mit einer erstaunlichen Tier- und Pflanzenvielfalt unterstehen. Nähere Infos unter: www.rscn.org.jo

Notruf
Polizei: 191 / 192
Notarzt: 193, 199

REISE-INFORMATIONEN

Öffnungszeiten
Banken: Mo-Do, außer Fr, 9-15 Uhr (bei größeren Banken gibt es einen Nachmittagsdienst z. T bis 18 Uhr).
Regierungsstellen: tägl. außer Fr, 8-14 Uhr.
Privatfirmen: tägl., außer Fr 8-13 Uhr, 15.30-18 Uhr.
Geschäfte: tägl. außer Fr oder So, 8-13 Uhr, 15-18 Uhr (z. T 8.30-22 Uhr).

Post
Postämter sind Sa-Do 8-18 Uhr geöffnet, das **Central Post Office** in Amman (Prince Mohammed St.) auch Fr.

Sicherheit
Jordanien gilt als sicheres Reiseland. Aufgrund der angespannten politischen Lage in der Region empfiehlt es sich jedoch, stets die aktuellen Sicherheitshinweise zu berücksichtigen (s. S. 247). Schwere Verkehrsunfälle (Tiere, schlecht beleuchtete Fahrzeuge, waghalsige Überholmanöver) sind häufig; Selbstfahrer sollten sich deshalb äußerst umsichtig verhalten und Nachtfahrten möglichst vermeiden.

Sprache
Amtssprache: Arabisch. Englisch wird relativ häufig verstanden, seltener Französisch, Deutsch oder Italienisch.

Telefon
Die privaten Gesellschaften JPP und ALo unterhalten unterschiedliche **öffentliche Telefone**, die **Telefonkarten** sind an Kiosken sowie in Buch- und Schreibwarenläden erhältlich. Direktwahl ins Ausland ist meist problemlos möglich. In Jordanien gilt der GSM900-Standard, ein europäisches **Handy** ist hier also verwendbar.
Vorwahlen: Jordanien: 00962; Deutschland: 0049, Österreich: 0043, Schweiz: 0041.

Trinkgeld
Trinkgeld (*Bakschisch*) wird gern gesehen. **Hotels und Restaurants** schlagen 10 % auf die Rechnung auf, dennoch ist ein Trinkgeld für Kellner angemessen. In **Taxis** sollte der Preis auf dem Taxameter aufgerundet werden.

Zeit
MEZ + 1 Stunde. Von Ende April bis Ende September gilt die Sommerzeit.

Zoll
Neben Gegenständen des persönlichen Bedarfs dürfen Devisen in beliebiger Höhe eingeführt werden, der Jordanische Dinar aber nur in Kleinmengen (bis ca. 50 Euro). Die Ausfuhr von **Antiquitäten** und **Korallen** ist verboten.
Einfuhr nach Deutschland: s. S. 248

SPRACHFÜHRER

Hebräisch

Friede (Begrüßung)	*schalom*
Guten Morgen / Tag	*boker tov*
Guten Abend	*erev tov*
Gute Nacht	*lajla tov*
bitte / danke	*bevàkascha / toda*
Wie geht's?	*ma nishma*
Sehr gut	*tov meod*
Alles in Ordnung?	*hakol beseder*
Es geht so	*kacha kacha*
ich	*ani*
du (m) / du (w)	*ata / at*
er / sie	*hu / hi*
wir	*anachnu*
ihr (m) / ihr (w)	*atem / aten*
sie (m) / sie (w)	*hem / hen*
Gibt es ... ?	*jesch*
Ja, es gibt	*ken, jesch*
Nein, gibt es nicht	*lo, en*
ja / nein	*ken / lo*
wann	*mataj*
wie	*ech*
wohin	*le'an*
links / rechts	*smol / jamin*

1	*achat*
2	*schtajim*
3	*schalosch*
4	*arba*
5	*chamesch*

REISE-INFORMATIONEN

6	schesch
7	scheva
8	schmone
9	tescha
10	eser
11	achat esre
12	schtem esre
13	schlosch esre
14	arba esre
20	esrim
21	esrim ve achat
22	esrim ve schtajim
23	esrim ve schalosch
30	schloschim
40	arba'im
50	chamischim
60	schischim
70	schivim
80	schmonim
90	tischim
100	mea
200	matajim
300	schlosch me'ot
400	arba meot
500	chamesch me'ot
1000	elef

Arzt	rafe
Bier	bira
Briefmarke	bulim
Brot	lechem
Butter	chem'a
(Speise-) Eis	glida
Essen	ochel
Fisch	dag
Freund / in	chaver / a
Glas	kos
Haus	bajit
Hilfe!	hazilu!
Hotel	malon
Hühnchen	of
Kaffee	kafe
Milch	chalav
Post	doar
Reis	ores
Restaurant	mis'ada
Salz	melach
Suppe	marag
Tee	te
Toilette	scherutim
Wein	jajin
Zimmer	cheder
Zucker	sukar

Arabisch

bitte / danke	min fadlak / shukran
Guten Morgen	sabah al cheir
Guten Tag / Abend	masa al cheir
Gute Nacht	tisbah ala cheir
Wie geht es Dir / Ihnen	izzayak?
Gut, Allah sei Dank	al hamdullilah
Wo kommst Du her	inta minen
Ich komme aus	ana min
Ich verstehe nicht	ana mesh fahim
ich bin Tourist	ana sayih
Wo ist...	fen...
Gibt es ...	fi...
ja, es gibt...	aiwa, fi...
nein, gibt es nicht	la, mafish
einverstanden / in Ordnung	tamam
gut	quassis / tayyib
links / rechts	shmal / yamin

Arzt	duktur, hakim
Auto	arabiyya
Bahnhof	mahatta
Bier	bira
Brot	aish
Bus	utubes
Botschaft	sefarit
Essen	akl
Fahrkarte / Ticket	Tazkara
Fleisch	lahma
Flughafen	matar
Gemüse	chadar
Hilfe	musa'ada
Hotel	funduq
Hühnchen	farcha
Kaffee	ahwa
Löffel	mala'a
Markt	suq
Meer	bahr
Messer	sikin
Polizei	shurta
Rechnung	hisab
Tee	shay
Telefon	tilifon
Wasser	mayya
Wein	nabid
Zucker	sukkar
Zug / Eisenbahn	atr

GLOSSAR

Atrium: von Säulen umgebener Innenhof des röm. Wohnhauses bzw. der mit Säulenhallen umstandene westliche Vorhof der frühbyzantinischen Kirche.
Dekapolis: sog. Zehnstädtebund; von Cnaeus Pompeius 63 v. Chr. eingerichteter Bund von etwa 10-18 Städten mit kommunaler Selbstverwaltung v. a. im Ostjordanland (Transjordanien).
Empore: in Basiliken meist über den Seitenschiffen gelegenes, zum Kirchenraum geöffnetes, galerieartiges Obergeschoss.
Exedra (latein.): konkaver (halbrunder) Portikus oder mit einer Halbkuppel überwölbte Nische.
Glacis (französ.): schräge Erdaufschüttung vor der Burgmauer, um ein Unterminieren oder eine Erstürmung zu erschweren.
Hauran: arabische Bezeichnung für „Schwarzland", d. h. das Basaltplateau in Süd-Syrien und Nord-Jordanien.
Hippodrom: Pferderennbahn.
Narthex: Vorhalle in frühbyzantinischen Kirchen.
Oktogon: Gebäude mit achteckigem Grundriss.
Pastophorien: in der frühchristlichen Architektur die beiderseits der Chores gelegenen Räume: *Diakonikon* (Sakristeiraum) und *Prothesis* (Vorbereitungsraum für die Messopfer).
Qasr: arab. Bezeichnung für Burg/ Festung, im weiteren Sinne für jedes monumentale antike Bauwerk.
Spolie: wiederverwendetes Architekturteil aus älteren Bauten.
Tel (hebr.), **Tell** (arab.): künstlicher, durch menschliche Hinterlassenschaften und Ruinen oft viele Meter hoher Siedlungshügel.
Tetrapylon: an zentralen Straßenkreuzungen römischer Städte gelegener, monumentaler Torbau mit vier Öffnungen an den Seiten.
Triklinium: antiker Speisesaal, der an drei Seiten von Bänken umgeben ist, auf denen man beim Mahl ruhte.
Wadi: meist trockenes Flussbett in der Wüste.

AUTOREN

Hans-Günter Semsek, Verfasser des Israel-Teils, studierte Soziologie und Philosophie und betrieb Sozialforschung im Nahen Osten.
Carmella Pfaffenbach, Geografin, verfasste den Großteil des Jordanien-Kapitels.
Jürgen Bergmann trug redaktionell zum Israel- und zum Jordanien-Kapitel bei. Er studierte Archäologie und nahm an Ausgrabungen in Galiläa teil.

REGISTER

A

Abbasiden 36
Abdallah Ibn Hussein, König 63
Abd al Malik, Kalif 56, 64
Abdul Hamid II., Sultan 108, 137
Abdul Medjid, Sultan 66
Abouhav, Isaak 150
Ägypten 19, 20, 25, 26, 29, 30, 39, 43, 55, 153, 172, 198
Ägypter 24, 26, 30, 172, 177, 203
Ahab, König 29, 176, 177
Ahmad al Jezzar, Pascha 40, 132, 135, 137
Akko 37, 39, 51, 127, 128, 132, 145
Alexander der Große 101, 111, 139
Al Hakim, Kalif 70
Allenby, Edmund Henry 56, 103
Allon, Yigal 165, 176
Al Mamun, Kalif 64
Al Omar, Pascha 135
Amalekiter 27, 28
Amalrich I. 148
Amman 217
Ammoniter 27, 222
Amoriter 55
Ancient Qazrin Park 158
Antipater 32
Aqaba 199, 200, 236
Araber 92, 162, 171, 172
Aramäer 30
Arad 189
Arafat, Yassir 47, 88
Ashdod 25
Ashkelon 25, 94, 110
Ashkenasim 49
Assyrer 29, 30, 176
Augustus, Kaiser 92, 120, 133
Avdat 201
Avesnes, Gerhard von 117

B

Babylonier 30
Baibars, Sultan 122, 128, 135, 145, 148, 179, 182, 226
Balfour-Deklaration 40
Banyas Nature Reserve 156
Bar'am 146
Barjona, Simon 156
Barluzzi, Antonio 76, 77, 183
Bat Shelomo 126
Be'er Sheva 187, 202
Begin, Menachem 42, 137
Beirut 37, 139
Belvoir 170

Ben Gurion, David 43, 102, 106, 203
Ben Zion, Simcha 104
Berg der Seligpreisung 162
Berg Gilboa 172
Berg Meron 147
Berg Nebo 223
Berg Tabor 182
Berg Zion 74
Bet Aaronson 125
Bet Alfa, Synagoge 175
Bet Daniel 126
Bet Guvrin 94
Bethanien 224
Bethlehem 37, 39, 85, 86, 92
Bet She'an 172, 175
Bet She'arim 178
Bialik, Chaim Nachman 103
Binyamina 124

C

Caesarea 120, 135, 137
Caro, Yosef 150
Chagall, Marc 83, 85, 129
Courtenay, Joscelin de 145

D

Daliyat el Karmel 127
Dana Nature Reserve 229
David, König 28, 55, 56, 176, 222
Dayan, Moshe 176
Deir Ain Abata 228

E

Edomiter 27
Eilat 199
Eizariyya 86
Ekron 25
Elah Valley 94
Eleazar 192
En Boqeq 191, 195
En Gedi 194
En Hod 127
Eshkol, Levi 84

F

Feinberg, Absalom 125
Flavius Josephus 35, 62, 120, 124, 133, 148, 158, 161, 191
Friedländer, Daniel 126
Friedländer, Lillian 126

G

Gadara (Umm Qeis) 210
Gan Hashelosha National Park 175
Gath 25
Gaza 25, 201
Gemara 18
Georgskloster 86
Gerasa (Jerash) 213
Gibeon 27
Ginosar 165
Golan-Höhen 158, 169
Guido, König 135, 168

H

Hadera 119
Hadrian, Kaiser 35, 56, 69, 122
Haganah 41, 106
Haggada 18
Haifa 51, 127, 135, 139
Halacha 50
Hameshoreret, Rachel 169
Hammamat Ma'in 224
Hammat Tiberias 167
Hanassi, Yehuda 178
Har Meron-Naturpark 147
Hasmonäer 31, 32, 110
Hebräer 25, 26, 27
Hebron 85, 93
Hellenen 31
Herodes Agrippa 120
Herodes Agrippa II. 121
Herodes Antipas 165
Herodes der Große 32, 56, 60, 62, 66, 88, 111, 112, 120, 123, 133, 156, 179, 191, 193
Herodion 93
Herzliyya 117
Herzl, Theodor 40, 83, 117, 128
Hiskija, König 30
Hospitaliter 38
Hula Nature Reserve 154
Hyksos 24, 55, 101, 176

I

Idumäa 32
Intifada 47
Irak 43
Irbid 210
Irgun 42
Isfiya 127
Ismaeliten 157
Israel Air Force Museum 187

REGISTER

J

Jabotinsky, Ze'ev 124, 136
Jaffa 39, 107
Janco, Marcel 127
Jerash 213
Jericho 24, 85, 86, 87
Jerusalem 24, 27, 28, 30, 31, 33, 34, 35, 38, 51, 55, 94, 111, 133, 147, 154, 168, 179, 191, 222, 226
  Al Aqsa-Moschee 55, 63
  American Colony Hotel 79
  Archäologischer Park 61
  Bab al Maghariba 62
  Bible Lands Museum 83
  Billy-Rose-Kunstgarten 83
  Breiter Wall 73
  Buchara-Viertel 82
  Burnt House 74
  Cardo 73
  City of David National Park 78
  Deutsch-Lutherische Erlöserkirche 69
  Dominus Flevit 77
  Dormitio-Kirche 74
  Ecce Homo-Basilika 67
  Engelskapelle 72
  Felsendom 56, 64, 74
  Festung Antonia 66, 68
  Franziskaner-Kloster 67
  Gartengrab 79
  Garten von Gethsemane 76
  Geisterdom 65
  Georgsdom 65
  Gethsemane-Grotte 75
  Gihon-Quelle 55, 78
  Golgatha 69
  Golgatha-Kapelle 71
  Grab des Absalom 78
  Grab des Joschafat 78
  Grabeskirche 55, 67, 69
  Grabkapelle 72
  Hadassah Hospital 85
  Haram ash Sharif 62
  Hebrew University 83
  Hebronsdom 65
  Herodian Quarter 73
  Himmelfahrtsdom 65
  Himmelfahrtskapelle 77
  Hiskija-Tunnel 79
  Hurva-Platz 73
  Hurva-Synagoge 73
  Islamisches Museum 64
  Israel Museum 83
  Jaffa-Tor 57, 60, 66
  Jüdischer Friedhof 77
  Katholikon 72
  Keller des Holocaust 75
  Kettendom 65
  Kidrontal 78
  Klagemauer 55, 61
  Knesset 83
  Königsgräber 79
  Kreuzkloster 83
  Lithostrotos 68
  Maria-Magdalena-Kirche 76
  Mariengrab 75
  Mausoleum des Zacharias 78
  Mea Shearim 82
  Misttor (Dung Gate) 60
  Notre Dame de Sion, Kloster 68
  Ölberg 75, 77
  Pater-Noster-Konvent 77
  Prophetengräber 77
  Ramban-Synagoge 72
  Raum des letzten Abendmahls (Coenaculum) 74
  Rockefeller Museum 79
  Ruhestätte der Priesterfamilie Hezir 78
  Sabil Qait Bey 65
  Schrein des Buches 83
  St. Anna-Kloster 65
  Stefanstor 75
  Stephanskirche 79
  St. George's Cathedral 79
  St. Peter in Gallicantu 79
  Struthion-Teich 68
  Teiche von Bethesda 66
  Tempelberg 62
  Tower of David Museum 60
  Via Dolorosa 55, 65
  West-Jerusalem 82
  Wohl Archeological Museum 73
  Yad Vashem 84
  Zionstor 74
  Zitadelle 60, 66
Jesus 18, 35, 121, 156, 161, 162, 179, 182, 183
Jordanien 215
Judas Makkabäus 56
Justinian, Kaiser 35

K

Kafr Kana 182
Kanaan 26
Kapernaum 161
Katz, Emmanuel 128
Kefar Rosh Ha Niqra 139
Kerak 226
Khirbet al-Mukhayyet 224
Khirbet at-Tannur 228
Kibbuz Ayelet Hashachar 154
Kibbuz Dan 156
Kibbuz Degania Alef 169
Kibbuz Degania Bet 169
Kibbuz Elon 145
Kibbuz En Gedi 195
Kibbuz Hefzi Bah 175
Kibbuz Kinneret 169
Kibbuz Sdot Yam 124
Kibbuz Sede Boqer 202
Kibbuz Yisre'el 176
Kibbuz Yotvata 197
Konstantin der Große 35, 56

L

Lachisch 24
Lahav 188
Lechi 42
Libanon 43
Lichtenstein, Roy 106
Ludwig der Heilige 122, 128, 135
Luria, Isaak 150

M

Ma'ayan Harod National Park 175
Madaba 222
Maimonides, Moses 167
Makhtesh Ramon 200
Malbin, Ursula 129
Mamelucken 39
Mamshit (Mampsis) 196
Manasse 30
Masada 33, 191, 196
Megiddo 24, 79, 176
Meir, Golda 84, 165
Melisende 38
Mescha, König 223
Metulla 155
Midianiter 198
Mi'ilya 145
Mirza Hussein Ali 137
Mischna 18
Mitzpe Ramon 201
Mitzpe Revivim 203
Moabiter 27, 222
Mohammed 55, 63, 64, 65, 95, 129, 137
Montfort 145
Moses 18, 26
Mount Meron 147
Mount Nebo 223
Mount Zion 60
Muawiyya 36
Muhraqa 127
Mukawir 224

REGISTER

N

Nabatäer 201, 230
Nahariya 138
Nazareth 39, 51, 179
Negev 200
Netanya 118
Newe Zohar 195, 196
Nur ad-Din, Sultan 148

O

Octavian, Kaiser 33, 88, 120
Omaijaden 36
Omar I., Kalif 36
Omri, König 29, 176
Oz, Amos 189

P

Palästina 25, 30, 34, 35, 36, 39, 40, 49, 55, 56, 92, 111, 119, 125, 132, 153, 155, 173, 198
Palästinenser 23
Parther 32
Pella 212
Petra 200, 201, 230
Philippus 156
Philister 25, 26, 27, 55, 110, 172
PLO 45
Pompejus 133
Ptolemäer 230

Q

Qala'at ar-Rabad 212
Qala'at Nimrud 156
Qasr al-Abd 220
Qasr al-Kharane 220
Qasr Azraq 222
Qasr el-Meshneqeh 224
Qasr el-Mshatta 220
Qasr Hallabat 222
Qazrin 158
Qiryat Shemona 152, 154
Quaseir Amra 221
Qumran 85, 90

R

Rabin, Yitzhak 47, 165
Ramat Hanadiv 124
Ramla 51, 95
Red Cañon 200
Rehabeam 29, 30
Römer 18, 32, 56, 101, 111, 173, 191, 192, 201, 230

Rosh Pina 151
Rothschild, Adelaide de 124
Rothschild, Edmond de 124, 125, 152
Rothschild Memorial Garden 124
Rubin, Reuven 103

S

Safed 147
Saladin, Sultan 63, 65, 70, 88, 118, 122, 128, 135, 145, 167, 168, 169, 170, 179, 226
Salomo, König 28, 56, 62, 101, 153, 176, 178, 188, 195
Samaria 29
Samariter 35
Sassaniden 213
Schindler, Oskar 42, 84
See Genezareth 23, 161, 168
Seldschuken 56
Seleukiden 30, 31, 32, 56
Selim, Sultan 39
Shaumari Wildlife Reserve 222
Shivta 203
Shobak 229
Sidon 37, 120
Simeon Bar Kochba 35
Skythopolis 173
Sorek-Höhle 94
Strauss, Nathan 118
Süleyman II. der Prächtige 39, 56, 57, 60

T

Tabgha 162
Talmud 18
Tel Akhziv National Park 139
Tel Arshaf (Apollonia) 117
Tel Aviv 43, 50, 101, 117, 139
Tel Hai 154
Tel Jezre'el 176
Tell Arad 188
Tell Dan Nature Reserve 155
Tell Hazor 152
Tell Hisban 220
Tell Maresha 95
Tempelritter 38
Thutmosis III., Pharao 133, 172, 176
Tiberias 147, 165
Tiberius, Kaiser 165
Tiglatpileser, König 30, 176
Timna-Park 197
Titus 34, 35, 56, 62, 124
Totes Meer 161, 189, 194, 226

Türken 40, 56, 57, 70, 128, 132

U

Umm al-Jimal 216
Umm ar-Rasas 224
Umm Qeis (Gadara) 210
Urban, Papst 36, 56
Uris, Leon 132, 137, 149
Ussia 30

W

Wadi al-Araba 235
Wadi al-Mujib Nature Reserve 225
Wadi Feinan 229
Wadi Rum 236
Walid, Kalif 63
West Bank 85
Wingate, Orde 175
Wüstenschlösser 220

Y

Yafo 51, 107, 128
Yardenit 169
Yotvata Hai Bar-Reservat 197

Z

Zedekia 30
Zefat 147
Zikhron Ya'aqov 125, 126
Zippori 181

ISRAEL – UNTERKUNFT

HOTELVERZEICHNIS

Das internationale Sterne-System für die Klassifizierung der Hotels (* = einfach, ***** = Luxus) ist auch in Israel üblich. Für das Doppelzimmer in einem Fünf-Sterne-Hotel muss man in Tel Aviv oder Jerusalem mit ca. 180 US-$ rechnen, ein Drei-Sterne-Haus schlägt immer noch mit ca. 80-100 US-$ zu Buche. Wer Abstriche an Komfort machen kann und gegen einen Gemeinschaftsschlafsaal in einem Hostel keine Bedenken hegt, der kann in Tel Aviv oder auch in Jerusalem für weniger als 8 US-$ sein müdes Haupt zur Ruhe betten.

Die **Hotelkategorien** in diesem Unterkunftsverzeichnis entsprechen:

ⓈⓈⓈ	über 200 US-$
ⓈⓈ	100-200 US-$
Ⓢ	bis 100 US-$

Die Internet-Seite „Zimmeril – Rural Tourism in Israel" (**www.zimmeril.com**) bietet Informationen über eine große Auswahl an Hotels, Kibbuzhotels, Pensionen und Privatunterkünften in ganz Israel; auch Restaurants und Attraktionen findet man hier.

3 JERUSALEM

Jerusalem

ⓈⓈⓈ **King David**, eines der feinsten Häuser Israels, zudem mit Geschichte, da hier viele Politiker und andere Größen seit 1931 absteigen, schöner Garten und Blick auf die Altstadt, 23 King David St., Tel. 02-6208888, www. danhotels.com/Luxury-Jerusalem-Hotel.
David Citadel Hotel, nach dem King David das beste Hotel Jerusalems, viele Zimmer mit begrüntem Balkon und Blick auf die Altstadt, 7 King David Street, Tel. 02-6211111, www. thedavidcitadel. com.
Dan Jerusalem Hotel, am Mount Scopus an einem der schönsten Plätze der Stadt gelegen, mit prachtvoller Aussicht, feinstes Ambiente im Inneren, 32 Lehi Street, Tel. 02-5331234, www.danhotels.com/Hotel-Dan-Jerusalem
American Colony, in einem alten Pascha-Palast, traditionell das Hotel der internationalen Journalisten, UN-Beobachter, Politiker, gutes Restaurant, orientalisches Ambiente, romantischer Innenhof mit Springbrunnen, Zitronenbäumen und Blumen, Nablus Rd., Tel. 02-6279777, www.americancolony.com.

ⓈⓈ **Lev Yerushalayim**, Apartment-Hotel mit gutem Preis-Leistungsverhältnis mitten in der Innenstadt von Jerusalem, 18 King George St., Tel. 02-5300333, www.levyerushalayim. co.il.
Ramat Rachel, hervorragendes Hotel in einem Kibbuz, gute Ausblicke auf die Region (Mitzpeh bedeutet Aussichtspunkt), sehr empfehlenswert, schöner Garten, Pool, Fitnessgeräte, im Süden Jerusalems, Kibbuz Ramat Rachel, Tel. 02-6702555, www.ramatrachel.co.il. **Seven Arches**, vormals das Intercontinental und bei Taxifahrern noch immer so bekannt, auf dem Gipfel des Ölberges und mit einer wunderbaren Aussicht, Mount of Olives, Tel. 02-626777, www.7arches.com.
Jerusalem Hotel, schön renoviertes kleines Hotel in Familienbesitz, in einem alten arabischen Haus unweit des Damaskustores, Nablus Rd, Tel. 02-6283282, www.jrshotel.com.
Lutheran Guest House, gemütliche, charmante Zimmer, großartige Aussicht von der Dachterrasse, Tel. 02-6266888, www.luth-guesthouse-jerusalem.com.

Ⓢ **Hotel Avital House**, Hotel im Stadtzentrum, schlichte Zimmer mit Bad, Kabel-TV und komplett ausgestatteter Küchenzeile, 141 Jaffa St., Tel. 02-6243706, www.itsik-hotel.co.il.
Little House in Bakah, 35 Zimmer in romantischem orientalischen Gebäude mit Garten im Bakah-Viertel, 1 Yehuda St., Tel. 02-6737 944, www.jerusalem-hotel.co.il/Hotel-Bakah
Montefiore Hotel, neues Hotel, im Zentrum mit kurzem Fußweg zur Altstadt, 7 Schatz St., Tel. 02-6221111, www.montefiorehotel.com.
Jerusalem Inn, kleines, gemütliches Hotel in einer ruhigen Straße im Herzen der Stadt, neu renoviert, 7 Horkanos St., Tel. 02-6252757, www.jerusalem-inn.com.

GUEST HOUSES UND HOSTELS: **Beit Shmuel**, schöne, moderne Zimmer im Zentrum des Progressiven Judentums, 6 Shamah Street (hinter dem Hebrew Union College), Tel. 02-6203455, www.beitshmuel.com.
Die preisgünstigsten Unterkünfte finden sich in den vielen Hostels und Guest Houses der Altstadt. Unterkünfte nahe dem Jaffa-Tor:

ISRAEL – UNTERKUNFT

New Imperial Hotel, direkt hinter dem Jaffa-Tor, ehemaliges Grand Hotel, in dem Kaiser Wilhelm II. bei seinen Palästina-Besuch wohnte, David St., Tel. 02-6282261, www.newimperial.com.

New Swedish Hostel, sehr preisgünstig, David St., am Jaffa-Tor.

Austrian Hospice, einfache Einzel-, Doppel-und Dreibettzimmer sowie Schlafsäle für 12 Personen, tolle Aussicht auf die Altstadt vom Dach aus, 37 Via Dolorosa, Tel. 02-6271466.

Bethlehem

😊😊😊 **Jacir Palace InterContinental**, beste Adresse der Stadt mit allen Annehmlichkeiten eines Luxushotels. Jerusalem-Hebron Road, Tel. 02-276-6777, www.Ichotelsgroup.com.

😊😊 **Grand Hotel Bethlehem**, 107 große, gemütliche Zimmer, Paul VI Street, Tel. 02/2741440, www.grandhotelbethlehem.com.

4 TEL AVIV

Tel Aviv

😊😊😊 **David Intercontinental Hotel**, großes, modernes Luxushotel mit Fitness, Spa, Pools, Restaurants und vielen anderen Annehmlichkeiten. 12 Kaufmann St., Tel. 03-7951111, www.ichotelsgroup.com.

Carlton, ebenfalls sehr luxuriös, viele der Zimmer blicken aufs Mittelmeer, 10 Eliezer Peri Street, Tel. 03-5201818, www.carlton.co.il.

Sheraton Tel Aviv Hotel and Towers, schicke Zimmer, fast alle mit Meerblick, tolle Pools, 155 Hayarkon Street, Tel. 03- 5211111, www.starwoodhotels.com.

😊😊 **City Hotel**, hübsche Zimmer mit Gratis-WLAN, nah beim Strand und den Cafés, 9 Mapu St. (Nähe Ben Yehuda), Tel. 03-5246253, www.atlas.co.il/city-hotel-tel-aviv.

Armon Hayarkon, familiengeführtes, strandnahes Komforthotel, die meisten Zimmer haben Meerblick, 268 Hayarkon Street, Tel. 03-6055271, www.armon-hotel.com.

Adiv, Gratis-WLAN und Gratis-Parken, nur zwei Minuten bis zum Strand, 5 Mendele Street, Tel. 03-5229141, www.adivhotel.com.

Maxim Hotel, in Strandnähe, gediegene Zimmer mit Gratis-WLAN, 86 Hayarkon St., Tel. 03-5173721, www.maxim-htl-ta.co.il.

😊 *HOSTELS:* **Bnei Dan Guest House**, im Norden der Stadt, nahe Strand und Yarkon Park, 36 Bnei Dan Street, Tel. 03-5441748, www.iyha.org.il.

Old Yaffa Hostel, eines der besten Hostels der Stadt, mitten im Flohmarkt, im Zentrum Alt-Yafos, 8 Olei Tzion Street, Tel. 03-6822370.

Mugraby Hostel, Strand und viele Geschäfte und Restaurants ganz in der Nähe, Dachterrasse, Ein-, Zwei-, Drei- und Vierbettzimmer sowie Schlafsäle, 30 Allenby Street, Tel Aviv, Tel. 03-5102443, www.mugrabyhostel.com.

Ashkelon

😊😊😊 **Holiday Inn**, interessante Architektur, schöne, geräumige Zimmer mit Meerblick, zuvorkommender Service, 9 Yekutiel Adam Street, Tel 03-5390804, www.afi-hotels.com/ Holiday_Inn_Ashkelon.

Dan Gardens Hotel, familienfreundliches Hotel nahe der neuen Marina mit Fitnessclub und Spa, 56 Hatayassim Street, Tel. 03-5202552 www.danhotels.com/Hotel-Ashkelon.

😊😊 **The Samson Gardens**, schon etwas ältere Bungalows in einem schönen Garten, Hatamar St., Tel. 08-6734666.

Agamim, einfache Zimmer in Strandnähe, 2 Moshe Dorot St., Tel. 08-6710981, www. dagon-inn.com.

5 NÖRDLICHE MITTELMEERKÜSTE

Herzliyya

😊😊😊 **Daniel**, großes Strandhotel mit äußerst geschmackvoll eingerichteten Zimmern und tollem Spa, 15% Rabatt bei Onlinebuchung. 60 Ramat Yam Street, Tel. 09-9520825, www.tamareshotels.co.il/e/daniel.

😊😊 **Tadmor**, etwas weiter vom Strand entfernt, gute Zimmer, Pool, 38 Basel St., Tel. 09-9525000, www.tadmor.co.il.

ISRAEL – UNTERKUNFT

😊 **Eshel Inn**, am Strand, solide Zimmer, Tel. 09-9568208.

Netanya

😊😊😊 **The Seasons**, bestes Haus am Platz mit großen Zimmern und Privatstrand, Nice Boulevard, Tel. 09-8601555, www.seasons.co.il.
Park Hotel, großes Neubauhotel, viele Zimmer mit Balkon und Meerblick, 7 King David Street, Tel. 09-8624029.

😊😊 **Margoa**, Strandhotel mit familiärer Atmosphäre, 9 Gad Machness St, Tel. 09-8624434.

😊 **Orit Pension**, schlichte, saubere Zimmer, sehr freundliche Atmosphäre, 21 Chen Avenue, Tel. 09-8616818, www.hotelorit.com.

Caesarea

😊😊😊 **Dan Caesarea Golf Hotel**, sehr geschmackvolles Luxushotel, die meisten Zimmer haben einen Balkon, Kinderbetreuung, viele Sportmöglichkeiten, Rothschild Street, Tel. 03-5202552, www.danhotels.com/Hotel-Caesarea

Zikhron Ya'aqov

😊😊 **Beit Maimon**, romantisches Hotel mit Blick aufs Meer und Swimmingpool, Tel. 04-6290390, www.maimon.com.

Haifa

😊😊😊 **Dan Carmel**, das beste und teuerste Haus der Stadt liegt auf der Spitze des Karmel-Bergs, 85 Hanassi Avenue, Tel. 03-5202552, www.danhotels.com/Deluxe-Hotel-Haifa.
Dan Panorama, zwanzigstöckiges Hochhaus auf dem Karmel-Berg, großartige Aussicht, luxuriöses Ambiente. 107 Hanassi Avenue, Tel. 03-5202552, www.danhotels.com/Hotel-Haifa
Nof, schöne Ausblicke vom Wellnessbereich auf dem Dach, 101 Hanassi Avenue, Tel. 04-8354311, www.nofhotel.co.il.

😊😊 **Dan Gardens**, auf dem Berg Carmel mit guter Aussicht, Pool des Dan Panorama darf mitbenutzt werden, 124 Yefe Nof St, Tel. 03-5202552, www.danhotels.com/Moderate-Hotel-Haifa

Villa Carmel, romantisches Haus mit tollem Spa auf dem Dach, 1 Heinrich Heine Square, Tel. 04-8375777, www.villa-carmel.net.

😊 **Saint Charles Hospice**, ruhige Zimmer mit Etagenbad in einem Garten, 105 Jaffa Street, Tel. 04-8553705.
Bethel Tourist Hostel, nett und sauber, für Leute zwischen 18 und 35, 40 HaGefen Street, Tel. 04-8521110.

Akko

😊😊😊 **Palm Beach Club Hotel**, Ferienresort am Strand mit Pool, Tennisplätzen, Spa und anderen Annehmlichkeiten. Purple Beach, Tel. 04-9877777, www.palmbeach.co.il.

😊😊 **Nes Ammim**, christliches Hotel, das das Verständnis zwischen Juden und Christen fördern möchte, komfortable Zimmer mit tollen Ausblicken in die schöne Landschaft, 5 km nördl. von Akko, ein wenig abseits der Akko-Nahariya-Straße gelegen, Tel. 04-9950000, www.nessammim.com.

😊 **Walied's Gate Hostel**, nahe dem Land Gate, 14 Salah ad Din St, Tel. 04-9910410.
Akko Sand Hostel, neues Hostel mitten in der Altstadt, 13/26 Salah ad Din Street, Tel. 04-9918636.

Nahariya

😊😊😊 **New Carlton Nahariya**, 23 Ga'aton Boulevard, Tel. 04-9005511, www.carlton-nahariya.com, und das **Madison Hotel**, 17 Ha'aliya St., Tel. 073-2005000, sind die zwei Vier-Sterne-Hotels von Nahariya, beide am Strand, mit gutem Wassersportangebot.

😊😊 **Erna**, in Strandnähe, neu renoviert, schöner Garten, 29 Jabotinsky Street, Tel. 04-9920170, www.hotelerna.info.
Hotel Frank, zwischen Strand und Ortszentrum, freundlich, große Zimmer. Aliyah Street, Tel. 04-9920278, www.hotel-frank.co.il.

😊 **Sirtash House**, 22 Jabotinsky Street, Tel. 04-922586. **Motel Arieli**, 1 Jabotinsky Street, Tel. 04-9921076.
Es gibt keine Hostels in Nahariya, preiswertere Privatunterkünfte vermittelt jedoch das Tourist Office.

ISRAEL – UNTERKUNFT

6 NORDGALILÄA

Safed

😊😊😊 **Ruth Rimonim Hotel**, Safeds bestes Hotel, viele Zimmer mit guter Aussicht über die Berglandschaft Nord-Galiläas, bekannt für die gute Hotelküche zu akzeptablen Preisen, Artist's Quarter, Tel. 04-6994666, http://english.rimonim.com/ruth-rimonim-safed.
Villa Galilee, romantisches Boutique-Hotel in historischem Gebäude, mit eigenem Spa und Swimmingpool, Hagdud Hashlishi 106, Tel. 04-6999563, www.villa-galilee.com.

😊😊 **Ron**, am Fuß der Zitadelle, große Zimmer mit Ausblick auf die Stadt oder in den Garten, Hativat Yiftah Street, Tel. 04-6972590, www.ronhotel.co.il.
Amirey Hagalil, etwas außerhalb auf einem Hügel mit grandiosem Blick über den See Genezareth. Keine Kinder unter 12 Jahren. Tel. 04-6989815/6, www.amirey-hagalil.com.

😊 **Safed Guest House** (Youth Hostel), in der Nähe der Altstadt, 1 Lohamei Hagetaot Street, Tel. 02-5945688, www.iyha.org.il.

Hula-Tal und Umgebung

😊😊😊 **Ayelet Hashachar Kibbuz Guest House**, der erste israelische Kibbuz, der ein Hotel eröffnete, außerordentlich gute Atmosphäre, es werden Kibbuz-Führungen, Jeep- und Pferdetouren in die Umgebung angeboten, der Kibbuz ist Israels größter Honigproduzent, Ayelet Hashachar Kibbuz beim Tell Hazor, Mobile Post Hevel Korazim 12200, Tel. 04-6868611, www.zimmer.co.il/hashachar/english.html.
Hotel Spa Mizpe Hayamim – Health Farm, an das Hotel ist eine Gesundheits- und Schönheitsfarm angeschlossen, sehr freundliches Ambiente, Rosh Pina, Tel. 04-6994555, www.mizpe-hayamim.com
Amirim Holiday Village, die 300 Mitglieder des Moshav sind ausnahmslos Vegetarier, sie propagieren und leben eine Zurück-zur-Natur-Philosophie, wer – zumindest für kurze Zeit – seinen Lebensstil ändern möchte, ist hier am richtigen Ort, hübsche Holzhütten, gute Verpflegung, Moshav Amirim, am Berg Meron gelegen, Tel. 04-6989803, 054-4600727, www.amirim.com.
Hagoshrim Kibbuz Hotel, der liebliche Hermon-River fließt durch den Kibbuz, freundliche Atmosphäre und nettes Ambiente, östlich von Qiryat Shemona an der Route 99, Upper Galilee 12225, Tel. 04-6816000, www.hagoshrim-hotel.co.il.
Pastoral Kfar Blum, Spezialität der Unterkunft von Kibbuz Kfar Blum sind Kajak-Fahrten auf dem Jordan, Ende Juli/Anfang August richtet der Kibbuz ein Kammermusikfestival aus, nördlich der Route 977, nahe bei Qiryat Shemona, Upper Galilee 12150, Tel. 04-6836611, www.kfarblum-hotel.co.il.
Vered Hagalil, Unterkunft ist in kleinen Stein- und Holzhäuschen, schöne Ausblicke auf den See Genezareth, freundliche Atmosphäre, an der Route 90 bei Korazim, Tel. 04-6935785, www.veredhagalil.com.

😊😊 **Holiday Village**, im **Kibbuz Amiad**, Unterkunft in Bungalows, im Kibbuz wird Wein gekeltert, nahe bei Korazim, Tel. 04-6909829.
Village Inn, im **Kibbuz Kfar Hanassi**, hier können Besucher am echten Kibbuz-Leben teilnehmen, Mahlzeiten werden gemeinschaftlich im Speisesaal eingenommen, bei Korazim nahe dem Mahanayim Flughafen östlich von Rosh Pina, Tel. 04-6914870.
Kibbuz Kfar Gil'adi Guesthouse, schöne Ausblicke auf das Hula-Tal, im Kibbuz gibt es ein Museum, das die Siedlungsgeschichte der Region dokumentiert und die Rolle der jüdischen Freiwilligenverbände in der britischen Armee im Ersten Weltkrieg beleuchtet, 1 km nördl. von Tel Hai an der Straße nach Metulla, Tel. 04-6900000.

😊 **Youth Hostel The Galilee Tel Hay**, Tel Hai, an der Route 90 von Qiryat Shemona nördlich nach Metulla, Tel. 04-6940043.

7 SEE GENEZARETH UND SÜDGALILÄA

Tiberias

😊😊😊 **Rimonim Galei Kinneret**, das erste große Luxushotel von Tiberias, erbaut 1943 direkt am See Genezareth, Zimmer mit Balkon und Seeblick, großer Wellnessbereich, Wasserski und Kajakfahrten im Angebot, 1 Kaplan St., Tel. 04-6728888, http://english.rimonim.com/rimonim-galei-kinnereth.
Caesar Premier Tiberias, neuestes Haus in Tiberias, alle Zimmer mit Seeblick, edles Spa, Wasserski,

ISRAEL – UNTERKUNFT

Windsurfing. The Promenade, Tel. 1800-22-35-36, www.caesarhotels.co.il

Gai Beach, am südlichen Ende der Stadt gelegen, mit eigenem Strand am See sowie einem Pool mit Wellenbad, Route 90, Box 274, Tel. 04-6700700, www.gaibeachhotel.com.

Leonardo Plaza, Zimmer mit Seeblick und Balkon, aber nicht direkt am Wasser gelegen; Pool, Sauna, Fitness-Center. 1 Habanim St, Tel. 04-6713233, www.leonardo-hotels.com.

Ron Beach, direkt am Seeufer, reizvoll mit eigenem Strand, empfehlenswertes Fischrestaurant, an der Route 90 am nördlichen Ende von Tiberias, Gedud Barak Street, Tel. 04-6791350, www.ronbeachhotel.com.

😊😊 **Astoria**, familiengeführtes Haus mit geräumigen Zimmern und schönem Pool, 13 Ohel Yaakov Street, Tel. 04-6722351, www.astoria.co.il.

The Scots Hotel, 1893 als Hospital der Free Church of Scotland erbaut, dann in eine Pilgerherberge umgewandelt, heute ein Mittelklasse-Hotel mit schönem Garten und eigenem Strand, im Zentrum von Tiberias, Gedud Barak/Ecke Hayarden Street, Tel. 04-6710710, www.scotshotels.co.il.

Berger, das Hotel wird von der gleichnamigen Familie geführt, liegt ein gutes Stück den Hügelhang hoch, gemütliche Zimmer mit Balkonen, 27 Nieberg Street, Tel. 04-6715151, www.bergerhotel.co.il.

Prima Tiberias, ruhiges Familienhotel in modernem Neubau, Pool mit schöner Aussicht, Elhadef St., Tel. 04-6791166, www.prima-hotels-israel.com.

Eden Hotel, einfach und gut, Ohel Ya'akov Street, Tel. 04-6790070.

😊 **Hostel Aviv**, komfortables Haus, etwas laut, Fahrradverleih, HaGalil/Avah Street, Tel. 04-6792611.

Poriya, malerische Holzhütten mit Blick über den See, 6 km südlich von Tiberias, 04-6750050, www.iyha.org.il.

Karei Deshe, am nördlichen Ende des Sees, mit eigenem Strand, Tel. 04-6720601, www.iyha.org.il.

See Genezareth

😊😊😊 **Nof Ginosar Guest House**, das gut geführte, komfortable Kibbuzhotel mit eigenem Strand am See Genezareth eignet sich hervorragend für einige ruhige Tage, alle Arten von Wassersport werden hier angeboten, an der Route 90, 10 km nördlich von Tiberias, Tel. 04-6700300, www.ginosar.co.il.

Ramot Resort Hotel, am Ostufer des Sees Genezareth in den Hügeln, prachtvolle Aussicht, etwa 10 Minuten Fahrt bis zum Strand, östlich der Route 92 gelegen, Tel. 04-6732636, www.ramot-nofesh.com.

😊😊 **Ein Gev Holiday Resort**, ebenfalls am Ostufer, direkt am See, an der Route 92, 10 km von der Tzemach Junction entfernt, von Tiberias verkehren auch Schiffe nach En Gev, Tel. 04-6659800, www.eingev.com.

Maagan Holiday Village, an der Südspitze des See Genezareth, Sandstrand und alle Arten von Wassersport, an der Route 92, 1 km von der Tzemach Junction, Tel. 04-6654411, www.magaan.com

Ha'on Holiday Village, mit eigenem Strand, an der Route 92, 5 km nordöstlich der Tzemach Junction, Tel. 04-6656555.

Südgaliläa

😊😊 **Lavi Kibbuz Hotel**, dieser Kibbuz wird geführt von orthodoxen Juden, daher findet kein Ein- und Auschecken am Samstag statt, es gibt Tennisplätze und einen Pool, Kibbuz-Touren werden angeboten, Kibbuz Lavi, 12 km östlich von Tiberias, an der Route 77, Tel. 04-6799450, http://hotel.lavi.co.il.

😊 **Ma'ayan Harod**, Jugendherberge in sehr schöner Umgebung im Ma'ayad Harod National Park, an der Route 71, am Mount Gilboa, Tel. 04-6531669, www. iyha.org.il.

Nazareth

😊😊😊 **Plaza Hotel**, tolle Aussicht, Pool und Fitnessangebote, allerdings etwas in die Jahre gekommen, 2 Hermon St., Nazareth Illit, Tel. 04-6028200.

The Rimonim Nazareth Hotel, gediegen eingerichtete Zimmer und Wohneinheiten, bei der Quelle im Herzen der Stadt, nahe der Verkündigungskirche, Paulus VI Road, Tel. 04-6500000, www.rimonim.com.

😊😊 **Galilee Hotel**, 92 etwas altmodisch eingerichtete Zimmer in Zentrumsnähe, Paulus VI. Street, Tel. 04-6571311, www.b-and-b.co.il/galilee.

ISRAEL – UNTERKUNFT

Grand New Hotel, etwas außerhalb Richtung Haifa, Zimmer mit Seeblick-Balkonen, St. Joseph Street, Tel. 04-6573020.

8 NEGEV UND TOTES MEER

Be'er Sheva

😊😊😊 **Leonardo Hotel**, Luxushotel mit 244 Zimmern, Pool, Fitness, Wellness, großes Shoppingcenter in der Nähe, 1 Henrietta Szold St., Tel. 08-6405444.

😊 **Beit Yatsiv**, Doppelzimmer in zwei Kategorien (Basic/Luxury) sowie Drei- und Vierbettzimmer. 79 Haatzmaut St, Tel. 08-6277444.
Hotel Aviv, einfach, etwas abgeblättert, zentral gelegen in der Altstadt, Hagetaot Street, Tel. 08-6278059.

En Boqeq

😊😊😊 **Le Méridien Dead Sea**, Zimmer mit Blick aufs Tote Meer, hoteleigener Strand, großer Pool, Tennisplätze, Tel. 08-6591234, www.starwoodhotels.com.
Leonardo Hotel Dead Sea, komfortable Zimmer, großer Wellness- und Poolbereich. Neve Zohar, Tel. 08-9553333, www.leonardo-hotels.de.
Lot Spa Hotel, Hotel mit angeschlossener exklusiver Wellness-Klinik. Tel. 08-6689200, www.lothotel.com.

Arad

😊😊😊 **Margoa**, bestes Haus in Arad, seit einem Vierteljahrhundert bekannt für seine angeschlossene Asthma-Klinik, Moab Street, Tel. 08-9951212, www.margoa.com.
Nof Arad, gegenüber vom Margoa gelegen, fast genauso gut, aber etwas günstiger. Zimmer im Haupthaus und in Bungalows. Moab Street, Tel. 08-9957056.

😊 **Blau-Weiss**, nach einer zionistischen deutschen Jugendgruppe benannte Jugendherberge, Arad Stree, Tel. 08-9957150, www.iyha.org.il.

Eilat

😊😊😊 **Rimonim Eilat**, Luxushotel mit guten Ausblicken über die Marina, den Strand und das Meer. Pools, Sportangebote, Kinderbetreuung u. v. m. The Promenade, North Beach, Tel. 08-6369369, www.rimonim.com.
Die Kette **Isrotel** betreibt acht Hotels in Eilat: **Royal Beach** direkt am Strand; **Sport Club**, mit allen erdenklichen Sportmöglichkeiten; **King Salomon**, ein familienfreundliches Luxusdomizil; **Yam Suf**, am Coral Beach, speziell für Taucher; **Royal Garden** mit einzigartiger Poollandschaft; **Lagoona**, ein All-inclusive-Resort; **Riviera Club** mit (etwas günstigeren) Ferienwohnungen; und **Agamim**, zielt besonders auf junges Publikum ab. Für alle: Tel. 08-6387799, www.isrotel.co.il

😊😊 **The Edomit**, große Zimmer mit Ausblick auf Stadt oder Meer, im Zentrum. New Tourist Centre, Tel. 08-6379511, www.edomit.com.
Americana, die Zimmer gruppieren sich um den großen Pool, auch Zimmer mit Küchenzeile sowie Familienzimmer verfügbar. Tel. 08-6303777, www.americanahotel.co.il.
Vista, kleineres Hotel mit schönem Pool und Kinderbetreuung. Kamen St., Tel. 08-6303030, www.vistaeilathotel.co.il

😊 **Aviv Motel/Spring Hostel**, einfache, aber blitzsaubere Doppelzimmer, gepflegter Pool, Ofarim Street, Tel. 08-6374660, www.aviv hostel.co.il.
IYHA-Jugendherberge, nahe dem Strand und dem Mall Ha'Yam-Einkaufszentrum, Derech Ha'arava 7, Tel. 02-5945611, www.iyha. org.il
Arava Hostel, nette Atmosphäre, Zwei-, Drei- und Vierbettzimmer sowie Schlafsäle, Hativat Golani, Ecke Almogin St., Tel. 08-6374687, www.a55.co.il.

9 JORDANIEN

Pella

😊 **Pella Countryside Hotel**, große und saubere Zimmer in kleinem Hotel mit familiärer Atmosphäre und Frühstück, angenehmer Olivenhain, Tel. 079/55 74145.

JORDANIEN – UNTERKUNFT

Amman

😊😊😊 **Le Royal**, 2002 eröffnetes, hoch aufragendes Luxushotel auf dem Jebel Amman mit allem Komfort, prämierter Špa-Bereich, Zahran Street, 3rd Circle, Tel. 06/4603000, Fax 06/4603002, www.leroyalamman.com.

Jordan InterContinental, 450 Zimmer, 2007 renoviert, kleiner Außenpool, schöner Spa-Bereich mit Schwimmbecken, sechs Restaurants, zahlreiche Reisegruppen, 3rd Circle, Jebel Amman, Tel. 06/4641361, Fax 06/4645217, www.ichotelsgroup.com.

Regency Palace, Haus der oberen Mittelklasse mit Indoor-Pool und Sonnendeck in der 20. Etage, im Geschäftsviertel Shmeisani, Queen Alia Street, Tel. 06/5607000, www.theregency hotel.com.

😊😊 **Crowne Plaza**, 279 Zimmer, ruhig, etwas außerhalb im Diplomatenviertel, mit frisch renoviertem Spa-Bereich, Schwimmbecken und Outdoor-Pool; ganz in der Nähe entstehen derzeit die Jordan Gate Towers, etwa 200 m hohe Wolkenkratzer. King Faisal Bin Abdul Aziz Street, 6th Circle, Tel. 06/5510001, www.amman.crowneplaza.com.

Toledo Hotel, Mittelklassehotel in guter Lage etwa 1,5 km nordwestlich des Zitadellenhügels, mit klimatisierten Zimmern und Frühstücksbüffet. Die Zimmer zur Hauptstraße sind recht laut. Jebel Hussein, 37 Al Razi St, Tel. 06/4657777, www.toledohotel.jo.

Al Waleed Hotel, 48 Zimmer mit WLAN-Zugang mitten im Shopping- und Restaurantviertel Sweifiyeh. Natouh Street, zwischen 6th und 7th Circle Sweifiyeh, Tel. 06/5862464, www.alwaleedhotel.com.

😊 **Al-Monzer Hotel**, saubere Zimmer und 24-Stunden-Check-In, gleich neben dem Toledo Hotel, Tel. 06/ 4639469.

Abbasi Palace Hotel, einfaches, sauberes Hotel an einer verkehrsreichen Straße, sehr freundliche, hilfsbereite Inhaberin. Saqf Al Sail-Quraish Street, Downtown, Tel. 0788 24265, 06/4611686.

Viele Billighotels an der **King Faisal Street**.

Hammamat Ma'in

😊😊😊 **Evason Ma'in Hot Spring**, 2009 eröffnete Oase des Luxus in fantastischer Lage: Einer der Thermalwasserfälle ergießt sich in das große Schwimmbecken des Outdoor-Spabereichs. Tel. 05/3245500, Fax 3245550, www.sixsenses.com/evason-ma-in.

Kerak

😊 **Towers Castle**, einfaches, sauberes Hotel unter ägyptischer Leitung, an der Straße zur Burg, Tel./Fax 03/2354293.

Cairwan Hotel, neun einfache Zimmer mit großen Fenstern, einige auch mit Klimaanlage, am Kings Highway, 2,5 km östlich der Burg, Tel. 03/2396022.

Dana

😊😊 **Feynan Eco Lodge**, von einem jordanischen Stararchitekten entworfenes, abgelegenes Ökohotel mitten im Dana Nature Reserve, 26 Zimmer mit Terrasse und Kerzenbeleuchtung, Angebote für Wanderungen, Canyoning und Mountainbiking, sehr gute Küche. Ausführliche Anfahrtsbeschreibung auf der Website, Tel. 06/4645580, www.feynan.com

Dana Guest House, neun schöne Zimmer mit Balkon, nur eines mit eigenem Bad. Fantastische Aussicht auf das Dorf. Unbedingt reservieren über Royal Society of the Conservation of Nature, Tel. 03/2270497, dhana@rscn.org.jo.

😊 **Dana Hotel**, freundlicher Service, nette Zimmer, zentral gegenüber der Moschee, Tel. 03/2270537, suleimanjarad@yahoo.com.

Rummana Camp, Übernachtung in insgesamt 20 bereitgestellten, geräumigen Zelten, nur vom 1.3.-31.10. Buchung über RSCN (s. Dana Guest House).

Petra

In Petra und Wadi Musa gibt es zahlreiche Unterkünfte aller Preisklassen. Die Entscheidung für ein Hotel sollte neben der Ausstattung, Service etc. auch die Entfernung zur antiken Stätte (z. T. über 10 km) und die Lärmbelästigung an der Hauptstraße (Kings Highway; Route 49) bis etwa 23 Uhr berücksichtigen.

😊😊😊 **Mövenpick**, wunderschön im orientalischen Stil gestaltetes Luxushotel in privilegierter Lage direkt oberhalb des Visitor Centre, mit erstklassiger Gastronomie, toller Dachterrasse und attraktivem Wellnessbereich. Tel. 03/2157111, www.moevenpick-petra.com

JORDANIEN – UNTERKUNFT

Petra Mariott, das Luxushotel bietet tolle Ausblicke in die Bergwelt und einen Gratis-Shuttleservice nach Petra (5 bis 10 Min. Fahrzeit). Queen Rania al Abdullah Street, Wadi Musa, Tel. 03/2156407, www.mariott.com.

Taybet Zaman, ein altes Dorf wurde hier in ein luxuriöses Hotel umgewandelt, mit Souk, arabischer Bäckerei und kleinem Museum. 9 km südöstlich von Petra, Tel. 03/2150111, reservation@taybetzaman.com.

💲💲 **Kings Way Inn**, mit Pool, unmittelbar gegenüber der Moses-Quelle, Wadi Musa, 6 km vom Petra-Eingang, Tel. 03/2156799, Reservierung 00962-6-4647118.

Silk Road, bei Reisegruppen beliebtes Mittelklassehotel, AC, Hamam (türk. Bad), empfehlenswertes Restaurant, Tel. 03/2157222, Fax 03/2157244, www.petrasilkroad.com.

Petra Inn, gutes Mittelklassehotel in der Nähe des Petra-Eingangs, mit großen Zimmern, AC, Dachterrasse, preiswertes Dinner, Tel. 03/2159100, Fax 03/2156401, petra_inn@yahoo.com

Amra Palace, gutes Preis-Leistungs-Verhältnis mit Indoor-Pool, Sauna, Internet, Hamam (türk. Bad), kostenlosem Shuttle-Service nach Petra, kleinem Garten, nahe der Moschee im Wadi Musa Zentrum, Tel. 03/2157070, Fax 03/2157071, www.amrapalace.com.

💲 **Cleopatra**, beliebte Backpacker-Unterkunft mit kleinen, aber sauberen Zimmern (kürzlich renoviert), wenige Gehminuten vom Wadi Musa Zentrum entfernt, nahe der Abzweigung nach Aqaba, kostenloser Shuttle-Service nach Petra, empfehlenswertes Dinner, Tel./Fax 03/2157090, cleopatrahotel@hotmail.com.

Orient Gate Hostel, gutes Budget-Hotel mit preiswertem Buffet auf Dachrestaurant, Zimmer mit Balkon, Tourangebot u. a. nach Amman und Wadi Rum, in der Nähe der Moschee im Wadi-Musa-Zentrum, Gratis-Shuttle nach Petra, Tel./Fax 03/2157200.

Saba'a, freundliches Budget-Hotel mit Aussicht auf Petra, im Wadi-Musa-Zentrum beim Kreisverkehr, Tel. 03/2156046, Fax 03/2159011, www.sabaainn.itgo.com.

Totes Meer

💲💲💲 **Mövenpick Resort & Spa Dead Sea**, eines der führenden Kurhotels am Toten Meer mit 340 geräumigen Zimmern mit Balkon bzw. Terrasse, Fitness-Center, Spa, vier Süßwasser-Pools und vier Restaurants, Sweimeh, Dead Sea Road (in der Hotelzone auf der rechten Straßenseite), Tel. 05/3561111, Fax 05/3561122, www.movenpick-deadsea.com.

Jordan Valley Mariott Resort & Spa, Luxus pur in weitläufigem, über 3000 m^2 großem Spa-Komplex mit 232 geräumigen Zimmern, Sweimeh, Dead Sea Road, Tel. 05/3560400, Fax 05/3580444, www.mariotthotels.com.

Aqaba

💲💲💲 **Mövenpick Resort Aqaba**, Firstclasshotel nördlich des Stadtzentrums an der Corniche (Al-Malik al-Hussein-Street), Whirlpool, vier Swimming-pools, Tel. 03/2034020, Fax 03/2034040, www.movenpick-hotels.com.

💲💲 **Jordan Hotel & Suites - My Hotel**, solides Mittelklassehotel mit geräumigen Zimmern und Suiten, mit Pool auf dem Dach, nordwestlich des Souks, An-Nahda Street, Tel. 03/2030890, Fax 03/2030893, www.myhotel-jordan.com.

Crystal, Stadthotel, große gepflegte Zimmer mit viel Holz, unter deutsch-jordanischer Leitung, AC, gutes Preis-Leistungs-Verhältnis, Qurnish Street, ein Block von der Al-Malik al-Hussein Street, Tel. 03/2022001, Fax 03/2022006.

💲 **Ra'ed Hotel Suites**, einfaches, aber gut ausgestattetes nettes Hotel, für Taucher perfekt, da direkt neben der namhaften Tauchbasis Dive Aqaba gelegen (Buchung auch über diese möglich, www.diveaqaba.com). Al Saada Street, Tel. 03/2018686, http://raedhotel.com.